Microéconomie

François Etner

Microéconomie

QUADRIGE / PUF

DU MÊME AUTEUR

Histoire du calcul économique en France, Economica, 1987.
Les Historiens de la pensée économique, Economica, 2006.
Économie financière, avec Th. Ganger, Economica, 2011.

ISBN 978-2-13-060663-5
ISSN 1630-5264

Dépôt légal — 1re édition : 1991
3e édition « Quadrige » : 2012, juin

Premier Cycle
6, avenue Reille, 75014 Paris

Sommaire

DEUXIÈME PARTIE

LES ENTREPRISES

TROISIÈME PARTIE

ÉQUILIBRE ET OPTIMUM

Avant-propos

Ce manuel s'adresse aux étudiants des premiers cycles universitaires. Nous l'avons rédigé en imaginant un lecteur attentif (bien sûr), intelligent (cela va de soi), mais réfractaire à de trop fortes doses de mathématiques.

Les exercices d'entraînement proposés après chaque chapitre nécessitent pourtant presque tous le maniement d'équations ou de graphiques. Il se trouve, en effet, que telle est à la clé du succès aux examens et nous pensons que c'est très bien ainsi.

François ETNER

Annexes mathématiques

> La lecture de ces annexes est impérative. Au minimum, contentez-vous de la première partie, consacrée aux dérivées.

1. Les dérivées

1.1. Interprétation économique

Beaucoup de concepts économiques proviennent de la dérivée d'une fonction particulière ; nous noterons :

$y = f(x)$, la fonction et $\frac{\Delta y}{\Delta x}$ la dérivée. On en déduit :

$\Delta y = (\text{dérivée}) \times \Delta x.$

En toute rigueur, cette équation ne vaut que pour des nombres Δx et Δy infiniment petits. Supposons que 1 soit suffisamment petit par rapport au problème considéré (par exemple un gramme de sucre quand on envisage des livraisons par tonnes) ; avec $\Delta x = 1$, il vient :

$[(\Delta y) \text{ quand } \Delta x = 1] = \text{dérivée de } y \text{ par rapport à } x.$

Autrement dit, la dérivée mesure l'accroissement de y quand x varie d'une unité.

Exemple

Soit la fonction $y = \sqrt{x}$ avec la valeur de référence : $x = 100$.
Mathématiquement, il vient :

$$\frac{\Delta y}{\Delta x} = \frac{1}{2\sqrt{x}} = 1/20 = 0{,}05.$$

Augmentons x d'une unité et mesurons la variation de y :

y (pour x = 100) = $\sqrt{100}$ = 10

y (pour x = 101) = $\sqrt{101}$ = 10,0499. Donc :

(Δy) quand Δx = 1 = 10,0499 − 10 = 0,05 environ.

On aurait aussi bien pu diminuer x d'une unité :

y (pour x = 99) = $\sqrt{99}$ = 9,9499, ce qui confirme le résultat précédent.

Remarque importante

Avec d'autres variables suffisamment petites, on aboutit au même résultat :

y (pour x = 105) = 10,247, on en déduit :

$$\frac{\Delta y}{\Delta x} = \frac{10{,}247 - 10}{105 - 100} = \frac{0{,}247}{5} = 0{,}05 \text{ environ.}$$

1.2. Représentation graphique

La dérivée s'interprète comme une pente de tangente (fig. 1).

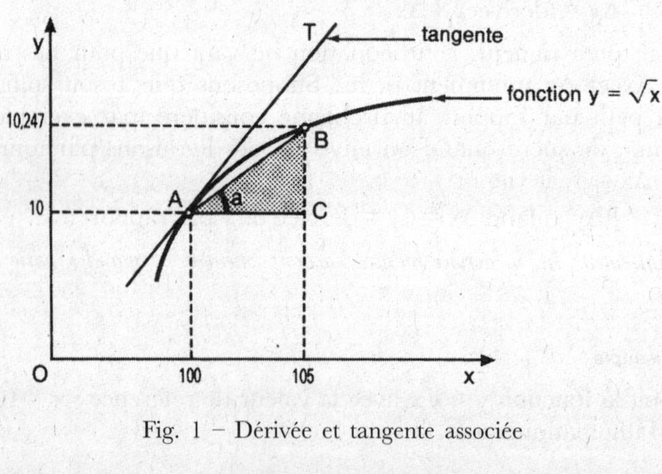

Fig. 1 – Dérivée et tangente associée

En toute rigueur, la dérivée en A vaut la pente de la tangente AT. On ne se trompe pas beaucoup en considérant la corde AB avec un point B suffisamment voisin de A. Or la pente d'un tel segment est la tangente de l'angle a. On trouve donc en considérant le triangle ABC :

$$\text{tangente}(a) = \frac{\text{côté opposé}}{\text{côté adjacent}} = \frac{BC}{AC} = \frac{0{,}247}{5} = 0{,}05 \text{ environ.}$$

1.3. Formules utiles

Soit n un nombre, pas forcément entier ni même positif, et la fonction :

$y = f(x) = (x)^n$. Il vient alors :

$$\frac{\Delta y}{\Delta x} = f'_x = n(x)^{n-1}$$

Soient f et g deux fonctions de x, il vient :

$$\begin{cases} \text{dérivée de } f \times g = f'g + fg' \\ \text{dérivée de } f/g = (f'g - g'f)/g^2 \end{cases}$$

Soit une fonction de u, elle-même fonction de x, il vient :

$$\text{dérivée de f en } x = f'_x = f'_u \times u'_x.$$

Exemple

Soit à calculer la dérivée de la fonction :

$y = (x^2 + 3)^{1/2}$. Posons :

$u(x) = x^2 + 3$, il vient : $y = (u)^{1/2}$

$u'_x = 2x$

$y'_u = \frac{1}{2}(u)^{-1/2}$. Donc :

$y'_x = y'_u * u'_x = \frac{1}{2}(u)^{-1/2} * 2x = u^{-1/2} * x$, donc :

$$\frac{\Delta y}{\Delta x} = (x^2 + 3)^{-1/2}\, x.$$

1.4. Dérivées partielles

Il arrive qu'un nombre z dépende de plusieurs variables, disons de x et de y, ce qu'on peut noter :

$$z = f(x, y).$$

Quand on oblige y à conserver la même valeur, z apparaît comme fonction d'une seule variable (x) et on peut envisager sa dérivée. On dit alors qu'il s'agit d'une « dérivée partielle », notée :

$$f'_x \text{ ou : } \frac{\Delta z}{\Delta x} \text{ ; de même on considère } f'_y = \frac{\Delta z}{\Delta y}.$$

Pour les interprétations économiques, f'_x est l'augmentation de z quand x augmente d'une unité, mais il faut ajouter que y conserve la même valeur. On dit aussi qu'on raisonne « toutes choses égales par ailleurs », c'est-à-dire que seules les variables x et z pourront « bouger ».

Exemple

Soit l'expression :

$$U = (x)^{1/4} * (y)^{1/2}.$$

Considérons y comme un nombre fixe et U comme fonction de x, il vient :

$$U'_x = \frac{\Delta U}{\Delta x} = (y)^{1/2} * \frac{1}{4} * x^{-3/4}.$$

1.5. Fonctions implicites

Il arrive qu'une fonction y de x soit définie « implicitement » à partir d'une équation :

$$F(x, y) = \text{cte.} \text{ (lisez : « F(x, y) égale constante »)}$$

y est la valeur qui vérifie cette équation, x étant « donné ». Pour calculer la dérivée de y en x, on peut « résoudre » l'équation, c'est-à-dire expliciter y en fonction de x.

Mais on peut aussi utiliser la formule suivante, si commode :

$$\frac{\Delta y}{\Delta x} = -\frac{F'_x}{F'_y}.$$

Exemple

Soit l'équation :

$U = (x)^{1/4} * (y)^{1/2}$.

Elle définit, U étant donné, une fonction y de x. Calculons sa dérivée :

$$\frac{\Delta y}{\Delta x} = -\frac{U'_x}{U'_y} = -\frac{(1/4)\ x^{-3/4}\ \ y^{1/2}}{(1/2)\ x^{1/4}\ \ y^{-1/2}} = -y/2\,x.$$

2. Représentations graphiques

2.1. Allure d'une courbe

Pour représenter l'allure d'une fonction y = f(x), le premier renseignement à glaner est le signe de sa dérivée. Quand celui-ci est positif, la fonction est croissante et inversement.

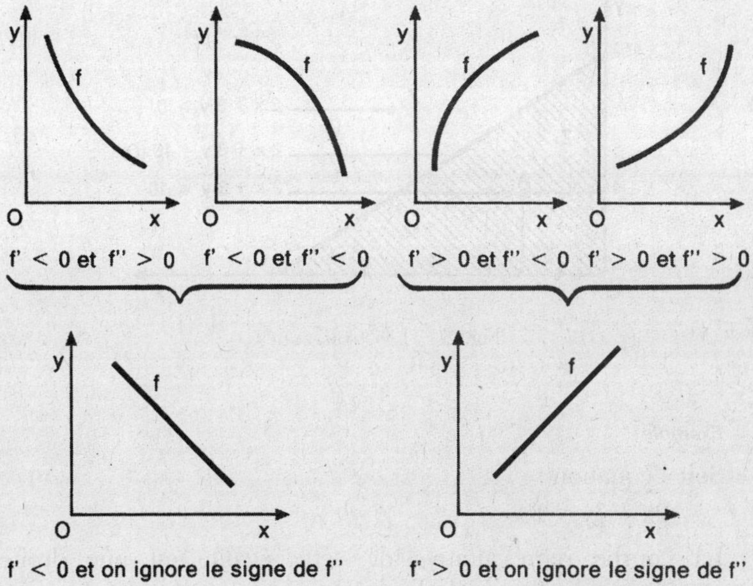

Fig. 2 – Comment représenter une fonction

Il est parfois intéressant d'en savoir plus, mais pas toujours. Le signe de la dérivée seconde indique le sens de la convexité, les figures 2 représentent les principaux cas.

2.2. Partage du plan

Supposons que y soit défini implicitement comme fonction de x à partir de l'équation :

$$F(x, y) = \text{cte}.$$

Le plan (x, y) est alors divisé en trois zones :

— une courbe vérifiant $F(x, y) = \text{cte}$ représentant la fonction implicite ;
— une zone d'un côté de cette courbe, dans laquelle $F(x, y) < \text{cte}$;
— une autre zone, de l'autre côté de la courbe, vérifiant : $F(x, y) > \text{cte}$.

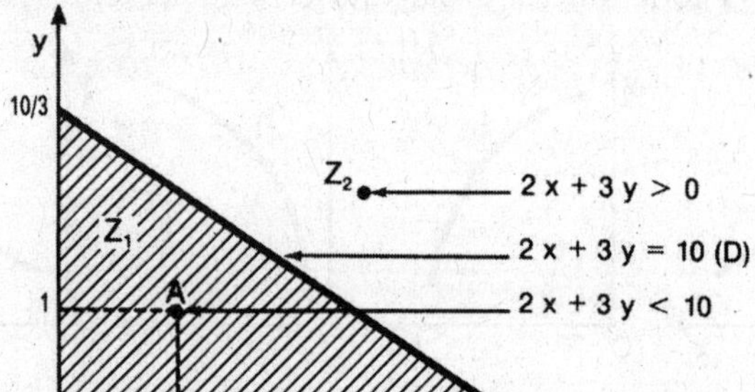

Fig. 3 – Les trois zones

Exemple

Soit l'équation :

$$2x + 3y = 10.$$

La courbe représentative de cette égalité est une droite notée (D) sur la figure 3. Deux zones Z_1 et Z_2 apparaissent, comment les caractériser ?

Soit A un point visiblement en dessous de (D), de coordonnées $x = 2$, $y = 1$.

$$(2x + 3y)_{\text{au point A}} = (2 \times 2) + (3 \times 1) = 7, \text{ inférieur à } 10.$$

On en déduit que *tous* les points de Z_1 vérifient :

$$(2x + 3y) < 10$$

et tous les points de Z_2 vérifient :

$$(2x + 3y) > 10.$$

3. Recherche d'extremum

3.1. Une variable positive

Considérons le problème suivant, f étant une fonction connue :

$$\begin{cases} \max f(x) \\ x \geq 0 \end{cases}$$

$$\text{Lisez : } \begin{cases} \text{on cherche le maximum de : } f(x) \\ \text{avec x vérifiant : } x \geq 0 \end{cases}$$

Il faut chercher le nombre positif x qui maximise la valeur f(x). En général, la solution sera soit $\bar{x} = 0$, soit celle qui annule la dérivée f'_x, les figures 4 illustrent ces deux cas :

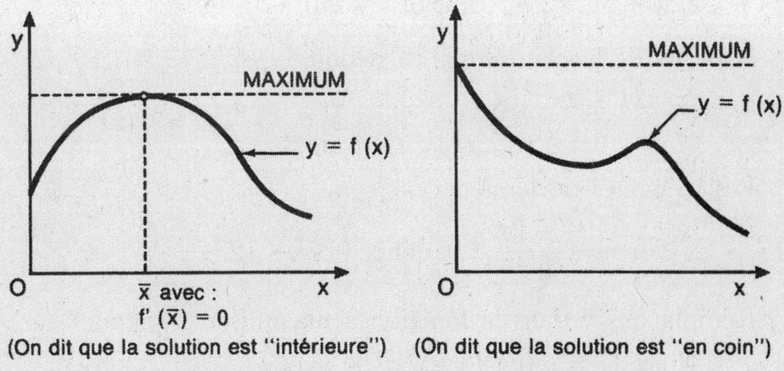

Fig. 4 – Solution en coin, solution intérieure

Pour savoir dans quel cas on se situe, on peut représenter l'allure de la fonction f ; on peut aussi rechercher la valeur $\bar{x}$ qui annule la dérivée, puis comparer f(0) et $f(\bar{x})$: le plus grand de ces nombres désigne la solution du problème. (La recherche d'un minimum s'effectue dans les mêmes conditions.)

3.2. Deux variables positives

S'il s'agit de maximiser une fonction f(x, y) en cherchant deux nombres positifs x et y, on commence par résoudre le système :

$$\begin{cases} f'_x = 0 \\ f'_y = 0 \end{cases}$$

Notons $\bar{x}$ et $\bar{y}$ les solutions, elles maximiseront souvent f(x, y). Mais la solution peut être en coin, il faut envisager les deux cas suivants : x = 0, puis y = 0 avant de trancher.

3.3. Deux variables positives, une contrainte : méthode de substitution

Soit à chercher x et y tels que :

$$\begin{cases} \max U = xy, \quad \text{avec :} \\ 2x + 3y = 24 \ ; \quad x \geq 0 \ ; \quad y \geq 0 \end{cases}$$

À partir de la contrainte, on déduit :

$$y = \frac{24 - 2x}{3}.$$

Les inégalités deviennent :

$$x \geq 0 \text{ et } \frac{24 - 2x}{3} \geq 0, \text{ donc : } 0 \leq x \leq 12.$$

Remplaçons y dans la fonction à maximiser, il vient :

$$\begin{cases} \max U = x\,(24/3 - 2x/3), \text{ avec :} \\ 0 \leq x \leq 12 \end{cases}$$

Nous sommes ramenés au cas d'une variable. Annulons d'abord la dérivée de U :

$U'_x = 24/3 - 4/3x = 0$, implique $x = 6$.

Trois cas sont alors possibles : $x = 6$ peut être la solution cherchée ; mais le coin $x = 0$ peut s'imposer ; enfin, l'autre coin $x = 12$ est à considérer également. Pour trancher, comparons les valeurs de U dans ces trois cas :

$$\begin{cases} U\,(x = 6) = 6 \times 4 = 24 \\ U\,(x = 0) = 0 \times (\ldots) = 0 \\ U\,(x = 12) = 12 \times (0) = 0 \end{cases}$$

Manifestement, seul $x = 6$ convient, on en déduit :

$y = 4$.

3.4. Deux variables positives, une contrainte : méthode de Lagrange

Reprenons notre problème :

$$\begin{cases} \max U = xy, \quad \text{avec :} \\ 2x + 3y = 24 \; (\lambda) \\ x \geq 0 \; ; \; y \geq 0 \end{cases}$$

La lettre λ (lambda) à côté de la contrainte s'appelle « multiplicateur de Lagrange ». Écrivons la contrainte sous la forme suivante :

$2x + 3y - 24 = 0$

(vous pouvez tout aussi bien écrire : $24 - 2x - 3y = 0$).

Formons alors le « Lagrangien » $\mathcal{L}$ de la façon suivante :

$\mathcal{L} = U - \lambda \times$ (contrainte), autrement dit :

$\mathcal{L} = xy - \lambda(2x + 3y - 24)$

(vous pouvez tout aussi bien écrire : $+\lambda$, au lieu de $-\lambda$).

La méthode de Lagrange consiste à dériver $\mathcal{L}$ par rapport aux variables cherchées, puis on annule ses dérivées partielles :

$$\begin{cases} \mathcal{L}_x = y - 2\lambda = 0 \\ \mathcal{L}_y = x - 3\lambda = 0 \end{cases}$$

On résout alors le système constitué de ces équations et de la contrainte initiale :

$$\begin{cases} y - 2\lambda = 0 \\ x - 3\lambda = 0 \\ 2x + 3y = 24 \end{cases} \quad \text{(3 inconnues : x, y et } \lambda)$$

On trouve ici : $\lambda = 2$, mais peu importe et : $x = 6$, $y = 4$.

Vous constatez que ces deux dernières valeurs sont effectivement les valeurs précédemment calculées !

En toute rigueur, il faut s'assurer que les coins $x = 0$ et $y = 0$ ne peuvent pas convenir (ils conduisent ici effectivement à $U = 0$ qui n'est pas un maximum).

La même méthode convient en général pour chercher un minimum (ici, les coins prendraient leurs revanches).

3.5. Simplification d'un problème d'extremum

Il faut toujours chercher si la fonction qu'on maximise ne peut pas être remplacée par une fonction plus simple, maximum pour les mêmes valeurs des variables. Par exemple, si on cherche x et y qui maximisent :

$$z = x^{1/2}\, y^{1/4},$$

il vaut mieux considérer qu'on maximise tout autant :

$$z^4 = x^2\, y.$$

La fonction $x^2 y$ sera plus simple à manier, à dériver par exemple.

Si on doit maximiser :

$$z = xy + 26 \text{ (en cherchant x et y)},$$

il vaut mieux considérer qu'on maximise tout autant :

$$z - 26 = xy.$$

4. Les différentielles

4.1. Les différentielles totales

En mathématique, on écrit souvent dx pour une variation infiniment petite de x et Δx pour une variation petite (petite comme l'est un écart de $\Delta x = 0,7$ pour une valeur de $x = 125$). Quand un nombre y est fonction f d'une seule variable x, nous vîmes que :

$$\Delta y \approx f'_x \, \Delta x,$$

en notant Δy pour désigner une petite variation de x et $\approx$ pour « à peu près égal à ».

Cette formule se généralise quand un nombre U dépend de plusieurs variables, disons de deux, nommées x et y. On démontre en effet la relation suivante :

$$\Delta U \approx U'_x \, \Delta x + U'_y \, \Delta y.$$

Exemple

Soit $U = (x)^{1/4} (y)^{1/2}$, partons de $x = 100$ et $y = 100$, il vient successivement :

$$U(100,100) = 31,6$$

$$U'_x = 1/4(x)^{-3/4} (y)^{1/2} = 1/4(100)^{-3/4} (100)^{1/2} = 0,08$$

$$U'_y = 1/2(x)^{1/4} (y)^{-1/2} = 1/2(100)^{1/4} (100)^{-1/2} = 0,16$$

$$\Delta U \approx 0,08 \, \Delta x + 0,16 \, \Delta y.$$

Autrement dit, si x valait 102 et y 103, on aurait :

$$\Delta U = (0,08 \times 2) + (0,16 \times 3) = 0,64$$

$$\text{et donc } U(102,\ 103) \approx 31,6 + 0,64 = 32,24$$

(on calcule que la vraie valeur est $(102)^{1/4} (103)^{1/2} = 32,25$).

4.2. Les dérivées de fonctions de plusieurs variables

Soit une fonction U qui dépend de deux nombres f et g, eux-mêmes fonctions d'une variable x ; ce que l'on écrira : $u = U(f(x), g(x)$. Comment calculer la dérivée de u par rapport à x ? On applique la règle suivante :

$$\frac{du}{dx} = \frac{\partial U}{\partial f} f'x + \frac{\partial U}{\partial g} g'x.$$

Exemple

$u = (x)^{0,2}\,(1-3x)^{0,3}$, soit $U(x) = (f)^{0,2}\,(g)^{0,3}$ avec $f(x) = (x)$; $g(x) = (1-3x)$.

Il vient : $\dfrac{du}{dx} = \dfrac{\partial U}{\partial f}\, f'x + \dfrac{\partial U}{\partial g}\, g'x$

$= 0,2(f)^{-0,8}\,(g)^{0,3} + 0,3(f)^{0,2}\,(g)^{-0,7}\,(-3)$

$= 0,2(x)^{-0,8}\,(1-3x)^{0,3} - 0,9(x)^{0,2}\,(1-3x)^{-0,7}$.

4.3. Les dérivées logarithmiques

Pour calculer des expressions $\dfrac{\Delta U}{U}$, on utilise cette règle de calcul :

$\Delta \log(U) = \dfrac{\Delta U}{U}$ (nous noterons log(U) pour « logarithme U népérien de U »).

Exemple

Soit $U = (x)^{1/4}\,(y)^{1/2}$, partons de x = 100 et y = 100, il vient successivement :

$\text{Log}(U) = 1/4 \log(x) + 1/2 \log(y)$

$\Delta \text{Log}(U) = 1/4\, \Delta \log(x) + \Delta\, 1/2 \log(y) =$

$\dfrac{\Delta U}{U} = 0,25\, \dfrac{\Delta x}{x} + 0,5\, \dfrac{\Delta y}{y}$

(comparez ces coefficients avec ceux de la fonction U).

Interprétation : sachant que x va augmenter de 2 % et y de 3 %, on en déduit que U va augmenter de 0,25 fois 2 % plus 0,5 fois 3 % = 2 %.

Première partie - Les ménages

La microéconomie n'est pas une branche particulière de l'économie parmi d'autres comme la comptabilité nationale, l'économie du développement ou l'économie publique. Elle se caractérise par une méthode générale qui lui permet avec plus ou moins de bonheur d'analyser tous les problèmes économiques qui se posent. Elle commence par identifier ce qu'elle appelle les « agents » concernés, individus, entreprises, banques, États, syndicats, etc. Puis elle s'interroge sur les comportements de chacun des acteurs ainsi repérés. Enfin, elle imagine ce qui peut résulter de leurs confrontations.

Dans cette première partie, nous allons analyser les comportements de certains agents particuliers : les individus ou les ménages de la comptabilité nationale. L'objectif est de comprendre par exemple pourquoi on désire acquérir un bien plutôt qu'un autre (chap. 2) ou pourquoi on désire travailler à mi-temps plutôt qu'à plein temps (chap. 3). Pour commencer, il va falloir caractériser un individu par certaines préférences qui lui sont propres : ce sera le thème du chapitre 1.

1. Les préférences individuelles

1. Le cadre d'analyse

1.1. Les ménages

Les agents qui nous occuperont dans ce chapitre sont caractérisés par leurs activités de consommation. Nous dirons parfois « ménages », ce qui renvoie à la comptabilité nationale qui regroupe ainsi les individus vivant sous un même toit. Un ménage peut être composé d'une seule personne ou d'une famille plus ou moins nombreuse ; on compte en France environ deux personnes par ménage en moyenne. Le ménage s'impose pour certaines décisions d'achat comme le mobilier ou les vacances, il vaut mieux parler d' « individus » pour d'autres décisions comme la consommation de tabac. La microéconomie préfère le terme de « consommateur », plus général, mais nous utiliserons n'importe quelle expression adaptée aux exemples à venir.

1.2. Les biens

Un bien, en langage microéconomique, désigne indifféremment un objet matériel ou un service. La liste des biens est innombrable, il nous suffira de considérer que cette liste existe. Deux biens peuvent être différents par leurs caractéristiques physiques (une pomme et une banane) ou par leur localisation (une banane disponible à côté de chez moi et une autre disponible en

Côte-d'Ivoire). Certains biens sont durables, c'est-à-dire qu'on peut en jouir pendant une durée assez longue, nous y ferons allusion au chapitre 14 ; on ne s'en préoccupera pas avant.

1.3. La période

Tous les raisonnements à venir pour chaque consommateur s'inscriront implicitement dans une période donnée qu'il faudrait, en toute rigueur, préciser à chaque fois. L'essentiel est de garantir un cadre adapté au plaisir que nous avons de disposer de certains biens. On imaginera plutôt des périodes courtes, semaine, mois ou même année en renonçant pour l'instant à leurs enchaînements.

1.4. L'espace des biens

Nous représenterons par un nombre, q ou c, la quantité de bien d'un type donné disponible pour un consommateur donné. Ainsi q = 10 pourra signifier que je possède ou que j'ai acheté ou que l'on m'a donné 10 bananes. Peu importe ce que j'en ferai : les jeter, les manger ou les contempler. Nous nous permettrons de faire varier ces nombres à volonté, par exemple en considérant le cas q = 312,8. S'agissant de sucre, on peut imaginer que ce nombre est exprimé en grammes ; s'agissant de montres, l'interprétation est plus délicate, il suffira de traduire en pratique par 313 montres. Parfois, certaines consommations ne se prêtent pas à une telle approximation : on possède zéro, une ou deux voitures, mais pas 1,3. On dit que certains biens sont alors « indivisibles », nous les éviterons autant que possible pour simplifier. Un individu n'est évidemment pas confronté à un seul bien. Il nous suffira souvent d'en considérer deux, les généralisations seront alors immédiates. Nous noterons 1 et 2 les types de bien (bien n° 1 = banane, bien n° 2 = chemise de telle qualité par exemple) et q_1 et q_2 les quantités disponibles, mesurées avec des unités quelconques.

Pour représenter un certain « panier de consommation », nous nous placerons dans un repère (q_1, q_2) baptisé « espace de biens » (fig. 1).

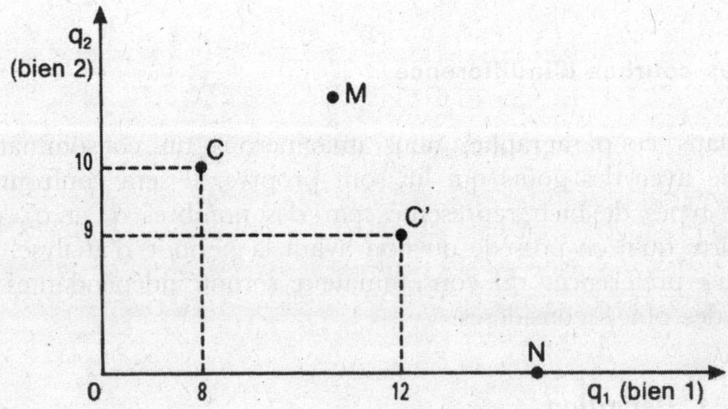

Fig. 1 – L'espace des biens

Le point C signifie que je possède 8 unités de bien 1 et 10 unités de bien 2. Le point C′ est une autre « dotation » possible, avec davantage de bien 1 et moins de bien 2.

Les coordonnées du point M ne sont pas précisées. Il est clair qu'il correspond à des dotations supérieures par rapport au point C.

Au point N, la dotation en bien 2 est nulle. Ce cas n'est pas du tout exceptionnel, chacun ne dispose que d'un faible nombre de biens différents par rapport à tous les biens existant, il nous faudra le justifier le moment venu.

L'interprétation des points de l'espace des biens n'est pas toujours commode. Si je possède déjà 8 unités de bien 1 et qu'on m'en procure 4 de plus pendant la période, faut-il inscrire en abscisse le nombre 4 ou le nombre total 12 ? S'agissant de denrées périssables, la réponse est immédiate : il faut oublier les 8 unités du passé, car elles sont désormais inutilisables. Mais ce cas est évidemment trop restrictif. Pour différentes raisons, nous ne comptabiliserons que les quantités acquises pendant la période (ici : $q = 4$), mais nous raisonnerons comme s'il s'agissait du total disponible. La confusion ne sera pas grave, elle nous évitera des longues phrases comme : « La dotation C′ m'apporte 4 unités de plus en bien 1 par rapport à C, ce qui accroît d'autant ma disponibilité totale. »

2. Les courbes d'indifférence

Dans ce paragraphe, nous imaginerons un consommateur donné avec des goûts qui lui sont propres. Il sera confronté à deux types de bien représentés par des nombres q_1 et q_2, peu importe qu'il en possède ou non avant la période d'analyse.

Les préférences du consommateur seront indépendantes du prix des objets considérés.

2. 1. Définition

Pour un consommateur donné, une courbe d'indifférence est constituée d'une multitude de dotations possibles représentées dans l'espace des biens, chaque dotation procurant le même niveau de satisfaction.

La figure 2 indique l'allure possible d'une courbe d'indifférence, imaginons que le bien 1 soit du chocolat en morceaux et le bien 2 du pain, mesuré en nombre de baguettes.

Partons du point C_3 : on me propose 4 carrés de chocolat et rien d'autre. J'aurais été aussi heureux avec 3 carrés seulement, mais avec 1/5 de baguette ($q_1 = 3$ et $q_2 = 0,2$). De même, 2 carrés et une demi-baguette me procureraient la même satisfaction ($q_1 = 2$, $q_2 = 0,5$, ce qui conduit au point C_1). En balisant ainsi toutes les dotations équivalentes, on obtient une courbe

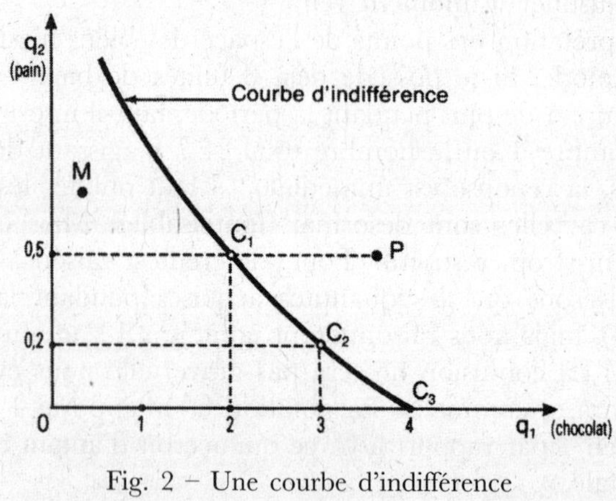

Fig. 2 – Une courbe d'indifférence

d'indifférence, ainsi nommée car tous ses éléments sont « indifférents » du point de vue de ma satisfaction.

Notez l'espèce d'asymptote pour $q_1 = 0$: à mesure qu'on limite ma part de chocolat, il faudrait énormément de pain pour compenser.

Considérons le point P. On m'y propose autant de pain et davantage de chocolat qu'en C_1 : en général, cette proposition me rend plus heureux et donc plus heureux qu'avec n'importe quelle dotation située sur la courbe d'indifférence (par exemple, la combinaison P sera préférée à C_3). Inversement, la dotation représentée par M me rend moins heureux, par exemple moins heureux qu'en C_2.

Pour résumer, la satisfaction est la même sur une courbe d'indifférence, elle est plus grande dans la zone Nord-Est, plus faible dans la zone Sud-Ouest.

À partir des points M et P, on peut tracer d'autres courbes d'indifférence, elles finissent par remplir tout l'espace des biens (fig. 3).

La courbe d'indifférence passant par M est constamment du même côté Sud-Ouest que celle passant par C_1. Pour le prouver, supposons que ces deux courbes se coupent en un point I. La dotation correspondante me rend aussi heureux qu'en M, car M et I sont sur la même courbe d'indifférence ; mais aussi heureux également qu'en C_1 pour la même raison ; donc C_1 et M me rendent aussi heureux, ce qui est absurde, car nous avons vu que M

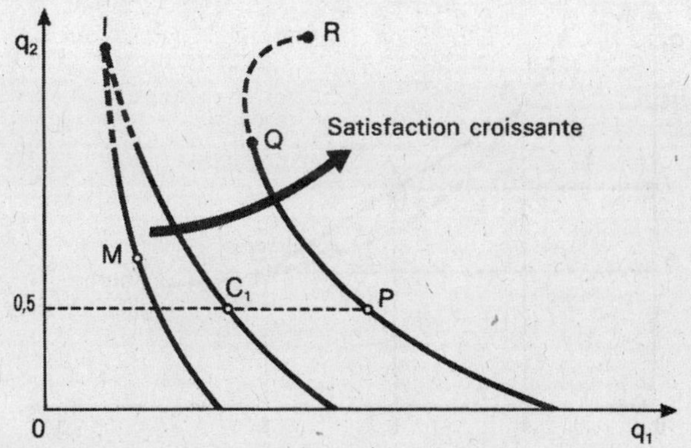

Fig. 3 – Quelques courbes d'indifférence

me rendait moins heureux que C_1. On en déduit que les courbes d'indifférence ne se coupent pas. La flèche de la figure 3 rappelle comment les niveaux de satisfaction augmentent quand on passe d'une courbe d'indifférence à une autre.

Chaque courbe d'indifférence est décroissante. Sinon, il existerait deux dotations telles que Q et R procurant la même satisfaction. Or R me garantit davantage de chocolat *et* davantage de pain : nous supposerons que ceci permet toujours une plus grande satisfaction.

2.2. La convexité des préférences

Soient deux dotations équivalentes A et B et la dotation intermédiaire C (fig. 4).

Par exemple, en A, on me propose 4 jours de vacances à la montagne ($q_1 = 4$) et 11 à la mer ($q_2 = 11$), étant entendu que je les prendrai successivement. Cette solution m'apparaît comme équivalente à celle du point B : 8 jours de montagne suivis de 3 à la mer.

La proposition C est exactement intermédiaire, elle est par nature plus diversifiée, est-elle pour autant préférable ?

Tout dépend évidemment des goûts individuels, mais on considère comme « générale » la préférence pour les solutions

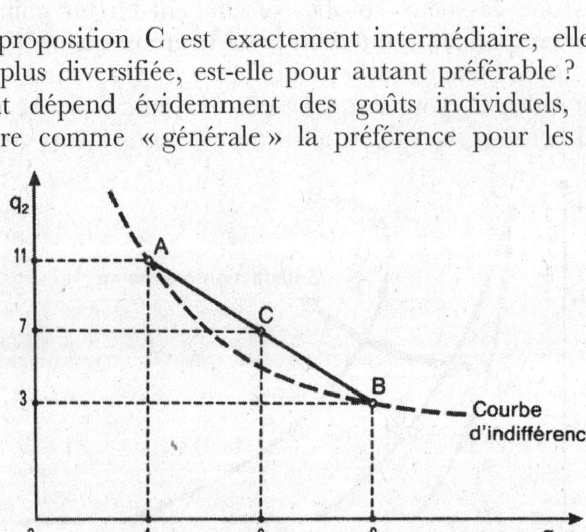

Fig. 4 – Les préférences convexes

intermédiaires, ce qui ne nous dispensera pas d'étudier le cas inverse.

Si le point C s'avère toujours meilleur que les points A et B, on dira que les préférences sont convexes. Vous constaterez alors que les courbes d'indifférence tournent leur convexité vers l'origine, de façon à laisser les points tels que C du côté Nord-Est.

La figure 5 correspond à des préférences non convexes. Il existe au moins deux dotations A et B équivalentes qui sont jugées meilleures que la dotation intermédiaire.

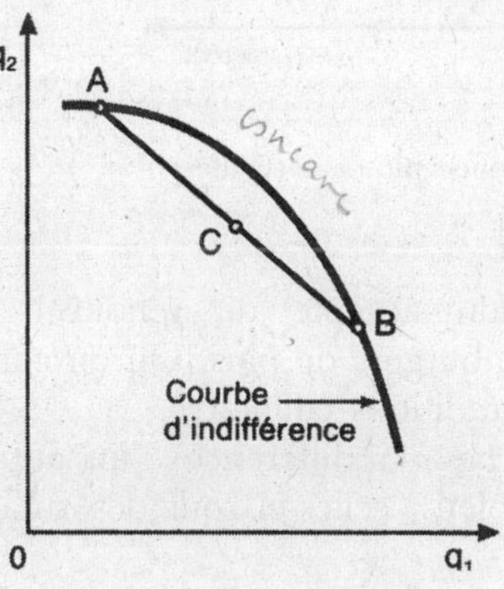

Fig. 5 – Préférences non convexe

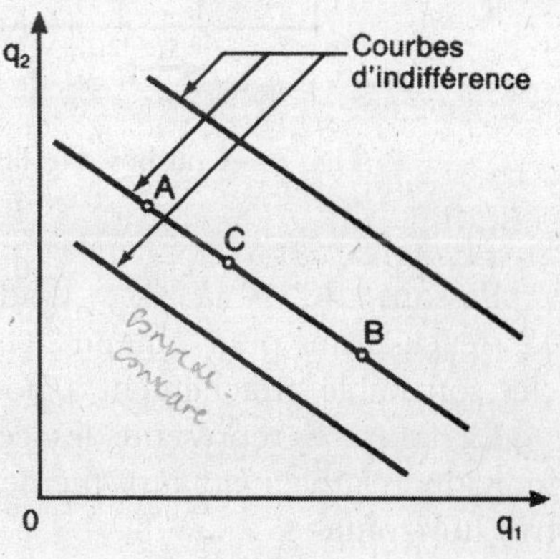

Fig. 6 – Quelques courbes d'indifférence

La figure 6 est un autre cas de préférences non convexes. Les points intermédiaires tels que C sont équivalents aux points extrêmes A et B. Les courbes d'indifférence sont donc des droites (parallèles pour ne pas risquer de se couper). Les biens sont alors qualifiés de « parfaitement substituables », expression qui se comprendra mieux bientôt.

2.3. Les goûts individuels

La figure 7 représente les courbes d'indifférence d'un individu, elles sont volontairement très verticales. On pourra imaginer comme bien 1 le hamburger, comme bien 2 le steack-frites.

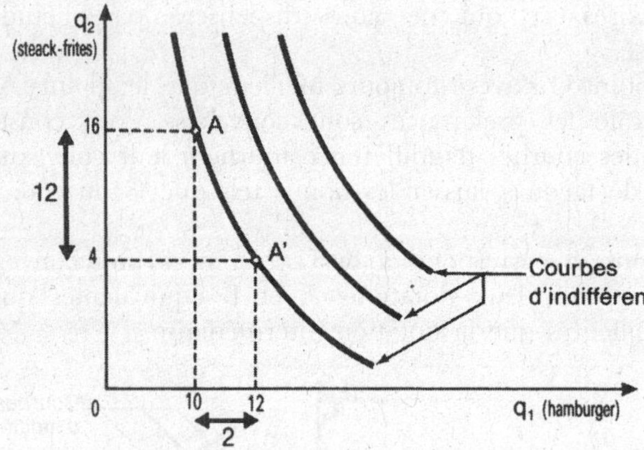

Fig. 7 – Courbes d'indifférence plutôt verticales

Passons de A à A′ : l'individu accepte de renoncer à 12 steacks-frites pour obtenir 2 hamburgers de plus. On en conclut son faible attachement à nos traditions culinaires.

La figure 8 représente les courbes d'indifférence d'un autre individu relativement aux mêmes biens, celles-ci sont désormais très horizontales.

Passons de B à B′ : l'individu ne renonce à une part de steack-frites que si on lui promet 11 hamburgers de mieux : bel exemple de fidélité aux coutumes locales.

Il est donc tentant d'interpréter les courbes d'indifférence selon leur plus ou moins grande pente. Les fortes pentes (fig. 7) trahiraient une préférence certaine pour le bien 1 et inversement (fig. 8). Ce raisonnement n'est malheureusement pas toujours valable, ne serait-ce qu'à cause des unités choisies pour mesurer les biens. Par exemple, sur la figure 8, si on avait mesuré les steacks-frites en grammes, on en aurait compté 2 000 au point B et 1 900 au point B′ (un steack = 100 g). Les courbes d'indifférence seraient alors très verticales, pourtant les goûts n'auraient pas changé.

Si deux individus différents ont des courbes d'indifférence correspondant aux figures 7 et 8, on ne peut donc rien en déduire sur leur préférence absolue pour les biens. Par contre, on peut

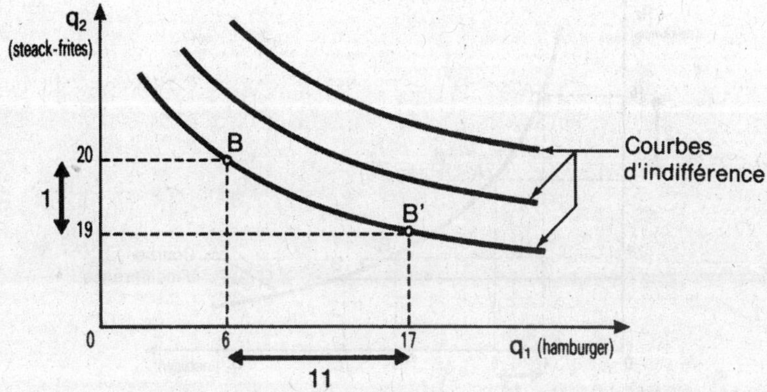

Fig. 8 – Courbes d'indifférence plutôt horizontales

affirmer que l'individu de la figure 7 a une préférence plus grande pour le bien 1, par *comparaison* avec l'individu de la figure 8.

3. Le taux marginal de substitution

3.1. Définition

Nous venons de raisonner avec des courbes d'indifférence toutes plutôt verticales ou toutes plutôt horizontales. La figure 9 représente un cas moins caricatural, avec une forte pente dans certaines zones et une faible pente dans d'autres.

Observons le passage de A à A′ le long d'une même courbe d'indifférence. On en déduit que l'individu concerné est prêt à renoncer à 2 steacks-frites pour obtenir 1 hamburger supplémentaire : le nombre 2 caractérise, dans une certaine zone, le taux d'échange que l'individu ressent entre les deux biens. Plus généralement (voir figure page suivante).

Le taux marginal de substitution du bien 2 au bien 1 est la quantité de bien 2 à laquelle un individu est prêt à renoncer pour obtenir une unité supplémentaire de bien 1, sa satisfaction restant inchangée.

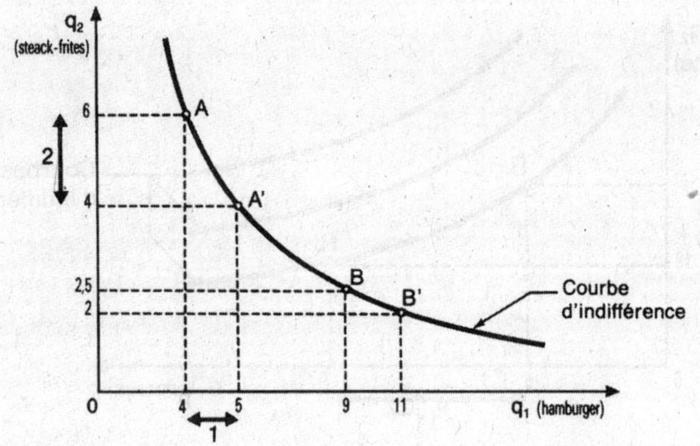

Fig. 9 – Le taux marginal de substitution

De la même façon, ce taux apparaît comme la quantité supplémentaire de bien 2 qu'il faut donner à l'individu après renonciation à une unité de bien 1.

Naturellement, le taux marginal de substitution du bien 1 au bien 2 sera l'inverse du précédent.

On note TMS en abrégé ce taux ; détaillons le vocabulaire.

— Le « taux » n'en est pas un, les variations des quantités n'étant pas exprimées en pourcentage, mais nous respecterons l'usage.

— La « substitution » signifie qu'on substitue un bien à un autre.

— Enfin, « marginal » fait toujours allusion en microéconomie à des variations très faibles des quantités considérées. Tel n'est d'ailleurs pas vraiment le cas quand on passe de 4 à 5 hamburgers.

En toute rigueur, il faudrait considérer, à partir du point A, une variation Δq_1 positive si on augmentait la dotation en bien 1, négative sinon et de faible ampleur (voir fig. 10). La compensation Δq_2 en bien 2 serait de sens contraire et le TMS serait défini au point A par :

$$\text{TMS} = -\frac{\Delta q_2}{\Delta q_1}$$

le long d'une courbe d'indifférence.

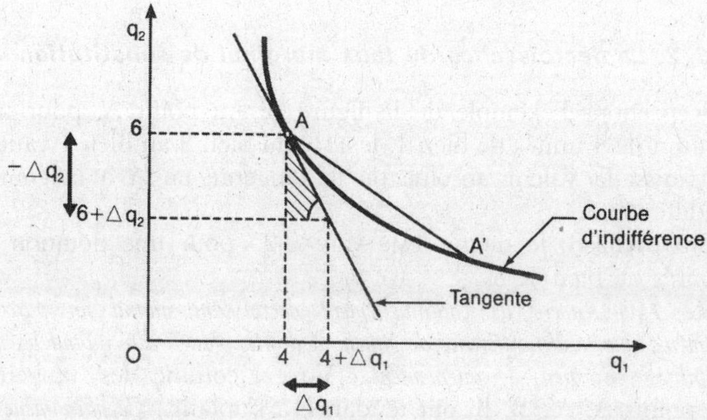

Fig. 10 – Détail de la figure 9 avec $\Delta q_1 > 0$ avec $\Delta q_2 < 0$

Au signe près, la figure 10 et la formule précédente nous permettent d'assimiler le TMS et la pente de la tangente en A à la courbe d'indifférence passant par A. Au signe près, car la pente de la tangente est négative et on souhaite raisonner sur des TMS positifs.

Comment calculer le TMS au point B de la figure 9 ?

En toute rigueur, on tracerait la tangente en B et on en mesurerait la pente. Contentons-nous d'approximation, en observant le passage de B à B′, ce dernier étant le voisin le plus proche.

$$\begin{cases} \text{de B à B}', & q_1 \text{ varie de } \Delta q_1 = 11 - 9 = 2 \\ \text{de B à B}', & q_2 \text{ varie de } \Delta q_2 = 2 - 2{,}5 = -0{,}5 \end{cases}$$

Donc le TMS vaut environ :

$$\text{TMS} = -\frac{\Delta q_2}{\Delta q_1} = \frac{0{,}5}{2} = 0{,}25.$$

En cédant une unité de bien 1 à partir de la situation B, l'individu réclamera 0,25 unité de bien 2 pour maintenir son niveau de satisfaction. Bien entendu, si on lui donnait davantage, il serait plus heureux qu'en B et inversement.

3.2. La décroissance du taux marginal de substitution

Reprenons l'exemple de la figure 9. Au point A, pour une dotation de 4 unités de bien 1, le TMS du bien 2 au bien 1 vaut 2, c'est aussi la valeur absolue de la tangente en A à la courbe d'indifférence.

Au point B, le même TMS vaut 0,25 pour une dotation de 9 unités de bien 1.

Le TMS s'avère ici continuellement décroissant quand on parcourt une même courbe d'indifférence de gauche à droite, c'est-à-dire quand les disponibilités en bien 1 augmentent. (Voyez comme les tangentes aux points A, A′, B, B′ ont tendance à s'aplatir.) *Ce phénomène est considéré comme « général » et on parle même – à tort – de « loi des TMS décroissants ».*

Pour le vérifier, il suffit que les courbes d'indifférence tournent leur convexité vers l'origine : nous sommes ainsi ramenés aux considérations du § 2.2 ci-dessus ; donnons-en une autre justification possible.

Au point A, je suis riche en steack-frites et pauvre en hamburger, du moins par rapport au point B. Dans les deux cas, privez-moi d'un même hamburger. J'en serais plus cruellement affecté au point A qu'en B ; je réclamerais donc davantage de steacks en compensation. Autrement dit, mon TMS sera plus élevé en A qu'en B.

Pour imaginer un contre-exemple, on pourrait reprendre l'étude de la non-convexité, avec un individu préférant les solutions extrêmes plutôt que les situations intermédiaires pour ses vacances.

On évoque parfois le cas d'un collectionneur, disons de timbres. Au début de sa collection, il est prêt à céder une certaine quantité d'un autre bien pour acquérir un timbre supplémentaire. Plus tard, pour en finir avec son album, il sera prêt à des sacrifices beaucoup plus importants pour obtenir les derniers timbres. Ces sacrifices ne sont autres que les valeurs du TMS, elles augmentent avec la quantité de timbres détenus : le TMS serait donc ici croissant.

3.3. L'autre décroissance du TMS

Rendons-nous dans le désert. On confie à un individu une certaine quantité q_1 d'eau et une autre q_2 de vin. Il en résulte un certain TMS du bien 2 au bien 1, c'est la quantité supplémentaire de vin qu'il faudrait offrir à l'individu si on lui retirait un verre d'eau, en lui maintenant sa satisfaction.

Imaginons le même individu à qui on remet la même quantité de vin q_2, mais davantage d'eau ; il sera plus heureux que dans l'autre éventualité, mais peu importe. Retirons-lui un verre d'eau et observons sa réaction : il est vraisemblable que la quantité de vin qu'il réclamera sera moindre que dans le premier cas.

Traduisons : son TMS est plus faible qu'avant.

Généralisons : il est plausible que le taux marginal de substitution du bien 2 au bien 1 décroisse à mesure qu'on augmente les dotations en bien 1 en gardant la même dotation de bien 2.

La figure 11 illustre cette décroissance en jouant sur l'interprétation du TMS en termes de tangente.

Notez la subtile différence entre les deux notions. Quand on ne précise pas de quelle décroissance il s'agit, on pense plutôt à la

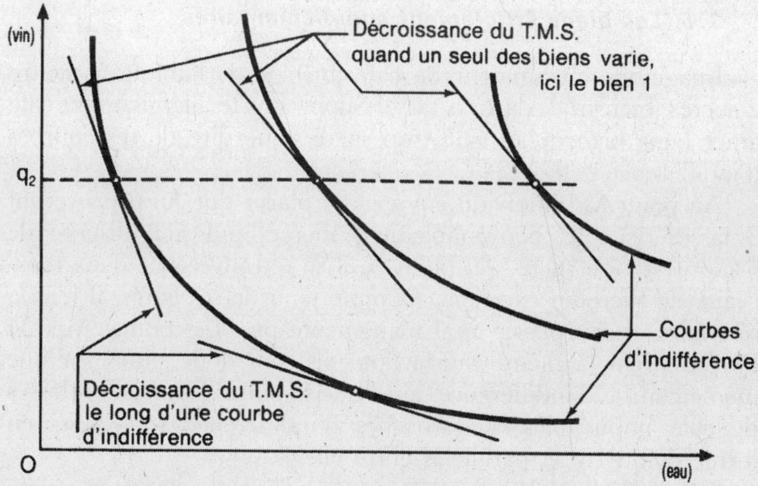

Fig. 11 – Les décroissances du TMS

décroissance le long d'une courbe d'indifférence, c'est-à-dire à la convexité des préférences.

En toute rigueur, notre contre-exemple du collectionneur convient davantage à la croissance du taux quand un seul des biens varie, en l'occurrence la quantité de timbres détenue.

3.4. Les biens substituables

Soit un individu et deux biens qui lui sont d'abord fournis selon les quantités positives q_1 et q_2. Diminuons, par exemple, la quantité de bien 1. Est-il possible de compenser en augmentant la quantité de bien 2, c'est-à-dire de retrouver le même niveau de satisfaction ? Nous l'avons jusqu'ici admis implicitement. On dit alors que les deux biens sont substituables pour cet individu, toutes les figures précédentes en sont des illustrations.

Le cas contraire est celui où la perte initiale ne peut pas être compensée : « Un seul être vous manque et tout est dépeuplé. » L'être en question n'est pas substituable aux autres : nous allons envisager un exemple moins poétique.

3.5. Les biens strictement complémentaires

Imaginons un amateur de café (bien n° 1) habitué à mettre 2 sucres (bien n° 2) dans sa tasse. Supposons-le allergique au café amer aussi bien qu'au café trop sucré : que dire de ses courbes d'indifférence ? (fig. 12).

Au point M, l'individu envisage le plaisir que lui procureront 3 tasses de café, convenablement sucrées puisqu'il dispose de 6 morceaux de sucre. Au point A, il se retrouve avec deux morceaux de sucre en excédent. Compte tenu de ses goûts, il n'en a que faire et son plaisir total n'augmente pas. Les points A et M lui procurent la même satisfaction : ils sont donc situés sur une même courbe d'indifférence, ainsi que le point B avec ses 9 tasses de café imbuvables. Les courbes d'indifférence sont alors en forme d'équerre et parallèles entre elles.

On dit des deux biens, dans cet exemple, qu'ils sont « strictement complémentaires » pour l'individu (ils peuvent ne plus l'être pour un autre individu).

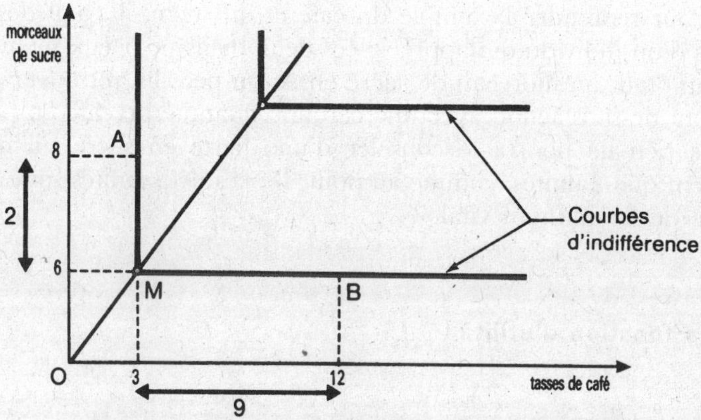

Fig. 12 – Deux biens strictement complémentaires

Ils ne sont pas « substituables » car, si on retirait un morceau de sucre dans la dotation B, aucune compensation en café ne ramènerait à la satisfaction initiale.

N'en déduisez surtout pas que les biens n'ont que le choix entre la substitution et la stricte complémentarité. La figure 13 est un exemple où les biens sont tantôt substituables (aux points tels que A) et tantôt non substituables (aux points tels que B).

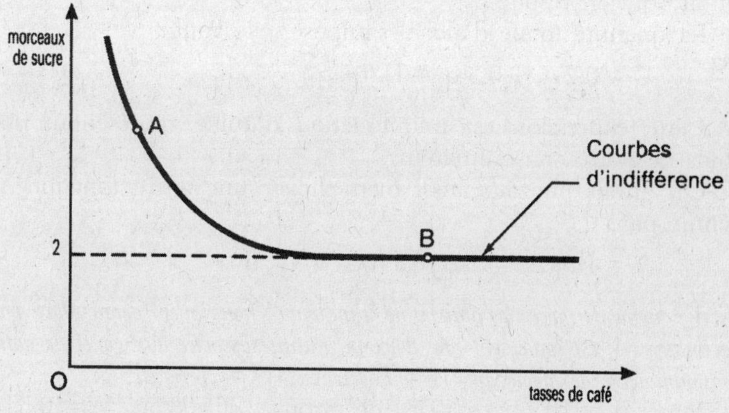

Fig. 13 – Un cas mixte avec minimum vital.

Pour reprendre l'exemple du café et du sucre, il s'agit désormais d'un individu qui apprécie ces deux biens pour eux-mêmes ; en lui ôtant un morceau de sucre en A, on peut lui retrouver son niveau de satisfaction avec une certaine quantité de café en plus. Mais rien ne pourra le consoler d'une perte en sucre s'il n'en détient que 2 unités, comme au point B : ces deux unités sont une sorte de « minimum vital ».

4. La fonction d'utilité

4.1. Définition

Soit un individu avec ses goûts propres et deux biens pour simplifier. Étant donné une dotation représentée par les deux nombres q_1 et q_2, l'individu sera plus ou moins satisfait et on note U (q_1, q_2) une fonction qui permet de mesurer la satisfaction comme si celle-ci était un nombre.

Cette fonction s'appelle fonction d'utilité, chacun ayant évidemment sa propre fonction. Elle dépend des quantités disponibles de biens.

Imaginons, par exemple, un alcoolique sollicité par deux produits dont les teneurs en alcool valent 20 % et 30 %. On lui fournit q_1 litre de produit 1 et q_2 litre de produit 2, comment mesurer l'utilité qui en résulte ?

La quantité totale d'alcool s'impose, elle vaut :

$$U = 0{,}2\ q_1 + 0{,}3\ q_2 = U\ (q_1, q_2).$$

Cette expression est une fonction d'utilité représentant les goûts de notre consommateur.

On aurait pu tout aussi bien choisir une autre fonction V définie par :

$$V = 10 \times U = 2\ q_1 + 3\ q_2 = V\ (q_1, q_2).$$

V augmente avec le plaisir de l'individu, nous n'en demandons pas davantage : V est également une fonction d'utilité associée aux goûts de notre consommateur, de même que $W = \text{Log}\ U$ ou $W' = (U)^2$, etc.

Pour $q_1 = 10$ et $q_2 = 5$, on trouve $U = 3{,}5$; $W = 0{,}54$; $W' = 12{,}25$.

Ces nombres n'ont aucune signification particulière, seules compteront leurs variations pour indiquer une satisfaction en hausse ou en baisse.

L'utilité ne dépend-elle que des quantités de biens disponibles pour un individu ? Évidemment non : tout fleuriste sait que mon utilité dépend aussi de celle de mes proches, quand je suis content de leur faire plaisir. Mais cette idée conduit à des complications mathématiques sérieuses qu'il vaudra mieux éviter.

4.2. De l'utilité aux courbes d'indifférence

Soit un individu et une fonction d'utilité $U = U(q_1, q_2)$. Faisons varier les quantités disponibles q_1 et q_2 tout en conservant un même niveau de satisfaction $\overline{U}$. Il vient :

$$\overline{U} = U(q_1, q_2).$$

Cette équation n'est autre que l'équation d'une courbe d'indifférence de niveau $\overline{U}$.

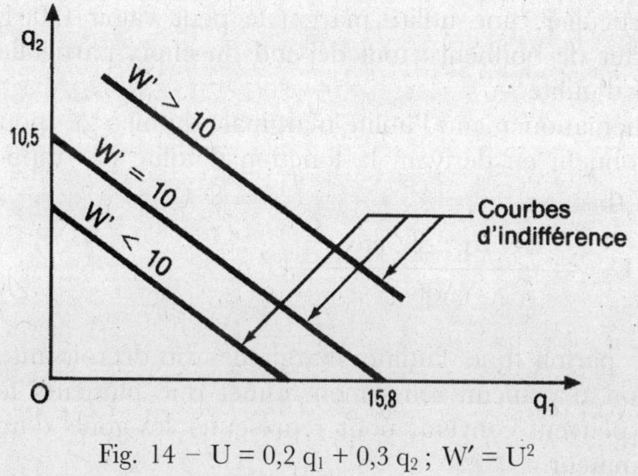

Fig. 14 – $U = 0{,}2\,q_1 + 0{,}3\,q_2$; $W' = U^2$

Exemple

Considérons une des expressions possibles de l'utilité de notre alcoolique :

$$W' = (0{,}2\,q_1 + 0{,}3\,q_2)^2$$

La courbe d'indifférence au niveau W′ = 10 s'écrit :

$$10 = (0{,}2\ q_1 + 0{,}3\ q_2)^2$$

ou encore :

$$0{,}2\ q_1 + 0{,}3\ q_2 = 3{,}16 = \text{constante.}$$

(Vous constaterez que n'importe quelle autre fonction d'utilité possible, U, V, W, etc. aurait donné le même résultat.)

La figure 14 représente les courbes d'indifférence : les deux biens s'avèrent « parfaitement substituables ».

4.3. L'utilité marginale

Soit un individu et une fonction d'utilité $U = U(q_1, q_2, \text{etc.})$.

L'utilité marginale, par exemple du premier bien, est l'accroissement d'utilité quand on dispose d'une unité supplémentaire de ce bien. On la note $U_{m,1}$*, elle dépend évidemment des dotations initiales.*

L'utilité marginale est positive ou nulle pour tous les biens : plus j'en possède et plus je suis heureux. Mais sa valeur n'a aucun sens particulier, une utilité marginale peut valoir 0,001 et me transporter de bonheur : tout dépend du choix particulier de la fonction d'utilité.

Mathématiquement, l'utilité marginale du bien 2 – pour changer – s'obtient en dérivant la fonction d'utilité par rapport à la variable q_2 :

$$U_{m,2} = \frac{\Delta U\ (q_1, q_2, \text{etc.})}{\Delta q_2} = U'\ q_2.$$

(On dit parfois que l'utilité marginale est décroissante : cette expression n'a aucun sens si on admet que plusieurs fonctions d'utilité peuvent convenir pour représenter les goûts d'un même consommateur.)

4.4. De l'utilité au taux marginal de substitution

Une fonction d'utilité étant donnée (par exemple un jour d'examen), comment calculer le taux marginal de substitution du bien 2 au bien 1 ?

L'équation d'une courbe d'indifférence de niveau $\overline{U}$ s'écrit :

$$\overline{U} = U(q_1, q_2)$$

q_1 et q_2 pouvant varier librement.

Or nous avons montré que le TMS était la pente, en valeur absolue, d'une certaine tangente. Les mathématiques permettent de calculer cette pente, on ne sera pas surpris de trouver des dérivées dans le résultat que vous pourrez admettre :

TMS du bien 2 au bien 1

$$= -\frac{\Delta q_2}{\Delta q_1} = \frac{\text{Utilité marginale du bien 1}}{\text{Utilité marginale du bien 2}} = \frac{U_{m,1}}{U_{m,2}}$$

Interprétation économique

— Je me prive d'une unité de bien 1 : mon plaisir diminue de $U_{m,1}$; or :

— On me donne une unité de bien 2 : mon plaisir augmente de $U_{m,2}$; donc

— On me donne T unité de bien 2 : mon plaisir augmente de $T \times U_{m,2}$.

Problème : On me prive d'une unité de bien 1 *et* on me donne T unité de bien 2 pour compenser, que vaut T ?

Réponse : $T \times U_{m,2} = U_{m,1}$, donc : $T = \frac{U_{m,1}}{U_{m,2}}$.

Relisez la question : le nombre T, par définition, était bien le TMS cherché.

Exemple

Reprenons l'exemple du § 4.2.

La courbe d'indifférence de niveau $W' = 10$ s'écrivait

$$10 = W'(q_1, q_2) = (0{,}2\ q_1 + 0{,}3\ q_2)^2, \text{ donc :}$$

$$U_{m,1} = \frac{\Delta W'}{\Delta q_1} = 2\ (0{,}2\ q_1 + 0{,}3\ q_2) \times 0{,}2 \text{ et :}$$

$$U_{m,2} = \frac{\Delta W'}{\Delta q_2} = 2 \ (0{,}2\ q_1 + 0{,}3\ q_2) \times 0{,}3.\ \text{Donc :}$$

$$\text{TMS du bien 2 au bien 1} = \frac{U_{m,1}}{U_{m,2}} = \frac{2}{3} = 0{,}7 \text{ environ.}$$

Si on retire un litre de bien 1 à l'individu, il faudra lui fournir 7 décilitres de bien 2 pour se faire pardonner.

Notez que l'on retrouve la pente de la courbe d'indifférence de la figure 14 (0,7 = 10,5/15,8 environ). Notez surtout qu'il aurait été légitime et astucieux de raisonner sur la fonction $U = 0{,}2\ q_1 + 0{,}3\ q_2$, plus simple que W′.

On aurait écrit :

$$\text{TMS} = \frac{U_{m,1}}{U_{m,2}} = \frac{0{,}2}{0{,}3} = 0{,}7 \text{ environ.}$$

4.5. Taux de substitution et troc

Considérons deux individus et deux catégories de bien. Chaque individu possède certaines quantités de bien, il en résulte deux valeurs pour les TMS du bien 2 au bien 1, T_1 pour le premier individu, T_2 pour le second. Supposons $T_1 = 8$ et $T_2 = 10$, l'essentiel étant que les deux TMS soient différents.

Imaginons alors le troc suivant, illustré par la figure 15.

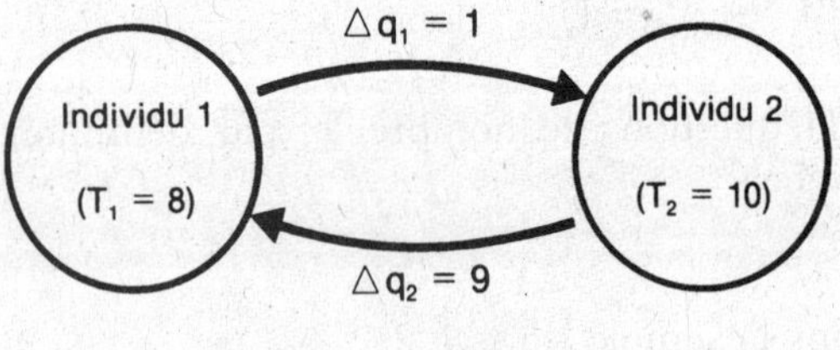

Fig. 15 – Un troc mutuellement avantageux

Le 1er individu cède une unité de bien 1 au 2e, il en reçoit 9 unités de bien 2. Vu son TMS, le 1er individu se serait contenté de 8 unités de bien 2 pour compenser la perte d'une unité de bien 1. Il en reçoit 9 : le troc améliore donc sa satisfaction.

Vu son TMS, le 2e individu était prêt à se débarrasser de 10 unités de bien 2 pour recevoir une unité de bien 1. Il n'en donne que 9 : le troc améliore sa satisfaction. Étant tous deux gagnants, les deux individus sont donc incités à pratiquer le troc. (Notez que toute valeur de Δq_2 comprise entre T_1 et T_2 ferait l'affaire.)

Moralité : Si deux individus s'aperçoivent que leurs TMS sont différents, relativement à deux biens quelconques, ils ont intérêt à recourir au troc. Or nous constatons que le troc est une forme très limitée d'échange, les achats à des prix convenus étant la règle. Les TMS de toute la population sont donc approximativement égaux à chaque instant : le chapitre suivant nous expliquera ce mystère.

Vocabulaire à connaître : biens indivisibles, divisibles - courbe d'indifférence - préférences convexes - biens parfaitement substituables - taux marginal de substitution - décroissance du TMS - biens substituables - biens strictement complémentaires - utilité, fonction d' - utilité marginale.

EXERCICES PROPOSÉS

Exercice 1

On considère un individu dont la fonction d'utilité, relativement à 2 biens n° 1 et n° 2, vaut :

$U = Q_1 * Q_2$ (les biens sont divisibles).

L'individu possède 100 unités de bien 1 et 120 unités de bien 2.

1 / Calculez l'utilité qui en résulte. Déterminez une dotation « voisine » sur la même courbe d'indifférence avec $Q_1 = 102$. Représentez graphiquement sans vous soucier des échelles, dans le repère (Q_1, Q_2), la dotation initiale, sa voisine et la courbe d'indifférence.

2 / En déduire une approximation du taux marginal de substitution du bien 2 au bien 1 dans la zone initiale ($Q_1 = 100$, $Q_2 = 120$).

3 / Retrouvez ce résultat à l'aide des utilités marginales que vous commencerez par calculer.

Exercice 2

On considère un individu dont la fonction d'utilité, relativement à deux biens, vaut :

$V = Q_1^{0,8} * (Q_2)^{1,2}$

1 / On rappelle que d'autres fonctions d'utilité conviennent tout autant, déduites de V par des transformations qui conservent la croissance de l'utilité par rapport aux quantités disponibles Q_1 et Q_2. Trouvez une telle fonction notée U de la forme :

$U = (Q_1)^a * (Q_2)^b$ avec $a + b = 1$, a et b étant positif.

(Nous raisonnerons désormais avec cette expression.)

2 / Dans le repère des biens (Q_1, Q_2), écrivez l'équation d'une courbe d'indifférence de niveau $U = 20$. Tracez *l'allure* de quelques courbes d'indifférence. Que constatez-vous d'intéressant ?

3 / Vérifiez que la dotation $Q_1 = 56{,}6$, $Q_2 = 10$ procure une utilité $U = 20$. Calculez la valeur Q_1, qui donne la même satisfaction, avec $Q_2 = 11$.
En utilisant ces seules valeurs, déterminez approximativement le TMS du bien 2 au bien 1 au voisinage de la dotation $Q_2 = 10$, $Q_1 = 56{,}6$.
Quelle est son interprétation économique ?

4 / L'équation de la courbe d'indifférence du niveau 20 permet de calculer sa pente en un point quelconque. Exprimez donc le TMS le long de cette courbe d'indifférence. Est-il décroissant ? Retrouvez le résultat final de la question précédente.

5 / Pour observer les variations du TMS quand seule varie une des quantités disponibles, on cherche la valeur de ce taux pour $Q_1 = 10$ et $Q_2 = 10$.
Calculez l'utilité en ce point. Déterminez un point voisin donnant la même utilité. En déduire une approximation du TMS dans la zone $Q_1 = 10$, $Q_2 = 10$.
Qu'en déduisez-vous d'intéressant ?

2. La demande

Le premier chapitre présentait un individu défini par ses goûts propres, formalisés par une fonction d'utilité et des courbes d'indifférence. Nous allons désormais lui proposer d'acquérir tous les biens existant à certains prix, nous en déduirons certains principes généraux de comportements économiques.

1. Le cadre général

1.1. Prix et marchés

Chaque bien est susceptible d'être acquis par un consommateur quelconque, à condition de payer un prix convenu, le même pour tous les consommateurs. On notera p_1, p_2, etc. les prix associés aux produits de type 1, 2, etc.

Dans certains cas, en pratique, le prix peut se négocier : « faites-moi 10 % de rabais et je vous achète le tout » ; nos consommateurs s'abstiendront de marchander, ce qui simplifiera la tâche. On dit que ce sont des agents « preneurs de prix », c'est-à-dire qu'ils considèrent les prix comme *donnés*, sous-entendu : *par le marché*.

Parfois, les prix sont différents d'un individu à l'autre. Par exemple, un même repas universitaire peut être plus ou moins cher selon qu'il est servi à un étudiant ou à un non-étudiant. On parle de « discrimination par les prix », ce genre de pratique étant encadré par des règles juridiques assez contraignantes. Nous supposerons ici que les mêmes prix s'imposent à tous, mais nous envisagerons la discrimination dans le chapitre 13.

Affirmer que les prix s'imposent aux individus ne nous empêchera pas ultérieurement de constater une détermination des prix... par ces mêmes individus. Dans un cas, on considère l'*ensemble des consommateurs* et la pression qu'ils exercent sur un marché ; si cette pression est forte, nous nous attendons évidemment à une révision du prix à la hausse. Mais dans l'autre cas, on considère un *individu isolé* : sa plus ou moins grande envie de boire de la bière n'a alors aucune incidence sur le prix.

1.2. Prix et monnaie

En quelles unités sont exprimés les différents prix que nous aurons à considérer, en yens, en dollars canadiens, en euros ? Nous ne le préciserons jamais, de sorte que des résultats éventuels comme $p_1 = 12$ n'auront aucune signification. Par contre, affirmer de deux biens que le rapport de leurs prix p_1/p_2 vaut 4 aura un sens très clair : chaque consommateur qui achète une unité de bien 1 aurait pu acheter 4 unités de bien 2 à la place. Nous ne pourrons jamais déterminer les « prix absolus », p_1, p_2, etc., mais nous déterminerons des « prix relatifs » qui sont en fait des rapports de prix comme $\frac{p_3}{p_2}$, $\frac{p_3}{p_1}$, $\frac{p_1}{p_2}$, etc.

En face des achats, nous considérerons un *revenu disponible* exprimé dans les mêmes unités monétaires. Nous négligerons tous les problèmes posés par la monnaie (sous quelles formes perçoit-on un revenu et achète-t-on des biens ? pourquoi détient-on de la monnaie ?, etc.).

1.3. Biens privés, biens publics

Les biens que nous considérerons dans ce chapitre devront être librement achetables en n'importe quelles quantités pourvu qu'on accepte d'en payer le prix convenu, sans se soucier des comportements d'autrui.

Le plus simple consiste à considérer des « biens privés », c'est-à-dire des biens dont les autres sont privés quand je me les procure. Par exemple, nul ne peut profiter de mes cigarettes après mon achat – sauf certains amis. Par contre, en regardant une émission de télévision, je n'empêche personne d'en faire autant : il s'agit d'un « bien public ». Une chaîne à péage représente une situation intermédiaire : achetant un appareil de décodage, je prive les autres de son emploi – sauf mes amis –, mais ensuite l'allumage de mon téléviseur n'intéresse plus personne.

1.4. La contrainte budgétaire

Pour une période donnée, nous considérons un individu, ou un ménage selon les cas, qui dispose de certaines ressources et qui les affecte à sa guise à certains emplois possibles. Détaillons ces opérations.

Le salaire se formalise comme le produit d'un taux de rémunération noté W (comme *wages* en anglais) par une quantité de travail fournie notée L (comme *labour*). La même formalisation vaut alors pour certaines activités non salariales : L, pour un médecin, serait le nombre de patients par jour et W le gain moyen par client. Pour résumer :

$$\text{Revenus de type salarial} = W \times L.$$

Il existe des revenus de nature différente parce que leurs niveaux dépendent de décisions antérieures ou d'événements non maîtrisables. Ainsi, un placement financier antérieur peut me rapporter une certaine somme aujourd'hui ; tant mieux si elle s'avère élevée, mais je ne peux plus influer sur son niveau. De la même façon, un héritage augmente mes revenus mais sans que j'en puisse choisir le niveau. On dira de ces éléments qu'ils sont « exogènes » pour moi, c'est-à-dire que je n'ai pas ou que je n'ai plus la possibilité de les modifier. De même, les prix tels que nous les avons définis sont des variables exogènes pour chaque consommateur. On qualifie d' « endogènes » toutes les autres variables, pour le moment il ne s'agit que de la quantité de travail : je peux décider de travailler à mi-temps ou pas du tout (cet exemple s'avérera d'ailleurs assez ambigu).

Pour résumer, nous noterons :

Revenus exogènes = R.

La somme R + WL constitue les revenus primaires. Il convient de les diminuer ou du moins de les modifier en considérant certains transferts obligatoires T, essentiellement les impôts. L'impôt sur le revenu étant calculé sur les revenus de l'année antérieure, on peut considérer ces transferts comme exogènes aujourd'hui. Le « revenu disponible » apparaît comme le revenu net d'un individu :

Revenu disponible = Rd = WL + R – T.

Que faire de ce revenu disponible ?

On peut le dépenser en partie en achetant certaines quantités q_1, q_2, etc. de biens aux prix p_1, p_2, etc. On obtient ainsi :

$$\text{Consommation en valeur} = (p_1\, q_1) + (p_2\, q_2) + (p_3\, q_3) + (\ldots).$$

(Notez que les différentes variables q_1, q_2, sont autant d'endogènes pour notre problème.)

Le reste s'appelle l'épargne. Elle peut s'écrire comme une somme $S_1 + S_2$ + etc. de différents placements effectués. Ainsi S_1 peut représenter des achats d'obligations, S_2 peut être une quantité de monnaie qu'on souhaite conserver d'une période à l'autre, etc.

Mais ces différentes notions peuvent également apparaître en ressources, ce que nous avions omis de signaler.

Par exemple, je peux disposer en début de période d'une encaisse monétaire de 15 000, qui est une ressource et décider d'une encaisse finale de 20 000. On dira plutôt que l'encaisse finale « nette » vaut 20 000 – 15 000 = 5 000.

De même, je peux emprunter 10 000 et, simultanément, acheter pour 12 000 F d'obligations. On dira plutôt que je suis « prêteur net » pour une valeur de 12 000 – 10 000 = 2 000 F. De sorte qu'on pourra écrire :

$$\begin{cases} \text{consommation en valeur + épargne } \textit{nette} \\ = \text{revenu disponible} \\ (p_1\, q_1 + p_2\, q_2 + \ldots) + (S) = WL + (R - T). \end{cases}$$

Cette dernière équation s'appelle la « contrainte budgétaire » d'un individu (ou d'un ménage). Notez les variables endogènes :

q_1, q_2 (...), S et L. Il s'agit de comprendre leurs niveaux, étant donné les valeurs exogènes p_1, p_2 (...), W, R et T. L'individu effectue *simultanément* ses choix, mais nous y verrons plus clair en considérant la succession suivante d'arbitrages élémentaires :

1 / arbitrage entre les différents achats possibles de produits, le revenu disponible et l'épargne étant donnés (chap. 2) ;
2 / arbitrage entre la consommation et le travail, les autres éléments étant donnés (chap. 3) ;
3 / arbitrage entre la consommation et l'épargne nette, les autres éléments étant donnés (chap. 14).

Nous allons donc commencer, dans ce chapitre, par un problème très simple et très partiel : étant donné une valeur à affecter aux achats, comment la répartir au mieux compte tenu des prix et des goûts de l'individu considéré ? Nous noterons R la valeur de la consommation, en l'assimilant par commodité à un revenu exogène. La contrainte budgétaire s'écrit donc :

$$p_1 q_1 + p_2 q_2 + (\dots) = R.$$

2. La demande individuelle

2. 1. L'équilibre du consommateur

Contentons-nous de deux biens : les généralisations seraient immédiates. Selon les quantités achetées q_1 et q_2, l'individu en tirera un niveau de satisfaction mesuré par une fonction d'utilité $U(q_1, q_2)$. On peut donc interpréter son comportement de la façon suivante : quelles valeurs de q_1 et q_2 faut-il choisir pour maximiser la fonction d'utilité tout en respectant la contrainte budgétaire ? Formalisons ce programme ; p_1, p_2 et R sont donnés. Il faut choisir q_1 et q_2 tels que :

$$\text{Max } U(q_1, q_2) \text{ (l'utilité doit être maximum)}$$
$$\text{sous } p_1 q_1 + p_2 q_2 = R \text{ (tout en respectant la contrainte budgétaire)}$$

On dit d'un consommateur qu'il est en *équilibre* s'il se conforme à ce programme, c'est la situation qui doit naturellement prévaloir.

La valeur q_1 dépend évidemment des valeurs exogènes, prix et revenus.

La *fonction de demande,* par exemple du bien 1, *explicite comment varient les achats projetés de bien 1 quand les différentes variables exogènes varient,* ici les prix et le revenu. Il s'agit plus précisément d'une demande *individuelle,* c'est-à-dire relative à un individu donné, avec les goûts qui lui sont propres.

Nous noterons q^d ou D les fonctions de demande individuelles :

$$q_1 = q_1^d(p_1, p_2, R) = D_1(p_1, p_2, R) = \text{demande de bien 1}$$

$$q_2 = q_2^d(p_1\ p_2, R) = D_2(p_1, p_2, R) = \text{demande de bien 2.}$$

Connaissant une demande D_1, on en déduit l'autre très simplement, car :

$$p_2\, q_2 = R - p_1\, q_1 = R - p_1\, D_1(p_1, p_2, R), \text{ d'où : } q_2^d = \frac{R - p_1\, D_1}{p_2}.$$

2.2. L'illusion monétaire

Considérons que les prix effectifs valent $p_1 = 10$, $p_2 = 3$ et que le revenu vaut 100.

La contrainte budgétaire s'écrit :

$$10q_1 + 3q_2 = 100.$$

La consommation de bien 1 vaut alors :

$$q_1 = D_1(10, 3, 100)$$

(on dit aussi : « quantité demandée » de bien 1).

Considérons alors que les prix sont multipliés par 2 et le revenu également. La nouvelle contrainte budgétaire s'écrit :

$$20q_1 + 6q_2 = 200$$

ou encore en divisant par 2 :

$$10q_1 + 3q_2 = 100.$$

Elle ne change donc pas : l'équilibre du consommateur demeurera inchangé, ainsi que les demandes. On aura ainsi :

$$D_1(20, 6, 200) = D_1(10, 3, 100).$$

Plus généralement, ceci prouve que les demandes sont « homogènes de degré 0 ».

Elles ne dépendent en réalité que des rapports des variables exogènes, par exemple : $q_1 = D_1(p_1, p_2, R) =$ *fonction de* $\left(\frac{p_2}{p_1}, \frac{R}{p_1}\right)$ = *fonction de (prix relatifs et revenu réel).*

Cette propriété s'appelle l'« absence d'illusion monétaire » si tous les prix et tous les revenus sont multipliés par un même nombre, les quantités demandées restent inchangées.

En 2002, quand furent abandonnés les « anciens francs », chacun gagna subitement 6,6 fois moins et les produits coûtèrent 6,6 fois moins : on devine que les demandes en volume n'en furent pas affectées.

2.3. La rationalité des consommateurs

Un consommateur dont les choix résultent de la logique microéconomique est qualifié de « rationnel ». La rationalité consiste donc pour un individu à chercher son bonheur ou celui de ses proches en tenant compte des contraintes qui s'imposent à lui. Mais comment pourrait-on ne pas être rationnel ?

1 / Écartons l'idée d'erreur occasionnelle. Je peux emprunter 10 millions d'euros, découvrir trop tard que je ne pourrai pas les rembourser et passer la fin de ma vie en prison, ce qui ne serait pas malin. La microéconomie analyse ce genre de situation d'information « imparfaite », ce que nous ne ferons pas ici et on comprend qu'une action puisse être rationnelle et erronée.

2 / L'idée de malchance est voisine. Je peux mobiliser mes économies pour les investir dans une affaire qui, dans 99 cas sur 100, s'avérera très profitable mais qui va se terminer par une faillite. La microéconomie analyse ce genre de situation d'incertitude, ce que nous ne ferons pas ici et on comprend qu'une action puisse être rationnelle et malchanceuse.

3 / On peut aussi penser au prodigue qui dépenserait sans compter, ce qui signifie qu'il ne respecterait pas sa contrainte budgétaire ; mais dépenser plus qu'on ne gagne n'est techniquement possible que pour des futurs héritiers. Il ne s'agit donc pas ici d'irrationalité mais d'un arbitrage intertemporel particulier que nous préciserons au chapitre 14.

4 / Il reste enfin quelques individus, sans doute moins de 1 % de la population, incapables de respecter une contrainte budgétaire, qui s'endettent sans aucun espoir de rembourser, qui n'en ont pas conscience et qui vont au-delà de graves ennuis.

2.4. Représentation graphique

Connaissant la fonction d'utilité U, il est possible de résoudre mathématiquement le programme d'équilibre d'un consommateur, c'est-à-dire de calculer ses fonctions de demande.

Une représentation graphique s'impose dans le repère des biens. Nous disposons déjà des courbes d'indifférence pour représenter les niveaux de satisfaction, il reste à dessiner la contrainte budgétaire :

$$p_1 q_1 + p_2 q_2 = R.$$

Celle-ci s'avère une droite ordinaire, représentée sur la figure 1.

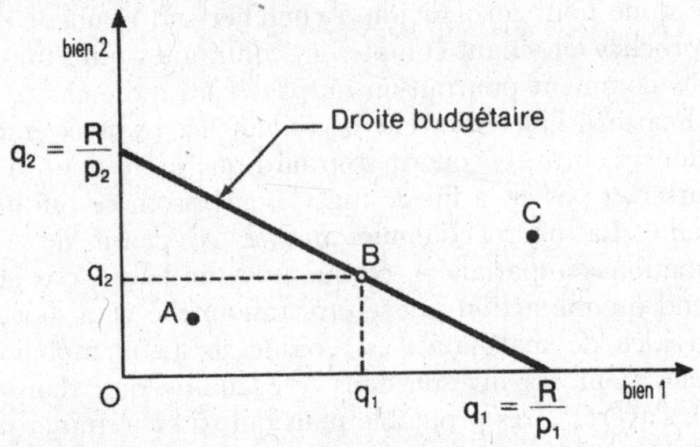

Fig. 1 – La droite budgétaire

Les valeurs sur les axes sont obtenues en faisant $q_1 = 0$, puis $q_2 = 0$ dans la contrainte budgétaire. Cette dernière peut s'écrire également :

$$q_2 = -\frac{p_1}{p_2} q_1 + \frac{R}{p_2}.$$

La droite représentative, dite droite budgétaire, a donc comme pente $-\dfrac{p_1}{p_2}$ dans le repère (q_1, q_2).

Tout point B de la droite budgétaire s'interprète de la façon suivante : *avec le revenu R, il est possible d'acheter les quantités q_1 et q_2 aux prix p_1 et p_2*. Les points tels que A sont également « possibles », mais un moindre revenu aurait suffi. Les points tels que C sont hors d'atteinte avec le revenu R.

Il est parfois utile de savoir représenter graphiquement les changements de paramètres qui peuvent intervenir dans la définition de l'équilibre du consommateur. Les figures 2 indiquent les principaux cas.

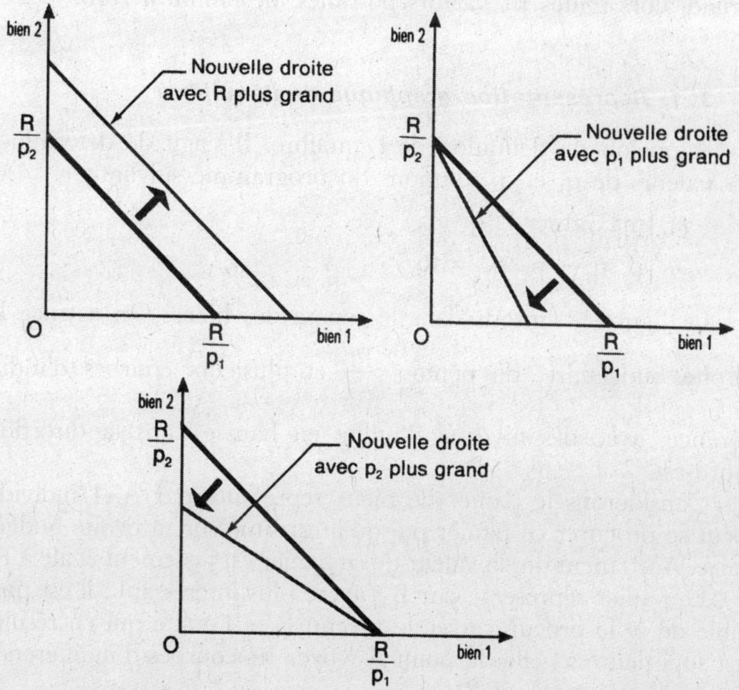

Fig. 2 – Variations de la droite budgétaire $(p_1 q_1 + p_2 q_2 = R)$

On a d'abord tracé une droite budgétaire comme sur la figure 1. Les intersections avec les axes permettent alors d'envisager les nouvelles droites budgétaires à la suite d'une variation d'un paramètre exogène.

L'équilibre du consommateur correspond à un point situé sur la droite de budget. Il reste à préciser lequel.

3. Le cas standard

L'allure des fonctions de demande individuelles dépend de l'allure des fonctions d'utilité. Nous commencerons par envisager le cas de deux biens substituables, avec un TMS décroissant le long d'une courbe d'indifférence ; nous ajouterons que ce TMS prend alors toutes les valeurs possibles, de l'infini à zéro.

3.1. Représentation graphique de l'équilibre

Rappelons la définition de l'équilibre. Il s'agit de déterminer les valeurs de q_1 et q_2 solutions du programme suivant :

$$\begin{cases} \text{maximiser } U(q_1, q_2), \text{ avec :} \\ p_1 q_1 + p_2 q_2 = R \end{cases}$$

La figure 3 s'inscrit dans le repère des biens. On a tracé la droite budgétaire, de pente $-\frac{p_1}{p_2}$ et plusieurs courbes d'indifférence, avec des niveaux d'utilité en hausse dans la direction nord-est.

Considérons le panier de biens représenté par A. L'individu peut se procurer ce panier puisqu'il est situé sur sa droite budgétaire. Autrement dit, la valeur de ce panier est justement égale à R.

Le panier représenté par B s'avère plus intéressant : il est possible de se le procurer avec le revenu R et l'utilité qui en résulte est supérieure à celle du point A (voyez les courbes d'indifférence aux deux points A et B).

De proche en proche, on aboutit au panier E, la droite budgétaire étant tangente à la courbe d'indifférence. Il est possible d'aller au-delà, par exemple au point F, mais alors le revenu R ne permet pas d'acquérir les biens correspondants.

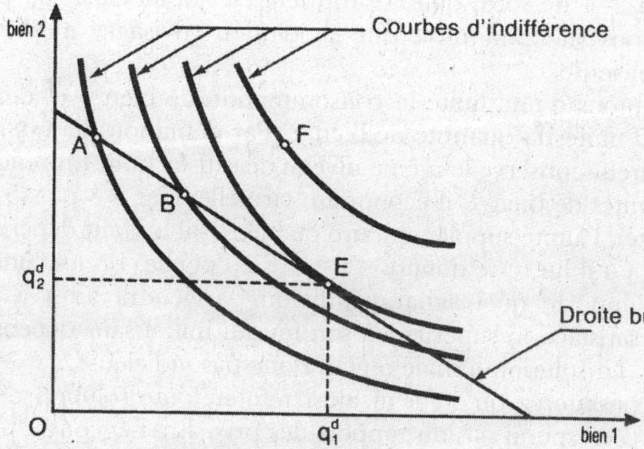

Fig. 3 – L'équilibre dans le cas standard

On a noté q_1^d et q_2^d les coordonnées de l'équilibre E : ce sont les valeurs des demandes pour des prix et un revenu correspondant à la droite budgétaire indiquée.

3.2. Du taux marginal de substitution à l'équilibre

À l'équilibre, la tangente à la courbe d'indifférence aura la même pente que la droite budgétaire. Or, nous avons montré que :

$$\begin{cases} \text{valeur absolue de la tangente en question} = \\ \qquad\qquad\qquad \text{TMS du bien 2 au bien 1 au point E.} \\ \text{valeur absolue de la pente de la droite} = p_1/p_2 \end{cases}$$

On en déduit que le taux marginal de substitution est égal, à l'équilibre, au rapport des prix.

Interprétation économique

Supposons une consommation projetée compatible avec le revenu disponible pour laquelle le TMS vaudrait 5. Supposons

$p_2 = 1$ et $p_1 = 4$ de sorte que la propriété en question ne soit pas vérifiée ; nous allons montrer que la solution envisagée n'est pas la plus judicieuse.

Augmentons d'une unité la consommation de bien 1 et diminuons de 5 unités la quantité de bien 2. Par définition du TMS, le consommateur conserve le même niveau de satisfaction. En renonçant à 5 unités de bien 2, il économise virtuellement $5 \times p_2 = 5$ €. Pour acheter 1 unité supplémentaire de bien 1, il lui faut dépenser $1 \times p_1 = 4$ € : il lui reste donc $5 - 4 = 1$ € en poche. En les consacrant à n'importe quel achat, l'individu parviendra ainsi à un niveau de satisfaction supérieur à son niveau initial sans dépenser davantage. La solution initiale n'était donc pas judicieuse.

Vous constaterez qu'on peut ainsi réfuter toute solution dont le TMS ne correspond pas au rapport des prix. Envisageons à présent les contre-exemples possibles, c'est-à-dire les situations où notre raisonnement ne serait pas toujours valable.

— Il suffirait d'abord que la notion de substitution disparaisse.

— Il suffirait aussi que la consommation initiale corresponde à une quantité *nulle* de l'un des deux biens. Il serait alors impossible d'envisager une « légère diminution » de cette quantité, ce qui pourrait ruiner notre démonstration.

3.3. Retour en arrière : troc et TMS

Souvenez-vous du dernier paragraphe du 1er chapitre, intitulé « TMS et troc ». Nous avions montré que deux individus avaient intérêt à recourir au troc dès lors que leurs TMS différaient pour deux biens quelconques.

Nous savons donc désormais pourquoi le troc occupe une place si faible dans nos sociétés. En faisant ses emplettes, chaque consommateur égalise son TMS au rapport des prix. À la sortie des magasins, tous se retrouvent donc sur le trottoir avec les mêmes TMS : inutile de s'accoster, il n'existe plus de troc mutuellement avantageux.

La situation serait différente si les individus n'étaient pas soumis aux mêmes prix ou ne pouvaient pas choisir leurs achats à volonté ; la persistance du troc dans les pays de l'Est n'avait pas d'autres explications.

3.4. Des utilités marginales à l'équilibre

Rappelons que le TMS apparaît comme le rapport des utilités marginales. Notre condition d'équilibre peut donc s'écrire :

$$\frac{\text{utilité marginale du bien 1, à l'équilibre}}{\text{utilité marginale du bien 2, à l'équilibre}} = \frac{p_1}{p_2} \ (= \text{TMS}).$$

Notons $U_{m,1}$ et $U_{m,2}$ ces utilités marginales. Souvenons-nous que l'équilibre doit respecter la contrainte budgétaire, il vient alors :

$$\frac{U_{m,1}}{U_{m,2}} = \frac{p_1}{p_2} \qquad \text{et} \qquad p_1 q_1 + p_2 q_2 = R.$$

Ces deux équations permettent, dans le cas standard, de calculer les fonctions de demande.

Exemple

Soit la fonction d'utilité $U = (q_1)^{0,2} * (q_2)^{0,3}$. Nous voulons calculer les demandes, il faut donc résoudre en q_1 et q_2 le système suivant :

$$\begin{cases} \dfrac{U_{m,1}}{U_{m,2}} = \dfrac{\frac{\Delta U}{\Delta q_1}}{\frac{\Delta U}{\Delta q_2}} = \dfrac{0,2 \times (q_1)^{-0,8} \times (q_2)^{0,3}}{0,3 \times (q_1)^{0,2} \times (q_2)^{-0,7}} = \dfrac{2q_2}{3q_1} = \dfrac{p_1}{p_2} \\ p_1\, q_1 + p_2\, q_2 = R \end{cases}$$

On trouve alors :

$$\begin{cases} q_1^d = \text{demande de bien 1} = 0,4\ \dfrac{R}{p_1} \\ q_2^d = \text{demande de bien 2} = 0,6\ \dfrac{R}{p_2} \end{cases}$$

Ces demandes dépendent des variables exogènes (prix et revenu) : telle est la coutume. Mais notez que p_2 n'intervient pas dans la demande de bien 1 et *vice versa* : ceci est plutôt rare. La valeur des demandes, c'est-à-dire $p_1 q_1^d$ ou $p_2 q_2^d$ est une fraction constante du revenu ; ainsi 40 % du revenu est alloué au bien 1 et 60 % au bien 2 : ce type de comportement n'est nullement général.

Remarque

Nous aurions abouti aux mêmes fonctions de demande avec d'autres fonctions d'utilité représentant les mêmes goûts et parfois plus simplement. La fonction V = Log U s'avère commode si on aime les logarithmes. Elle s'écrit :

$$V = 0{,}2 * \mathrm{Log}(q_1) + 0{,}3 * \mathrm{Log}(q_2).$$

On en déduit par exemple :

$$\text{Utilité marginale du bien 1} = \frac{\Delta V}{\Delta q_1} = \frac{0{,}2}{q_1}.$$

Généralisation

Quand il existe n biens, l'équilibre standard se calcule en résolvant le système suivant :

$$\frac{U_{m,1}}{p_1} = \frac{U_{m,2}}{p_2} = (\ldots) = \frac{U_{m,n}}{p_n}$$

$$p_1 q_1 + p_2 q_2 + (\ldots) + p_n q_n = R$$

($U_{m,1}$ étant l'utilité marginale du bien i)

4. Typologie des biens

Une « typologie » est un classement astucieux de tous les cas possibles ; ainsi une typologie des régimes politiques distinguera entre les démocraties, les dictatures et les tyrannies (?).

Nous allons d'abord envisager deux cas différents du cas « standard » et les équilibres qui en résultent.

4.1. Deux biens parfaitement substituables

(Voyez éventuellement la définition dans le chapitre 1.)

Les courbes d'indifférence sont des droites parallèles, supposons que leurs pentes soient égales à − 2, le TMS vaut alors toujours 2.

Les figures 4 représentent la recherche de l'équilibre. Dans le cas *a)*, le rapport des prix vaut 1, inférieur au TMS, il vaut 3 dans le cas *b)*, supérieur au TMS.

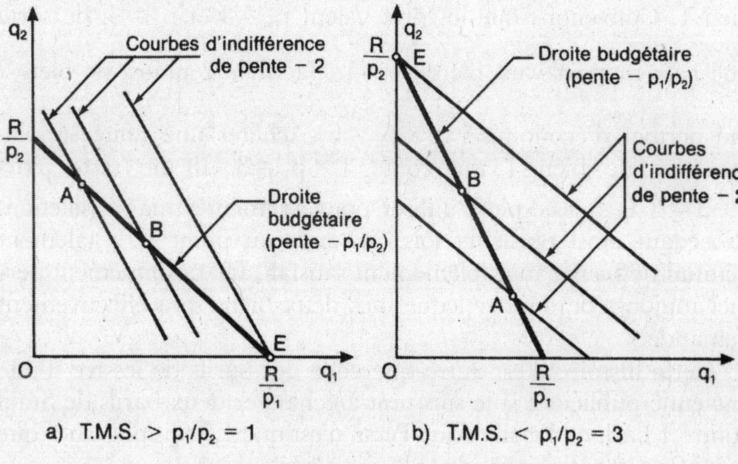

Fig. 4 – Équilibre et parfaite substitution

Raisonnons dans le cas *a)*.

La consommation représentée par le point A s'avère financièrement réaliste puisque située sur la droite budgétaire de pente $-\dfrac{p_1}{p_2} = -1$. Pour apprécier l'utilité qui en résulte, on a tracé des courbes d'indifférence, de pentes égales à $-$ TMS $= -2$; ces droites sont donc plus verticales que la droite budgétaire. Il est donc clair que la consommation représentée par le point B procurera un plaisir plus vif que précédemment. En continuant le raisonnement, on aboutit au point E qui est donc l'équilibre.

Voyez la figure 4 *b)* et son point E d'équilibre, on peut donc conclure dans tous les cas :

Lorsque deux biens sont parfaitement substituables, on renonce totalement à l'un des deux à l'équilibre.

Qui sera sacrifié ?

Interprétation économique

Reprenons le cas *a)*. Le TMS valant 2, je suis prêt à céder 2 unités de bien 2 pour obtenir une unité supplémentaire de bien 1. Convenons que les prix valent $p_1 = 3$ et $p_2 = 3$, de sorte que leur rapport vaut bien $\frac{p_1}{p_2} = 1$. Sacrifier 2 unités de bien 2 me permet d'économiser $2 \times p_2 = 6$. Acheter une unité supplémentaire de bien 1 me coûte $1 \times p_1 = 3$. Il me reste alors $6 - 3 = 3$ €, que je peux utiliser pour augmenter ma satisfaction. Procédant ainsi plusieurs fois, j'aboutis au point E, totalement démuni de bien 2 mais pleinement satisfait. Ce raisonnement permet toujours de déceler lequel des deux biens sera effectivement demandé.

Cette histoire n'est autre que celle des barils de lessive d'une ancienne publicité : si je suis prêt à échanger deux barils de Sunil contre 1 baril de Persil et que Persil n'est que 1,5 fois plus cher que Sunil, je n'achèterai que de la lessive Persil.

Autre interprétation économique

Reprenons par exemple le cas *a)* de la figure 4 qui se traduit par :

$$\text{TMS} = \frac{U_{m,1}}{U_{m,2}} > \frac{p_1}{p_2} \Rightarrow \text{on renonce au bien n}^{\text{o}}\ 2$$

($U_{m,1}$, étant l'utilité marginale du bien 1).

La condition peut s'écrire également :

$$\frac{U_{m,1}}{p_1} > \frac{U_{m,2}}{p_2} \Rightarrow \text{on renonce au bien n}^{\text{o}}\ 2.$$

Interprétons l'utilité marginale d'un bien comme un indice de sa qualité. En divisant la qualité de chaque bien par son prix, on obtient une sorte de rapport qualité-prix et la condition ci-dessus revient à éliminer les biens dont le rapport qualité-prix est médiocre relativement aux autres.

Notez que, dans le cas standard, tous les biens ont, à l'équilibre, le même rapport qualité-prix : aucun n'est donc éliminé au profit d'un autre.

Les préférences non convexes

Un cas voisin est celui des préférences strictement non convexes, lorsque les goûts privilégient les situations extrêmes. La figure 5 indique la nature de l'équilibre correspondant.

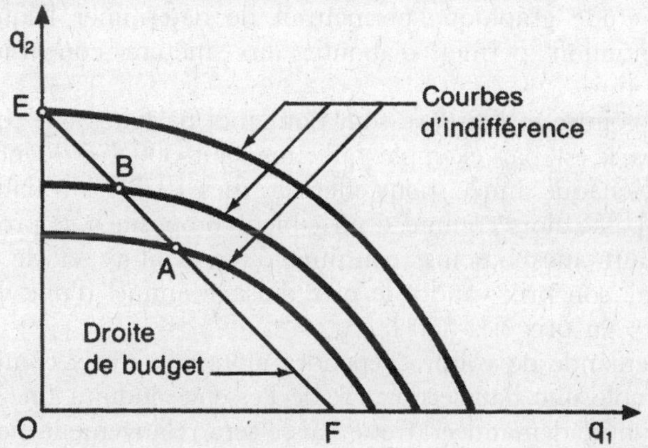

Fig. 5 – Équilibre et préférences strictement non convexes

Le choix A est financièrement possible, car il appartient à la droite budgétaire, mais B s'avère plus judicieux en permettant une satisfaction plus importante. De proche en proche, on aboutit au point d'équilibre E excluant tout achat de bien 1. Avec d'autres prix, on aboutirait à un équilibre en F. Le résultat est donc semblable au cas parfaitement substituable, la caractérisation mathématique est plus difficile, nous ne la rechercherons pas. En pratique, il suffit de déterminer lequel des deux points extrêmes E et F de la droite budgétaire apporte le plus grand niveau de satisfaction.

Les solutions extrêmes des figures 4 et 5 sont appelées « équilibres en coin », on les oppose aux « équilibres intérieurs » du cas standard. Malgré son nom, notez que le cas standard est statistiquement rare ; choisissez deux biens au hasard, il est peu probable que vous ayez l'habitude de les acquérir tous les deux simultanément ; raisonnez pour vous en convaincre sur la liste suivante : calculette Texas Instrument, lustre en cristal, calculette Hewlett-Packard, éclairage halogène.

4.2. Deux biens strictement complémentaires

(Voyez éventuellement la définition dans le chapitre 1.)

Une étude graphique permettrait de déterminer l'équilibre, mais l'intuition permet d'aboutir aux mêmes conclusions à moindre frais.

Si la voiture et l'essence sont pour moi parfaitement complémentaires, c'est par exemple qu'il me faut 500 l d'essence par véhicule, chaque année, pour effectuer mes 10 000 km habituels. Tout se passe alors comme si un « bien composite » se proposait de satisfaire mes besoins, constitué d'une voiture et de 500 l d'essence ; son prix vaudra le prix d'usage annuel d'une voiture augmenté du prix des 500 l.

La demande de voiture dépendra alors de ce prix composite, par exemple une hausse du prix de l'essence induira une baisse de la quantité demandée. (Cette baisse sera relativement modeste, car la part de l'essence est faible dans la définition du prix du bien composite.)

4.3. Effet revenu, effet substitution

La demande d'un bien dépend de toutes les variables exogènes du programme d'équilibre d'un consommateur. Dans le cas de deux biens, la demande du bien 1 dépend donc de son prix (p_1), du prix de l'autre bien (p_2) et du revenu (R). Admettons qu'on connaisse la réaction de la demande aux variations du revenu ; nous allons essayer d'en déduire la réaction de la demande quand seul un des prix varie. L'idée intuitive est de considérer deux étapes.

Première étape : je modifie mes choix en faveur du bien dont le prix est devenu relativement plus faible. Tel est l'« effet substitution », car on y substitue un bien à un autre.

Étape intermédiaire : je constate que tout se passe alors comme si j'étais devenu plus riche ou plus pauvre qu'auparavant. Par exemple, si le prix des restaurants augmentait, je mangerais davantage à domicile et j'aurais le sentiment d'être plus pauvre. Deuxième étape : étant plus riche ou plus pauvre, je modifie mes choix en conséquence, tel est l' « effet revenu » qui ne concerne que des modifications virtuelles de mon revenu. Par exemple, étant plus pauvre, je mangerais un peu moins luxueusement à domicile et un peu moins souvent au restaurant.

Considérons un autre exemple. Je suis pauvre et mon alimentation se résume à deux biens : des patates et de la viande. Le prix des patates augmente, que se passe-t-il ? L'effet substitution conseille de me tourner vers le bien devenu moins cher : je désire consommer un peu plus de viande et beaucoup moins de patates.

Hélas ! Mon revenu est si faible que cette solution ne me convient guère, compte tenu de la hausse du prix des patates. Pour survivre, ce sera l'effet revenu, je consommerai moins de viande et davantage de patates.

Moralité : il est possible, en additionnant les deux effets, qu'une hausse du prix des patates m'incite à en consommer davantage ! On parle alors d' « effet Giffen ». En pratique, ce genre d'analyse est absolument inutile pour les produits usuels, il suffit d'invoquer l'effet substitution pour deviner les effets d'une modification des prix. Retenez néanmoins qu'on ne peut pas affirmer en toute rigueur qu'un produit dont le prix augmente sera toujours moins demandé par n'importe quel individu.

Analyse graphique

Reprenons l'exemple de la restauration à domicile et à l'extérieur, notons p_D et p_E les prix respectifs et R le revenu consacré à ces deux biens en une année (relisez le § 2.4 pour interpréter la figure 6 ci-après).

L'équilibre initial est en I, avec une contrainte budgétaire B_I et un niveau d'utilité U_I. L'individu mange donc parfois chez lui et parfois au restaurant. Survient alors une baisse du prix p_E, effet d'une campagne de promotion d'une chaîne internationale de restauration rapide. Il en résulte une nouvelle droite budgétaire B_F avec un équilibre final F qui procure une utilité U_F, supérieure comme on le devine à U_I.

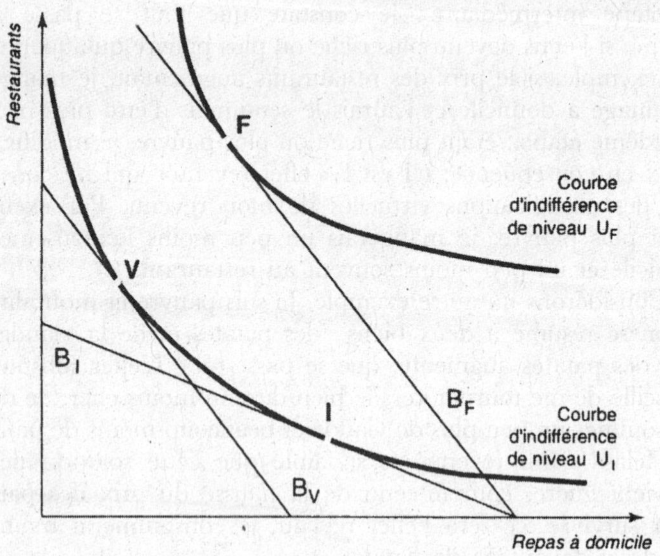

Fig. 6 – Décomposition en effets de revenu et de substitution

On constate une plus grande tendance à manger au restaurant et des effets moins sûrs quant aux repas à domicile. Pour préciser les choses de façon mathématique, on considère un point virtuel V situé sur la même courbe d'indifférence que I avec une tangente en V, B_V, parallèle à B_F.

On peut interpréter B_V comme une droite budgétaire dont les prix seraient les mêmes que dans la situation finale mais avec un revenu virtuel inférieur à R. Le point V correspondrait alors à ce que serait l'équilibre de l'individu maximisant son utilité avec des prix et un revenu correspondants à la droite B_V. D'où les deux interprétations suivantes :

(i) le passage de I à V traduit un pur « effet de substitution » entre les biens choisis quand le prix du restaurant a baissé, incitant toujours à consommer davantage le bien devenu relativement moins cher ;

(ii) le passage de V à F traduit un pur « effet de revenu », au sens où il suppose que les prix restent inchangés.

On dit alors que l'effet total de la baisse du prix des restaurants, correspondant au passage de I à F, se « décompose » en un « effet de substitution » décrit en (i), et un « effet de revenu » décrit en (ii).

Cette décomposition est en partie conventionnelle. Retenez surtout qu'une baisse d'un prix s'analyse d'une part comme un changement des prix relatifs et, d'autre part, comme une augmentation virtuelle du revenu.

4.4. Définitions

Considérons un individu quelconque. Les prix restant aux mêmes niveaux, le revenu de l'individu augmente : comment réagira-t-il ? Pour beaucoup de produits, l'individu augmentera sa consommation. Les biens concernés sont alors qualifiés de « biens normaux ».

Dans certains cas, comme la margarine, la majorité des individus diminuent leurs consommations en devenant plus riches (ils se mettent au beurre). Les biens concernés sont qualifiés de « biens inférieurs ».

Imaginons à présent que le prix d'un bien augmente. Vais-je en acheter davantage comme dans le cas précédent des patates ? Si oui, le bien est qualifié d' « a-typique », sinon le bien sera « typique ».

Plus difficile enfin : le prix d'un autre bien augmente, comment vais-je réagir ? Si cet autre bien est le restaurant, le nombre de mes repas à domicile augmentera : le malheur des restaurateurs fait le bonheur des épiciers.

On dit que ces deux biens sont, pour moi, des « substituts bruts ». L'idée est voisine, mais distincte, de celle des biens « substituables », des biens que l'on peut substituer tout en restant aussi satisfait. Néanmoins, nous dirons souvent « substituables » au lieu de « substituts bruts », quand le contexte permettra de comprendre le sens de cette expression. Notez enfin que deux biens « parfaitement substituables » sont « substituables » (au sens premier du terme) et « substituts bruts ».

Si le prix des billets SNCF augmentait, j'aurais tendance à louer moins de paires de ski : le transport et les skis sont pour moi deux biens « complémentaires », ils ne le sont pas pour d'autres individus. Notez que la stricte complémentarité n'est qu'un cas particulièrement strict de l'idée de biens complémentaires. Le tableau 7 résume les différents cas que nous venons d'envisager :

	la demande augmente	la demande diminue
Quand le revenu augmente	le bien est normal	le bien est inférieur
Quand le prix augmente	le bien est a-typique	le bien est typique
Quand l'autre prix augmente	les biens sont substituables	les biens sont complémentaires

Fig. 7 – Une typologie des biens

Exemple : si, quand le revenu augmente, la demande d'un bien augmente pour un individu, on dit que le bien est normal pour cet individu.

Remarque

La dernière ligne du tableau présente deux situations qui ne sont pas forcément exclusives. Reprenons l'exemple de la SNCF et des skis. Si le prix des skis augmentait, je pourrais fort bien renoncer à la neige et me mettre à parcourir le vaste monde ; dans ce cas, ma demande de transport augmenterait et on en conclurait que le transport et les skis sont pour moi deux biens substituables ! Ce genre de situation apparaît dès lors qu'une hiérarchie existe entre les biens, l'un d'entre eux permettant des usages plus ou moins dépendants de l'autre.

Le plaisir du ski dépend des conditions de transport, mais l'utilité du transport peut agrémenter bien d'autres activités. Il n'existe pas de vocabulaire universel pour décrire ce type de situation. Peut-être pourrait-on affirmer que le ski est complémentaire du transport, mais que le transport est substituable au ski ?

5. La demande globale

5.1. Définition

Pour un produit donné, la demande globale vaut la somme de toutes les demandes individuelles ; elle apparaît ainsi comme une fonction des différentes variables qui définissent les demandes individuelles.

Notons q_i^d la demande, pour un produit donné, de l'individu n° i. Nous avons vu que celle-ci dépend du prix p du produit, de toutes sortes d'autres prix et du revenu R_i de l'individu.

$$q_i = \text{fonction de } (p, \text{autres prix}, R_i) = q_i^d\ (p, \text{autres prix}, R_i).$$

La demande globale vaut donc :

$$q = q_1 + q_2 + (\ldots) = q_1^d\ (p, \text{autres prix}, R_1) +$$
$$q_2^d\ (p, \text{autres prix}, R_2) + (\text{etc.}).$$

Elle dépend ainsi du prix du produit, des autres prix et de chacune des valeurs des revenus individuels.

Exemple

Oublions les autres prix et les revenus, contentons-nous de deux individus et supposons :

demande du premier individu : $q_1 = q_1^d(p) = -\ 2p + 10$ (pour $p < 5$)

demande du deuxième individu : $q_2 = q_2^d(p) = -\ 5p + 15$ (pour $p < 3$).

Les figures 8 indiquent le passage à la demande globale :

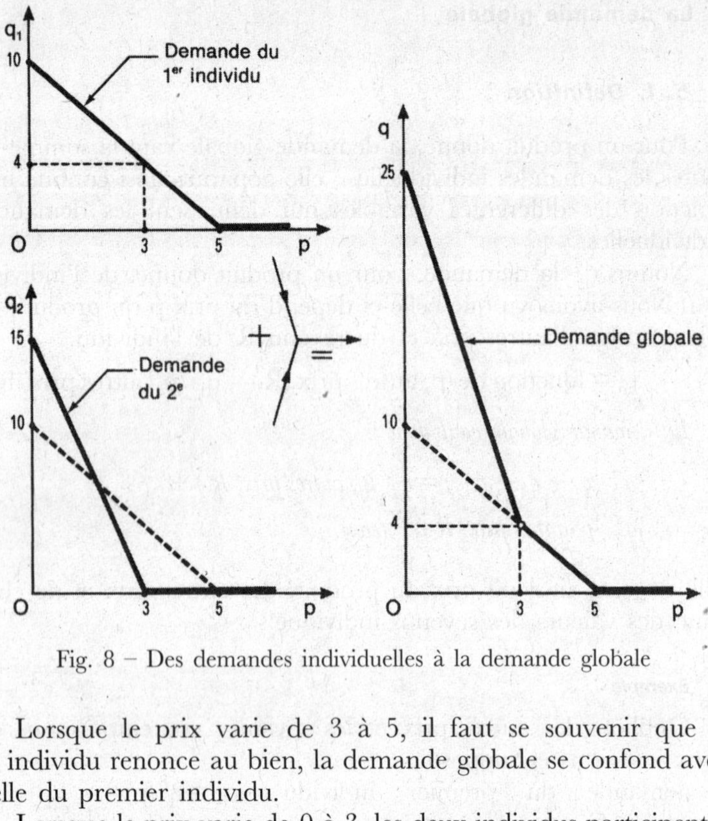

Fig. 8 – Des demandes individuelles à la demande globale

Lorsque le prix varie de 3 à 5, il faut se souvenir que le 2e individu renonce au bien, la demande globale se confond avec celle du premier individu.

Lorsque le prix varie de 0 à 3, les deux individus participent à la demande globale, celle-ci vaut donc :

$$q = (-2p + 10) + (-5p + 15) = -7p + 25.$$

Notez que cette formule ne vaut que dans l'intervalle de prix entre 0 et 3.

5.2. L'agrégation des demandes individuelles

La demande globale dépend de tous les revenus individuels, c'est-à-dire de plusieurs millions de variables pour les produits de masse : il serait fâcheux d'en rester là en pratique. L'idéal serait d'affirmer que le revenu global, c'est-à-dire la somme des revenus individuels, suffit pour traduire l'influence des revenus dans la consommation. Dans quels cas peut-on l'affirmer et avec quelles marges d'erreur ? On rencontre ce type de problèmes dans toute « agrégation » des comportements individuels, quand il s'agit de les résumer en un seul comportement suffisamment simple. Un exemple nous servira de fil conducteur.

Intéressons-nous à la consommation annuelle de bottes en cuir. Imaginons que ce produit soit un bien normal pour presque tous les ménages ; étant plus riche, on en achète davantage, soit pour remplacer ses bottes en plastique, soit pour augmenter sa collection. Supposons que l'an prochain on s'attende à une augmentation du revenu global des ménages et oublions les éventuelles modifications des prix. Il est tentant de prophétiser une augmentation des ventes de bottes de cuir : est-ce pour autant légitime ?

Supposons qu'une prévision plus fine nous précise que l'augmentation du revenu global consistera en une forte augmentation dans le Midi de la France et une légère diminution au Nord. Dans ce cas, la progression des ventes dans le Midi sera très faible (le cuir y étant peu apprécié) et il y aura une diminution des ventes dans le Nord. Globalement, on peut s'attendre à une légère diminution globale, ce qui contredit l'intuition initiale.

Par contre, si l'augmentation globale des revenus était quasiment uniforme, chacun en profitant à peu près dans la même proportion, on aurait pu en déduire que chacun en profiterait pour se chausser avec élégance sans grand risque d'erreur.

On écrira donc que *la demande globale d'un produit dépend du revenu global et de la répartition de ce revenu global entre les différents individus.* Si cette répartition ne change guère d'une période à l'autre, on peut résumer l'influence des revenus par le seul revenu global. Cette règle est déterminante en pratique, car les différentes répartitions de revenus envisageables s'avèrent effectivement stables pendant plusieurs années.

Protégé par la stabilité des structures de répartition, on raisonne parfois comme s'il n'y avait qu'un seul ménage « représentatif », capable de résumer l'ensemble des décisions individuelles.

Devant prévoir l'évolution des ventes de bottes de cuir, on imaginera les Français comme un seul individu : « Si cet individu est riche, il se chaussera mieux, or le revenu national va augmenter, donc les Français consommeront davantage. » Ce raisonnement n'est tolérable qu'à titre de métaphore, après examen de la stabilité des structures de répartition pour le problème considéré. Même dans ce cas, il risquerait de nous induire en erreur, car les comportements individuels sont en général très différenciés.

5.3. Effet prix, effet revenu

Supposons que le prix d'un produit augmente, comment analyser la réaction de la demande globale ?

Presque toujours, on commencera par exhiber un autre produit, parfaitement substituable au premier pour tous les consommateurs. Ainsi, lorsque le prix des automobiles Peugeot augmente, il convient de faire intervenir la marque Renault ou les voitures étrangères, ou les deux à la fois.

Dans la situation initiale, il faut considérer deux éléments qui contribuent à la demande globale des voitures Peugeot : le nombre de clients, plus ou moins attachés à leur marque préférée, et l'achat moyen par client. (Dans ce cas, un achat « important » par client signifie une tendance rapide au remplacement des véhicules anciens.) Une augmentation de prix commence par diminuer le nombre de clients, en raison de la parfaite substitution avec d'autres biens. Globalement, on peut évoquer une sorte d'effet substitution d'un produit à l'autre, mais dans un sens très différent que pour un individu isolé.

Tout se passe comme si un ménage représentatif utilisait simultanément des « Peugeot » et d'autres marques et modifiait lentement son arbitrage, mais, en réalité, seuls certains ménages changent d'attitude et ils en changent brutalement.

Considérons alors les individus restés fidèles à la marque Peugeot devenue plus chère. Chacun subit un effet revenu négatif qui incite à différer plus ou moins longtemps les renouvellements, ce qui diminue d'autant la demande globale. En général, la demande globale diminue donc avec le prix sans qu'on puisse en toute rigueur démontrer cette propriété dans tous les cas. Il en résulte la représentation de la figure 9 dont l'interprétation varie avec la nature du produit considéré.

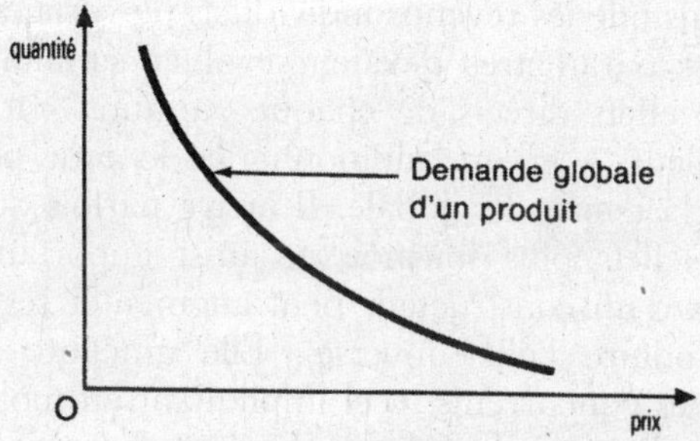

Fig. 9 – La demande globale est généralement décroissante

Au lieu de considérer un bien particulier, on envisage parfois un ensemble de biens de même type, ce qui restreint le recours aux produits parfaitement substituables. Imaginons une baisse de la TVA sur toutes les voitures, que se passera-t-il ? Il est impossible de deviner comment se modifieront les parts de marché détenues par chacun des constructeurs, l'hypothèse d'un statu quo semble plutôt vraisemblable. L'effet *global* de substitution n'existe plus, il reste l'effet positif de revenu : chaque marque augmentera sans doute le volume de ses ventes. Notez qu'individuellement, il s'agit d'une substitution d'automobiles aux autres postes de dépense, le terme d'effet substitution serait donc tout autant justifié dans ce cas.

5.4. Effets directs, effets indirects

Nous avons plusieurs fois raisonné à partir d'une variation des revenus ou des prix d'une période à l'autre. Pour appliquer le modèle microéconomique du consommateur, il faut d'abord supposer que les préférences individuelles sont suffisamment stables : l'hypothèse ne semble pas trop sévère.

Mathématiquement, il est commode de raisonner « toutes choses égales par ailleurs ». Ainsi, pour nos bottes de cuir avec une augmentation du revenu global, nous supposions implicitement que les prix relatifs ne variaient pas. Pour nos automobiles, au contraire, nous supposions que les revenus individuels ne variaient pas.

Si plusieurs paramètres devaient évoluer simultanément, on mesurerait les effets directs de chaque variation « toutes choses égales par ailleurs » et on additionnerait le tout pour prévoir l'évolution de la demande globale. Il arrive parfois qu'on néglige ainsi d'autres effets plus sournois et aussi importants. Ainsi la hausse du prix d'un constructeur peut augmenter ses profits (elle peut aussi produire l'effet inverse). Elle améliore la situation financière de ses concurrents, ceci impliquant au moins certaines augmentations de revenus individuels chez des actionnaires, des salariés, des fournisseurs, etc. Ces variations de revenus sont alors des « effets induits », sous-entendu : induits par une variation de prix. Ils peuvent très bien induire à leur tour des variations dans la demande globale chez Peugeot et ailleurs, on parle alors d'*effet indirect* d'une variation initiale de prix. La figure 10 résume la situation, elle est tout à fait générale :

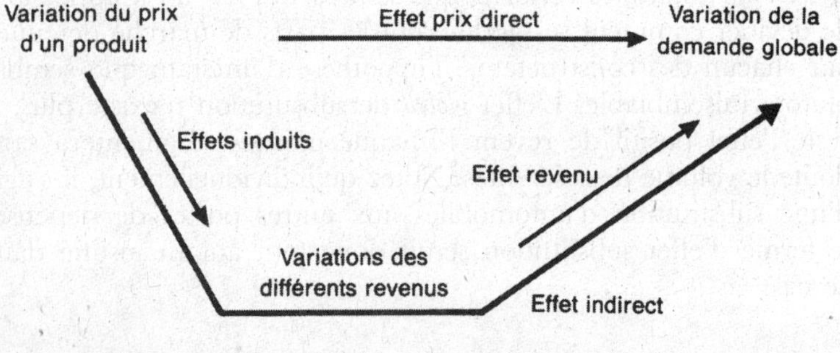

Fig. 10 – À la recherche des effets

Souvent, on considère les effets indirects comme négligeables ou trop longs à se manifester par rapport aux effets directs, on pourra donc les négliger. Sinon, il faudra considérer l'ensemble des agents économiques, leurs comportements et leurs relations pour déterminer les effets, pour un type d'agent, d'une modification d'un des paramètres qui déterminent son comportement.

5.5. Les élasticités

Soit un bien dont la demande globale diminue de 3 % quand le prix du bien augmente de 1 %. On dit alors que l'*élasticité prix direct* de ce bien vaut − 3. Si le prix augmentait de 0,7 %, on en déduirait avec une faible marge d'erreur que la consommation diminuerait de 3 × 0,7 = 2,1 %. Plus généralement, on écrirait :

variation relative de la demande
= élasticité prix direct × variation relative du prix.

Mathématiquement, comment calculer l'élasticité à partir d'une demande globale : $q = q^d$ (fonction du prix p, du prix des autres biens et des revenus) ?

L'élasticité notée e_p apparaît comme un rapport de variations relatives :

$$e_p = \frac{\text{variation relative du produit}}{\text{variation relative du prix}} = \frac{\frac{\Delta q}{q}}{\frac{\Delta p}{p}} = \frac{\Delta q}{\Delta p} \times \frac{p}{q}.$$

Il faut donc calculer la dérivée $\frac{\Delta q}{\Delta p}$ et multiplier par $\frac{p}{q}$.

La notion d'élasticité s'applique de la même façon à une demande individuelle.

Exemple

Soit une demande globale exprimée en fonction de son prix p, d'un autre prix P et de deux types de revenus R_1 et R_2 :

$$q = (p)^{-1/2}(P)^2 \mathrm{Log}(R_1 + 2R_2).$$

On en déduit :

$$e_p = \frac{\Delta q}{\Delta p} \times \frac{p}{q} = -\frac{1}{2}(p)^{-3/2} \times (P)^2 \times (\mathrm{Log}\, R_1 + 2R_2)$$

$$\times \frac{p}{(p^{-1/2} \times (P)^2 \times \mathrm{Log}(R_1 + 2R_2)}, \text{ d'où :}$$

$$e_p = -\frac{1}{2} = -0{,}5.$$

(En général, l'élasticité dépend de la situation de référence, elle n'est pas constante.)

De la même façon, l'*élasticité revenu* indique de combien varie la demande quand le revenu varie de 1 %. Si la demande variait de 4 %, on dirait que l'élasticité-revenu vaudrait 4.

Mathématiquement, l'élasticité revenu e_R se calcule comme précédemment :

$$e_R = \left(\frac{\Delta q}{\Delta R}\right) \times \left(\frac{R}{q}\right).$$

(R étant le revenu considéré, individuel ou global selon les cas.)

De la même façon, l'*élasticité prix croisé* indique de combien varie la demande d'un bien quand le prix d'un autre bien augmente de 1 %.

Mathématiquement, en notant P le prix de cet autre bien, il vient :

$$e_p = \left(\frac{\Delta q}{\Delta P}\right) \times \left(\frac{P}{q}\right).$$

Le tableau 11 signale les interprétations des différentes élasticités :

	Positive	Négative
e_{Revenu}	bien normal	bien inférieur
$e_{\text{prix direct}}$	bien a-typique	bien typique
$e_{\text{prix croisé}}$	biens substituables	biens complémentaires

Fig. 11 – Élasticités et nature des biens

Par exemple, une élasticité-prix croisée positive signifie que la demande du bien augmente quand le prix de l'autre bien augmente : les deux produits sont alors substituables, du moins si l'autre bien se comporte de la même façon.

(Quand on considère une demande *globale*, la notion de biens, par exemple substituables, n'implique pas nécessairement la substituabilité pour tous les individus concernés. Il peut suffire que la substituabilité caractérise davantage d'individus que son contraire).

5.6. Variations annuelles de la demande globale

Lorsqu'une statistique nous informe que la demande de tel produit a baissé de tant de % en un an, comment l'interpréter avec les outils microéconomiques ?

Supposons que la demande globale ne dépende que d'un seul paramètre, par exemple du prix p du bien considéré. Notons $D_1(p)$ la demande exprimée la première année, $q_1 = D_1(p_1)$ sera la quantité demandée au prix effectif p_1.

La demande $D_2(p)$ de la deuxième année est différente de D_1 : certains acheteurs initiaux sont morts, d'autres ont changé de goûts, etc. Imaginons que le bien soit « moins demandé », dans le sens très particulier suivant :

$$\begin{cases} \text{pour tout } p, \\ D_2(p) < D_1(p) \text{ (voir fig. 12)} \end{cases}$$

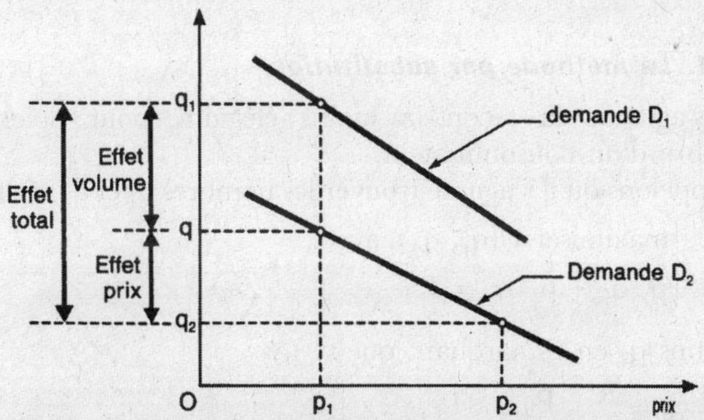

Fig. 12 – Effet volume et effet prix

Si le même prix p_1 s'était imposé la deuxième année, la modification des goûts aurait induit une diminution $(q_1 - q)$ de la quantité demandée. Mais il se peut que le nouveau prix p_2 soit différent et par exemple supérieur à p_1 : il s'ensuit une deuxième diminution $(q - q_2)$.

Le nombre q est évidemment inconnu, la statistique n'enregistre que la baisse $(q_1 - q_2)$ consécutive à l'augmentation de prix. Si on parvient à estimer q, on décomposera la baisse en deux éléments :

$$\begin{cases} q_1 - q, \text{ imputable à la variation de la demande} \\ \qquad \text{(effet de volume)} \\ q - q_2, \text{ imputable à la variation du prix de vente} \\ \qquad \text{(effet prix)} \end{cases}$$

De la même façon, il est possible que les achats annuels de téléviseurs diminuent malgré la baisse du prix ; il suffit que l'effet prix soit plus que compensé par un effet volume dû à la saturation du marché.

6. Un peu de mathématiques

Nous allons revenir au cas standard du § 3 pour lui faire subir un traitement mathématique, l'objectif étant la détermination des demandes individuelles.
(Voyez éventuellement les annexes mathématiques n°s 1 et 2.)

6.1. La méthode par substitution

Il s'agit de la façon la moins élégante pour déterminer l'équilibre d'un consommateur.

Rappelons qu'il s'agit de trouver les nombres q_1 et q_2 vérifiant :

$$\begin{cases} \text{maximiser } U(q_1, q_2), \text{ avec :} \\ p_1\ q_1 + p_2\ q_2 = R \end{cases}$$

Éliminons q_2 en remarquant que :

$$q_2 = \frac{R}{p_2} - \frac{p_1}{p_2} q_1,$$

il vient à chercher q_1 maximisant la valeur de :

$$U\left(q_1 ; \frac{R}{p_1} - \frac{p_1}{p_2} q_1\right).$$

Dérivons en q_1, annulons la dérivée et espérons que la solution q_1 sera positive, il vient :

$$U_{m,1} - \frac{p_1}{p_2} U_{m,2} = 0.$$

On retrouve ainsi la condition standard d'équilibre du § 3.4 :

$$\frac{U_{m,1}}{U_{m,2}} = \frac{p_1}{p_2}.$$

6.2. La méthode du Lagrangien

Cette méthode est la plus adaptée aux généralisations.

Soit (λ) la valeur du multiplicateur associé à la contrainte budgétaire. Formons le Lagrangien $\mathcal{L}$:

$$\mathcal{L} = U(q_1, q_2) - \lambda(p_1 q_1 + p_2 q_2 - R).$$

Annulons ses dérivées partielles...

$$\begin{cases} \text{en } q_1 : U'_1 - \lambda p_1 = 0 \\ \text{en } q_2 : U'_2 - \lambda p_2 = 0, \text{ on en déduit en éliminant } \lambda : \end{cases}$$

$$\frac{U'_1}{U'_2} = \frac{p_1}{p_2}, \text{ comme d'habitude.}$$

6.3. Mise en garde

Ces deux méthodes mathématiques ne valent que lorsque l'équilibre n'est pas en coin. Comment savoir si tel est bien le cas ? En général, un graphique suffit pour s'en convaincre. Parfois, le bon sens suffit.

Exemple

Si la fonction d'utilité vaut $U = q_1 q_2$, un équilibre en coin implique $q_1 = 0$ ou $q_2 = 0$ et donc $U = 0$. Une solution plus satisfaisante étant possible avec U strictement positive, on est sûr que l'équilibre est de type standard.

Vocabulaire à connaître : preneurs de prix - discrimination par les prix - prix relatif - prix absolu - biens privés - biens publics - contrainte budgétaire - équilibre des consommateurs - demande individuelle (de produit) - demande globale - illusion monétaire - bien composite - effet substitution - effet revenu - bien normal - bien inférieur - bien typique - biens substituables - élasticités (prix direct, revenu, prix croisé) - biens complémentaires.

EXERCICES PROPOSÉS

Exercice 3

La vente des chaussettes de marque Kindy vient de bénéficier d'une bonne campagne publicitaire. Représentez la demande, avant et après, sur un même graphique.

Exercice 4

Convenons qu'une demande est « relativement inélastique » si son élasticité prix est faible, en valeur absolue, comparée à d'autres. Des couples suivants, quels sont, selon vous, les éléments relativement inélastiques :
Vins de Champagne et Coca-Cola.
Shampoing de marque L'Oréal et shampoing en général. Généralisez vos réponses.

Exercice 5

La demande d'un bien (q) dépend de son prix (p), du prix d'un produit voisin (p′) et du revenu global (R) selon la relation :
$q = A(p)^{-0,2}(p')^{0,1}(R)^{0,5}$ (A sera considéré comme constante).
1 / Que vaut l'élasticité-revenu ? Généralisez aux autres élasticités. Interprétez les résultats.
2 / Les deux prix augmentent de 2 % chacun, le revenu augmente de 5 %. Comment évolue le volume des achats ?

Exercice 6

Soit un individu face à deux biens notés 1 et 2. Sa fonction d'utilité vaut :
$U = (Q_1 - 10)(Q_2 - 2)$ pour $Q_1 \geqslant 10$ et $Q_2 \geqslant 2$.
(On supposera que l'individu peut toujours, avec son revenu exogène R se procurer au minimum les quantités 10 et 2 de biens 1 et 2.)
1 / Interprétez économiquement la fonction d'utilité quant aux goûts de l'individu.
2 / Représentez l'allure des courbes d'indifférence. Montrez que l'équilibre sera toujours de type « standard ».

3 / Calculez la fonction de demande du bien 1.
4 / Quelles sont les propriétés de cette demande ?
5 / Représentez graphiquement comment se modifie l'équilibre quand le prix du bien 2 augmente.

Exercice 7

Considérons l'individu de l'exercice 6 dont nous rappelons les caractéristiques :

$$\begin{cases} \text{utilité : } U = (Q_1 - 10)(Q_2 - 2) \\ \text{Demande de bien 1 : } Q_2^d(p_1, p_2, R) = \dfrac{R}{2p_1} - \dfrac{p_2}{p_1} + 5 \\ \text{Demande de bien 2 : } Q_2^d(p_1, p_2, R) = \dfrac{R}{2p_2} - 5\dfrac{p_1}{p_2} + 1 \end{cases}$$

La situation initiale est définie par les valeurs suivantes :
$p_1 = 10$, $p_2 = 20$ et $R = 300$.
1 / Calculez les quantités initialement consommées à l'équilibre. Calculez les coefficients budgétaires, c'est-à-dire la part de la dépense pour le bien 1 dans la dépense totale et idem pour le bien 2 (mathématiquement : $\dfrac{p_1 Q_1}{R}$ et $\dfrac{p_2 Q_2}{R}$).
Calculez le niveau d'utilité initial.
2 / Le prix du bien 1 augmente de 1,2 % ; celui du bien 2 augmente de 1,8 %.
Calculez l'augmentation de l'indice général des prix. Rappelons que celle-ci s'obtient comme moyenne des augmentations de prix, pondérée par les parts de chaque bien dans la consommation totale.
3 / Il s'agit de prouver que si l'individu obtient une augmentation de revenu exactement égale à l'augmentation de l'indice, son utilité reste inchangée. Commencez par calculer les nouvelles valeurs de p_1, p_2 et R après leurs 3 variations.
4 / Calculez les nouvelles valeurs des demandes.
Commentez brièvement les variations enregistrées. Vérifiez que le niveau d'utilité n'a pas changé.
5 / Calculez les élasticités de la demande de bien 1.
Commentez brièvement.

3. Le travail

Le travail n'est sûrement pas un bien économique comme les autres. Sa définition, sa mesure, son prix peuvent difficilement se ramener à quelques principes simples et réalistes à la fois ; c'est néanmoins ce que nous tenterons au début de ce chapitre, quitte à relativiser ensuite les résultats obtenus.

L'objectif est de comprendre l'offre de travail, ce qui signifie la plus ou moins grande quantité de travail de type salarial qu'un individu ou un ménage est disposé à fournir contre rémunération.

1. L'équilibre individuel

1.1. La mesure du travail

Pour un individu, le travail correspond à une activité rémunérée d'un certain type. Le travail d'un manutentionnaire, d'un agent de maîtrise ou d'un ingénieur ne sont pas équivalents, ils correspondent donc à trois biens différents. Nous considérerons généralement un seul bien nommé « travail » pour simplifier, tout comme nous nous limitions à deux biens seulement pour analyser les mécanismes de la demande : les généralisations seraient immédiates.

Pour une période donnée, le travail fourni est mesuré par un nombre L compté en heures, en jours ou en semaines, étant entendu que la rémunération est proportionnelle au temps de travail. Si le travail était payé à la tâche, on pourrait évidemment adopter une autre unité de mesure : ainsi, pour un médecin, ce serait le nombre de patients traités.

Souvent on mesure le travail en fraction de période ; par exemple, avec une période d'un jour, $L = 1/4$ signifie qu'on travaille 6 heures par jour ($6 = 24/4$). La rémunération est proportionnelle au travail fourni, on note w le taux de salaire, la rémunération de L unités de travail vaut donc $w \times L$; w est un taux de salaire horaire ou journalier ou mensuel, pour un médecin c'est le prix d'une consultation. Pour comprendre l'offre de travail, nous allons considérer que le travail est en soi pénible, mais que sa contrepartie est agréable : l'individu devra donc arbitrer entre des avantages et des inconvénients.

1.2. Travail et fonction d'utilité

Pour simplifier, nous nous limiterons à deux biens : le travail repéré par le nombre L pour sa durée et un bien de consommation repéré par le nombre q pour son volume.

Plus je consomme et plus je suis heureux : mon utilité augmente avec q. Mais plus je travaille et plus je suis fatigué, plus donc je suis malheureux : mon utilité diminue quand L augmente. Ceci se ramène à une équation :

$$U = U(q, L)$$

U, à gauche, est l'utilité totale, U(q, L) est une fonction d'utilité incorporant le travail fourni, U est croissant en q et décroissant en L.

Pour tracer des courbes d'indifférence, il est commode de supposer que L est mesuré en fraction de période ; convenons que la période vaut T, par exemple un jour, une semaine ou un mois, $L = 1/2$ signifiant qu'on travaille 12 heures par jour, trois jours et demi par semaine ou 15 jours par mois.

Les courbes d'indifférence des chapitres précédents se généralisent aisément : ce sont les combinaisons de travail et de consommation qui nous rendent aussi heureux. La figure 1 en donne une représentation graphique plausible :

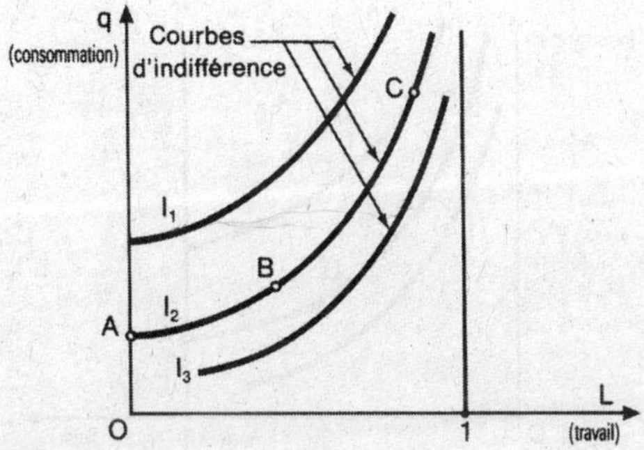

Fig. 1 – Les courbes d'indifférence travail-produit

Sur la courbe I_2, les points B et C sont équivalents. Au point B, je travaille peu et je consomme peu ; au point C, je travaille davantage mais je consomme davantage, j'y suis aussi heureux qu'en B ; au point A, je ne travaille plus du tout, mais je consomme fort peu.

Remarquez l'asymptote en L = 1. Il me faut énormément de compensations matérielles si je travaille 23 heures par jour pour être aussi heureux qu'en des points tels que A et B.

La courbe d'indifférence I_1 me rend plus heureux que I_2 et I_2 plus heureux que I_3, car on passe de l'une à l'autre en augmentant le travail fourni ou en diminuant la consommation.

Il s'avère parfois commode de considérer un nouveau bien nommé. « loisir », que nous mesurerons par un nombre ℓ.

Par définition, le loisir est le temps disponible en dehors du travail :

$\ell = 1 - L$ ou : $L = 1 - \ell$ (si je travaille 6 heures, le loisir vaut 18 heures).

Au lieu de dire que l'utilité dépend du travail, on l'exprime comme fonction du loisir :

$U = U(q, L) = U(q, 1 - \ell)$ = fonction de la consommation (q) et du loisir (ℓ).

Les courbes d'indifférence ont alors une allure plus familière.

Les points A′, B′, C′ de la figure 2 correspondent exactement aux points A, B, C de la figure 1. L'avantage est de retrouver des courbes d'indifférence décroissantes et des niveaux d'utilité en hausse dans la direction nord-est.

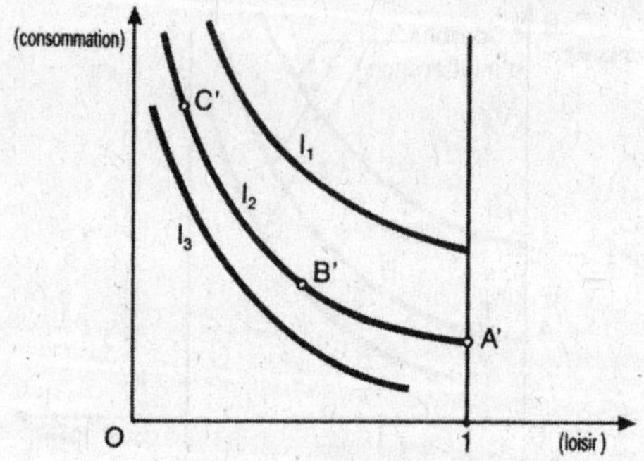

Fig. 2 – Les courbes d'indifférence loisir-produit

1.3. Taux marginal de substitution et utilités marginales

Considérons l'expression :

$$U = U(q, L).$$

Le TMS sera défini comme la quantité supplémentaire de biens de consommation qu'il faut m'accorder pour que je consente à travailler une heure de plus sans changer de niveau d'utilité.

Mathématiquement, ce TMS s'écrit :

$$\text{TMS} = \frac{\Delta q}{\Delta L} \text{ (notez qu'il n'y a plus de signe « moins »).}$$

Graphiquement, ce TMS en un point B s'interprète sur la figure 1 comme la pente de la tangente en B à la courbe d'indifférence I_2.

Pour le calculer, on utilise la formule suivante :

$$\text{TMS} = \frac{\Delta q}{\Delta L} = -\frac{\text{dérivée de U par rapport à L}}{\text{dérivée de U par rapport à q}}$$

(notez le signe « moins »)

La dérivée de U en L est l'utilité marginale du travail, c'est-à-dire la variation de plaisir consécutif à une heure supplémentaire de travail. Cette quantité est évidemment négative, on utilise parfois son opposée baptisée la « désutilité de travail ».

L'autre dérivée est l'utilité marginale de la consommation, son interprétation est la même que dans les chapitres précédents.

Le TMS que nous venons de considérer est délicat à formuler. Il faudrait dire « taux marginal de substitution de la consommation au travail », ce qui serait fort peu évocateur. On préfère donc l'expression de « substitution du travail au loisir », plus floue mais plus intuitive.

1.4. L'offre individuelle de travail

Nous allons considérer un individu dont la contrainte budgétaire s'écrit :

$$pq = wL + R.$$

S'il travaille, il perçoit une rémunération wL ; il faut ajouter un terme R pour représenter les autres sources de revenus supposées exogènes. En pratique, R inclut les allocations familiales, les intérêts des placements financiers antérieurs, un héritage impromptu et il faut compter négativement les impôts calculés sur les revenus de la période précédente.

Avec son revenu disponible wL + R, l'individu peut se payer q objet au prix p. (Il peut aussi épargner, mais nous réservons cette éventualité pour plus tard.)

Que devient cette contrainte budgétaire avec le loisir ℓ comme variable ?

Nous avions : $L = 1 - \ell$, il vient donc :

$$pq = w - w\ell + R, \text{ ou encore :}$$
$$pq + w\ell = w + R.$$

Tout se passe donc comme si l'individu vendait toute sa force de travail au prix w, puis qu'il répartissait son revenu disponible entre les achats courants (pq) et l'achat de loisir au prix w($w\ell$). Cette conception un peu artificielle s'avère parfois utile pour comprendre certains raisonnements.

Reprenons le cadre initial. À l'équilibre, l'individu choisit q et L, étant donné les prix et le niveau exogène, pour être le plus heureux possible. Il résout donc le programme suivant :

$$\begin{cases} \text{maximiser } U(q, L) \text{ sous la contrainte budgétaire :} \\ pq = wL + R, \text{ avec en outre : } o \leq q \text{ et } o \leq L \leq T \\ = \text{temps maximum de travail possible} \end{cases}$$

= 1 avec nos conventions.

La figure 3 représente la détermination graphique de l'équilibre :

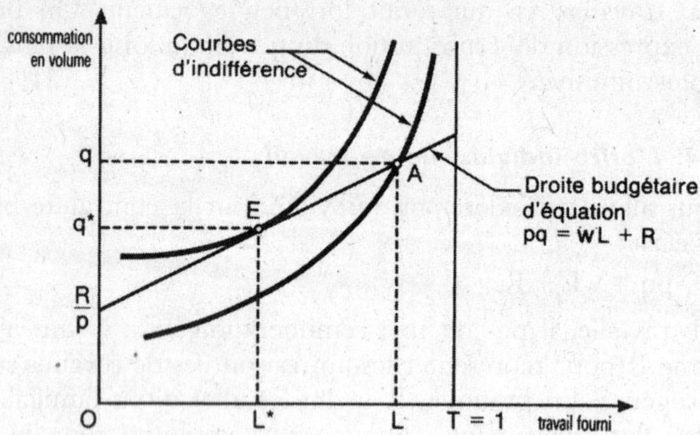

Fig. 3 – L'équilibre individuel E

La droite budgétaire a pour pente $\frac{w}{p}$, c'est-à-dire le « salaire réel », taux de salaire nominal w divisé par l'indice des prix p.

Au point A, l'individu, avec son travail L, peut se payer la consommation q puisque A est sur la droite budgétaire. Son utilité n'est clairement pas maximum. Elle le devient en E quand la courbe d'indifférence associée est tangente à la droite budgétaire.

Au point E, le TMS associé est égal à la pente de la tangente, c'est-à-dire à la pente de la droite de budget. On en déduit dans ce cas :

À l'équilibre, l'individu égalise TMS et salaire réel.

Cette caractérisation de l'équilibre n'est pas toujours valable. Il se peut que l'équilibre soit en effet « en coin », comme le montre la figure 4.

Le point A procure une utilité inférieure à celle du point B et ainsi de suite, l'équilibre est alors obtenu en E pour L = O sans condition de tangence.

En comparant les figures 3 et 4, vous notez que l'équilibre en coin implique une droite budgétaire très horizontale (le salaire réel est faible) ou des courbes d'indifférence très verticales (la désutilité du travail est forte).

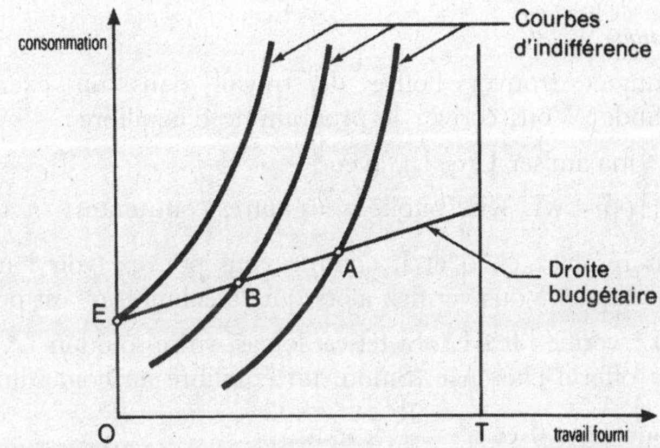

Fig. 4 – L'équilibre en coin

Pour chaque individu, il existe en général un taux de salaire réel minimum en deçà duquel on renonce au travail : on le nomme « salaire de réservation ». Dans tous les cas, équilibre intérieur ou équilibre en coin, le programme de l'individu admet une solution, c'est-à-dire qu'il détermine la quantité de travail L qu'on est disposé à fournir en s'apprêtant à consommer une certaine quantité q. Ces deux valeurs dépendent évidemment des paramètres du problème, on peut écrire ici :

$$\text{L choisi} = \text{fonction de } (p, w, R) = L^s(p, w, R)$$
$$\text{q choisi} = \text{fonction de } (p, w, R) = q^d(p, w, R).$$

La fonction L^s s'appelle l'offre de travail. Elle indique la quantité de travail que l'individu veut fournir (offrir) pour certaines valeurs des paramètres : prix (p), taux de salaire (w) et revenu exogène (R), quand il cherche à maximiser son utilité.

(L'indice s évoque supply = offre en anglais.)

La demande q^d conserve l'interprétation du chapitre précédent.

Offre de travail et demande de bien sont évidemment homogènes de degré 0. En particulier, on ne modifie pas son offre de travail si le taux de salaire est doublé mais que, simultanément, prix et revenu exogène sont multipliés par deux.

Remarque

Comment trouver l'offre de travail dans un exercice ? 1re méthode : Vous écrivez le programme d'équilibre :

$$\begin{cases} \text{maximiser } U(q, L), \text{ avec :} \\ pq = wL + R \text{ (oublions les autres contraintes)} \end{cases}$$

Vous résolvez en q et L comme vous pouvez (voir l'annexe mathématique). Vous vérifiez alors que la solution q* est positive et que L* vérifie : $0 \leq L^*$. Si tel est le cas, votre solution L* est la quantité offerte cherchée. Sinon, un équilibre en coin s'impose, avec donc $L^* = 0$ et $q^* = \frac{R}{p}$.

Mais cette méthode n'est ni la plus simple ni la plus courte.

2e méthode : Vous supposez que l'équilibre n'est pas en coin, il vérifie alors :

$$\frac{-\text{ Utilité marginale du travail}}{\text{Utilité marginale de la consommation}} = \frac{w}{p}$$
$$pq = wL + R$$

Vous résolvez en q et L ce système. Si la solution L* est admissible, elle est la quantité offerte cherchée. Si elle s'avère négative, l'équilibre est en coin et L* vaut 0.

Vocabulaire

L'offre de travail correspond à la notion statistique de « demande d'emploi », ce qui ne simplifie pas toujours les exposés.

En microéconomie, une demande est toujours un désir qui implique une contrepartie monétaire ; demander, c'est être prêt à payer pour obtenir. Inversement, offrir, c'est s'attendre à recevoir de l'argent dans un échange. Il est donc logique que le travail soit offert par les individus, nous verrons ultérieurement qu'il est simultanément demandé par les entreprises.

2. Les propriétés de l'offre de travail

2.1. L'offre globale de travail

L'offre globale de travail d'un type donné (manœuvre, ouvrier qualifié, agent de maîtrise des travaux publics, etc.) se définit comme la somme des offres individuelles des individus concernés.

Comme fonction, elle dépend évidemment des paramètres communs aux offres individuelles (prix et taux de salaire) mais aussi de l'ensemble des revenus exogènes des individus.

Le passage de l'individu à la collectivité occulte ici une étape intermédiaire, le « ménage » au sens de la comptabilité nationale. Il est clair que certains équilibres en coin s'expliquent moins par les préférences individuelles au sens strict que par une décision commune au sein d'un ménage : « Je travaille davantage et tu ne travailles plus. » Retenons au minimum que le revenu exogène des uns (ou des unes) peut être constitué du revenu salarial des conjoints.

2.2. L'influence du taux de salaire

Toutes choses égales par ailleurs, comment se comporte l'offre de travail quand le taux de salaire augmente ?

Certains individus en profiteront pour travailler moins tout en consommant autant, ils choisiront alors un travail à temps partiel, si l'usage l'autorise.

D'autres travailleront davantage, alléchés par des perspectives soudain accessibles (une maison de campagne), ils accepteront des heures supplémentaires, si l'usage l'autorise.

Globalement, ces réactions risquent de se compenser et, surtout, leur ampleur pratique est très limitée.

L'offre globale de travail sera beaucoup plus sensible aux changements individuels radicaux, quand certains passeront du non-travail au travail à temps plein. En pratique, il semble bien que l'offre globale de travail croisse avec le salaire en France, essentiellement par l'incitation sur les femmes au foyer.

Puisque les modifications de l'offre de travail suite à une variation du taux de salaire sont incertaines, on évitera de qualifier certains cas de « typiques » et d'autres d' « a-typiques ».

L'interprétation en termes d'effet revenu et effet substitution n'est guère convaincante. Il est commode, dans ce cas, d'utiliser la formalisation avec le loisir ℓ.

L'équilibre résulte en effet du programme suivant :

$$\begin{cases} \text{maximiser } U(q, \ell), \text{ U étant croissante en q et } \ell, \\ \text{sous la contrainte budgétaire :} \\ pq + w\ell = w + R \text{ (oublions les autres contraintes)} \end{cases}$$

Effet substitution : quand w augmente, le loisir est plus coûteux, on en consomme donc moins, autrement dit, on travaille davantage.

Effet revenu : étant plus riche, va-t-on consommer plus ou moins de loisir ? Si le loisir est un bien inférieur, on travaille davantage, ce qui conforte l'effet substitution ; sinon on ne peut pas conclure.

Inutile de trop relire ces considérations autour du loisir si vous ne les comprenez pas d'emblée : leur portée pratique est quasiment nulle.

2.3. *L'influence de la fiscalité*

Nous allons restreindre cette rubrique à l'étude de l'impôt direct et progressif sur les revenus des ménages.

L'impôt direct est calculé en découpant le revenu imposable en tranches et en prélevant des sommes toujours plus importantes par tranche. Pour simplifier, si les tranches étaient toutes de 5 000 €, avec des coefficients croissants : 0, 0,1, 0,15, etc., voici comment calculer l'impôt d'un ménage disposant d'un revenu annuel de 200 000 € :

1re tranche : $J_1 = 0 \times 5\,000 = 0$, il reste alors 195 000 €.
2e tranche : $J_2 = 0{,}1 \times 5\,000 = 500$, il reste alors 190 000 €.
3e tranche : $J_3 = 0{,}15 \times 5\,000 = 750$, il reste alors 185 000 €.

On continue ainsi jusqu'à épuisement du revenu, l'impôt exigible vaut alors :

$$J = J_1 + J_2 + J_3 + \text{(etc.)}.$$

La figure 5 illustre ce mécanisme du calcul de l'impôt en fonction du revenu :

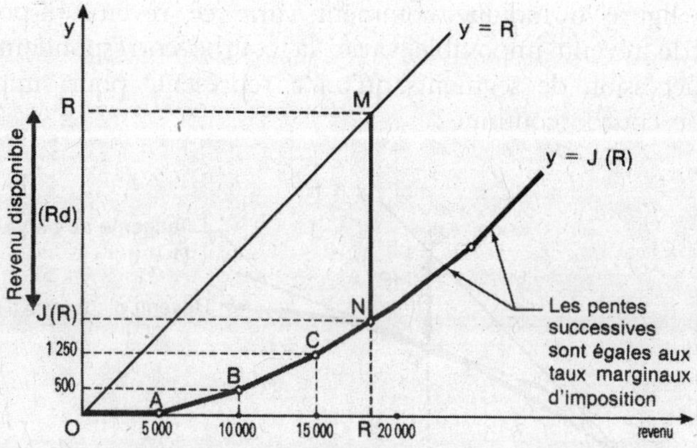

Fig. 5 – L'impôt progressif J sur le revenu R

Pour un revenu inférieur à 5 000 €, l'impôt vaut 0 (voir le point A).

Pour un revenu de 10 000 €, la méthode ci-dessus conduit à :

$J = J_1 + J_2 = 0 + (0{,}1 \times 5\,000) = 500$ € (représenté par le point B).

Pour un revenu de 15 000 €, on obtient :

$J = J_1 + J_2 + J_3 = 500 + J_3 = 500 + 750 = 1\,250$ (voir le point C).

Entre deux points voisins, l'impôt est linéaire, ce qui permet de tracer la courbe J (R). Notez que les coefficients 0,1, 0,15, etc., apparaissent comme les pentes des segments AB, BC, etc.

En un point R, l'impôt vaut J(R). La pente au point N est le dernier coefficient utilisé, on l'appelle le taux marginal d'imposition. Marginal, car il concerne le prélèvement du dernier euro gagné par le contribuable.

On définit également un taux moyen d'imposition par $\frac{J}{R}$, il est plus faible que le taux marginal quand l'impôt est progressif.

Le revenu disponible Rd est défini par :

$Rd = R - J(R)$ = revenu primaire – impôt.

Sur la figure 5, le revenu disponible est représenté par le segment MN.

La figure 6 indique comment varie ce revenu disponible quand le revenu imposable varie, la courbe correspondante est une succession de segments qu'on a représenté pour simplifier par une courbe continue :

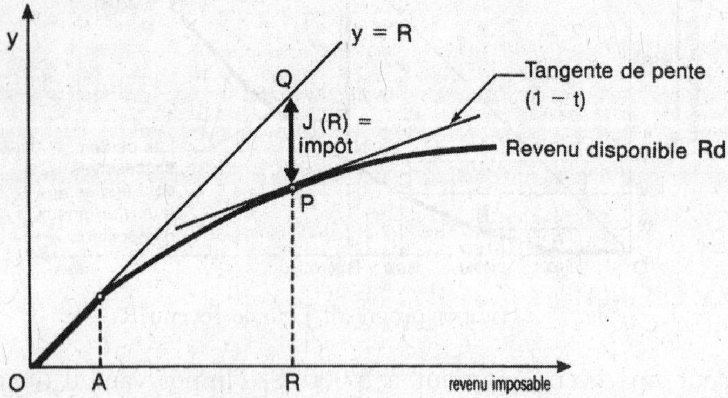

Fig. 6 – Évolution du revenu disponible avec le revenu imposable

Notez qu'au point P, on a :

$Rd = R - J(R)$; calculons la dérivée en R :

$$\frac{\Delta Rd}{\Delta R} = 1 - \frac{\Delta J}{\Delta R} = 1 - \text{taux marginal d'imposition}$$

$= 1 - t.$

Cette valeur est donc la pente de la tangente en P à la courbe du revenu disponible. En travaillant une heure de plus, on gagne w en plus, l'État prélève selon le taux marginal d'imposition, il reste $w(1 - t)$, ce qui permet d'acheter $\frac{w}{p}(1 - t)$ unité supplémentaire de consommation au prix p. À l'équilibre, l'individu choisit son offre de travail en respectant donc la condition :

$$\textit{TMS (du produit au travail)} = \frac{w}{p}(1 - t).$$

La figure 7 illustre cette condition d'équilibre.

La recherche de l'équilibre E est analogue au procédé général, à partir des courbes d'indifférence et de la contrainte budgétaire.

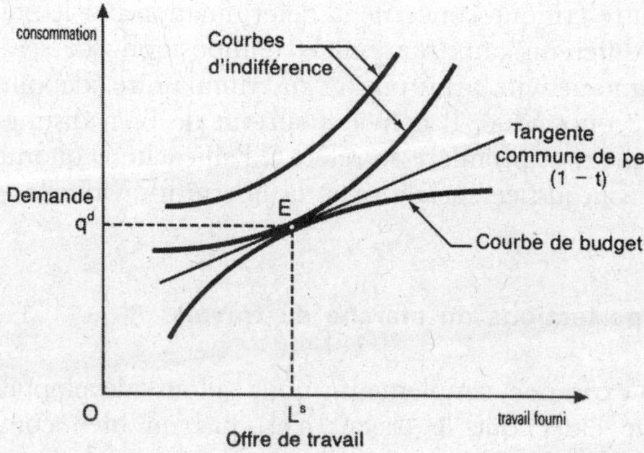

Fig. 7 – L'équilibre individuel avec un impôt progressif

La grande nouveauté est l'allure de la contrainte budgétaire. Celle-ci s'écrit en effet :

pq = revenu disponible = salaire + revenu exogène – impôt,

soit encore :

pq = wL + R – J(wL + R).

La relation entre L et q n'est plus une droite, il faut parler de « courbe de budget », son allure est celle du revenu disponible de la figure 6. En effet plus je travaille, plus mon revenu imposable augmente et plus élevé s'avère mon taux marginal d'imposition t. Si l'impôt était proportionnel au revenu, la contrainte budgétaire serait évidemment représentée par une droite d'équation :

pq = wL + R – impôt = wL + R – k(wL + R) = (1 – k) wL + (1 – k) R (k étant le coefficient d'imposition).

Certains économistes prétendent que la trop forte progressivité de l'impôt direct, représentée par la courbe de budget de la figure 7, inciterait les individus à limiter leur offre de travail de façon excessive. Le mécanisme vaudrait surtout pour les revenus élevés, correspondant à des activités économiques particulièrement productives. La microéconomie ne permet pas de confirmer cette thèse dans tous les cas. En pratique, la progressivité de l'impôt influence surtout l'intensité de certaines activités économiques davantage que le temps total consacré au travail.

Une autre critique concerne la détermination par le gouvernement des différents taux marginaux d'imposition : ce serait typiquement une activité arbitraire et discriminatoire, dépourvue de légitimité économique. Il convient surtout de bien distinguer ces deux critiques : la première se réfère à l'efficacité économique, la deuxième à la justice sociale ou à la liberté individuelle.

3. Les imperfections du marché du travail

Pour l'exprimer simplement, nous allons développer dans cette partie l'idée que le travail n'est pas un bien comme les autres. La microéconomie considère en général des biens qui sont demandés par certains agents, offerts par d'autres, le marché se chargeant de déterminer les niveaux de prix et les quantités qui rendent tous ces désirs compatibles.

Ce schéma ne s'applique que partiellement au travail puisque le chômage durable indique une certaine incompatibilité des offres et des demandes correspondantes. Nous allons d'abord chercher quelques spécificités du travail qui le distinguent des autres biens, puis nous envisagerons une autre définition de l'équilibre individuel.

3. 1. L'information asymétrique

Celui qui offre son travail en connaît la qualité : il connaît ses compétences, son ardeur à la tâche et son honnêteté professionnelle ; l'employeur ignore largement ces paramètres essentiels (un diplôme universitaire, une expérience passée ou une recommandation par un tiers sont donc très précieux pour identifier les qualités supposées du travail offert).

Ce type de situation s'analyse comme une « asymétrie d'information » : le vendeur et l'acheteur ne connaissent pas le bien en cause de la même façon ; on devine que certaines transactions puissent alors être impossibles bien que les deux participants y auraient trouvé avantage. Le cas se retrouve quand je veux acheter une voiture d'occasion. Le vendeur m'affirme que son bien est en excellent état et réclame un prix en conséquence. N'étant pas en mesure de juger, je refuse par prudence et nous y perdons tous les deux. De la même façon, un offreur de travail peut être chômeur faute de confiance chez son interlocuteur.

Retenons que le prix, c'est-à-dire le taux de salaire, demeure un élément essentiel du marché du travail mais qu'il n'est pas le seul. L'information sur la qualité du « produit » s'avère parfois décisive.

3.2. Travail à la tâche et travail salarié

Le travail à la tâche s'assimile bien à un produit usuel. Offrir du travail revient alors à fournir des prestations clairement identifiées et qu'un prix de marché permet de valoriser.

Le travail salarié dans une entreprise est d'une autre nature. Le salarié est en principe embauché pour une tâche précise, mais il est convenu tacitement qu'on pourra compter sur lui pour d'autres activités : surveillance du matériel, remplacement d'un collègue en cas de besoin, etc. Offrir du travail revient donc à offrir de multiples talents nécessaires à la bonne marche de l'entreprise et difficilement quantifiables. Il faut par exemple, même si on n'est pas recruté comme pompier, savoir se précipiter sur un extincteur en cas d'incendie dans un local éloigné.

Le travail à temps partiel est donc souvent impraticable faute de pouvoir définir précisément les tâches correspondant au temps plein. Dans ce cas, l'offre de travail consiste à accepter ou non d'intégrer certaines organisations. Le travail ne serait donc pas toujours un « bien divisible ».

3.3. Le contrat de travail

Nous avons admis jusqu'ici que le travail avait un prix, le taux de salaire pendant une courte durée (heure, semaine, mois) et que l'offre de travail se déterminait en fonction de ce prix.

Il est souvent plus réaliste de remplacer ce prix par un contrat plus général incluant l'avenir professionnel, ce que les cadres nomment un « profil de carrière ». Principalement, il faut préciser à l'embauche le salaire de départ, les perspectives et les règles du jeu quant à son évolution et les conditions de licenciement en usage, par exemple : « Dernier embauché, premier licencié. »

Il peut alors s'avérer rationnel de choisir un emploi moins bien rémunéré au départ, mais plus prometteur qu'un autre. Plus généralement, le taux de salaire courant n'est pas le seul paramètre influant sur l'offre de travail, même s'il reflète assez souvent tous les autres.

3.4. La demande effective

Nous allons modifier notre définition de l'équilibre individuel en introduisant une contrainte supplémentaire : l'individu ne pourra pas travailler davantage qu'un seuil noté $\bar{L}$, variable selon l'individu concerné.

Le cas le plus simple est celui de la législation du travail, $\bar{L}$ étant le maximum légal dans la profession. Mais l'intérêt de cette contrainte est plutôt de traduire l'existence d'un certain taux de chômage parmi la population active. Certains individus ne sont pas concernés par le chômage, $\bar{L}$ n'existe pas pour eux : ils travaillent autant qu'ils le désirent, la formalisation de leurs comportements demeure inchangée.

D'autres individus s'avèrent sans emploi, $\bar{L}$ vaudra donc zéro pour eux, mais ils n'en demeureront pas moins offreurs de travail.

Le programme d'équilibre devient donc en général :

$$\begin{cases} \text{maximiser } U(q, L) : \text{il faut choisir } q \text{ et } L \\ pq = wL + R : \text{respectant la contrainte budgétaire} \\ L \leq \bar{L} : \text{et la nouvelle contrainte, pour certains individus} \end{cases}$$

Supposons $\bar{L} = 0$, qui est le cas intéressant, valable pour un chômeur. Ce programme implique alors :

$$q^* = \frac{R}{p}.$$

Cette demande ne correspond pas aux désirs initiaux de l'individu (celui-ci est en effet disposé à offrir du travail), mais elle est la seule à s'exprimer sur les marchés. *On l'appelle « demande effective » ou encore « demande solvable » ; la demande qui ne tient pas compte de $\bar{L} = 0$ s'appelle alors « demande notionnelle »,* elle n'est que virtuelle, nous la notions $q^d(p, w, R)$.

Par contre, l'offre notionnelle de travail, celle qui ne tient pas compte de $\overline{L} = 0$ et que nous avions noté $L^s(p, w, R)$, est qualifiée d' « offre effective », car l'individu propose effectivement ses services au taux w.

En pratique, néanmoins, il se peut qu'on renonce à proposer ses services quand on estime nulles les possibilités d'embauche. Les demandes d'emploi au sens statistique sont donc vraisemblablement inférieures à l'offre globale de travail de la microéconomie. *Résumons* :

Certains individus en activité expriment une demande effective correspondant à leurs demandes notionnelles q^d ; d'autres, au chômage, expriment une demande effective q^* inférieure. En additionnant toutes ces demandes individuelles, on obtient une demande effective globale. Celle-ci dépend du prix et des revenus individuels (comme chaque q^d ou q^*) ; mais aussi, ce qui est nouveau, du taux de chômage global qui répartit les individus selon qu'ils expriment q^d ou q^*.

Néanmoins, pour simplifier l'analyse le moment venu, nous renoncerons à utiliser la demande effective ainsi définie. Les mécanismes du marché que nous décrirons ne sont en effet pas fondamentalement différents selon que les demandes sont définies ou non comme « effectives ».

Vocabulaire à connaître : désutilité du travail - taux marginal de substitution du travail au loisir - salaire de réservation - offre de travail - loisir - information asymétrique - demande effective - demande notionnelle.

EXERCICES PROPOSÉS

Exercice 8

On considère un individu et deux biens, le travail fourni en quantité L et la consommation en volume notée q. Le travail est mesuré en fraction de journée de 24 heures. L'utilité U vaut :

$$U = q(1 - L).$$

1 / Calculez le TMS en fonction de q et L. Comment varie-t-il avec L ? Commentez.
2 / Représentez les courbes d'indifférence dans le repère des biens.
3 / Le salaire est noté w par journée de 24 heures. On note p le prix du produit, R le revenu exogène. Déterminez la fonction d'offre de travail (Attention ! Cette offre est nécessairement positive). Étudiez cette fonction, commentez vos résultats. Déterminez le salaire de réservation.
4 / On suppose qu'il est interdit de travailler davantage que $\bar{L} = 1/3$ (= 8 heures par jour). Représentez graphiquement l'offre de travail quand le taux de salaire varie, avec p = 1 et R = 100.
5 / Toujours avec $\bar{L} = 1/3$, déterminez la demande effective quand w varie. Représentez graphiquement la fonction correspondante.
6 / On suppose désormais w = 200. R vaut 100 si l'individu trouve du travail, mais R vaut davantage en cas de chômage : il existe en effet une allocation-chômage de niveau A. Calculez le niveau d'utilité d'un travailleur et celui d'un chômeur. Quel est le niveau maximum de A pour que l'individu ne renonce pas d'emblée à offrir son travail ?

Exercice 9

Hier, l'indice général des prix valait p = 100. Je voulais bien travailler une heure de plus si on m'offrait au moins 200 € en échange. Aujourd'hui, l'indice des prix vaut p′ = 110, mes préférences n'ont pas changé. Combien faut-il me proposer pour enseigner une heure de plus ? (on rappelle que mon taux marginal d'imposition est passé de 40 % à 45 % entre hier et aujourd'hui).

Deuxième partie - Les entreprises

L'entreprise est le deuxième agent économique que nous allons considérer après l'étude des ménages. L'objectif est de déterminer pourquoi on propose tel produit plutôt que tel autre et en quelles quantités (chap. 7). On se doute que le coût de production joue un certain rôle (chap. 5), nous commencerons par analyser la notion élémentaire de production (chap. 4) ; l'intérêt du chapitre 6 n'apparaîtra qu'ultérieurement.

4. Les techniques de production

1. Des facteurs aux produits

Imaginons une activité industrielle, par exemple la fabrication de robots ménagers. Produire signifie qu'on utilise certains biens, des matières plastiques, des composants électroniques, du travail, des machines-outils, etc., pour les transformer en d'autres biens, des cafetières ou des presse-légumes.

L' « entreprise » est le cadre où s'effectue la production, où l'on décide de son niveau et parfois du prix de vente. Les biens qu'il faut se procurer s'appellent des « facteurs », les biens fournis des « produits ».

1.1. Les facteurs

On dit plus explicitement : les « facteurs de production » ; en anglais : les inputs.

Le travail intervient dans toute production. On le mesure par un nombre noté souvent L (comme *labour*) relativement à la période considérée, un jour, un mois, une année. Parfois, L est un nombre d'employés dont la durée du travail est identique, parfois c'est le nombre total d'heures travaillées. Ainsi, lorsque 15 personnes travaillent à raison de 35 heures par semaine et que l'on raisonne en données mensuelles, on prendra selon la commodité, $L = 15$ ou $L = 15 \times 35 \times 4 = 2\,100$ (heures mensuelles) ou tout autre indice permettant de mesurer l'intensité de travail productif utilisé pendant le mois.

Bien entendu, il faut que les individus concernés soient suffisamment interchangeables, sinon on définira autant d'indices L_1, L_2, etc., que de types d'activité : ouvriers spécialisés, agents de maîtrise, etc.

Les biens fongibles sont des biens inutilisables comme facteurs après leur usage dans le processus de production. On dit aussi « matières premières » ou « consommations intermédiaires » et on pense, dans notre exemple, aux matières plastiques comme aux composants électroniques. Ces biens sont mesurés par des nombres F_1, F_2, etc., caractérisant leur utilisation pendant la période choisie. Les unités peuvent être des tonnes, des kilowatt-heures, des litres, etc.

La tradition veut qu'on oublie les biens fongibles dans la plupart des exercices de microéconomie. Ceci nous permettra de simplifier les calculs sans perte de généralité dans les résultats, un peu comme nous nous contentions de deux biens pour l'étude du consommateur.

Le capital est le dernier type de facteur considéré. En microéconomie, ce mot ne désigne jamais un placement financier. Il correspond à des « biens durables », c'est-à-dire qui subsistent en partie après leur usage pendant le processus de production. En pratique, ce sont des machines, des équipements, des locaux, des terrains. On mesure le capital par un nombre, généralement noté K comme *Kapital* en allemand. Il existe plusieurs façons de mesurer le capital, selon le type de problème étudié.

Considérons une entreprise qui dispose d'un certain nombre de machines, par exemple 12. Pour diverses raisons, elle choisit de n'en utiliser que 10. Si on s'intéresse à la production courante, on dira que le capital K vaut 10 : peu importe ici le nombre total des machines, qu'on associera à la notion de « capacités de production ». Mais, en toute rigueur, il faudrait écrire qu'on ne peut pas dépasser un certain niveau, c'est-à-dire : $K \leq 12$.

Nous négligerons ce type de contrainte dans la majorité des cas.

Le capital pourra aussi se mesurer par le nombre d'heures pendant lequel il est effectivement utilisé. Ainsi $K = 12$ pourra signifier qu'une machine est utilisée pendant 12 heures ou que deux machines sont utilisées 6 heures chacune, à condition que ces deux éventualités soient équivalentes pour la production. Sinon, on regroupe les machines par type et on définit autant d'indices K_1, K_2, etc.

Pour résumer, nous utiliserons des nombres K, F, L pour représenter les niveaux d'utilisation des facteurs pendant un certain temps au sein d'une entreprise.

1.2. Les produits

Les facteurs permettent d'obtenir certaines quantités notées q_1, q_2, etc., des différents produits (en anglais : *outputs*). On parle de « pluriproduction » quand la même entreprise produit simultanément plusieurs biens ; tel est le cas pour les robots ménagers. La monoproduction est évidemment beaucoup plus simple, elle autorise de ne considérer qu'un seul nombre q pour caractériser son niveau : nous nous en contenterons presque exclusivement.

Les produits que nous considérerons peuvent être de types extrêmement variés.

S'agissant de services, on peut penser à un salon de coiffure. La production q sera représentée, par exemple, par le nombre moyen de clients quotidiens. Comme facteurs, il y aura une certaine quantité de shampooing, celle qui est utilisée journellement, du travail et des équipements divers.

Le transport est également une activité de production. On utilisera comme *output* le volume transporté d'un point à un autre, ou encore le volume-kilométrique, produit du volume par la distance parcourue ou toute autre mesure adaptée au problème posé.

Le produit correspondant à l'enseignement est plus difficile à définir. Peut-être s'agit-il du nombre d'étudiants diplômés par an ? Les facteurs sont plus habituels : du travail (beaucoup de travail !), du capital (les locaux, les ouvrages de la bibliothèque) et des biens fongibles comme la craie.

Le commerce, autre service, est également considéré comme une activité de production, un peu à la façon des transports. Les mêmes objets, selon leur localisation, seront qualifiés de facteurs (quand on les achète aux grossistes) et de produits (quand on les vend aux consommateurs).

Néanmoins, par tradition et par commodité, nous raisonnerons le plus souvent à partir d'entreprises vendant directement leurs produits – biens ou services, peu importe – aux consommateurs finals.

1.3. L'entreprise

Les mots « entreprises » ou « firmes » désigneront des « unités de production » (autre expression courante), c'est-à-dire des centres autonomes de transformation des facteurs en produits. Autonomes, ces centres le sont dans la mesure où chaque entreprise décide de son niveau de production, de la technique qu'elle va utiliser et de sa politique commerciale.

En pratique, un groupe industriel, un établissement, un site de production, quels que soient leurs statuts juridiques, sont considérés ou non comme des entreprises microéconomiques selon qu'on peut ou non leur associer des produits bien définis et des facteurs strictement consacrés à leur production. La taille et le statut importent peu : une cordonnerie et Areva sont deux entreprises que nous formaliserons de la même manière.

1.4. Les périodes

Les facteurs utilisés, K et L pour n'en citer que deux, les produits, q pour n'en citer qu'un, sont des nombres relatifs, avons-nous dit, à une période donnée. Il existe en fait plusieurs types de périodes à considérer, ce qui ne simplifie pas le vocabulaire.

Le « délai de production » est le temps qui s'écoule entre la mise en œuvre des facteurs et l'obtention du produit, un an pour le viticulteur, une heure pour le cordonnier, plusieurs années souvent dans les travaux publics. La microéconomie raisonne sur deux cas extrêmes : la « production simultanée » quand il est manifestement superflu de tenir compte des délais de fabrication ; et la « production différée » dans le cas contraire. Sauf mention explicite, nous commencerons par le cas de la production simultanée. L'investissement, c'est-à-dire l'achat, aujourd'hui, d'un facteur qui servira plus tard, sera donc étudié à part ; par contre, nous aurons le droit d'utiliser plus ou moins intensément le capital existant.

La « période d'analyse » correspond tout simplement au temps pendant lequel on choisit de mesurer les différentes valeurs K, L, q. Elle ne joue aucun rôle particulier, elle est toujours implicite, sauf, bien entendu, quand on considère des productions différées.

Notons qu'il existe une distinction trompeuse mais traditionnelle entre le « court terme » et le « long terme ». Une analyse est qualifiée de « court terme » quand on choisit, peu importe la raison, de considérer comme donnée l'utilisation du capital.

Enfin, distinction voisine, une analyse est dite de « courte période » quand les capacités de production ne varient pas mais qu'on peut en choisir un usage plus ou moins intensif. Les subtilités ainsi introduites ne doivent pas être trop prises au sérieux, les cadres d'analyse que nous utiliserons seront toujours faciles à identifier, nous ne les préciserons qu'en cas de besoin.

Il nous reste à formaliser la production, c'est-à-dire à trouver quelques équations pour en rendre compte.

2. La fonction de production

2.1. Définition

Considérons une entreprise quelconque. Pendant la période considérée, elle utilise K unité de capital et L unité de travail, il en résulte q unité de produit en tirant le meilleur parti possible des techniques disponibles. L'expression « il en résulte » se traduit en mathématique par une fonction que nous noterons f et qui permet d'écrire :

$$q = f(K, L).$$

Cette fonction se nomme « fonction de production ». Elle indique comment varie le niveau maximum de la production quand varient les quantités de facteurs utilisés, pour une entreprise donnée.

Il existe *a priori* autant de fonctions différentes que d'entreprises. Elles n'ont en commun que de croître avec chacun des facteurs. En effet, en utilisant davantage un facteur quelconque, la production peut au pire stagner, elle ne peut pas diminuer.

2.2. Le facteur caché

Deux entreprises d'une même branche, c'est-à-dire produisant le même bien avec les mêmes *inputs*, peuvent-elles avoir des fonctions de production différentes ? Nous supposerons souvent que oui, ce qui mérite une justification. On peut d'abord évoquer le manque d'information des agents économiques. Telle entreprise peut ignorer une nouvelle technique de fabrication et demeurer moins performante que sa voisine. Une autre interprétation, plus générale, est possible.

Soient deux pêcheurs d'égale habileté, à l'œuvre sur deux rivières différentes. On note L le temps de pêche, K le nombre de lignes que chacun utilise et q la récolte journalière. Assimilant ces pêcheurs à des entreprises, imaginons que les fonctions de production s'écrivent :

$$q_1 = 1{,}2\ L_1 \sqrt{K_1}\text{, pour le premier pêcheur.}$$

$$q_2 = 1{,}1\ L_2 \sqrt{K_2}\text{, pour le deuxième pêcheur.}$$

Par exemple, avec 4 lignes, le premier pêcheur capture en 3 heures :

$$q_1 = 1{,}2 \times 3 \times \sqrt{4} = 7{,}2 \text{ poissons, autant dire 7.}$$

Le deuxième pêcheur utilise les mêmes techniques mais est moins chanceux. C'est que sa rivière est moins poissonneuse, ce qui se traduit par un coefficient 1,1 plus faible que 1,2.

On peut imaginer qu'il existe une « vraie » fonction de production tenant compte de la qualité p de la rivière et s'écrivant, par exemple, dans tous les cas :

$$q = pL\sqrt{K}.$$

En oubliant un facteur (ici le nombre p), on a donc l'impression de fonctions de production différentes. On dit aussi que le facteur en question était « caché », sous-entendu : dans les fonctions de production initiales.

2.3. Les fonctions de Cobb-Douglas

Cobb et Douglas sont célèbres pour avoir testé, avant guerre, sur l'économie américaine, une fonction de type suivant :

$$q = \lambda K^a L^b,$$

λ, a et b étant trois nombres positifs qu'ils ont calculés.

Pour une entreprise, nous parlerons de « fonctions de production de Cobb-Douglas » quand interviendra ce genre de relation. Par exemple, avec 4 facteurs :

$$q = 3(K_1)^{0,2} (K_2)^{1/4} (L_1)^{1,2} (L_2)^{0,1}$$

sera qualifiée de « Cobb-Douglas ».

Reprenons le cas avec deux facteurs et fixons la valeur du capital utilisé à un niveau $\overline{K}$, par exemple 10.

Il vient : $q = f(\overline{K}, L) = \lambda(10)^a (L)^b$,

λ et b étant deux nombres positifs quelconque.

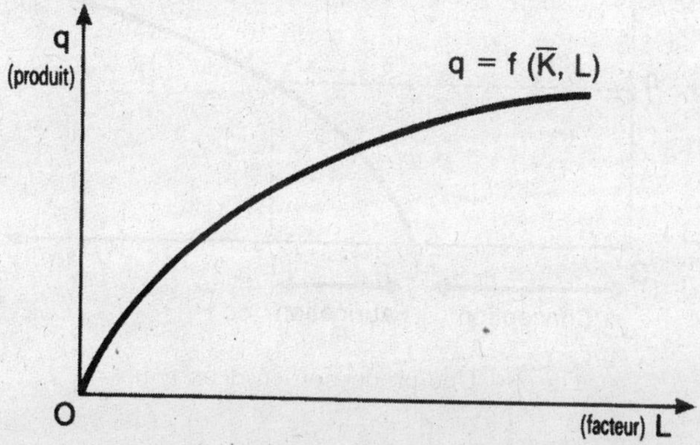

Fig. 1 – La relation facteur-produit

La figure 1 peut être qualifiée de court terme puisque le capital ne varie pas, mais l'important est de ne considérer que les variations d'un seul facteur, peu importe lequel. La production s'avère nulle si le travail n'est pas utilisé, ce qui est logique. Elle croît avec L, car b est positif, ce qui est conforme au bon sens. L'allure de la courbe est différente selon que b est inférieur ou supérieur à 1 : nous en reparlerons bientôt.

2.4. Le démarrage de la production

Il peut arriver que la production proprement dite succède à une phase plus ou moins importante de préparation. Par exemple, il faut de nombreuses études, de nombreuses maquettes, de nombreux essais avant de fournir au public une nouvelle sorte d'automobile. C'est peut-être qu'il faut distinguer deux entreprises au sens microéconomique : une entreprise chargée de la conception d'un modèle et une autre chargée de sa fabrication en série. Convenons néanmoins d'ignorer cette subtilité et regroupons tous les travaux, de conception comme de fabrication, sous la même rubrique L. On obtient alors la figure 2 ci-dessous :

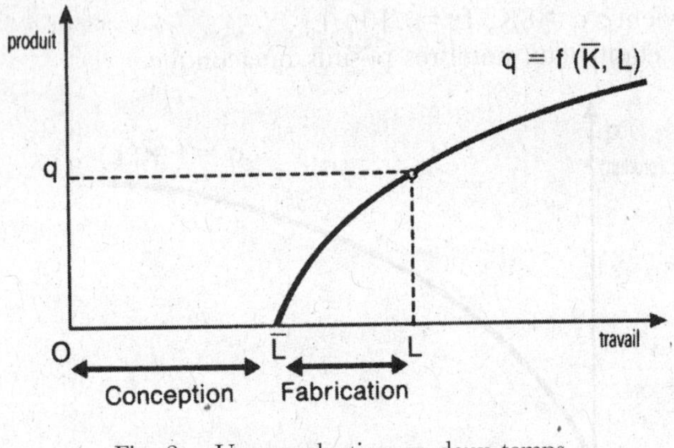

Fig. 2 – Une production en deux temps

La conception du modèle nécessite (avec le capital $\overline{K}$) une certaine quantité $\overline{L}$ de travail. En deçà de ce seuil, la production, au sens du nombre de voitures pour le public, est nulle. Au-delà, commence la fabrication en série, avec le travail restant $L-\overline{L}$.

Ce schéma s'applique particulièrement à la production de logiciels ou de cassettes vidéo.

3. Les relations facteurs-produit

3.1. Les productivités moyennes

La productivité moyenne d'un facteur est la production rapportée à une unité de facteur utilisé.

Notons P_m la productivité moyenne, par exemple du travail ; elle s'écrit donc :

$$P_M = \frac{q}{L} = \frac{f(K, L, etc.)}{L}.$$

Lorsqu'on affirme qu'il faut 8 travailleurs français pour fabriquer une voiture, la productivité moyenne vaut 1/8.

Avec une fonction de Cobb-Douglas $q = K^{0,4} \times L^{0,2}$, la productivité moyenne du capital vaut :

$$\frac{q}{K} = \frac{K^{0,4} \times L^{0,2}}{K} = K^{-0,6} \times L^{0,2}.$$

Il est clair que sa valeur change avec les niveaux K et L d'utilisation des facteurs.

3.2. Les productivités marginales

La productivité marginale d'un facteur est plus intéressante. C'est l'accroissement de la production autorisé par l'utilisation d'une unité supplémentaire du facteur considéré. C'est aussi bien la diminution de la production quand on utilise une unité de facteur en moins.

Mathématiquement, la productivité marginale, par exemple du travail, se note p_m et se calcule ainsi avec une fonction de production donnée :

$$p_m = \frac{\Delta q}{\Delta L} = \frac{\Delta f(\overline{K}, L)}{\Delta L} = f'_L(\overline{K}, L)$$

= dérivée de f par rapport à L.

Géométriquement, la productivité marginale, comme toute dérivée, s'interprète comme une tangente (voir fig. 3). En un point M d'abscisse $\overline{L}$, la tangente à la courbe $f(\overline{K}, L)$, $\overline{K}$ étant

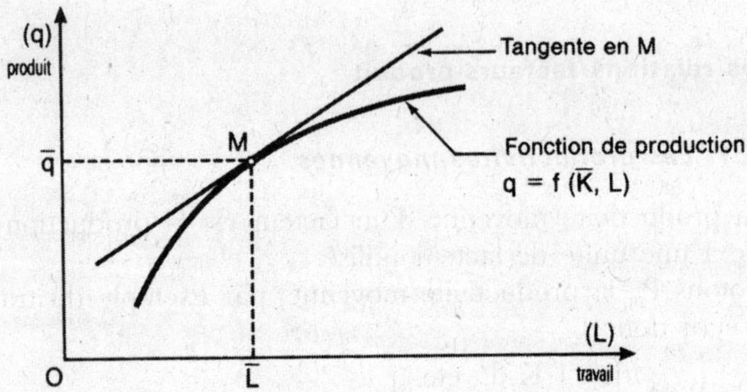

Fig. 3 – La productivité marginale du travail

fixe, représente donc la productivité marginale. Plus précisément, la valeur de la tangente de cette courbe mesure la productivité marginale.

Exemple

Notre pêcheur avait 4 lignes et trouvait 7 poissons en 3 heures selon la formule :

$$q = 1{,}2\ L\sqrt{K} = f(K, L).$$

La productivité marginale du capital vaut alors :

$$p_m = f'_K = 1{,}2 \times L \times \frac{1}{2\sqrt{K}} = 1{,}2 \times 3 \times 0{,}25 = 0{,}9.$$

Ceci signifie que, s'il pouvait se procurer une ligne de plus, une cinquième ligne donc, il pourrait capturer 0,9 (autant dire 1) poisson en plus avec le même effort de 3 heures d'attention. Il est clair que les productivités marginales varient selon l'intensité des facteurs utilisés, mais dans quel sens ?

3.3. Les productivités marginales décroissantes

On admet généralement que la productivité marginale d'un facteur diminue quand augmente l'utilisation de ce facteur. On parle même audacieusement de « loi des productivités marginales décroissantes ».

Revenons à notre pêcheur disposant de trois heures. Il capture 1 poisson de plus en passant à 5 lignes. Mais, en passant à 6 lignes, il est probable que le gain en poisson serait moindre. Le temps total étant fixe, il est en effet plausible que la surveillance de chaque ligne diminue avec le nombre de lignes à surveiller. Plus généralement, il faut se souvenir que dans l'expression d'une productivité marginale, tous les autres facteurs restent « bloqués » aux mêmes niveaux d'utilisation.

Le même raisonnement suggère que la productivité marginale augmente quand augmente l'utilisation d'un autre facteur. Une cinquième ligne apporte 1 poisson de plus en trois heures. Il est probable que cette même ligne apporterait davantage si on disposait de cinq heures.

Il peut arriver que telle productivité marginale soit croissante : comment justifier ce cas ?

Reprenons notre pêcheur en oubliant sa fonction de production. Imaginons qu'il passe la première demi-heure à installer ses 4 lignes, surveillant la rivière comme il peut. La productivité marginale du travail est donc faible pendant ce temps d'installation : une minute de plus ne donnerait guère de poisson en plus. Mais elle serait forte au bout d'une demi-heure, la même minute de plus étant pleinement consacrée à surveiller la rivière. La productivité marginale du travail croît donc, quand le travail total passe de vingt minutes à une heure.

Plus généralement, ce phénomène correspond à la mise en route vers une pleine utilisation des techniques choisies. Il aurait alors tendance à s'inverser ensuite, validant finalement la loi de

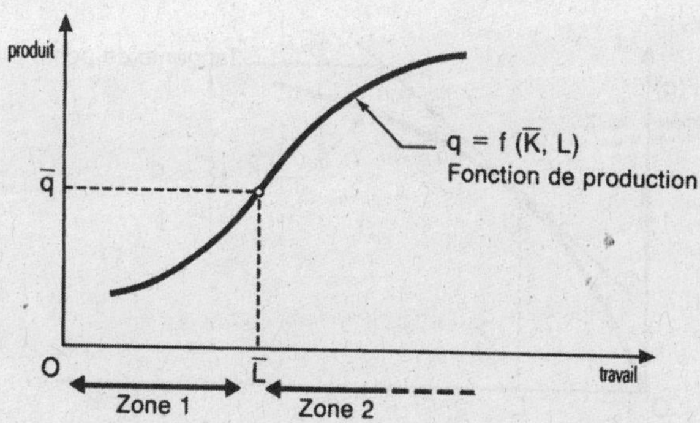

Fig. 4 – Les variations de la productivité marginale avec le travail utilisé

décroissance. La figure 4 illustre ce cas avec le travail comme facteur variable.

Dans la zone 1, notez que la pente de la courbe augmente avec L (elle devient plus verticale). Passé le seuil $\overline{L}$, la pente diminue. Autrement dit, la productivité marginale croît dans la zone 1 et décroît dans la zone 2.

Revenons à la fonction de Cobb-Douglas, sous la forme générale :

$$q = K^a L^b = f(K, L).$$

La productivité marginale du travail vaut ici :

$$p^m = f_L' = bK^a L^{b-1}.$$

Elle croît avec L quand b est supérieur à 1 (fig. 5) et décroît dans le cas inverse (fig. 6). Notez que les productivités marginales,

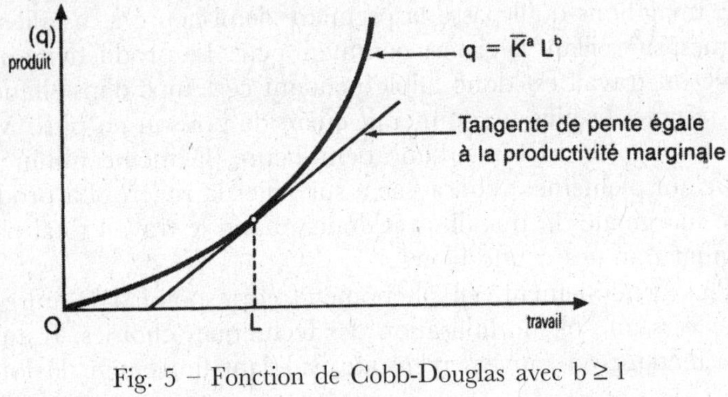

Fig. 5 – Fonction de Cobb-Douglas avec $b \geq 1$

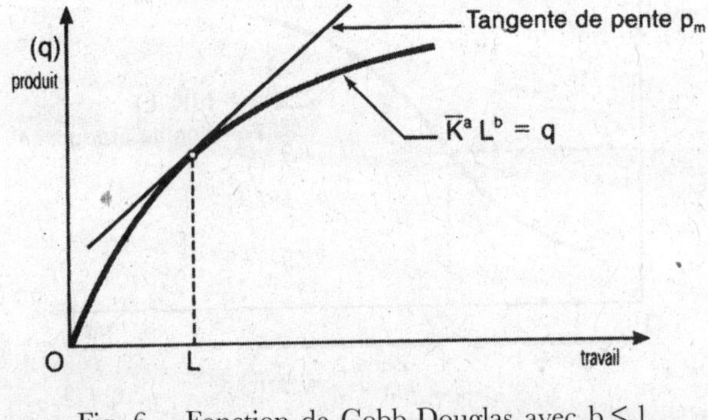

Fig. 6 – Fonction de Cobb-Douglas avec $b \leq 1$

avec des fonctions de Cobb-Douglas, sont toujours croissantes ou toujours décroissantes selon les valeurs des coefficients. La croissance correspond à des fonctions convexes (fig. 5), la décroissance à des fonctions concaves (fig. 6).

4. Les relations entre deux facteurs

Dans cette partie, nous allons faire varier deux facteurs en maintenant constants les autres et en maintenant constant le niveau de production. Les deux facteurs seront le travail L et le capital K, mais l'électricité et le pétrole ou le travail et le pétrole ou tout autre couple de facteurs ferait aussi bien l'affaire. La fonction de production de l'entreprise s'écrira :

$$q = f(K, L).$$

4.1. La substitution entre les facteurs

Partons d'une situation initiale : on produit $\overline{q}$ *output* grâce à $\overline{K}$ heures-machine et $\overline{L}$ heures-travail, le tout vérifiant $\overline{q} = f(\overline{K}, \overline{L})$.

Diminuons l'un des facteurs, disons le capital, d'une unité. Est-il possible, en augmentant le travail utilisé, de compenser, c'est-à-dire de retrouver le niveau initial de production ?

Si la réponse est oui, on dit que les deux facteurs sont « substituables ». Si la réponse est non, il sont « complémentaires ».

Parfois, la réponse sera : « Cela dépend. » Autrement dit, cela dépend du niveau de production $\overline{q}$ ou de la façon de l'obtenir au moyen de $\overline{K}$ et $\overline{L}$.

Quand on produit des pommes de terre et qu'on considère les engrais E et la surface ensemencée T comme facteurs, il est clair que ceux-ci sont substituables. En diminuant les engrais, on peut trouver une augmentation du terrain qui permet de conserver le même niveau de production.

Considérons à présent une entreprise fournissant des photocopies, à partir du travail et du capital. Attention ! Ce dernier n'est pas le nombre de machines disponibles, il est le nombre d'heures de fonctionnement de ces machines. Imaginons que l'entreprise a fourni $\overline{q}$ = 20 000 photocopies en utilisant $\overline{K}$ = 4 heures-machine et $\overline{L}$ = 1 heure-travail. Si le nombre d'heures-machine venait à diminuer, on aurait beau embaucher du personnel en grand nombre, on ne pourrait jamais retrouver le niveau $\overline{q}$: les deux facteurs sont donc complémentaires.

On prétend parfois que les facteurs seraient plutôt complémentaires à court terme et substituables à long terme, l'idée étant que la technique impose aujourd'hui une certaine façon d'utiliser les facteurs, par exemple tant d'ouvriers au service de telle machine ; mais que, à long terme, rien n'empêche d'adopter d'autres techniques impliquant d'autres façons de travailler, plus ou moins capitalistiques qu'avant. Notez que les notions de court et de long terme de cette explication ne correspondent pas exactement à nos définitions microéconomiques : nous en resterons donc là.

4.2. Les isoquantes

Considérons un niveau donné de la production q_1. L'ensemble des utilisations optimales de facteurs K et L qui permettent d'obtenir q_1 définit une isoquante dans le repère des facteurs considérés.

Supposons les facteurs substituables (fig. 7), les coordon-

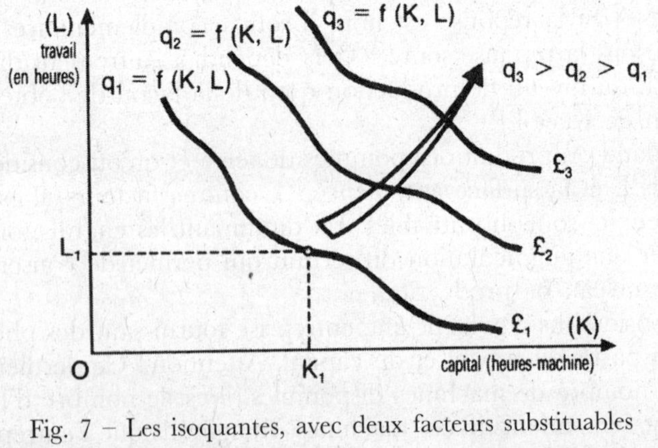

Fig. 7 – Les isoquantes, avec deux facteurs substituables

nées K_1 et L_1 de l'isoquante $\mathcal{L}_1$ de niveau q_1 permettent d'obtenir le niveau de production. Elles vérifient donc l'équation :

$q_1 = f(K, L)$, *q_1 étant constant.*

Cette équation est la définition mathématique d'une isoquante.

Notez que chaque isoquante est décroissante : il faut davantage de travail pour produire autant si on dispose de moins de capital et... si cette substitution est possible. À mesure que les niveaux de production q_1, q_2, q_3 augmentent, les isoquantes $\mathcal{L}_1$, $\mathcal{L}_2$, $\mathcal{L}_3$ s'éloignent vers le nord-est : nous avions déjà noté un phénomène semblable avec les courbes d'indifférence du consommateur.

Indiquons, par exemple, l'équation d'une isoquante d'une fonction de Cobb-Douglas :

$$q = (K)^{0,4} (L)^{0,2}, \text{ avec } q = 10.$$

Il vient simplement :

$$L = \frac{(10)^5}{K^2}.$$

Les isoquantes ont alors des allures d'hyperboles.

4.3. Le taux marginal de substitution technique

Soient deux facteurs substituables, disons le capital et le travail. Le « taux marginal de substitution technique du capital au travail » est la quantité supplémentaire de capital qu'il faut utiliser pour compenser la perte d'une unité de travail tout en maintenant le même niveau de production.

Vocabulaire

Le taux marginal de substitution technique s'écrit TMST en abrégé. Quand aucune confusion n'est possible avec l'analyse du consommateur, on dira plus simplement : taux marginal de substitution, TMS en abrégé.

Remarque : Le TMST du travail au capital est l'inverse du TMST du capital au travail.

Autre remarque : Dans la définition ci-dessus, vous pouvez considérer aussi que si le travail augmente d'une unité, le capital diminue alors d'une valeur égale au TMST pour obtenir le même niveau de production.

Comment s'en souvenir ? L'angoisse traditionnelle concerne les variations des facteurs : lequel varie *d'une* unité ? S'agissant de « substitution du capital au travail », il faut imaginer qu'on substitue du capital au travail, autrement dit le travail varie d'une unité (on licencie un salarié, par exemple) et on se demande combien de machines ou d'heures-machine il faudra mobiliser pour compenser.

Interprétation géométrique (fig. 8).

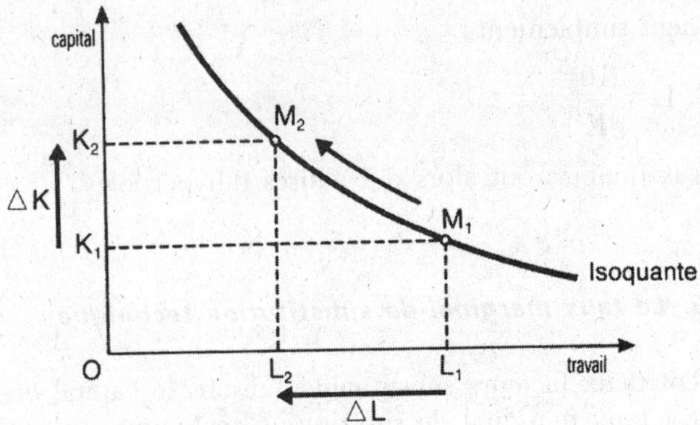

Fig. 8 – Le TMST du capital au travail

Considérons une isoquante de niveau q quelconque et un point M_1 quelconque sur cette isoquante. On peut donc produire q en utilisant les quantités L_1 et K_1 de travail et de capital.

Diminuons L_1 d'une unité. On passe alors à L_2 (avec $\Delta L = -1$ et $L_2 = L_1 + \Delta L$).

Il faut augmenter le capital de ΔK pour obtenir une nouvelle combinaison L_2 et K_2 qui permet de produire q *output.* Le TMST vaut alors le nombre ΔK ; il est clair qu'il dépend du niveau de production et de la combinaison initiale de facteurs. Dans cet exemple, un TMST égal à 4 signifie qu'on peut remplacer 1 salarié par 4 machines ou inversement, une machine par 1/4 de salarié (si on peut dire...).

Calcul mathématique

Pour mathématiser le TMST, nous allons considérer que ΔL est très petit, la formule $\Delta L = 1$ n'était qu'une façon commode de s'exprimer, valable si 1 était effectivement petit devant des grandeurs comme L_1. (Il serait inversement maladroit de recourir au TMST si on souhaitait licencier un salarié pour n'en conserver qu'un seul autre.)

Le TMST s'écrit alors $-\dfrac{\Delta K}{\Delta L}$, le signe moins permettant d'obtenir une expression toujours positive. On reconnaît la dérivée du capital par rapport au travail quand tous les autres éléments du problème conservent leur niveau.

Exemple

Soit la fonction de Cobb-Douglas suivante :

$$q = 4 \times (K)^{0,5} \times (L)^{0,3},$$

avec initialement $K = 4$, $L = 1$ et donc $q = 4 \times 2 \times 1 = 8$.

Puisque nous allons dériver K par rapport à L, transformons la relation ci-dessous, il vient :

$$K = \frac{1}{16} \times q^2 \times L^{-0,6}.$$

On en déduit :

$$\frac{\Delta K}{\Delta L} = \frac{1}{16} q^2 \times (-0,6\ L^{-1,6}) = \frac{1}{16} \times (8)^2 \times (-0,6 \times 1) = -2,4.$$

Le TMST vaut donc 2,4 ; il faut 2,4 machines pour remplacer un humain (ou environ deux heures et demie avec des unités différentes).

TMST et tangente

Comme toute dérivée, le TMST s'interprète comme une tangente. Sur la figure 8 ci-dessus, la quantité $\frac{\Delta K}{\Delta L}$ est ainsi, quand ΔL est suffisamment petit, la pente du segment $M_2 M_1$, autrement dit la valeur absolue de la pente de la tangente en un point de l'isoquante en question.

TMST et productivités marginales

Considérons une fonction de production :

$$q = f(K, L).$$

Le long de l'isoquante, q ne varie pas et il vient selon le théorème des fonctions implicites indiqué dans l'annexe mathématique 1.5 :

$$\frac{\Delta K}{\Delta L} = -\frac{f'_L}{f'_k}$$

d'où encore :

$$\text{TMST (capital au travail)} = \frac{\text{productivité marginale du travail}}{\text{productivité marginale du capital}}$$

Le TMST est égal au rapport des productivités marginales, interprétons ce résultat en imaginant la situation suivante :

productivité marginale du travail = 5
productivité marginale du capital = 2,5.

On diminue le travail d'une unité. La production baisse donc de 5 unités. Il faut utiliser deux machines supplémentaires pour compenser, chacune augmentant la production de 2,5 unités. Donc le TMST vaut 2 = 5/2,5.

Exemple

Calculons ainsi le TMST de notre Cobb-Douglas ci-dessus.

$$q = 4 \times (K)^{0,5} \times (L)^{0,3}, \text{ avec : } K = 4,\ L = 1 \text{ et } q = 8$$

$$\begin{cases} f'_L = 4 \times (K)^{0,5} \times 0,3 \times (L)^{-0,7} \\ f'_K = 4 \times 0,5 \times (K)^{0,5} \times (L)^{-0,3}, \text{ donc :} \end{cases}$$

$$\frac{f'_L}{f'_K} = \frac{0,3}{0,5} \times \frac{K}{L} = 2,4 :$$

c'était ce qu'il fallait trouver !

Trois facteurs et plus

Toutes les analyses ci-dessus valent quand on considère un couple de facteurs, quel que soit le nombre total de facteurs. Considérons ainsi la fonction de production :

$$q = (K)^{0,5} (L)^{0,1} (F)^{0,4}.$$

Il y a 3 facteurs, le travail (L), le capital (K) et un autre (F). Calculons le TMST du travail au facteur F, quand K = 12, L = 3, F = 2.

$$\begin{cases} \text{productivité marginale du travail} \\ \quad = (K)^{0,5} \times 0,1 \times (L)^{-0,9} \times (F)^{0,4} = 0,17 \\ \text{productivité marginale du facteur F} \\ \quad = (K)^{0,5} \times (L)^{0,1} \times 0,4 \times (F)^{-0,6} = 1,02 \end{cases}$$

donc :

$$\text{TMST} = \frac{1,02}{0,17} = 6.$$

4.4. Les décroissances du TMST

Premier cas : un des facteurs est fixe

Considérons le TMST du capital au travail, la quantité de capital étant par exemple constante. Imaginons une entreprise avec 200 salariés ; on licencie un salarié, il faut donc se procurer TMST machine pour compenser. Reprenons le raisonnement avec

80 salariés et le même nombre de machines (la production sera évidemment plus faible). Un salarié licencié fera sans doute plus cruellement défaut ; il faudra alors davantage de machines pour compenser. Ceci signifie que le TMST croît quand le travail utilisé diminue de 200 à 80. On dira plutôt que le TMST du capital au travail diminue quand le travail augmente ou, plus précisément, que cette diminution éventuelle ne doit pas nous étonner.

Reprenons notre formule précédente pour nous en assurer :

$$\text{TMST} = \frac{f'_L}{f'_K} = \frac{\text{productivité marginale du travail}}{\text{productivité marginale du capital}}.$$

Quand L augmente, il faut s'attendre à une baisse de f'_L, selon notre « loi » « des productivités marginales décroissantes (mais souvenons-nous que le contraire est possible). Quant à la productivité du capital, il faut s'attendre à une augmentation : une machine est d'autant plus productive qu'elle est servie par un personnel nombreux.

f'_L diminue, f'_K augmente : le TMST a de bonnes raisons pour diminuer quand le travail augmente, c'est-à-dire quand l'intensité capitalistique $\frac{K}{L}$ diminue.

(Ne cherchez pas à retenir ce résultat particulier : soyez simplement capable de retrouver le raisonnement en cas de besoin).

Deuxième cas : la production est fixe

Considérons à nouveau le TMST du capital au travail, le niveau $\overline{q}$ de la production étant désormais constant (fig. 9).

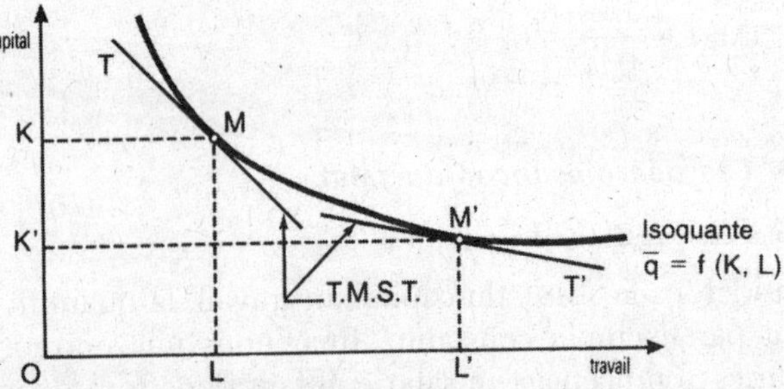

Fig. 9 – La décroissance du TMST de M à M′

Considérons le point M sur l'isoquante. Nous savons que le TMST est la valeur absolue de la pente de la tangente à l'isoquante, c'est la valeur absolue de la tangente T. Quand le travail utilisé passe de L à L′, le TMST est la valeur absolue de la tangente T′. Voyez comme T′ est plus horizontale que T, sa pente se rapprochant de zéro en valeur absolue. Ceci signifie que le TMST a diminué dans le passage de M à M′, quand le travail a augmenté ou quand le capital a diminué.

Ce résultat semble logique : plus il y a de salariés et moins il faut de machines supplémentaires pour remplacer un partant (mais le contraire peut aussi se concevoir). On parle à ce propos de « loi des TMST décroissants ».

Mathématiquement, une tangente qui se comporte comme sur la figure 9 signifie que les isoquantes tournent leurs convexités vers l'origine, on dit aussi que les isoquantes sont convexes.

Exemple

Soit une fonction générale de type Cobb-Douglas :

$$q = K^a L^b,$$

a et b étant deux nombres positifs.

Calculons le TMST du capital au travail à l'aide des productivités marginales :

$$\begin{cases} q'_L = bK^a \ L^{b-1} \\ q'_K = aK^{a-1} \ L^b \end{cases}$$

donc :

$$\text{TMST} = \frac{q'_L}{q'_K} = \frac{b}{a} \times \frac{K}{L}.$$

Le TMST décroît donc quand L augmente et que K diminue : la loi de décroissance est donc vérifiée (notez qu'il diminue également quand L augmente et que K reste fixe). Le TMST, avec une fonction de Cobb-Douglas, ne dépend que de l'intensité capitalistique $\frac{K}{L}$: ce résultat n'est pas du tout général.

5. La pluriproduction

Si une seule société gère deux établissements produisant deux produits différents, on dira en général qu'il existe deux entreprises monoproductives au sens microéconomique. La pluriproduction suppose une imbrication des techniques et des facteurs qui ne permet pas de déterminer clairement les contributions aux différents produits.

5.1. *La fonction de production*

Raisonnons avec 2 biens en quantités q_1, et q_2, produits à l'aide de deux facteurs en quantités K et L. La fonction de production devient une fonction g vérifiant :

$$g(q_1, q_2, K, L) = 0.$$

Il faut traduire ainsi : avec K et L unités de facteurs, on peut obtenir les quantités q_1 et q_2 de produits si ces quatre nombres vérifient la relation en question.

Exemple

$$q_1 + 3q_2 - K^{0,5} L^{0,1} = 0.$$

5.2. *Productivités et TMST*

Les principales notions demeurent, moyennant quelques aménagements mineurs. Nous nous contenterons de les calculer à partir de l'exemple ci-dessus et de la situation initiale suivante :

$$K = 16, L = 1, q_1 = 1, q_2 = 1.$$

Productivité marginale du capital relativement au produit 2

Il vient :

$$\frac{\Delta q_2}{\Delta K} = \frac{1}{6} K^{-0,5} L^{0,1} = 1/24.$$

Avec une unité de travail en plus, on peut produire 1/24 unité de bien 2 en plus, sous-entendu : et autant de bien 1 qu'avant, avec autant de capital qu'avant.

Productivité marginale du travail relativement au produit 2

Il vient :

$$\frac{\Delta q_2}{\Delta L} = \frac{0{,}1}{3} K^{0{,}5} L^{-0{,}9} = 4/30.$$

Taux de substitution du capital au travail relativement au bien 2

Il vient :

$$(\text{TMST})_2 = \frac{4/30}{1/24} = 3{,}2.$$

Avec une unité de travail en plus, on peut se passer de 3,2 unités de capital et produire autant de bien 2 qu'avant, sous-entendu : et autant de bien 1 !

Autrement dit, ce taux n'est pas relatif au bien 2, il vaut tout autant pour le bien 1.

5.3. Le taux de transformation des produits

Diminuons la production du bien 1 d'une unité, de combien celle du bien 2 pourra augmenter si on utilise les mêmes quantités de facteurs ?

La réponse définit le taux marginal de transformation du produit 2 en produit 1, en abrégé : le TTP.

Mathématiquement, cette quantité s'écrit $-\frac{\Delta q_2}{\Delta q_1}$ avec K et L constants. Le théorème des fonctions implicites de l'annexe mathématique énonce alors :

$$\text{TTP} = \frac{\Delta q_2}{\Delta q_1} = \frac{g'q_1}{g'q_2}.$$

Avec l'exemple initial, il vient :

$$\text{TTP} = 1/3.$$

Ce taux n'est généralement pas constant. Il s'interprète comme d'habitude comme la valeur absolue d'une pente dans un repère convenable.

Soit en effet l'équation :

$$g(q_1, q_2, K, L) = 0, \text{ K et L étant constants.}$$

Le TTP apparaît comme la dérivée de q_2 en q_1 dans cette équation, la figure 10 représentant la situation :

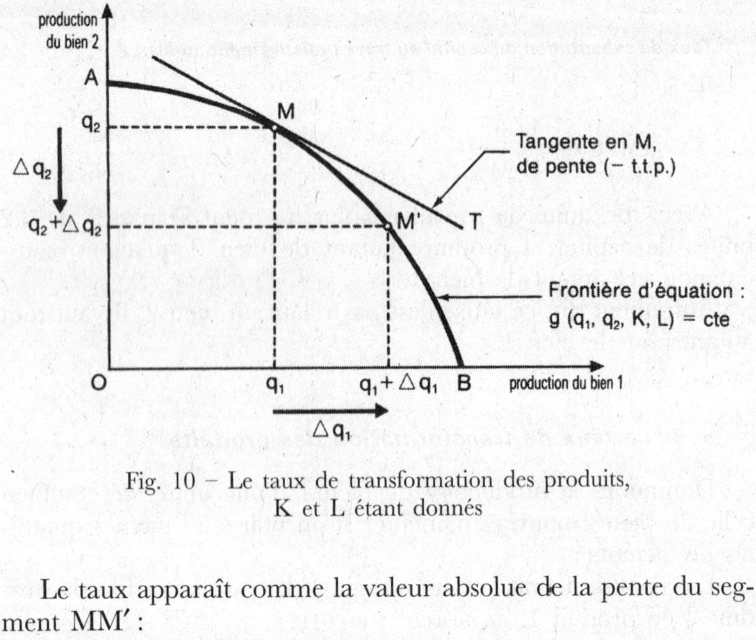

Fig. 10 – Le taux de transformation des produits,
K et L étant donnés

Le taux apparaît comme la valeur absolue de la pente du segment MM′ :

$$\text{pente de MM}' = -\frac{\Delta q_2}{\Delta q_1}.$$

À la limite, on retrouve la tangente T au point M. La frontière AMB est concave : telle est l'hypothèse habituelle. Dans ce cas, le TTP augmente sur la frontière quand on passe de A à B, c'est-à-dire quand q_1 augmente. (Dans notre exemple, la frontière est une droite et le TTP y est donc constamment égal à 0,33.)

6. Les facteurs complémentaires

Plutôt qu'une théorie générale, nous allons développer un exemple particulier.

Une machine d'un certain type nécessite le recours à deux individus pour fonctionner correctement : avec trois hommes, elle ne fonctionnerait pas mieux ; avec un seul, elle ne servirait à rien. En outre, la production est proportionnelle au nombre de machines correctement utilisées, chaque machine permettant alors d'obtenir 3 unités de produit par période.

Notons q le volume d'*output*, K et L les volumes de facteurs (nous oublierons au passage que tous ces nombres sont du type entiers). Les deux facteurs sont manifestement complémentaires, comment formaliser la production ?

6.1. La fonction de production

Traduisons nos hypothèses, il vient d'abord :

$$\begin{cases} L = 2K \\ q = 3K \end{cases}$$

Pour un problème aussi simple que le nôtre, ces deux équations seront toujours suffisantes. Pour d'autres problèmes, il peut être utile de compliquer, ce que nous allons entreprendre.

Première question : Que produira-t-on avec L et K facteurs dans le cas où $L < 2K$? L individus serviront $\frac{L}{2}$ machines (les autres ne servant à rien) et le produit vaudra $3 \times \frac{L}{2}$.

Résumons :

$$L \leqslant 2K \Rightarrow q = 3 \times \frac{L}{2}.$$

Deuxième question : Que produira-t-on avec L et K facteurs dans le cas où L > 2K ? K machines trouveront 2K individus pour les utiliser (les autres ne servant à rien) et le produit vaudra 3 × (K).

Résumons :

$$L \geq 2K \Rightarrow q = 3 \times (K).$$

Résumons les résumés :

$$\begin{cases} \frac{L}{2} \leq K \Rightarrow q = 3 \times \left(\frac{L}{2}\right) \\ \frac{L}{2} \geq K \Rightarrow q = 3 \times (K) \end{cases}$$

ou encore, plus synthétiquement :

$$q = 3 \times \text{MIN}\left\{\frac{L}{2}, K\right\}.$$

(Le mot MIN signifie que des deux nombres entre crochets, on choisit le plus petit). Cette fonction exprime le volume du produit à partir des niveaux de facteurs disponibles (disponibles, mais non plus forcément utilisés : notez la nuance).

Telle est l'allure des fonctions de production avec deux biens complémentaires.

6.2. Les isoquantes

Pour tracer une isoquante, par exemple au niveau q = 10, il suffit de représenter l'équation :

$$10 = 3\ \text{MIN}\left\{\frac{L}{2}, K\right\}$$

(voir la fig. 11).

L'isoquante a une allure d'équerre. Les points comme P correspondent à un excès de travail, les points comme Q à un excès de capital. On dit que le point M correspond à une production « efficiente » de 10 unités. La droite L = 2K relie tous ces points efficients quand la production varie.

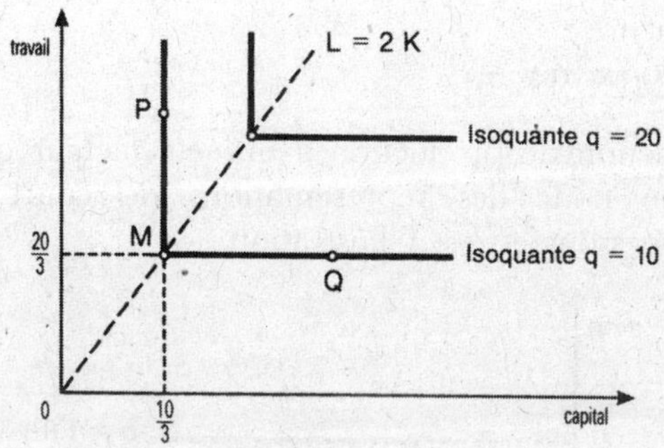

Fig. 11 – Deux facteurs complémentaires

6.3. Productivités et TMST

Il est possible de conserver les idées de productivités et de TMST dans le cas des facteurs complémentaires. C'est assez fastidieux et assez inutile : nous en resterons donc là.

6.4. Les capacités de production

Soit une entreprise et deux facteurs. On note $\overline{q}$ la capacité de production, c'est-à-dire le maximum de produit compatible avec les équipements ; l'analyse se déroule dans le court terme, $\overline{q}$ est donc fixe.

Supposons que la productivité du travail L soit constante, égale à k. Le maximum de travail efficient à considérer vaut alors $\overline{L} = \overline{q}/k$, utiliser davantage que $\overline{L}$ ne permettant pas de dépasser la valeur $\overline{q}$. Combien de produit q peut-on obtenir avec le travail L ?

On peut écrire :

$$\begin{cases} L \leq \overline{L} \Rightarrow q = kL \\ L \geq \overline{L} \Rightarrow q = \overline{q} \end{cases}$$

ou encore :

$$\begin{cases} kL \leq \overline{q} \Rightarrow q = kL \\ kL \geq \overline{q} \Rightarrow q = \overline{q} \end{cases}$$

ou mieux encore :

$$q = \text{MIN}\,\{kL, \overline{q}\}.$$

Cette fonction de production à un seul facteur q = f(L) peut s'avérer utile pour des représentations de court terme. La figure 12 ci-dessous en est l'illustration.

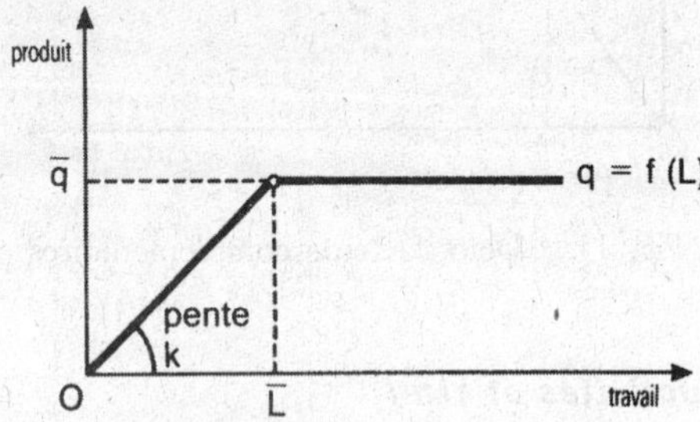

Fig. 12 – Un schéma de court terme

7. Les techniques linéaires

Ce paragraphe est la suite logique des précédents. Nous l'avons mis à part pour souligner que les difficultés mathématiques vont commencer.

Considérons donc le cas des facteurs complémentaires en introduisant une deuxième façon possible d'utiliser les facteurs tout en produisant de façon efficiente.

Première façon de produire q = 10 :

$$\begin{cases} \text{utiliser } l_1 = \dfrac{20}{3} \text{ unités de travail} \\ \text{et} \\ k_1 = \dfrac{10}{3} \text{ unités de capital} \end{cases}$$

Deuxième façon de produire q = 10 :

$$\begin{cases} \text{utiliser } l_2 = 5 \text{ unités de travail} \\ \text{et} \\ k_2 = 6 \text{ unités de capital} \end{cases}$$

Notez que $l_1 > l_2$, et $k_1 < k_2$: la deuxième technique est donc moins intensive (si on avait, par exemple, $l_1 > l_2$, et $k_1 > k_2$, il faudrait conclure que seule la technique 2 doit être utilisée).

Disposant de certaines quantités de facteurs K et L, il ne s'agit pas de savoir quelle technique il convient d'utiliser, mais dans quelles proportions les deux techniques doivent être simultanément mises en œuvre.

7. 1. La fonction de production

Notons x_1 l'intensité du recours à la technique l, dans le sens où on choisit d'affecter $l_1\, x_1$ unité de travail et $k_1\, x_1$ unité de capital à cette technique. Le résultat sera évidemment un produit égal à 10 x_1.

De même en affectant $l_2\, x_2$ et $k_2\, x_2$ unité de facteurs à la technique 2, on obtient $10x_2$ unité d'*output.*

Le problème est alors de choisir x_1 et x_2 de façon à obtenir le maximum de produit sans dépasser les dotations de facteurs K et L. Mathématiquement, ceci s'écrit :

$$\begin{cases} \text{Max}\, q = 10x_1 + 10x_2, \text{ avec les contraintes suivantes :} \\ l_1\, x_1 + l_2\, x_2 \leq L \text{ (ne pas utiliser plus que L unité de travail)} \\ k_1\, x_1 + k_2\, x_2 \leq K \text{ (ne pas utiliser plus que K unité de capital)} \end{cases}$$

La solution q est évidemment fonction des valeurs K et L : c'est ainsi qu'on obtient la fonction de production, en résolvant un programme linéaire comportant autant d'inconnues x_i que de techniques différentes et autant de contraintes que de facteurs.

7. 2. Les isoquantes

Notons M_1 et M_2 les points, dans le repère des facteurs, correspondant aux deux façons différentes d'obtenir 10 unités de produit de façon efficiente (fig. 13).

On démontre que tous les points du segment $M_1\, M_2$ permettent d'obtenir q = 10 en répartissant judicieusement les facteurs. Quand les techniques élémentaires se multiplient, les isoquantes sont des lignes brisées qui rappellent de plus en plus le cas des facteurs substituables.

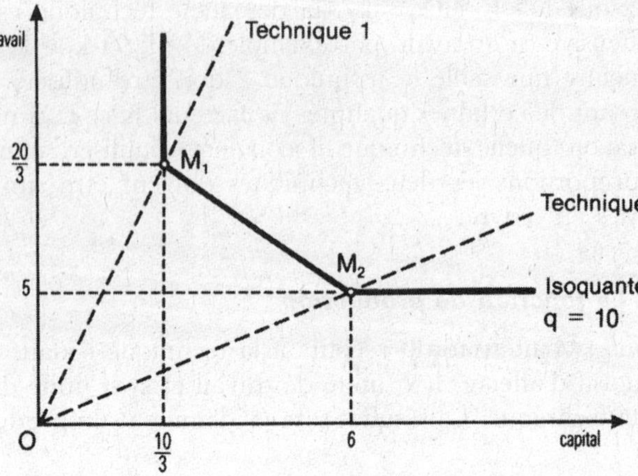

Fig. 13 – Deux techniques linéaires

7.3. Le taux marginal de substitution technique

La figure 13 nous laisse deviner la réapparition du TMST entre travail et capital. Entre les points M_1 et M_2, il s'agit de la valeur absolue de la pente du segment $M_1 M_2$:

$$\text{TMST} = \frac{20/3 - 5}{6 - 10/3} = 0{,}6 \text{ environ.}$$

Pour produire 10 unités, on peut abandonner une machine pourvu qu'on utilise 0,6 unité de travail en plus.

Vocabulaire à connaître : facteurs - produits - *inputs* - biens fongibles - capital - *outputs* - court terme - long terme - fonction de production - productivités moyennes - productivités marginales - facteurs substituables - facteurs complémentaires - isoquantes - taux marginal de substitution - taux de transformation des produits.

EXERCICES PROPOSÉS

Exercice 10

On considère une entreprise et deux facteurs, le travail noté L et le capital noté K, tous deux mesurés en heures d'utilisation. Le tableau ci-dessous indique les volumes produits pour certaines valeurs d'utilisation des facteurs. Par exemple, avec K = 10 heures-machine et L = 31 heures-travail, on peut obtenir 134 unités de produit.

L \ K =	10	11	12	13	14	15	16	17	18
31	134	138	143	147	151	155	158	162	166
32	140	144	149	153	158	162	166	171	175
35	149	154	160	165	170	175	180	185	190
36	151	156	162	166	172	177	183	188	193
38	154	159	166	170	176	181	187	192	197
42	157	163	169	175	181	186	192	198	203
43	158	164	170	176	182	187	193	199	204
47	160	166	172	178	184	190	196	202	208
51	161	168	174	180	186	192	198	204	210

1 / Que vaut la productivité marginale du travail, pour K = 10, quand on passe de 35 à 36 heures ? Idem quand on passe de 36 à 38 heures ? On évaluera désormais la productivité pour 36 heures par la moyenne des deux résultats précédents. Que vaut-elle ?
2 / Pour K = 16, que valent les productivités marginales du travail en L = 32, 35, 38, et 47 ? Moralité ?
3 / Que vaut le TMST du travail au capital quand on passe de L = 38 et K = 12 à L = 36 et K = 13 ?
4 / Calculez le TMST aux points (L = 32, K = 16) (L = 36, K = 13) et (L = 47, K = 11), à partir des productivités marginales. Moralités ?
5 / Représentez graphiquement l'allure de l'isoquante de niveau 166.

Exercice 11

Soit une entreprise et deux facteurs, capital (K) et travail (L).
Pour K = 10, le travail L permet un produit égal à 0,5 L ; pour K = 12, le travail L permet un produit égal à 0,8 L. Estimez le TMST du travail au capital quand la production vaut 100.

Exercice 12

Soit la fonction de production $Q = (K)^{0,4} * (L)^{0,3}$. Calculez les productivités marginales et le TMST (à vous de préciser). Indiquez leurs propriétés, en particulier la décroissance du taux le long d'une isoquante.

Exercice 13

Une entreprise dispose de deux techniques de production. La première permet de produire $Q = 15$ en utilisant 12 unités de capital et 8 unités de travail, elle peut être utilisée autant de fois qu'on le veut avec un coefficient d'échelle quelconque, pas forcément entier. La deuxième technique est du même type, elle permet d'obtenir $Q_2 = 20$ à partir de 26 unités de capital et 3 unités de travail.
1 / On utilise n fois la technique 1, m fois la technique 2 ; on veut obtenir un niveau de production égal à 10. Trouvez une relation entre les facteurs K et L qu'il faut alors détenir.
2 / Montrez que les positivités des variables n et m impliquent $0 \leq n \leq 0,66$. En déduire que le capital doit vérifier la contrainte : $8 < K < 13$.
3 / Représentez graphiquement dans le repère K, L l'isoquante de niveau 10. Mettez en valeur les techniques élémentaires qui permettent ce niveau.

5. Les coûts de production

La fonction de production que nous venons d'étudier est une notion caractéristique de la microéconomie. Par contre, le coût appartient au vocabulaire commun et nous lui conserverons sa signification habituelle. Il s'agira d'une part de préciser, d'analyser, de formaliser l'idée de coût, quelle que soit l'activité productive considérée et, d'autre part, d'établir des passerelles entre les fonctions de production et les coûts correspondants.

1. Le coût des facteurs

1.1. Les biens fongibles

Définir et formaliser le coût associé à l'usage des biens fongibles tels que les matières premières est le plus simple. Soit f le prix unitaire d'un facteur de cette catégorie ; si on utilise F unité il en coûtera évidemment $f \times F$.

1.2. Le capital

Commençons par recenser quelques notions usuelles.

Le coût d'acquisition est le prix d'achat. Il est impossible d'en rester là, car si on achète aujourd'hui une machine qui servira pendant dix ans, il serait stupide de considérer que le coût associé est nul durant les neuf dernières années.

Le coût de location est un « coût d'usage » ; il est particulièrement commode puisque la durée de vie de la machine n'intervient pas.

L'amortissement économique consiste à répartir dans le temps le coût d'acquisition. Une machine de 100 000 € durant vingt ans, on comptera par exemple un coût annuel de 5 000 €. Ce coût a l'inconvénient d'être fictif dans le sens où les 5 000 € annuels ne sont pas effectivement versés par l'entreprise à un autre agent économique.

Le coût de renouvellement est une notion voisine. Il s'agit de mettre chaque année de l' « argent de côté » en prévision d'un achat de remplacement quand les machines seront devenues inutilisables. L'amortissement amortit des dépenses passées, le renouvellement amortit des dépenses futures.

L'obsolescence traduit une dépréciation des machines non par usure physique, mais par comparaison avec de nouvelles machines plus performantes.

La maintenance concerne les activités d'entretien des machines. Il s'agit aussi d'éviter les pannes ou de réparer au plus vite. Dans certaines industries lourdes, les frais de maintenance peuvent atteindre plus de 10 % du total.

Les coûts d'assurance sont divers. Ils concernent en général les accidents, les incendies, les vols. Certaines entreprises choisissent d'avoir des machines en excédent plutôt que de risquer un arrêt durable de leur production en cas d'accident.

Pour simplifier, il suffira de considérer deux types de coût : les coûts liés à la disponibilité des machines indépendamment de leur usage, comme le coût d'achat et les coûts liés à l'usage plus ou moins intensif des machines, comme les frais d'entretien.

Plus précisément, la microéconomie utilise alors, selon les cas, trois schémas possibles d'analyse :

(i) L'entreprise loue un certain nombre de machines K à un prix k par période. Les éventuels frais de maintenance sont compris dans le prix, le coût vaut donc k × K. L'analyse s'apparente au long terme puisqu'on pourra choisir K, mais la production sera instantanée.

(ii) L'entreprise a acheté un certain nombre de machines $\overline{K}$ qui représente ses capacités de production. L'achat a nécessité un emprunt dont les remboursements R s'étalent uniformément sur toute la période de durée de vie du capital. En outre, l'utilisation de K machine, avec évidemment $K \leq \overline{K}$, implique certains frais de maintenance m par machine. Le coût par période vaudra alors :

$$R + mK, \text{ avec } K \leq \overline{K}.$$

Nous négligerons souvent la contrainte $K \leq \overline{K}$ dans les formalisations ultérieures, celle-ci sera implicite.

(iii) Mêmes hypothèses que ci-dessus, mais l'achat initial fut tellement judicieux que toutes les machines sont effectivement utilisées. Il vient donc $K = \overline{K}$, ce qui implique un coût par période :

$$R + m\overline{K}.$$

Le choix de l'équipement disparaît dans cette analyse, on peut donc la qualifier de court terme.

Vous constatez que toutes ces hypothèses conduisent à une même formalisation : utiliser K machine coûte par période : A + aK, A et a étant deux constantes.

Le terme constant A est nul dans le cas (i) et a = k.

Le coefficient a est nul dans le cas (iii) et $A = R + m\overline{K}$.

Nous utiliserons la notation k plutôt que a : souvenez-vous que sa signification est variable, entre le coût de location et le coût de maintenance.

1.3. Le travail

Il est souvent intéressant d'assimiler le travail à une sorte de capital : ne parle-t-on pas d'investissements et de capital humains ? Pour simplifier, nous considérerons que le travail utilisé L ne diffère pas du travail potentiel disponible. Autrement dit, tout excédent momentané de main-d'œuvre sera immédiatement licencié sans frais supplémentaire. De même, l'embauche sera instantanée et sans frais spécifique de recrutement, formation, adaptation. Nous noterons w le prix d'utilisation du travail par période (comme *wages,* en anglais) en pensant au salaire horaire. Le coût associé au travail sera tout simplement $w \times L$.

2. La fonction de coût total

2.1. Définition

Le coût total représente la dépense minimum qu'une entreprise doit envisager pour atteindre un certain niveau de production.

Considérons que les prix des facteurs sont donnés pour l'entreprise. Le coût total est ainsi le minimum des coûts d'utilisation des facteurs qui permettent d'obtenir un certain niveau de production. Le coût total dépend évidemment du niveau de production considéré, la fonction correspondante s'appelle fonction de coût ou fonction de coût total.

2.2. Formalisation

Soit $q = F(K, L)$ la fonction de production. Considérons que le capital coûte k par période : introduire un terme constant R ne changerait rien à l'analyse. Considérons que le travail coûte w par période. Pour éviter des confusions, nous noterons D la dépense d'utilisation des facteurs aux niveaux K et L :

$$D = D(K, L) = kK + wL.$$

Le coût total nécessite de choisir K et L de façon à minimiser la dépense tout en permettant de produire au niveau q, autrement dit, il faut résoudre :

$$\begin{cases} \text{minimiser } kK + wL, & \text{minimiser la dépense...} \\ q = F(K, L), \ldots & \text{en produisant } q \end{cases}$$

La solution choisie K* et T* dépend de q, pour ne pas parler des prix w et k. Le coût total C vaut alors $kK^* + wL^*$, il dépend de q et nous le noterons C(q). *Cette dernière fonction est précisément la fonction de coût.*

2.3. Deux facteurs substituables

Raisonnons avec l'exemple d'une fonction de Cobb-Douglas :

$$q = K^{0,2} L^{0,3}.$$

Pour déterminer la fonction de coût, il faut chercher K et L tels que :

$$\begin{cases} \text{MIN } kK + wL, \text{ avec :} \\ q = K^{0,2} L^{0,3}, \text{ q étant donné} \end{cases}$$

Utilisons la méthode du Lagrangien, il vient après quelques calculs :

$$\begin{cases} \dfrac{k}{w} = \dfrac{2}{3} \dfrac{L}{K} \\ q = K^{0,2} L^{0,3} \end{cases} : \begin{cases} \text{2 équations} \\ \text{2 inconnues : L et K} \end{cases}$$

Plutôt que d'entamer une résolution de ce système, souvenons-nous que nous cherchons la fonction de coût. Mieux vaut donc considérer le système suivant :

$$\begin{cases} \dfrac{k}{w} = \dfrac{2}{3} \dfrac{L}{K} \\ q = K^{0,2} L^{0,3} \\ C = kK + wL \end{cases} : \begin{cases} \text{3 équations} \\ \text{3 inconnues : L et K et C} \end{cases}$$

Solution :

$$C = 1{,}96 k^{0,4} w^{0,6} q^2 = (\text{cte}) \times q^2.$$

La fonction de coût est donc ici une parabole. Notez que la somme des coefficients de la fonction de Cobb-Douglas vaut 0,2 + 0,3 = 0,5 et que la fonction de coût est de degré exactement inverse 2 = 1/0,5 : ceci est très général, mais ne mérite pas qu'on s'en souvienne.

Notez aussi que le coût est homogène de degré 1 en k et w. Donc, si les prix des facteurs sont tous deux multipliés par 2 ou 3, le coût sera 2 ou 3 fois plus grand : le contraire eût étonné.

2.4. Deux facteurs complémentaires

Considérons qu'il faut 3 unités de capital et 2 unités de travail pour obtenir 7 unités de produit et autant de fois plus à une échelle de production quelconque.

Pour produire q, il faudra donc $\left(\frac{3}{7}q\right)$ de capital et $\left(\frac{2}{7}q\right)$ de travail, ce qui coûtera :

$$C(q) = \left(\frac{3}{7}k + \frac{2}{7}w\right)q = (\text{cte}) \times q.$$

La fonction de coût est linéaire, ce que nous interpréterons ultérieurement.

2.5. Représentations graphiques

Nous raisonnons avec deux facteurs substituables, une fonction de production q = F(K, L) et un coût du capital proportionnel à son utilisation. Il faut donc chercher K et L tels que :

$$\begin{cases} \text{minimiser } D(K, L) = kK + wL, \text{ avec :} \\ q = F(K, L), \text{ q étant donné} \end{cases}$$

Supposons que l'isoquante de niveau q tourne sa convexité vers l'origine (fig. 1).

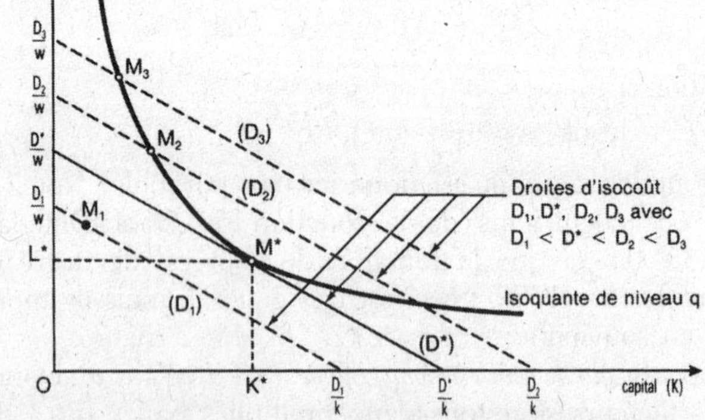

Fig. 1 – La dépense minimum avec deux facteurs substituables

Il s'agit de choisir sur l'isoquante entre les points M_3, M_2, etc. la combinaison correspondant à une moindre dépense. Précisons cette idée.

Un point M se lit par ses coordonnées K et L qui représentent les niveaux de facteurs utilisés. La dépense associée à un point M vaut donc :

$$D = D(M) = kK + wL.$$

Lorsque le niveau de dépense est fixé, on dit que la droite définie par l'équation ci-dessus est une droite d'isocoût (de même coût). Une droite d'isocoût relie tous les points dont les coordonnées, interprétées comme les facteurs utilisés, correspondent à un même niveau de dépense.

La droite (D_3) sur la figure est l'isocoût d'équation :

$$kK + wL = cte = D(M_3) = D_3.$$

Elle coupe les ordonnées (au point K = 0) pour une valeur L_0 telle que :

$$wL_0 = D(M_3), \text{ donc } L_0 = \frac{D(M_3)}{w}. \text{ Résumons :}$$

$$\begin{cases} \text{Avec la combinaison de facteurs représentée par } M_3, \\ \text{on peut produire q.} \\ \text{Il en coûtera } D_3 = \left(\dfrac{D_3}{w}\right) \times w = (\text{ordonnée à l'origine}) \times w \end{cases}$$

Peut-on faire moins cher ? Oui, car la combinaison M_2 implique un coût égal à :

$$D_2 = \left(\frac{D_2}{w}\right) \times w, \text{ à comparer avec } D_3.$$

Or l'ordonnée à l'origine $\left(\dfrac{D_2}{w}\right)$ s'avère inférieure au cas précédent, donc la dépense est également moindre.

Peut-on faire encore moins cher ? Oui, et vous constatez que nous allons ainsi aboutir au point M, où l'isoquante et l'isocoût sont tangentes.*

(Si on voulait dépenser moins, en M_1 par exemple, il serait impossible de produire q.) Le coût associé à q se lit en ordonnée, il vaut w fois l'ordonnée à l'origine de l'isocoût qui passe par M* $\left(w \times \frac{D^*}{w} = D^*\right)$. Bien entendu, tous nos raisonnements auraient pu se dérouler sur l'axe des abscisses.

Notez que toutes les droites d'isocoût sont parallèles, car leur pente vaut $-\frac{k}{w}$*, elle ne dépend pas du niveau de dépense choisi.*

Remarque : La tangente de l'isocoût et de l'isoquante ne caractérise pas toujours la solution de moindre dépense.

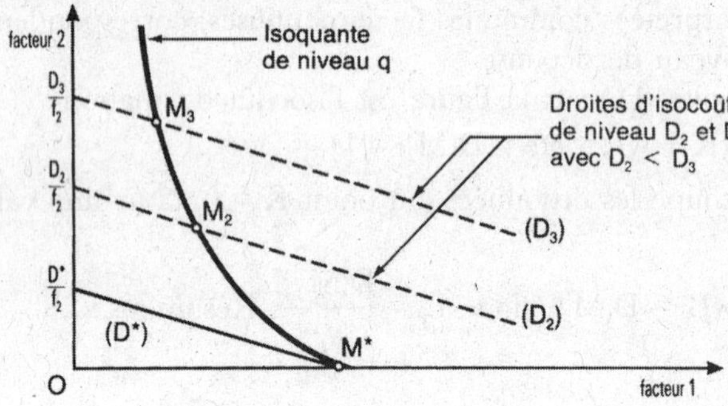

Fig. 2 – Un équilibre en coin

Sur la figure 2, on considère deux facteurs de prix f_1 et f_2. L'isoquante coupe l'abscisse en un point M*. Si les droites d'isocoût sont suffisamment horizontales, vous constatez que la moindre dépense implique le choix M*.

Mathématiquement, ceci signifie une faible valeur de $\frac{f_1}{f_2}$ et l'abandon du facteur 2 (il vaut 0 au point M*). Autrement dit, il se peut qu'on renonce à utiliser un facteur si celui-ci s'avère trop cher, pour certaines valeurs de la production.

Vocabulaire

Les combinaisons M* des figures précédentes qui caractérisent la moindre dépense pour un volume donné de produit sont parfois qualifiées : équilibre de la production ; le chapitre 7 précisera cette notion.

3. Propriétés des solutions de moindre dépense

3.1. Taux marginal de substitution et prix des facteurs

Revenons à la figure 1 en imaginant que telle est l'illustration de la dépense minimum. La solution M* est définie par la tangence de l'isocoût qui passe par M* et de l'isoquante de niveau q. Écrivons que les pentes sont égales, celle de l'isocoût et celle de l'isoquante, en valeur absolue.

Pente de l'isocoût en M* $= -\frac{k}{w}$, donc :

$$\text{valeur absolue de cette pente} = \frac{k}{w}. \text{ Or :}$$

pente de l'isoquante en M* = TMST du travail au capital, donc : TMST $= \frac{k}{w}$, ce qu'on énonce :

Pour minimiser la dépense, il faut, en général, égaliser le TMST au rapport des prix des facteurs.

Exemple : La Cobb-Douglas du § 2.3 avait un TMST du travail au capital égal à $\frac{2L}{3K}$. On aurait pu en déduire la première équation du système final sans recourir à la méthode du Lagrangien.

Attention ! Notre règle ne vaut que si la figure 1 est représentative. Il faut s'en méfier dans les cas comme ceux de la figure 2 et l'oublier si les facteurs sont complémentaires.

Interprétation économique

Supposons un TMST du travail au capital différent de k/w, par exemple le TMST vaut 5, k vaut 8 et w vaut 2. Montrons que cette situation ne minimise pas la dépense.

Utilisons une unité supplémentaire de capital et 5 unités en moins de travail. Par définition du TMST, la production sera inchangée. Elle coûtera $1 \times k = 8$ € de plus pour le capital et $5 \times w = 10$ € de moins pour le travail. Elle sera donc moins chère que précédemment.

Continuons donc, sur l'isoquante, à augmenter la quantité du facteur capital au détriment du travail. Le TMST, selon une « loi » bien connue, va décroître à partir de la valeur 5. Quand il rencontrera la valeur $\frac{k}{w} = 4$, il conviendra de s'y arrêter (fig. 3).

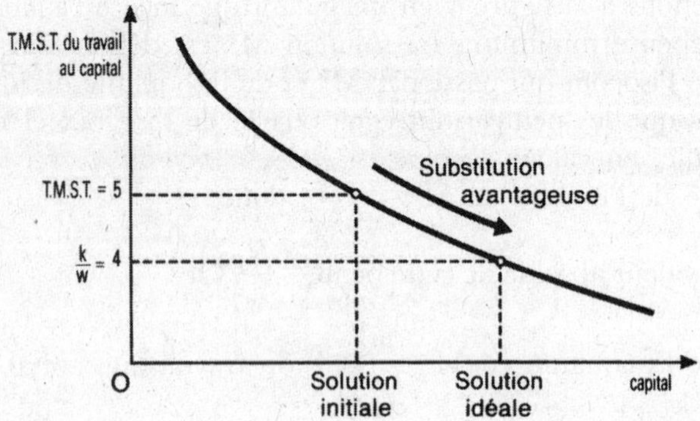

Fig. 3 – Le TMST en route vers le rapport des prix

Notez que ce raisonnement ne vaudrait plus si le TMST n'était pas décroissant le long d'une isoquante, ou encore si le TMST ne pouvait décroître en deçà d'une valeur telle que 4,5 (supérieure au rapport des prix). Ce dernier cas est illustré par la figure 2.

3.2. Le sentier d'expansion

Représentons, dans l'espace des facteurs, les combinaisons de moindre dépense quand le niveau de production augmente, mais que les prix demeurent inchangés (fig. 4).

(Pour changer, nous avons placé le travail en abscisse.) Au niveau q_1, la solution M_1 assure la tangence entre l'isoquante à ce point et la droite d'isocoût de pente $-\frac{w}{k}$. À un niveau supérieur $q_2 > q_1$, l'isoquante est déplacée vers le nord-est, les droites d'isocoût conservent leur pente, d'où une nouvelle solution M_2.

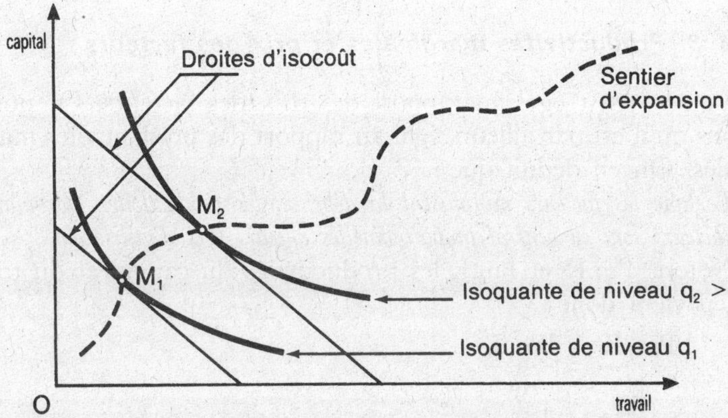

Fig. 4 – Le sentier d'expansion

Le sentier d'expansion relie l'ensemble des combinaisons de facteurs qui minimisent la dépense quand le niveau de production varie. L'expression est jolie : quand l'entreprise développe son activité, les facteurs empruntent un sentier d'expansion.

Mathématiquement, l'équation de sentier est celle qui caractérise les solutions de moindre dépense ; dans le cas standard, on écrira donc :

$$\text{TMST du capital au travail} = \text{TMST}(K, L) = \frac{w}{k}$$

$$= \text{rapport des prix des facteurs.}$$

Exemple : La Cobb-Douglas du § 2.3 avait un TMST du capital au travail égal à $\frac{3K}{2L}$. Il vient donc :

$$\frac{3K}{2L} = \frac{w}{k}, \text{ ou encore : } K = \left(\frac{2}{3}\frac{w}{k}\right)L = (\text{cte}) \times L.$$

Le sentier est ici une droite passant par l'origine, phénomène habituel chez une fonction de Cobb-Douglas, mais exceptionnel par ailleurs : l'intensité capitalistique $\frac{K}{L}$ change en général avec le niveau de production.

3.3. Productivités marginales et prix des facteurs

Le TMST est égal au rapport des prix des facteurs. Or nous savons qu'il est par ailleurs égal au rapport des productivités marginales. On en déduit que :

Lorsque les facteurs minimisent la dépense, les productivités marginales des facteurs sont en général proportionnelles à leurs prix d'utilisation.

Notons Pm,K et Pm,L les productivités du capital et du travail, il vient donc :

$$\frac{\text{Pm, K}}{k} = \frac{\text{Pm, L}}{w}.$$

Exemple : La Cobb-Douglas rencontrée dans ce chapitre s'écrivait :

$$q = K^{0,2} L^{0,3}.$$

La condition de minimisation de dépense s'écrit donc :

$$\frac{\text{Pm, K}}{\text{Pm, L}} = \frac{0{,}2K^{-0,8}\ L^{0,3}}{0{,}3K^{0,2}\ L^{-0,7}} = \frac{2L}{3K} = \frac{k}{w}.$$

Nous retrouvons l'équation du sentier d'expansion. Notez que cette équation s'obtient beaucoup plus facilement qu'en passant par le Lagrangien ou par le TMST.

Attention ! Cette règle ne vaut que si le TMST est bien défini et qu'il veut bien décroître sans cesse le long des isoquantes, pour pouvoir atteindre n'importe quel rapport des prix des facteurs.

Interprétation économique

Supposons des productivités marginales non proportionnelles aux prix des facteurs. Par exemple, k = 8, w = 2, Pm,K = 15, Pm,L = 3, pour reprendre l'exemple du § 3.1, de sorte que $\frac{\text{Pm, K}}{\text{Pm, L}} = 5$, différent de $\frac{k}{w} = 4$.

En utilisant 1 unité de travail supplémentaire, la production augmente de Pm,L = 3 unités et il en coûte w × 1 = 2 € de plus.

En utilisant 1 unité de capital en plus, la production augmente de Pm,K = 15 unités et il en coûte k × 1 = 8 € de plus.

Augmentons donc le capital d'une unité et, pour compenser, diminuons de 5 unités la quantité de travail :

La production augmente de 15 unités, « puis » diminue d'autant : elle ne varie pas.

La dépense augmente de 8 €, « puis » diminue de $5 \times 2 = 10$ € : elle baisse de 2 €.

L'entreprise pouvait donc produire autant et moins cher : la solution initiale n'était donc pas judicieuse.

Généralisation

Quand il existe n facteurs de prix f_1, f_2 (...), f_n, la solution standard de moindre dépense vérifie les équations suivantes :

$$\frac{p_{m,1}}{f_1} = \frac{p_{m,2}}{f_2} = (\dots) = \frac{p_{m,n}}{f_n}$$

$p_{m,i}$ étant la productivité marginale du facteur i

4. Coût fixe et coût variable

Le coût total est relatif à un certain niveau de production pendant une période donnée. Nous avons déjà envisagé deux types de dépenses qui intervenaient quels que soient les degrés d'utilisation des facteurs liés à la production. D'une part, des dépenses relatives au démarrage de la production concernant par exemple des frais d'étude ou de recherche ; d'autre part, des remboursements d'emprunts antérieurs, que nous notions R au § 1.2 de ce chapitre. On peut ajouter des frais administratifs incompressibles, ce qui est moins sûr. L'ensemble de ces dépenses constitue les coûts fixes, c'est-à-dire constants quel que soit le niveau de production.

Le reste constitue les coûts variables, ceux qui varient avec la production, ceux que nous avions effectivement cherché à calculer dans les exemples de ce chapitre. Résumons :

Soit une fonction de coût : $C = C(q)$,

Le coût fixe est noté C_F, il vaut mathématiquement : $C(0)$.

Le coût variable est noté C_V, il vaut mathématiquement : $C(q) - C_F$.

Retenez que les coûts fixes sont d'autant plus élevés que l'entreprise utilise des équipements lourds. Ils sont typiques du court terme quand on veut évacuer la question du choix des équipements : les frais correspondants sont alors qualifiés de fixes, il ne s'agit évidemment que d'une convention plus ou moins bien adaptée aux problèmes à analyser.

Exemple

Soit la fonction de coût égale à $3q^2 + 10q + 20$:

coût fixe = $20 = C_F$
coût variable = $3q^2 + 10q = C_V(q)$.

5. Le coût moyen

5.1. Définition

Le coût moyen mesure le coût total par unité produite pour une entreprise donnée (on dit aussi : prix de revient). Notons le C_M, il vient :

$$C_M = \frac{C(q)}{q},$$

le coût moyen dépend donc du niveau de q production.

On utilise parfois le coût moyen variable, coût variable par unité produite. Notons le C_{MV}, il vient :

$$C_{MV} = \frac{C_V(q)}{q}.$$

Géométriquement (voir fig. 5), le coût moyen est la pente d'une corde OM, le point M correspondant à un certain niveau de production q, sur la fonction de coût total.

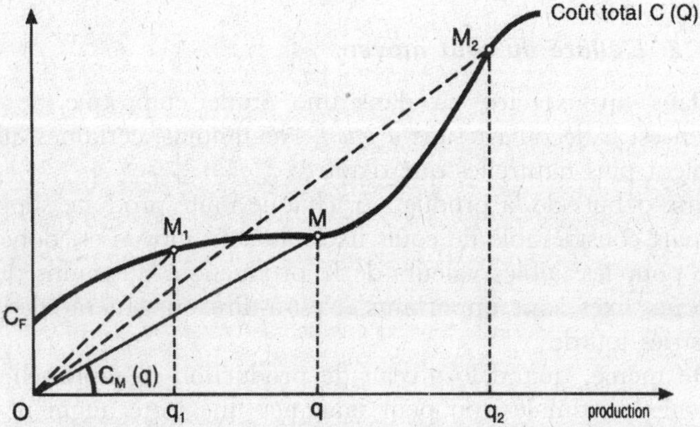

Fig. 5 – Représentation géométrique du coût moyen

En effet, voyez le triangle OMq :

$$\text{pente (OM)} = \text{tg (angle MOq)} = \frac{\text{côté opposé}}{\text{côté adjacent}}$$

$$= \frac{Mq}{Oq} = \frac{C(q)}{q}.$$

Au niveau q_1, le coût moyen est plus grand qu'au niveau q, car la corde OM_1 est plus verticale. Le coût moyen en q_2 est intermédiaire entre les deux autres valeurs considérées. La pente de la corde s'avère ainsi très commode pour apprécier les variations du coût moyen, pour déterminer quand il augmente et quand il diminue.

Exemple

Soit la fonction de coût total :

$C(q) = q^3 - 5q^2 + 12q + 20.$

Il vient :

coût fixe = 20 = C_F

coût variable = $q^3 - 5q^2 + 12q = C_V(q)$

coût moyen = $q^2 - 5q + 12 + (20/q) = C_M(q)$

coût moyen variable = $q_2 - 5q + 12 = C_{MV}(q)$.

5.2. L'allure du coût moyen

Dans un exercice ou dans une étude empirique, le coût moyen est à découvrir sans *a priori*. Néanmoins, certaines allures semblent plus naturelles que d'autres.

Aux débuts de la production, chaque unité produite supporte une part considérable de coûts fixes : le coût moyen est donc très élevé pour les faibles valeurs de la production, du moins quand les coûts fixes sont importants, c'est-à-dire en général dans les industries lourdes.

De même, quand le niveau de production se rapproche des capacités maximales, on peut imaginer une forte augmentation du coût moyen ; il faut du moins que cette notion de capacité maximale ait un sens, ce qui sous-entend une étude de type court terme.

Les figures 6 sont deux traductions possibles de ces phénomènes, parmi bien d'autres.

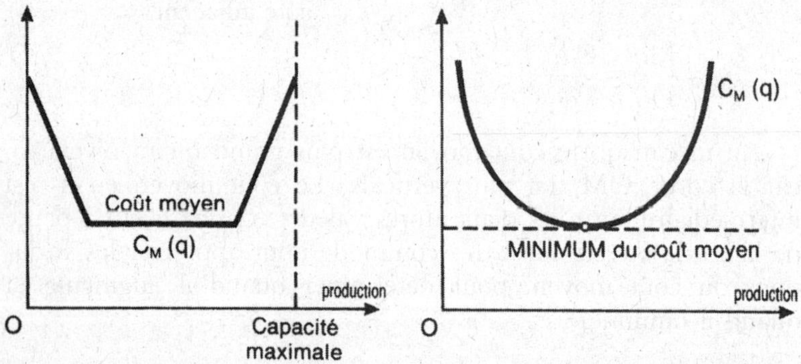

Fig. 6 – Allures plausibles du coût moyen

On dit parfois que le coût moyen a normalement « une allure en U », caractérisée par un minimum qui correspondrait à l'idée intuitive de pleine utilisation des capacités de production.

On admet souvent une forme similaire pour le coût moyen variable, ce qui serait plus difficile à justifier.

6. Le coût marginal

6.1. Définition

Le coût marginal mesure l'accroissement du coût quand la production augmente d'une unité. Nous le noterons Cm ou plus précisément Cm(q).

Mathématiquement, on passe du coût total c(q) au coût marginal Cm en dérivant :

$$Cm = \frac{\Delta C}{\Delta q} = C'q = Cm(q),$$

le coût marginal dépend du niveau de production.

En toute rigueur, notre définition n'est donc valable que si l'augmentation « d'une unité » ($\Delta q = +1$) est suffisamment petite devant le niveau de production q.

La valeur du coût fixe éventuel n'intervient pas dans la mesure du coût marginal.

Il vient en effet :

$$\begin{aligned} Cm &= \text{dérivée de } C(q) = \text{dérivée de } \{C_F + C_V(q)\} \\ &= \text{dérivée de } Cv(q). \end{aligned}$$

Géométriquement, le coût marginal, comme toute dérivée, se lit comme la pente d'une tangente (voir fig. 7).

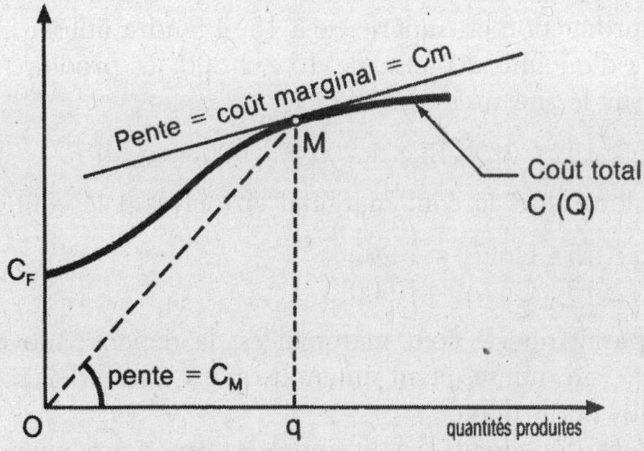

Fig. 7 – Détermination géométrique du coût marginal

On a également représenté la corde OM dont la pente vaut le coût moyen. La figure 7 implique un coût marginal inférieur au coût moyen (la tangente est plus horizontale que la corde, du moins au point M).

6.2. Le cas de plusieurs établissements

On dit parfois que le coût marginal mesure le coût supplémentaire relatif à la « dernière » unité produite.

L'expression est trompeuse, car, en général, la production ne s'effectue pas dans un ordre donné : aucune unité n'est produite « avant » ou « après » une autre, nous avions même précisé que la production envisagée serait « instantanée ».

Néanmoins, imaginons une production effectuée sur deux sites différents, 2 ateliers ou 2 usines, peu importe, avec deux techniques différentes et deux capacités de production données. Supposons encore que, sur chaque site, la dépense variable soit proportionnelle à la production. Par exemple :

site n° 1 : capacité = 10 ; dépense unitaire = 1 500 €
site n° 2 : capacité = 15 ; dépense unitaire = 1 200 €.

Oublions les coûts fixes et calculons le coût total.

Si la production q est inférieure à 15, mieux vaut utiliser le site n° 2 :

$$q \leq 15 : C(q) = 1\,200 \times q.$$

Si la production est supérieure à 15, il faudra utiliser à plein le site n° 2, d'où une dépense de 15 × 1 200, et produire le reste (q − 15) sur le site n° 1 :

$$q \geq 15 : C(q) = 15 \times 1\,200 + 1\,500 \times (q - 15).$$

Calculons alors le coût marginal en dérivant le coût total :

$$q \leq 15 : Cm(q) = 1\,200$$
$$q \geq 15 : Cm(q) = 1\,500.$$

Il apparaît que le coût marginal est la dépense moyenne du « dernier » site utilisé, étant entendu qu'on utilise d' « abord » le site le plus performant.

Mathématiquement, cet exemple est très particulier, mais il correspond à une situation pratique très générale. Ainsi, le coût marginal du kilowattheure électrique est le coût d'un kWh fourni par la plus vétuste centrale utilisée par EDF pour garantir un certain niveau total d'approvisionnement électrique.

6.3. L'allure du coût marginal

Les exemples ci-dessus suggèrent la croissance du coût marginal. Quand la production augmente, on mobilise des techniques moins performantes et elles seules comptent dans la mesure du coût marginal. Notez l'ambiguïté de l'expression : « techniques moins performantes » ; il se peut en effet que ces techniques impliquent des coûts fixes beaucoup moins importants que les autres, mais il se trouve que ces coûts fixes n'interviennent pas dans le calcul du coût marginal à court terme.

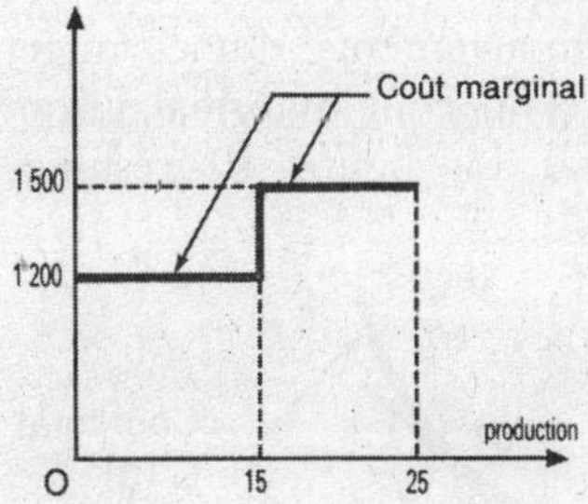

Fig. 8 *a* – Un coût marginal croissant en escalier

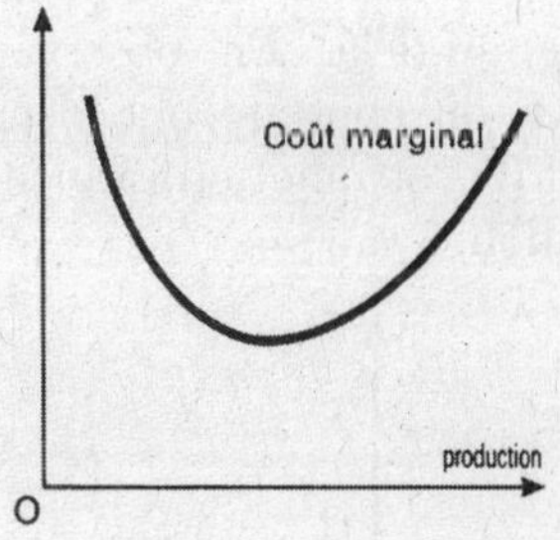

Fig. 8 *b* – Un coût marginal continu, en forme de U

(le cas 8 *a* correspond à l'exemple du § 6.2 avec deux sites de production.)

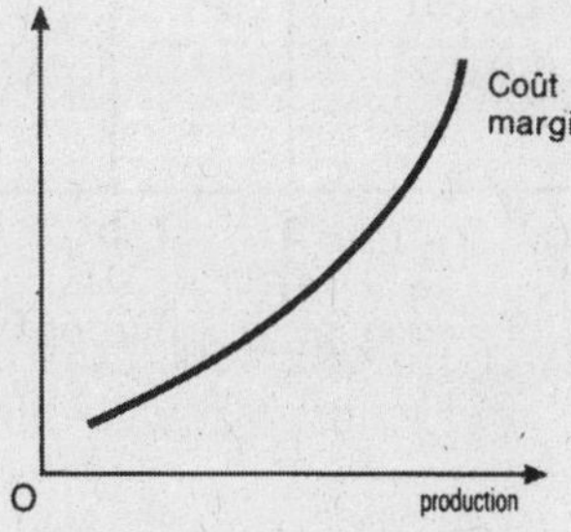

Fig. 8 *c* – Un coût marginal continu et croissant

Au début de la production, on admet parfois la décroissance du coût marginal, en évoquant une sorte de « montée en puissance » des installations (?).

Les figures 8 sont ainsi légitimées, mais attendez-vous à rencontrer toutes sortes d'autres configurations.

7. L'allure des coûts

7.1. Exemple

La figure 9 indique une allure possible du coût total. En observant les mouvements d'une corde OM, on constate une décroissance du coût moyen jusqu'au point B et une croissance au-delà. En observant les mouvements d'une tangente en M, on constate une décroissance du coût marginal jusqu'au point A et une croissance au-delà. La figure 10 résume la situation.

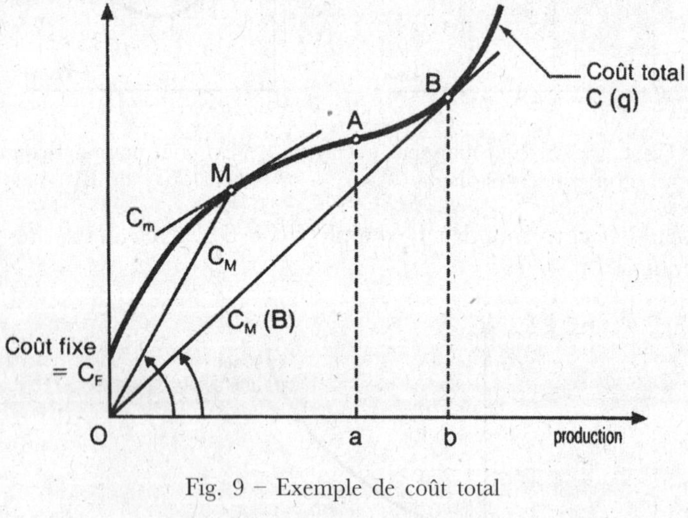

Fig. 9 – Exemple de coût total

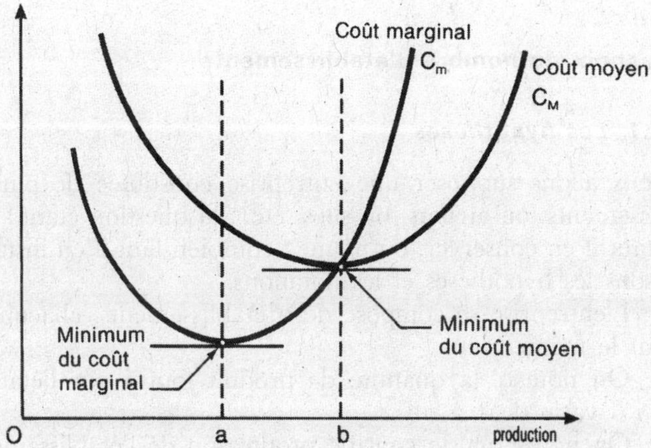

Fig. 10 – Coûts moyen et marginal issus de la figure 9

7.2. Une propriété intéressante

Notez sur la figure 9 que le coût moyen en B, représenté par la corde OB, est exactement égal au coût marginal, représenté par la tangente en B à la courbe de coût total.

On dit encore (voir fig. 10) que le coût marginal coupe toujours le coût moyen en son minimum. Un calcul rapide permet de retrouver ce résultat :

Le coût moyen vaut : $C_M(q) = \dfrac{C(q)}{q}$.

Sa dérivée est nulle en son minimum. Soit b la production correspondante, il vient :

$$\frac{C' \times b - C}{b^2} = 0, \text{ ou encore : } C' = Cm(b) = \frac{C(b)}{b} = C_M(b).$$

Le même procédé permet de montrer que le coût marginal coupe également le coût moyen variable en son minimum.

8. Le choix du nombre d'établissements

8.1. Les hypothèses

Nous allons supposer une entreprise constituée de plusieurs établissements (ou ateliers, ou sites, etc.), la question étant : combien faut-il en conserver, ou même : combien faut-il en installer ? Précisons les hypothèses et les notations.

— L'entreprise se compose de n établissements, chacun produisant le même bien.

— On note q_i la quantité de produit fourni par l'établissement i (i varie de 1 à n).

— On note $C_i(q_i)$ le coût de production de l'établissement i.

— On note $q = q_1 + q_2 + \ldots + q_n$ la production de l'entreprise.

— On note $D = C_1(q_1) + C_2(q_2) + \ldots + C_n(q_n)$ la dépense totale quand les établissements produisent $q_1, q_2, \ldots, q_n$.

— La fonction de coût C(q) de l'entreprise sera évidemment définie comme le minimum de la dépense totale permettant un niveau q. Il faut donc choisir le nombre n et les quantités q_i qui conviennent pour un niveau q donné.

Remarquons que ce type de problème est très général. Il convient par exemple pour un étudiant cherchant la meilleure note possible à un examen en répondant à un certain nombre de questions indépendantes. Il s'agit alors de déterminer le nombre de questions à traiter (n), puis le temps q_i consacré à la question i. Le temps total $q_1 + q_2 + \ldots + q_n$ étant évidemment imposé, l'objectif est de maximiser le total des points glanés ici et là : $f_1(q_1) + f_2(q_2) + \ldots + f_n(q_n)$; $f_i(q_i)$ est le nombre de points obtenus à la question i si on y consacre le temps q_i. (Mathématiquement, maximiser une fonction revient à en minimiser une autre.)

Revenons à nos établissements et intéressons-nous à leurs productions respectives.

8.2. Le choix des productions par établissement

Considérons deux établissements, par exemple le 1er et le 2e, et leurs contributions q_1 et q_2. Il en coûte donc $C_1(q_1) + C_2(q_2)$ au groupe.

Augmentons légèrement q_1, disons d'une unité et diminuons q_2 d'autant. La production globale ne change pas, mais est-elle devenue moins chère qu'avant ?

L'établissement 1 dépense $C_{m,1}$ de plus, en notant $C_{m,1}$ le coût marginal de l'établissement 1.

L'établissement 2 dépense $C_{m,2}$ de moins.

Le groupe dépense donc $C_{m,1} - C_{m,2}$ de plus. Si cette quantité est négative, la modification se traduit par une économie : la situation initiale n'était donc pas la meilleure possible. Si la quantité $C_{m,1} - C_{m,2}$ est positive, on aurait pu économiser cette somme en diminuant q_1 et en augmentant q_2, la situation initiale n'était donc pas la meilleure possible.

Finalement, la meilleure solution doit vérifier l'équation suivante :

$$C_{m,1}(q_1) = C_{m,2}(q_2).$$

Plus généralement, chaque établissement doit produire de façon à ce que tous les coûts marginaux soient égaux entre eux.

Remarque : Pour notre étudiant, on montrerait qu'il doit consacrer à chaque question un temps tel que les rentabilités en termes de note f_i', d'une ultime minute, soient égales entre elles. Le contraire est plus intuitif : ce serait un étudiant se précipitant en fin d'épreuve sur une question dont il vient de découvrir le haut potentiel en points supplémentaires. Le sentiment d'avoir alors mal réparti son temps total s'impose clairement.

Revenons à notre entreprise. Les établissements en activité doivent vérifier :

$$C_{m,1}(q_1) = C_{m,2}(q_2) = (\ldots) = C_{m,n}(q_n).$$

Pour poursuivre simplement, nous ferons une hypothèse immense : les technologies utilisées sont identiques dans tous les établissements, donc toutes les fonctions de coût C_i et de coût marginal C_{mi} sont égales. Nous les noterons désormais C et C_m. Il est peu restrictif de supposer en outre que deux valeurs q_1 et q_2, donnant le même coût marginal $C_m(q_1) = C_m(q_2)$, sont nécessairement égales.

On en déduit que les n établissements en activité ont le même niveau de production ; il vaut donc q/n.

8.3. La minimisation de la dépense globale

Un établissement produit $\frac{q}{n}$ et coûte donc $C\left(\frac{q}{n}\right)$ au groupe.

La dépense totale s'en déduit :

$$D = n \times C\left(\frac{q}{n}\right).$$

Il faut donc trouver n pour minimiser cette dépense.

Remarquons que le coût moyen d'établissement C_M est tel que :

$$C_M\left(\frac{q}{n}\right) = C\left(\frac{q}{n}\right) / \left(\frac{q}{n}\right).$$

Il vient donc :

$$D = n \times C\left(\frac{q}{n}\right) = n \times C_M\left(\frac{q}{n}\right) \times \left(\frac{q}{n}\right)$$

ou encore :

$$D = q \times C_M\left(\frac{q}{n}\right).$$

Comment minimiser D ? En minimisant le coût moyen d'établissement !

Tout dépend de l'allure de la fonction de coût moyen et de son minimum, nous allons envisager quelques cas intéressants (voir les figures 11).

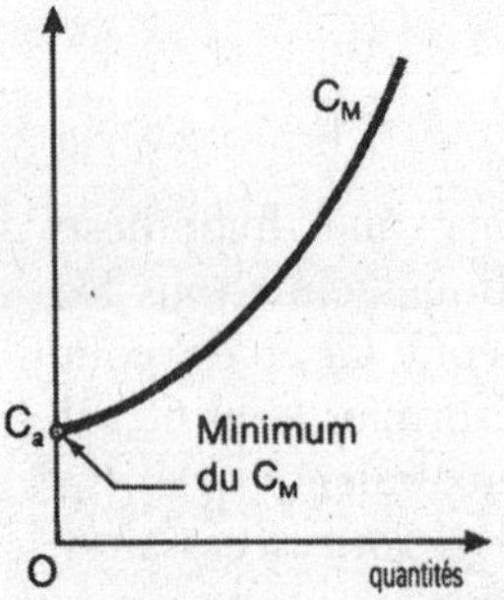

Fig. 11 *a* – Coût moyen croissant

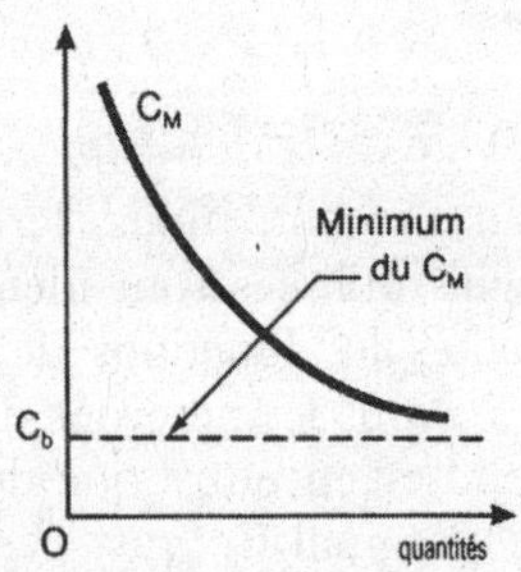

Fig. 11 *b* – Coût moyen décroissant

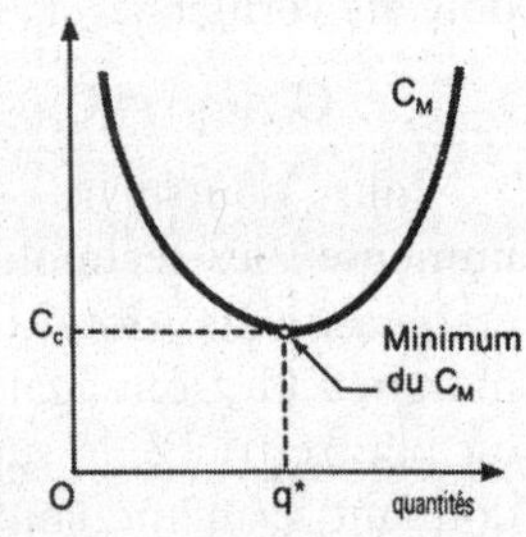

Fig. 11 *c* – Coût moyen en U

Cas a :

Le coût moyen est minimum en $q_i = 0$. Il faut donc choisir n de façon à ce que $\frac{q}{n}$ soit le plus petit possible, autant dire que n, le nombre d'établissement, sera choisi aussi grand que possible.

Cas b :

Le coût moyen est minimum pour q_i infini. Il faut choisir n de façon à ce que $\frac{q}{n}$ soit le plus grand possible, autant dire que n vaudra 1.

Cas c :

Le coût moyen est minimum pour $q_i = q^*$. Il faut choisir n pour vérifier :

$$\frac{q}{n} = q^*, \text{ donc } n = \frac{q}{q^*} \text{ environ.}$$

Résumons la stratégie de développement qui en résulte :

a : Si le coût moyen par établissement est croissant, utiliser tous les établissements disponibles et envisager d'en installer d'autres.

b : Si le coût moyen est décroissant, ne conserver qu'un seul établissement.

c : Si le coût moyen est en forme de U, demander aux établissements de minimiser leur coût moyen et ne conserver que le nombre d'établissements suffisant pour atteindre la production totale désirée.

Raisonnons sur ce dernier cas et déterminons le coût total pour l'entreprise qui produit une quantité q.

Il faudra $n = \frac{q}{q^*}$ établissements, or :

chaque établissement produit q^* et coûte $C(q^*)$, donc :

coût total pour l'entreprise

$$= n \times C(q^*) = \left(\frac{q}{q^*}\right) \times C(q^*) = q \times C_M(q^*).$$

Le coût total est donc linéaire, on en déduit :

Coût marginal pour une entreprise = $C_M(q^*)$
= *coût moyen d'un établissement.*

Ce résultat est valable avec une courbe en U du coût moyen d'établissement, il confirme le cas particulier du § 6.2.

> **Vocabulaire à connaître** : coût d'usage du capital - coût total - droite d'isocoût - sentier d'expansion - coût fixe - coût variable - coût moyen - coût moyen variable - coût marginal.

EXERCICES PROPOSÉS

Exercice 14

On considère une entreprise dont on possède quelques données relatives à ses coûts de production à court terme, inscrites dans le tableau suivant :

Production	14	15	19	22	25	26	29	32	33	35	40
Coût total	22 090	22 890	26 560	29 800	33 450	34 760	38 980	43 600	45 240	48 650	58 000

1 / Estimez le coût marginal quand la production passe de 14 à 15 unités puis de 15 à 19 unités. On notera C_1 et C_2 les résultats. Que proposez-vous pour le coût marginal quand la production vaut 15 ?
2 / La méthode précédente étant fastidieuse, on se contentera d'imputer la variation C_1 à la valeur moyenne 14,5 de la production, C_2 à la valeur 17 ; etc.
Calculez ainsi les différentes valeurs du coût marginal ; calculez le coût moyen pour chaque niveau de production considéré, le tout figurant sur un tableau commun.
3 / Représentez graphiquement les coûts, marginal et moyen, quand la production varie. Commentez les résultats.
4 / Trouvez une formule simple permettant d'approximer le coût marginal. Pouvez-vous estimer le coût fixe ? Commentez les résultats.

Exercice 15

Il s'agit d'étudier la fonction de coût déterminée par l'équation :
$c(Q) = Q^2 + 3Q + 20$; Q étant le volume de produit.
1 / Représenter l'*allure* de la fonction de coût. Que prévoyez-vous quant aux évolutions du coût moyen et du coût marginal ?
2 / Calculez et représentez l'*allure* des coûts, moyen, marginal et moyen variable, sur un même graphique. Commentez.

Exercice 16

Soit une entreprise dont la fonction de production s'écrit :
$Q = (K + 10)^{1/2} * (L)^{1/2}$, avec les notations habituelles et $K \geq 0$, $L \geq 0$.
Les prix des facteurs valent w = 1 pour le travail et k = 2 pour le capital.
1 / Commentez l'expression de la fonction de production, en vous interrogeant sur sa valeur pour K = 0. Interprétez k.
2 / Représentez graphiquement l'allure d'une isoquante de niveau Q, quelconque, dans le repère (L,K). On notera L_0 son intersection avec l'axe des abscisses. Commentez.
3 / Supposons Q = 20. Comment varie le TMS du capital au travail le long de l'isoquante de niveau 20, quand la quantité de travail varie de 0 à L_0 ? (Commencez par calculer L_0.) Commentez.
4 / Représentez graphiquement la solution de moindre dépense, pour la production Q = 20.
Calculez les quantités de facteur correspondant. Que vaut alors le coût ?
5 / Calculez L_0 quand la production varie. Que vaut le TMS en ce point quand la production varie ?
6 / On suppose Q = 10. Que vaut le TMS en L_0 ? Représentez graphiquement la solution de moindre dépense. (Vous devez trouver qu'il faut utiliser L_0 unité de facteur travail.) Que vaut alors le coût ?

6. Les rendements d'échelle

1. Le cas avec un seul facteur

Aucune production ne s'effectue avec un seul facteur. Les analyses qui suivent ne deviendront donc intéressantes que quand nous les généraliserons au cas des facteurs multiples.

1.1. Productivités moyenne et marginale

Plutôt que de raisonner avec une fonction de production abstraite q = f(L) avec un seul facteur, nous considérerons un trajet automobile ; q sera la distance parcourue et L sera la durée correspondante. La fonction f traduit alors l'allure du véhicule à chaque moment.

La productivité moyenne p_M est le rapport $\frac{q}{L}$; il devient tout simplement la vitesse moyenne du véhicule. La productivité marginale p_m est le rapport à $\frac{\Delta q}{\Delta L}$, elle devient la vitesse instantanée. Les deux notions sont différentes, je peux traverser une ville à 50 km/h et constater une vitesse moyenne, depuis mon départ, de 100 km/h. Dans ce cas, je me plaindrais de voir « baisser ma moyenne ». Au contraire, une pointe à 120 km/h « augmenterait ma moyenne ».

Plus généralement, lorsque la vitesse instantanée s'avère supérieure à la vitesse moyenne, on constate un accroissement de la vitesse moyenne et réciproquement. Encore plus généralement, *si une productivité marginale s'avère supérieure à la productivité moyenne, il faut en déduire que la productivité moyenne est en hausse et réciproquement.*

La figure 1 illustre ce résultat. Au point M, la productivité moyenne p_M est représentée par la pente de la corde OM. La pente de la tangente D à la fonction de production s'avère plus faible, donc la productivité marginale p_m est plus faible. Moralité : en M′, la productivité moyenne est plus faible qu'en M.

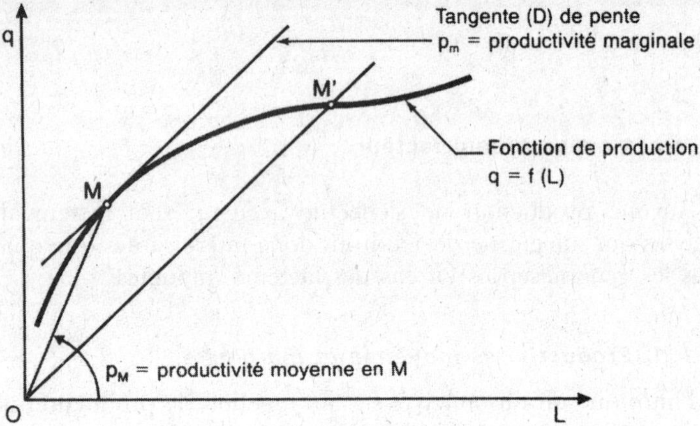

Fig. 1 – Productivité moyenne en baisse au point M

Mathématiquement, on peut résumer simplement ce qui précède :

$$p_m > p_M \Leftrightarrow p_M \text{ augmente.}$$

1.2. Premières idées sur les rendements

Savoir si la productivité moyenne augmente ou diminue est très intéressant. Un automobiliste aura tendance à poursuivre sa route dans le premier cas et à décider, dans le second, qu'il est temps de faire une halte. Une entreprise, de la même façon, sera incitée à produire davantage quand sa productivité moyenne est en hausse et, *peut-être,* à se contenter du niveau de production acquise dans l'autre cas.

Il est donc naturel de revenir à notre formalisation pour la préciser. Nous avions :

$$p_m > p_M \Leftrightarrow p_M \text{ augmente.}$$

Ceci peut s'écrire :

$$\frac{\Delta q}{\Delta L} > \frac{q}{L} \Leftrightarrow p_M \text{ augmente,}$$

ou encore :

$$\frac{\Delta q / q}{\Delta L / L} > 1 \Leftrightarrow p_M \text{ augmente,}$$

Le terme de gauche est une première idée des rendements d'échelle. Il mesure l'accroissement relatif de la production quand le facteur utilisé augmente de 1 %. Si cet accroissement est supérieur à 1 %, on dira que le rendement est supérieur à 1 et on en conclura que la productivité moyenne augmente. Dans le cas contraire, la productivité moyenne diminue.

Exemple : Soit la fonction de production $q = f(L) = \sqrt{L}$. Il faut étudier le rapport :

$$\frac{\Delta q / q}{\Delta L / L} = \frac{\Delta q}{\Delta L} \times \frac{L}{q} = f' \times \frac{L}{f(L)} = \frac{1}{2\sqrt{L}} \times \frac{L}{\sqrt{L}} = 1/2.$$

Ce rapport est inférieur à 1, donc la productivité moyenne est toujours décroissante. (Notez la constance de ce rapport, ce cas est tout à fait particulier).

Quand on utilise 1 % de facteurs supplémentaires, la production augmente toujours de 0,5 %.

2. Le cas général

Considérons désormais une multiplicité de facteurs.

2.1. Définitions

Les notions de productivité ne se généralisent pas aisément. La productivité moyenne deviendrait le rapport entre la production et la « quantité » de facteurs employés. Mais comment chiffrer cette « quantité », puisqu'elle concerne des facteurs différents, le travail, les matières premières, exprimés avec des unités différentes ? Fort heureusement, notre dernière formalisation se généralise très naturellement : *on dira que les rendements sont décroissants, à un certain niveau d'utilisation des facteurs, quand, augmentant chacun des facteurs de 1 %, on parvient à une augmentation de la production inférieure à 1 %*. Si la production augmentait davantage que 1 %, on dirait que les rendements sont croissants. Enfin, si la production augmentait exactement de 1 %, on dirait que les rendements sont constants (on dit aussi : « rendements d'échelle »).

Notez que ces définitions sont toutes relatives à un certain niveau d'utilisation des facteurs. Il est ainsi possible que les rendements s'avèrent croissants dans certains cas et décroissants dans d'autres. Lorsque les rendements ont la même caractéristique dans tous les cas, on dira, par exemple, qu'ils sont « toujours » croissants, ou encore : « partout » croissants.

Une autre signification apparaît alors. Avec des rendements *toujours* croissants, chaque augmentation simultanée des facteurs de 1 % implique une augmentation supérieure de volume de la production, par exemple de 2 %, puis de 1,2 %, puis de 3 %, etc. On comprend qu'alors doubler par exemple les quantités de facteurs implique une production davantage que doublée. Tripler les facteurs implique davantage qu'un triplement de la production, etc. Mais soulignons que ces raisonnements ne sont valables que si les rendements s'avèrent « toujours » croissants, ce qui est loin d'être un cas général.

2.2. Exemples

On cite souvent l'exploitation d'une mine ou d'une carrière comme exemple de rendements décroissants, plus précisément de rendements *toujours* décroissants. En augmentant l'échelle de production, il est intuitif que les difficultés d'extraction augmentent, car on commence toujours par creuser les endroits les plus accessibles. Doubler les facteurs, hommes et machines, ne permet donc pas de doubler les quantités extraites.

(David Ricardo, un économiste anglais, raisonnait de même avec l'agriculture en soulignant qu'on commençait toujours par exploiter les terrains les plus naturellement fertiles).

Les rendements croissants semblent la règle, au moins partiellement, dans les industries qui utilisent des équipements importants. À court terme, l'accroissement des autres facteurs permet, au début du processus de production, une augmentation très grande du produit, tant que les capacités ne sont pas pleinement utilisées. Notez que les rendements seraient donc croissants à court terme, c'est-à-dire en s'abstenant de faire varier la taille des équipements. Le phénomène s'inverserait pour des niveaux élevés de production quand justement ces équipements limiteront les augmentations relatives du produit.

Les services sont une source d'exemples de rendements constants. Avec 1 % de shampooing en plus, 1 % de temps de travail en plus, etc., on peut coiffer 1 % de têtes supplémentaires, ni plus ni moins.

En regroupant deux unités de production, il peut apparaître des économies d'échelle, ce qu'on traduira hardiment par des rendements croissants. Le cas inverse est également plausible, par exemple quand les tâches administratives augmentent davantage que la production globale.

On considère parfois comme général le cas où les rendements sont d'abord croissants, puis décroissants à mesure qu'augmente l'échelle de production.

2.3. La formalisation

Partons d'une fonction de production à deux facteurs $q = F(K ; L)$, la généralisation étant immédiate avec davantage de facteurs. En utilisant les quantités K^* et L^*, on peut produire $q^* = F(K^* ; L^*)$. Traduisons par exemple la décroissance des rendements à ce niveau : en augmentant de 1 % les facteurs, la production augmente de moins de 1 %.

$$\begin{cases} \text{Nouvelle quantité de capital : } K = K^* (1 + 1\,\%) = 1{,}01 \times K^* \\ \text{Nouvelle quantité de travail : } L = L^* (1 + 1\,\%) = 1{,}01 \times L^* \end{cases}$$

Produit qui en résulte :

$$q = F(K, L) = F(1{,}01\ K^* ; 1{,}01\ L^*).$$

Accroissement relatif de la production :

$$\frac{q - q^*}{q^*} = \frac{F(1{,}01\,K^*\,;\,1{,}01\,L^*) - F(K^*\,;\,L^*)}{F(K^*\,;\,L^*)}.$$

Écrivons que cet accroissement est inférieur à 1 % = 0,01, il vient :

$$F(1{,}01\,K^*\,;\,1{,}01\,L^*) - F(K^*\,;\,L^*) \leq 0{,}01\,F(K^*\,;\,L^*)$$

ou encore :

$$F(1{,}01\,K^*\,;\,1{,}01\,L^*) \leq 1{,}01\,F(K^*\,;\,L^*).$$

Pour être plus précis, nous écrirons cette inégalité en remplaçant 1,01 par un nombre n supérieur à 1, mais très voisin de 1, il vient donc :

$$\begin{cases} \textit{Si} : F(nK^*\,;\,nL^*) \leq nF(K^*\,;\,L^*) \textit{ pour } n \geq 1 \textit{ et } n \textit{ tendant vers } 1, \\ \textit{alors les rendements sont décroissants aux niveaux } K^* \textit{ et } L^*. \end{cases}$$

(Quand l'inégalité vaut dans l'autre sens, les rendements sont croissants ; quand il s'agit d'une égalité, les rendements sont constants).

Ces formules sont assez difficiles à calculer, le nombre n devant tendre vers 1. Il arrive souvent qu'on puisse établir l'une des trois formules avec un nombre n quelconque (mais supérieur à 1). Dans ce cas, les rendements sont *toujours* croissants, décroissants ou constants, c'est-à-dire quels que soient les niveaux de facteurs utilisés.

Rts. toujours décroissants : F(nK ; nL) ≤ nF(k ; L) avec n ≥ 1, pour tous K et L.
Rts. toujours croissants : F(nK ; nL) ≥ nF(K ; L) avec n ≥ 1, pour tous K et L.
Rts. toujours constants : F(nK ; nL) = nF(K ; L) avec n ≥ 1, pour tous K et L.

En faisant n = 2, on retrouve l'idée de mesurer l'accroissement du produit après un doublement des facteurs.

Vocabulaire

Avec des inégalités *strictes*, on qualifie les rendements de *strictement* croissants ou décroissants.

2.4. Application

Soit une fonction de Cobb-Douglas avec des coefficients quelconques a et b :

$$q = F(K, L) = (K)^a \times (L)^b.$$

Les rendements sont toujours décroissants si :

$$F(nK, nL) = (nK)^a \times (nL)^b$$
$$= (n)^a \times (K)^a \times (n)^b \times (L)^b \leq nF(K, L) = n(K)^a (L)^b.$$

Donc si :

$$(n)^{a+b} \leq n \text{ avec } n \geq 1.$$

Si a + b est inférieur à 1, cette relation est vérifiée. Si a + b est supérieur à 1, la relation inverse prévaut et elle devient une égalité quand a + b égale 1.

Une fonction de production de type Cobb-Douglas est à rendements toujours croissants, décroissants ou constants selon que la somme de ses coefficients est supérieure, inférieure ou égale à 1.

3. Retour au cas avec un seul facteur

Considérons la fonction de production avec un seul facteur de la figure 2 :

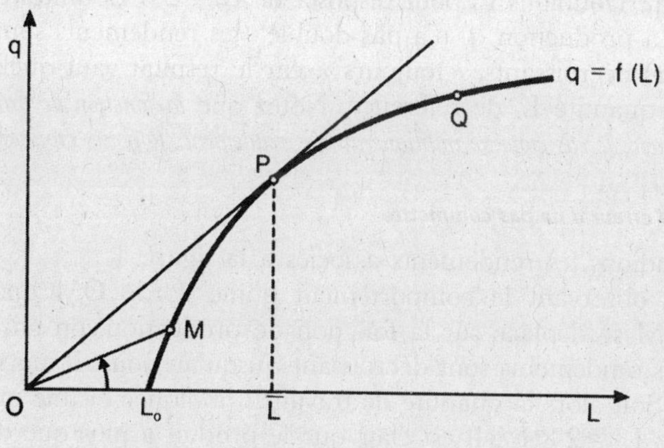

Fig. 2 – Rendements et frais fixes

La production n'est effective qu'après avoir utilisé une quantité L_0 fixe de travail. Pour déterminer la nature des rendements en un point M, il faut se demander si la productivité moyenne y est en phase ascendante ou non. Il faut donc se demander si la corde OM a tendance à devenir ou non verticale à mesure que le point M se déplace vers la droite. Il s'avère que la corde devient plutôt verticale jusqu'au point P : les rendements sont croissants quand L varie de L_0 à L. Puis la corde s'abaisse, les rendements sont décroissants quand L est supérieur à $\bar{L}$. Pour $L = \bar{L}$ la corde semble hésiter au point P : les rendements y sont constants.

Considérons à présent le cas de la figure 3.

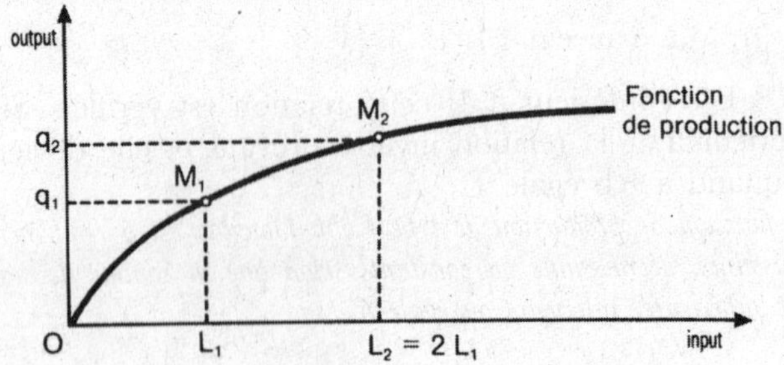

Fig. 3 – Rendements toujours décroissants

Soit L_1 une quantité *quelconque* de facteur, permettant de produire q_1. Doublons L_1 pour disposer de $L_2 = 2 \times L_1$ unités de facteur. La production q_2 n'a pas doublé : les rendements sont alors toujours décroissants, « toujours », car le résultat vaut quelle que soit la quantité L_1 de référence. Notez que *la fonction de production est concave, le cas convexe impliquerait des rendements toujours croissants.*

Une erreur d ne pas commettre

Étudions les rendements associés à la figure 4.

En observant le comportement d'une corde OM quand le point M se déplace sur la fonction de production, on en déduit que les rendements sont décroissants jusqu'au point P, puis croissants. Soit alors la quantité de travail L_1 indiquée et une quantité double $L_2 = 2 \times L_1$. Il est clair que le produit a plus que doublé. Ce serait une erreur d'en conclure que les rendements sont crois-

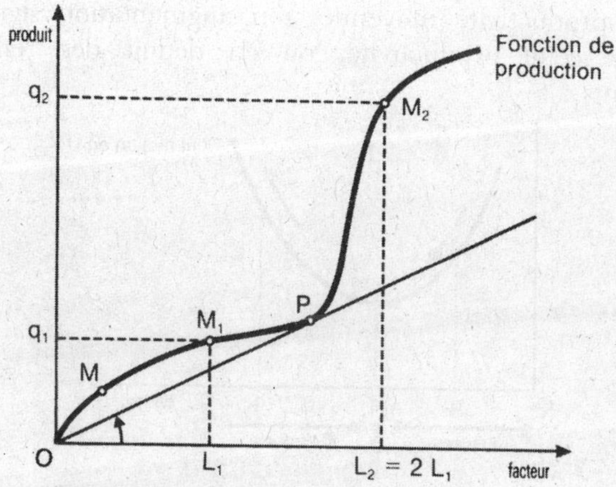

Fig. 4 – Le piège

sants en M_1, ils sont même décroissants en ce point ! Cette méthode du doublement n'est valable que si ses conclusions sont *toujours* identiques. Dans le cas contraire, elle ne signifie rien du tout. Voyez qu'au point M, le doublement de facteurs conduit à une production moins que double et inversement en M_1 : il faut alors renoncer à cette idée de doublement et s'attendre à des rendements différents selon les niveaux de facteurs considérés.

4. Rendements et coûts

La connaissance de la fonction de coût permet très simplement de déterminer la nature des rendements d'échelle.

4.1. Les variations du coût moyen

On démontre que si le coût moyen est croissant, les rendements correspondants sont décroissants et inversement ; de plus, si le coût moyen est localement constant, les rendements sont constants.

Intuitivement, on devine que la fonction de coût résume l'utilisation des facteurs. Le coût moyen est donc l'inverse d'une sorte de productivité moyenne, son augmentation signale une baisse de cette productivité, on en déduit des rendements décroissants.

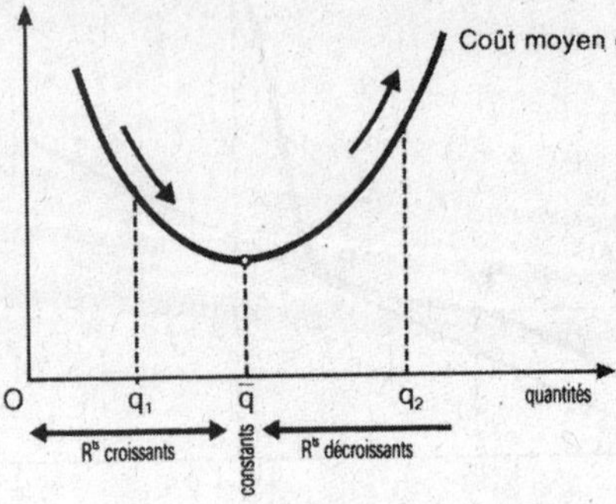

Fig. 5 – Du coût moyen aux rendements

Sur la figure 5, avec un coût moyen en U, on constate une baisse du coût moyen pour les valeurs telles que q_1 : les rendements y sont donc croissants. Le contraire vaut pour les valeurs telles que q_2. En $\overline{q}$, le coût moyen hésite : les rendements sont constants en $\overline{q}$.

4.2. Comparaison du coût marginal et du coût moyen

Par définition, le coût moyen s'obtient à partir du coût total C(q) :

$$C_M = \frac{C(q)}{q} = C_M(q).$$

Il croît quand sa dérivée est positive :

$$C'_M \geqslant 0 \Leftrightarrow \frac{C' \times q - C}{q^2} \geqslant 0 \Leftrightarrow C' \times q - C \geqslant 0 \Leftrightarrow C' \geqslant \frac{C}{q} \Leftrightarrow C_m \geqslant C_M.$$

Autrement dit, les rendements sont décroissants quand le coût marginal est supérieur au coût moyen et inversement. Les rendements sont constants quand le coût marginal est égal au coût moyen.

Intuitivement, un coût marginal supérieur au coût moyen signifie que la production a coûté en moyenne, disons 1 200 €, et qu'il en coûterait 1 300 € pour produire une unité supplémentaire. Il est naturel d'évoquer des « rendements décroissants » dans ce cas.

Remarque

Lorsque la fonction de coût est linéaire, elle s'écrit :

C(q) = aq avec un coefficient a quelconque.

Le coût moyen vaut a comme le coût marginal : les rendements sont alors *toujours* constants. Tel est le cas des techniques linéaires de production que nous avions étudiées au chapitre précédent.

Autre remarque

Chacun sait que la température d'un bain augmente quand on y ajoute de l'eau plus chaude. De la même façon, le coût moyen augmente quand le coût marginal lui est supérieur.

Remarque finale

La notion de rendements d'échelle est fondamentale en économie industrielle. Considérons l'exemple des fabricants de logiciels. Il s'agit d'une activité où la conception du produit est beaucoup plus coûteuse que sa distribution ; donc les coûts fixes sont importants ; donc les rendements sont croissants. Donc la plus grande des firmes est avantagée et finira spontanément par absorber ou éliminer les autres.

Le même raisonnement s'applique au secteur des télécommunications. Le coût marginal d'une conversation téléphonique est quasiment nul, donc il est inférieur au coût moyen, donc les rendements sont croissants.

Dans les deux cas, on conclura soit qu'il faut se réjouir de la disparition des petites entreprises peu productives au profit de la plus grosse ; soit qu'il faut empêcher, par des lois, qu'une seule entreprise ne développe une activité industrielle.

Vocabulaire à connaître : rendements décroissants, constants, croissants - rendements partout décroissants, constants, croissants - rendements strictement croissants, décroissants.

EXERCICES PROPOSÉS

Exercice 17

On prétend parfois que la profession de taxi est une activité à rendements constants. Explicitez les facteurs et le produit avant de conclure.

Exercice 18

Soit la fonction de production à deux facteurs :
$q = F(K, L) = (K - 20)^{1/4} (L)^{1/2}$, défini pour $K > 20$.
1 / Interprétez l'allure de cette fonction.
2 / Considérons la situation définie par $K = 30$ et $L = 100$. Calculez la production qui en résulte.
3 / Soit la situation définie par $K = 30{,}3$ et $L = 101$. Calculez la nouvelle valeur de la production. De combien a-t-elle augmenté en valeur relative (en pourcentage) ? En déduire la nature des rendements d'échelle dans la zone considérée.
Justifiez économiquement votre réponse.
4 / Considérons une autre situation initiale, définie par $K = 60$ et $L = 100$. En utilisant la méthode de la question précédente, concluez quant aux rendements d'échelle dans cette nouvelle zone.
Justifiez économiquement votre réponse.
5 / On définit une fonction f(x) par la relation :

$$f(x) = xF(K, L) - F(xK, xL).$$

(Les nombres K et L étant donnés.)
Représentez graphiquement l'*allure* de la fonction au voisinage de $x = 1$ dans le cas où $f'(1)$ est positif. Qu'en conclure quant aux rendements d'échelle ?
Même question quand $f'(1)$ est négatif.
6 / En déduire la nature des rendements d'échelle de la fonction de production étudiée, quand les dotations en facteurs varient.
7 / Voir le corrigé pour la généralisation mathématique de cet exercice.

7. L'offre de produit, la demande de facteurs

Du consommateur, nous avons formalisé les comportements grâce aux notions de demande de produit et d'offre de travail. Nous allons ici analyser les comportements des entreprises, ce qui permettra la confrontation générale dans les chapitres suivants.

1. L'équilibre de la firme

Une firme, en microéconomie, signifie des produits, des facteurs et des techniques de production. Nous nous contenterons en général d'un seul produit, fourni en quantité q, de deux facteurs notés K et L et d'une fonction de production :

$$q = F(K, L).$$

Les prix seront notés p pour le produit, k et w pour les facteurs. Il en résultera une fonction de coût notée :

$$\text{Coût total} = C(q).$$

1.1. L'environnement concurrentiel

Nous supposerons dans ce chapitre un « environnement concurrentiel ». Pour résumer, ceci implique que la firme enregistre passivement les prix fournis par les marchés et qu'elle se contente de choisir les quantités de facteurs nécessaires et les quantités de produits souhaitables pour son propre intérêt.

En pratique, la concurrence s'impose quand la firme n'a pas les moyens de modifier son environnement, par exemple quand sa taille est faible par rapport au marché. Les situations inverses sont fréquentes, nous les envisagerons plus tard.

Les prix qui prévaudront finalement seront des « prix de marché », ce qui signifie que n'importe quel volume de transaction sera possible à ces prix. Ainsi, la firme se demande combien produire à un prix p donné, étant entendu qu'elle pourra vendre à ce prix toute sa production. En pratique, on devine que certaines firmes sont soucieuses de l'ampleur de leurs débouchés, nous l'envisagerons, mais plus tard.

Tout se passe donc comme si la « demande à la firme » au prix p était illimitée, n'importe quelle production trouvant toujours un acheteur à ce prix.

1.2. Les objectifs de la firme

À un moment donné, les objectifs d'une firme peuvent être divers et même multiples : écraser ses concurrents, diversifier son activité, préparer une reconversion, etc. Notre firme concurrentielle se contentera d'un seul objectif : maximiser son profit immédiat, celui-ci s'écrivant simplement :

$$\text{Profit} = \Pi = \text{recette} - \text{dépense} = p \times q - C(q) = pq - kK - wL.$$

Que faire de ce profit, à qui revient-il ? À un dirigeant, à un propriétaire, à l'État, aux actionnaires, peu importe pour l'instant.

1.3. Le programme d'équilibre

Traduisons nos hypothèses avec des mathématiques. Les prix p, k, w sont imposés par le marché. La firme cherche les quantités q, K, L solutions du programme suivant :

$$\text{Programme d'équilibre :} \begin{cases} \text{Max } \Pi = pq - kK - wL \text{ (maximiser le profit)} \\ q = F(K, L) \text{ (avec une combinaison techniquement réaliste).} \end{cases}$$

On appelle quantité offerte la solution notée q^s de ce programme (s comme *supply* = offre en anglais) et quantités demandées les solutions K^d et L^d. *Ces valeurs dépendent des paramètres, c'est-à-dire des prix du problème. On écrit donc par exemple :*

$$q^s = \text{fonction de } (p, w, k) = q^s(p, w, k).$$

La fonction en question s'appelle l'offre de produit.

De même on définit les fonctions de demandes de facteurs :

demande de capital = $K^d(p, w, k)$

demande de travail = $L^d(p, w, k)$.

Ainsi, l'offre indique combien la firme veut vendre à certains prix, la demande de travail indique combien de salariés elle désire utiliser. Pour passer de ces désirs à la réalité, il faut que les prix soient bien de « marché », par exemple pour que l'offre rencontre un nombre d'acheteurs disposés à payer aux prix convenus.

Sans chercher à « résoudre » le programme d'équilibre, nous pouvons en déduire que les comportements sont homogènes de degré zéro. En effet, multiplier tous les prix par deux ne ferait que multiplier par deux le profit, les quantités d'équilibre n'en seraient pas différentes pour autant.

Mathématiquement, ceci implique que les comportements ne dépendent finalement que des prix relatifs, par exemple du salaire réel w/p et du coût réel d'utilisation du capital k/p. (Mais on pourrait choisir aussi bien les rapports w/k et p/k).

Dans le programme de maximisation du profit, si on considère donnée la production q, il ne reste qu'à en minimiser le coût ; on trouve pour cela des quantités de facteurs qui dépendent de leurs prix et du niveau de production. On les appelle aussi demandes de facteurs, le contexte évitant toute confusion avec notre précédente définition.

Exemple

Supposons que l'offre s'écrive :

$$q^s = 3\,\frac{p^2}{kw}.$$

Elle est bien homogène de degré zéro, on peut alors l'écrire :

$$q^s = \frac{3}{(k/p) \times (w/p)} = \text{fonction de } (k/p \text{ et } w/p).$$

1.4. Un programme alternatif

Pour maximiser le profit, on peut procéder en deux temps.

Premier temps : le niveau de production est fixé, on choisit les quantités de facteurs. Il est clair qu'on retrouve le programme de définition du coût et qu'on aboutit alors au profit suivant :

$$\Pi = Pq - C(q).$$

Deuxième temps : on choisit la production qui maximise cette expression.

La solution ne sera autre que l'offre q^s définie ci-dessus. Il existe donc deux moyens de calculer l'offre, en utilisant la fonction de production ou la fonction de coût : on choisira selon les circonstances le moyen le plus commode.

2. Les conditions d'équilibre

2.1. Les productivités marginales

Reprenons le programme d'équilibre d'une firme et remplaçons q par F(K, L). Il reste à trouver les facteur K et L pour maximiser :

$$\Pi = pF(K, L) - kK - wL.$$

Sous réserve que la fonction F vérifie certaines hypothèses que nous préciserons dans le § 4.1, maximiser Π revient alors à annuler ses dérivées partielles :

$$\begin{cases} \dfrac{\Delta\Pi}{\Delta K} = pF'_K - k = 0 \\ \dfrac{\Delta\Pi}{\Delta L} = pF'_L - w = 0 \end{cases}$$

$$\text{autrement dit : } \begin{cases} F'_K = \dfrac{k}{p} \\ F'_L = \dfrac{w}{p} \end{cases}$$

Pour maximiser son profit, l'entreprise choisit ses facteurs de façon à égaliser productivités marginales et coûts réels d'utilisation (du moins quand certaines hypothèses sur F sont vérifiées).

Illustrons cette condition avec le travail. La figure 1 suppose que la productivité marginale F'_L décroît quand le travail utilisé L augmente :

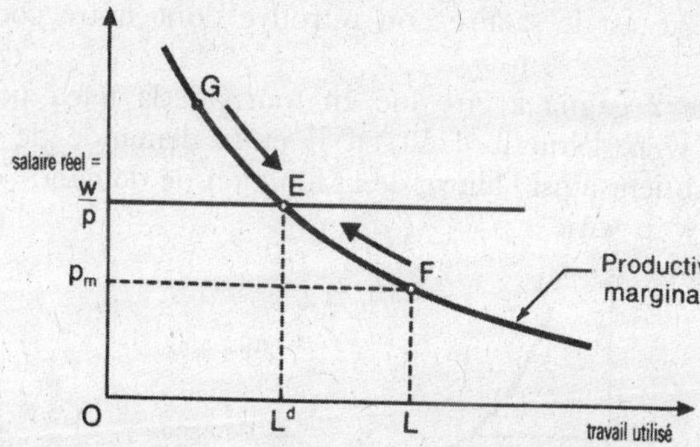

Fig. 1 – La productivité marginale d'un facteur est égale à son prix réel

L'équilibre est défini au point E, avec une quantité de travail L^d.

Supposons par exemple que la firme utilise davantage de travail, par exemple en quantité L ; la productivité marginale p_m serait inférieure à w/p, il s'agit de montrer que cette solution n'est pas la meilleure.

À partir de L, diminuons d'une unité la quantité de travail. Il en résulte une économie de w sur le poste main-d'œuvre ; mais la production diminue d'une quantité égale à la productivité marginale p_m d'où une perte de chiffre d'affaires égale à $p \times p_m$. Montrons que l'économie l'emporte sur le manque à gagner, autrement dit que :

$$w > p \times p_m.$$

En effet, nous avions au point F : $w/p > p_m$ et ceci prouve la proposition précédente.

Le point F incite donc à licencier, de même le point G inciterait à embaucher, ce qui confirme le point E comme « équilibre » ; les flèches de la figure 1 indiquent le sens des modifications avantageuses.

Toutes ces propriétés se retrouvent d'ailleurs sans recourir aux mathématiques. Ayant à embaucher, une firme se demandera à chaque entretien si le nouveau venu lui rapportera davantage qu'il ne lui en coûtera. Si oui, elle embauchera et ainsi de suite jusqu'à égaliser les gains et les pertes imputables au dernier salarié. Le gain est la productivité marginale multipliée par le prix de vente, la perte est le salaire : on retrouve donc notre condition initiale.

La figure 2 gagne à être lue en tournant la tête : pour un salaire réel w/p, l'équilibre est en E et la demande de travail en L^d. On obtient ainsi l'allure de la fonction de demande de travail quand w/p varie :

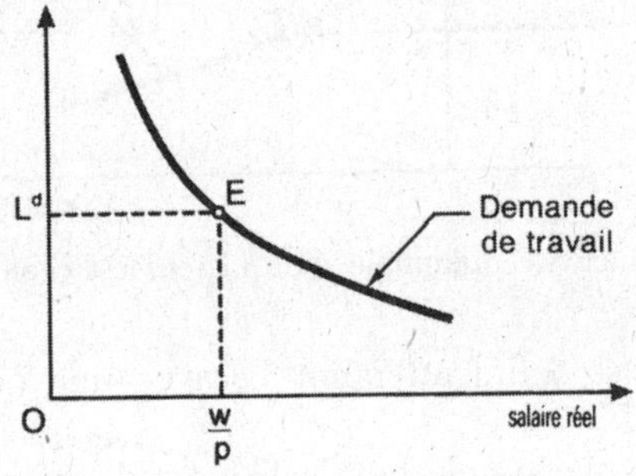

Fig. 2 – L'allure de la demande de travail

La demande de travail décroît ici avec le taux de salaire réel. Plus généralement et sans hypothèses particulières sur la fonction de production, on montre que la demande d'un facteur décroît quand son coût réel d'utilisation augmente.

Plus précisément, une augmentation du coût d'un facteur peut susciter deux effets ; une sorte d'effet substitution quand on peut remplacer partiellement le facteur devenu plus cher par d'autres (ce n'est pas toujours possible) et un effet de volume si on est incité à diminuer la quantité offerte, ce qui implique parfois la baisse simultanée de toutes les quantités demandées des facteurs. Par exemple, une augmentation du salaire peut inciter à des investissements de productivité, elle peut également déprimer les programmes de développement de la firme : tout dépend du degré de complémentarité des facteurs.

2.2. Le coût marginal

Le deuxième programme d'équilibre revient à maximiser l'expression :

$$\Pi = pq - C(q) = \text{recettes moins dépenses.}$$

Si la fonction de coût vérifie certaines hypothèses que nous préciserons dans le § 4.1, il convient d'annuler la dérivée en q du profit :

$$\frac{\Delta\Pi}{\Delta q} = p - \text{coût marginal} = p - C_m(q) = 0$$

donc :

$$\boxed{\text{Coût marginal} = C_m(q) = p}$$

À l'équilibre, pour maximiser son profit, la firme égalise prix de vente et coût marginal. On dit aussi que la firme « pratique la vente au coût marginal », du moins avec certaines hypothèses sur la fonction de coût.

Illustrons cette condition en supposant un coût marginal croissant (fig. 3).

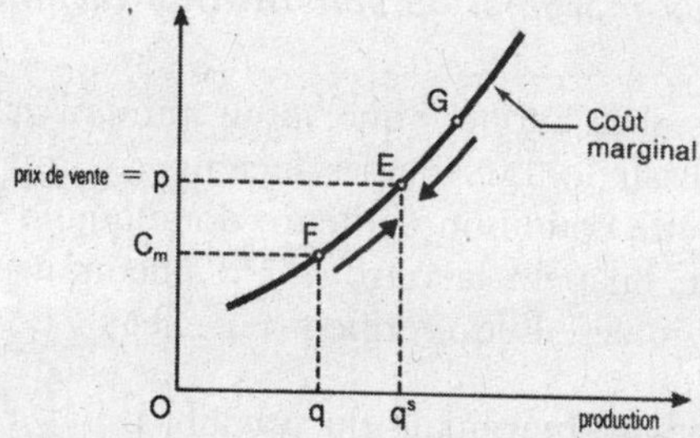

Fig. 3 – Le coût marginal est égal au prix de vente

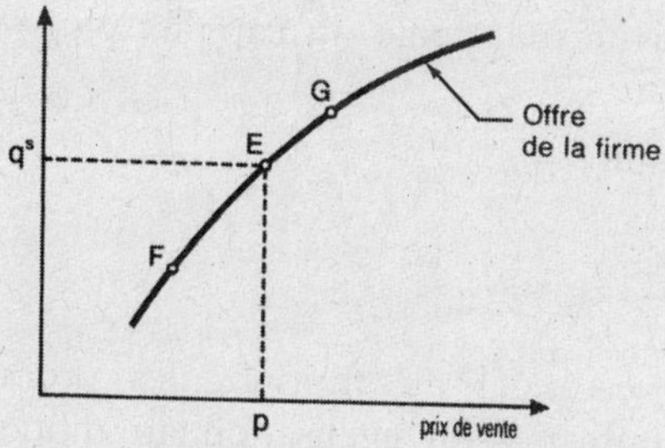

Fig. 4 – Allure de l'offre de produit

La détermination de l'équilibre en E permet de représenter l'offre quand le prix p varie en pivotant la figure 3 ; on obtient la figure 4, avec une offre croissante avec le prix du produit. Cette propriété est absolument générale, sans hypothèse particulière sur la fonction de coût.

Le point F de la figure 3 nous invite à un nouveau raisonnement marginaliste. Supposons donc que la firme vende une quantité q avec un coût marginal inférieur au prix de vente p, montrons que ce ne serait pas la meilleure solution.

Proposons-lui d'augmenter sa production d'une unité. Le chiffre d'affaires augmentera d'une valeur p pour une augmentation des dépenses égale à C_m : puisque p s'avère supérieur à C_m, la firme aurait tort de refuser cette modification. D'où les flèches de la figure 3 (en G, il faudrait diminuer la production), qui confirment le point E, comme « équilibre », comme une situation vers laquelle la firme tend spontanément.

2.3. Le taux marginal de substitution technique

Nous avons déjà montré que, pour minimiser ses dépenses, une firme égalisait le TMS de ses facteurs au rapport des coûts d'utilisation. Cette condition demeure donc quand la firme maximise son profit, on peut la retrouver d'ailleurs à partir des productivités marginales. Elles vérifient en effet :

$$\text{productivité marginale du travail : } p_{m,L} = F'_L = \frac{w}{p}$$

$$\text{productivité marginale du capital : } p_{m,K} = F'_K = \frac{k}{p}.$$

D'où on déduit :

$$\frac{F'_L}{F'_K} = \frac{w}{k}.$$

Or le TMS est égal au rapport des productivités marginales, ce qui confirme son égalisation au rapport des prix des facteurs.

2.4. Le taux de transformation des produits

Considérons pour une fois une firme produisant deux produits différents en quantités q_1 et q_2 ; un seul facteur suffira, disons le travail L. Les techniques de production se traduisent par l'équation :

$$L = g(q_1, q_2).$$

Soient p_1, p_2 et w les prix à considérer. Le programme d'équilibre s'écrit :

$$\begin{cases} \text{Maximiser } \Pi = p_1\, q_1 + p_2\, q_2 - wL \\ \text{sous la contrainte : } L = g(q_1, q_2) \end{cases}$$

Éliminons L, il reste à choisir q_1 et q_2 pour :

$$\text{maximiser } \Pi = p_1\, q_1 + p_2\, q_2 - wg(q_1, q_2).$$

Si la fonction g vérifie certaines hypothèses que nous préciserons dans le § 4.1, il suffit d'annuler les dérivées partielles de la fonction Π :

$$\begin{cases} \dfrac{\Delta \Pi}{\Delta q_1} = p_1 - wg'_{q1} = 0 \\ \dfrac{\Delta \Pi}{\Delta q_2} = p_2 - wg'_{q2} = 0 \end{cases}$$

Ces deux conditions reviennent à égaliser productivités marginales et salaire réel. On en déduit :

$$TTP = \frac{g'_{q2}}{g'_{q1}} = \frac{p_2}{p_1}$$

Sous certaines hypothèses, le taux de transformation est donc égal au rapport des prix des produits.

La figure 5 illustre cette propriété.

Supposons trouvée la demande de travail L^d. Les productions possibles q_1 et q_2 des biens 1 et 2 vérifient alors :

$$L^d = g(q_1, q_2) = \text{constante}.$$

Cette équation détermine une ligne AEB de forme généralement concave. Il s'agit, sur cette ligne, de trouver un point M qui garantira un profit maximum. Or ce profit s'écrit :
profit en M = $\Pi(M) = p_1 q_1 + p_2 q_2 - wL^d = p_1 q_1 + p_2 q_2 -$ constante.

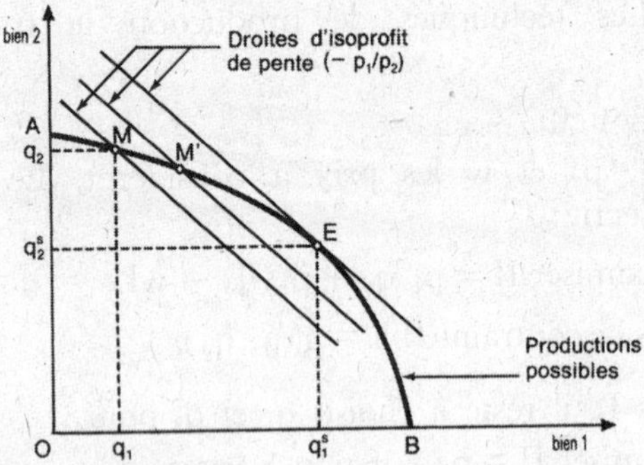

Fig. 5 – Le taux de transformation des produits est égal au rapport des prix

Il augmente donc comme $p_1 q_1 + p_2 q_2$.
Traçons alors des « droites d'isoprofit » d'équation générale :

$$p_1 q_1 + p_2 q_2 - wL^d = \text{constante}.$$

Elles ont toutes pour pente le rapport des prix $-p_1/p_2$, plus elles sont proches de l'origine et plus le profit correspondant est petit.

Le point M′ de la figure 4 « apporte » ainsi un profit supérieur à celui obtenu en M et ainsi de suite jusqu'au point E où l'isoprofit est tangente à la ligne AEB. E est donc l'équilibre cherché.

En E, la pente en valeur absolue de l'isoprofit vaut p_1/p_2, la pente à la ligne AB vaut le TTP, on en déduit la propriété en question.

2.5. L'équilibre dans un exercice de microéconomie

Revenons à la monoproduction. Il arrive qu'on connaisse la fonction de coût, l'offre se calcule alors aisément à partir du coût marginal et du prix de vente p. Mais il se peut qu'on ne connaisse que la fonction de production F : comment faire ?

Il convient d'abord de vérifier que les propriétés de F sont satisfaisantes, ce que nous préciserons au § 4.1. Ensuite :

1re méthode :

On écrit le programme d'équilibre :

$$\begin{cases} \text{maximiser } \Pi = pq - kK - wL \\ q = F(K, L) \end{cases}$$

On résout alors en q, K, L avec une méthode mathématique quelconque.

2e méthode :

On puise parmi les conditions d'équilibre celles qui conviennent le mieux pour conclure. Par exemple, avec un nombre quelconque de facteurs :

$$\boxed{\begin{array}{l} \dfrac{F'_K}{k} = \dfrac{F'_L}{w} = (etc.) = \dfrac{1}{p} \\ q = F(K, L, etc.). \end{array}}$$

3. L'offre globale

3.1. Le seuil de rentabilité

Considérons une branche et, au sein de cette branche, une entreprise particulière.

La figure 6 indique son équilibre avec des courbes de coût particulières :

L'équilibre E correspond à la vente au coût marginal : p étant donné, on choisit q^s de façon à vérifier :

$$P = C_M(q^s).$$

Le coût moyen vaut alors $OB = C_M(q^s)$, ce qui donne comme profit :

$$\Pi = pq^s - C(q^s) = q^s\left(p - \frac{C(q^s)}{q^s}\right)$$

$$= q^s(p - C_M(q^s)) = AE \times (OA - OB) = AE \times BA.$$

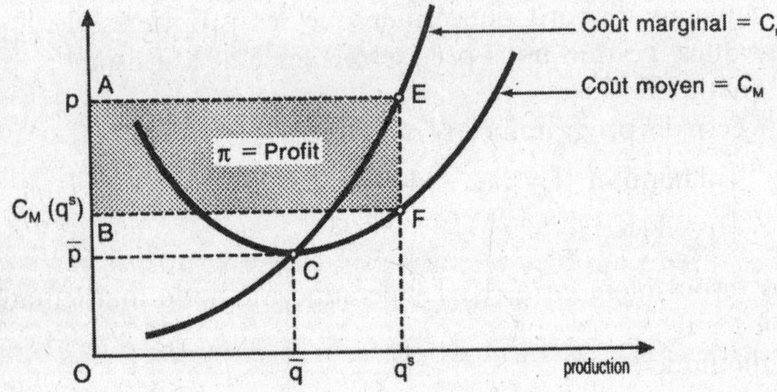

Fig. 6 – Le profit d'équilibre d'une entreprise concurrentielle

Mathématiquement, le profit maximum vaut donc la surface du rectangle AEFB. On constate que ce profit est nul si le prix vaut $\overline{p}$, minimum du coût moyen, il est même négatif si le prix est inférieur à $\overline{p}$.

Appelons seuil de rentabilité le prix en deçà duquel l'entreprise réalise un profit négatif et au-delà duquel son profit est positif. Il s'avère donc que ce seuil est en général égal au minimum du coût moyen.

Au sein d'une branche, chaque entreprise dispose de ses propres technologies et il existe donc autant de courbes de coût. Pour un prix de marché donné, seules subsisteront les firmes avec un seuil de rentabilité inférieur, comme sur la figure 6. Les autres disparaîtront tôt ou tard : mieux vaut un profit nul qu'un profit négatif.

Retenons que l'offre d'une firme est nulle pour un prix trop faible, la figure 7 indique son allure compte tenu de cette remarque.

Dire que l'offre est nulle pour $p \leq \overline{p}$ peut prêter à confusion puisque la firme n'existe alors plus. Il vaut mieux sans doute convenir que l'offre dans la figure 7 ne commence qu'à partir du point C.

3.2. Définition de l'offre globale

Supposons qu'une branche soit composée d'un certain nombre n de firmes. *A priori,* chaque firme peut utiliser des tech-

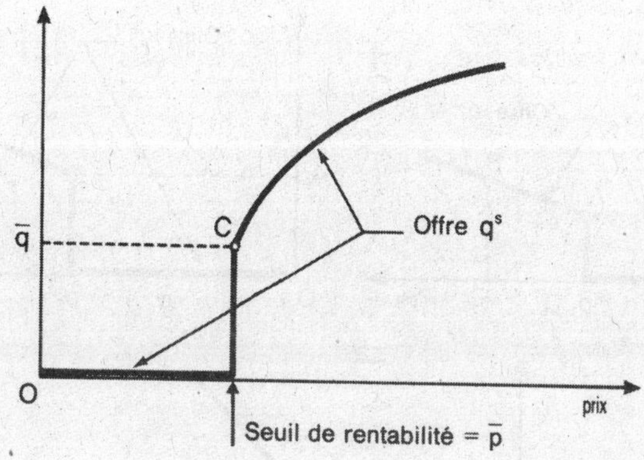

Fig. 7 – L'offre est nulle en deçà du seuil de rentabilité

niques différentes, les différentes offres q_1^s, q_2^s, etc., peuvent donc être différentes, mais le même prix p vaut pour tous.

L'offre globale q^s se définit tout naturellement comme la somme des offres individuelles :

$$q^s = q_1^s + q_2^s + \ldots + q_n^s = q^s(p, w, k).$$

Elle est fonction des mêmes variables que les offres individuelles : prix de vente et prix des facteurs utilisés.

Supposons n = 2 firmes avec des offres linéaires, nulles en deçà d'un seuil $\bar{p}_i$ avec $\bar{p}_1 < \bar{p}_2$ (fig. 8).

Pour un prix inférieur à $\bar{p}_1$, les deux offres individuelles sont nulles, l'offre globale est donc nulle. Pour un prix entre $\bar{p}_1$ et $\bar{p}_2$, l'offre globale est égale à la seule offre de la firme 1.

Pour un prix supérieur à $\bar{p}_2$, l'offre globale est également une droite, plus pentue que celles des offres individuelles.

Très généralement, l'offre individuelle est homogène de degré 0 par rapport à l'ensemble des prix considérés, elle est croissante en p comme chacune de ses composantes.

3.3. L'instabilité de l'offre globale

Souvenons-nous de la demande globale des ménages pour un bien quelconque. D'année en année, on peut convenir que cette demande conserve la même allure ; pourtant certains individus

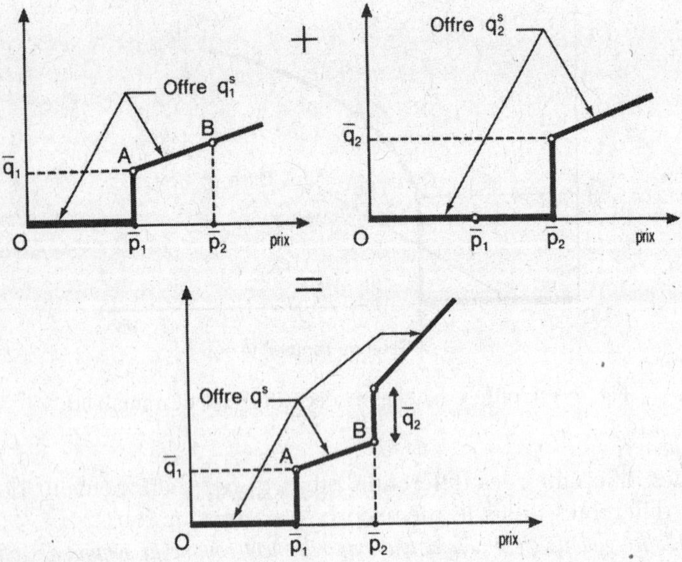

Fig. 8 – Des offres individuelles à l'offre globale q^s

sont morts entre-temps, les autres ont vieilli et on enregistre des nouveaux venus ; pourtant aussi, les goûts ne sont pas immuables, ni pour un individu donné, ni pour une tranche d'âge. On conçoit malgré tout une grande inertie de la demande globale, signe de la stabilité des phénomènes sociaux et démographiques.

Par comparaison, le monde des entreprises est plus volatil, plus imprévisible, moins régulier. Les techniques de production changent, certaines firmes meurent lentement, d'autres croissent brusquement et tout ceci à des rythmes très différents selon les secteurs d'activité (les individus, salariés et non salariés par exemple, meurent également, mais au moins le font-ils avec un rythme commun).

L'élément régulateur de la naissance et de la croissance des firmes est le taux de profit que celles-ci apportent aux ayants droit. Les entreprises les plus bénéfiques suscitent des investissements importants qui impliquent leur croissance, ou encore elles suscitent des nouveaux venus attirés par des perspectives souriantes, le phénomène se vérifiant à l'inverse pour les firmes moins chanceuses. Ces processus continuels d'ajustement ne cessent jamais, il est néanmoins commode de raisonner parfois comme si un équilibre enfin stable avait été atteint : ce sera l'équilibre dit de long terme.

3.4. L'équilibre de long terme

Intéressons-nous à une branche particulièrement transparente : toutes les entreprises y disposent des mêmes technologies (les meilleures), elles ont donc des courbes de coût identique C(q). Le même prix p s'impose à toutes, plus ou moins élevé selon l'état du marché (que nous définirons dans le chapitre suivant).

Si ce prix s'avère supérieur au seuil de rentabilité, chaque firme réalise un profit positif en produisant l'offre individuelle q^s :

$$\Pi = pq^s - C(q^s) > 0.$$

Rappelons que le coût englobe les dépenses courantes (main-d'œuvre, énergie, etc.) et les différents coûts liés au capital utilisé, d'un prix k.

Un individu avisé, extérieur à la branche, aura alors intérêt à se transformer en entrepreneur : il louera des machines au prix k, embauchera du personnel, se nommera directeur général et achètera les fournitures nécessaires. Mettant en œuvre la technique commune, il dégagera un profit Π aussi élevé que ses concurrents en place, grâce à quoi il pourra recevoir sa rémunération de directeur général et, *en prime*, le profit qui apparaît comme une espèce de bonus pour le risque encouru.

Tout profit positif suscitant ainsi des vocations d'entrepreneurs, la branche voit le nombre de ses firmes augmenter et on devine que le prix de marché aura tendance à diminuer. Le processus sera stabilisé quand ce prix de marché aura atteint le seuil $\overline{p}$ de rentabilité. Le profit sera alors nul, c'est-à-dire que les capitaux seront normalement rémunérés, les directeurs également, mais qu'il ne restera plus de bonus miraculeux.

Par convention, cette situation s'appelle l'équilibre à long terme, elle est représentée par le point C dans les figures 6 et 7. Le prix de marché vaut le minimum du coût moyen et le nombre de firmes est juste ce qui convient pour que le marché aboutisse à ce prix.

Si cette vision était totalement réaliste, toutes les firmes de toutes les branches s'avéreraient à peu près aussi performantes, par exemple, toutes les actions boursières dégageraient le même rendement. Il est donc évident que l'équilibre de long terme ne vaut que dans certaines branches, particulièrement ouvertes à la concurrence et aux technologies bien connues de tous.

Un des raisonnements clés de l'équilibre à long terme est la mobilité des hommes et des capitaux entre les différentes branches : il faut que les facteurs quittent continuellement les branches peu performantes pour rejoindre les autres. On qualifie cette hypothèse de « libre entrée et libre sortie dans la branche », examinons son réalisme.

La libre entrée s'oppose aux « barrières à l'entrée », plus ou moins importantes selon les secteurs d'activité. Ces barrières peuvent être légales dans le cas des activités réglementées : même si vous enviez votre dentiste ou votre chauffeur de taxi, l'achat d'un cabinet ou d'un véhicule ne suffit pas pour bénéficier de leurs niveaux de vie. Le défaut d'information au sens large constitue une barrière fréquente, information sur les techniques existantes, les usages commerciaux ou même le droit des affaires. Citons également la barrière financière : vous auriez du mal à convaincre votre banquier de vous aider à constituer un nouveau groupe automobile en France. D'une part, il estimera que vos chances de succès ne sont pas évidentes mais, surtout, il se demandera si vous n'espérez pas utiliser frauduleusement « son » argent.

La libre sortie n'est pas plus facile à justifier. Si une entreprise s'avise de quitter une branche, elle ne pourra en général vendre ses actifs qu'avec d'énormes pertes. Mieux vaut alors demeurer dans la branche, en se contentant de résultats médiocres. Un profit négatif, au sens microéconomique, peut donc être envisagé dans certains cas ; certains facteurs seront alors moins bien rémunérés que ne l'exigent les prix de marché. En pratique, ceci signifie que les dirigeants ou les actionnaires recevront moins que les moyennes constatées ailleurs, mais que leurs situations seraient encore pires en cas de cessation d'activité.

On dit alors qu'il existe un « seuil de sortie », inférieur au seuil de rentabilité, l'entreprise ne quittant la branche que pour ce prix du produit. Par contre le « seuil d'entrée » est en général assimilé au seuil de rentabilité.

L'équilibre de long terme, malgré les obstacles que nous venons de signaler, demeure dans certains cas une référence très utile, en particulier dans toutes les activités de service où les frais d'équipement sont relativement faibles et où il est possible de revendre son matériel sans grandes pertes. Un ouvrier plombier peut assez aisément s'installer « à son compte », il peut tout aussi aisément abandonner en cas d'échec relatif. Seuils d'entrée, de sortie et de rentabilité sont alors confondus, ils correspondent à une certaine rémunération de l'artisan plombier, « normale » par rapport aux activités voisines. En cas d'excès d'entreprises de plomberie, certaines fermeront donc rapidement et, inversement, des gains élevés attireront des nouveaux venus.

Notons $\overline{p}$ et $\overline{q}$ les coordonnées du seuil de rentabilité dans la plomberie ; $\overline{p}$ est le prix de l'heure moyenne de dépannage qui permet aux artisans de vivre convenablement par rapport aux électriciens ou aux plombiers salariés ; $\overline{q}$ est le volume d'activité souhaité par un artisan (investir pour produire davantage serait trop coûteux).

Notons $\overline{D}$ la demande de réparations au prix $\overline{p}$ (cette demande décroît quand le tarif des professionnels augmente, au bénéfice du bricolage). Si l'équilibre à long terme règne dans la plomberie, le nombre d'artisans n vaudra alors :

$$n = \frac{\overline{D}}{\overline{q}}.$$

Cette méthode de calcul se généralise aisément. Retenez que le nombre de firmes par branche est donné dans l'équilibre dit de court terme et qu'il se calcule comme ci-dessus dans l'équilibre dit de long terme.

4. Hypothèses diverses et rendements d'échelle

4.1. Hypothèses et conditions d'équilibre

Quelles que soient les fonctions de coût et de production, l'équilibre d'une firme est toujours défini, il existe toujours des fonctions d'offre de produit et de demandes de facteurs maximisant le profit (« toujours » veut dire : quels que soient les prix envisagés). Mais les conditions d'équilibre du § 2 ne sont pas toujours valables, il faut donc s'assurer que le problème posé permet effectivement de recourir à ces précieuses conditions.

(i) La loi sur les productivités marginales est vraie dès que la fonction de production F est dérivable et concave, ce qui est très restrictif ; mais elle peut être vraie dans d'autres cas, que nous ne détaillerons pas.

(ii) La loi sur le coût marginal est vraie dès que la fonction de coût est convexe, elle le demeure dans d'autres cas que nous ne détaillerons pas. En outre, on peut démontrer qu'une fonction de production concave implique une fonction de coût convexe.

(iii) La loi sur le taux marginal de substitution est vraie dès que le TMS en question décroît de l'infini à zéro (si on se contente d'isoquantes convexes, on risque de tomber sur un équilibre en coin).

(iv) La loi sur le taux de transformation des produits est vraie dès que le TTP en question croît de zéro à l'infini.

En pratique, il convient de se méfier dans les cas suivants :

(i) quand les rendements d'échelle sont croissants pour certaines valeurs de la production ;

(ii) quand une productivité marginale est croissante pour certaines valeurs d'un facteur ;

(iii) quand les techniques de production sont linéaires.

Dans la plupart des exercices de ce manuel, les fonctions de production seront compatibles avec les conditions d'équilibre du § 2 et on ne demandera pas toujours de s'en assurer, pour éviter des complications mathématiques.

4.2. La concurrence pure et parfaite

L'hypothèse de concurrence, pour analyser le comportement des firmes à court terme, revient à supposer que celles-ci se contentent passivement d'enregistrer les prix de marché avant de choisir le meilleur moyen de maximiser leur profit. Les hypothèses de long terme sur la transparence et l'accès aux marchés sont d'une nature voisine, l'ensemble constitue ce qu'on appelle la « concurrence pure et parfaite ». Globalement, c'est-à-dire dans une majorité de cas, la concurrence est-elle une hypothèse réaliste ? Nous nous contenterons de raisonner à court terme, les firmes étant donc données dans chaque branche.

Si le nombre de firmes est suffisamment important, chacune pèse peu dans la branche et ne gagnerait pas beaucoup à connaître les mécanismes du marché pour chercher à les influencer. Certains revendeurs en électro-ménager se contentent ainsi de parcourir les catalogues des concurrents avant de fixer leurs prix au même niveau.

La concurrence prévaut également pour beaucoup de biens intermédiaires sous la forme de convention sociale. Même quand deux fournisseurs se partagent un marché, il est convenu qu'ils ne doivent pas en abuser, faute de quoi leurs clients risqueraient de se montrer désagréables : on pratique alors des prix concurrentiels pour pérenniser des situations confortables pour tous. Notez dans cet exemple que la concurrence à court terme peut très bien s'accompagner du refus de la concurrence à long terme, c'est-à-dire d'obstacles divers à l'intrusion de nouveaux venus dans la branche.

Autre argument, la concurrence suppose que le produit d'une firme possède des substituts très proches ; ainsi sa clientèle se réduirait considérablement avec des prix plus élevés que le coût marginal. Or la quasi-totalité des produits possède des substituts plus ou moins parfaits, ce que renforce l'ouverture des frontières et la diminution des frais de transport.

Nous avons gardé pour la fin l'argument juridique ; après tout, la concurrence est la règle explicite du droit commercial. Il est, par exemple, interdit de vendre en deçà du coût moyen pour ruiner un concurrent, interdit de pratiquer librement des prix différents selon les clients, interdit pour une profession de s'entendre sur un barème de prix communs, etc.

Concluons provisoirement que la concurrence semble une hypothèse raisonnable dans de nombreux cas, du moins à court terme, avec des techniques, des firmes et des produits considérés comme donnés.

4.3. Les rendements décroissants

Supposons qu'une firme soit soumise, pour toutes les valeurs possibles de sa production, aux rendements décroissants, nous allons en rechercher l'équilibre avec un prix de marché p. L'offre q^s implique un coût total C :

$$C = C(q^s) = q^s \times CM(q^s).$$

Imaginons que l'entrepreneur décide de diviser sa firme en deux établissements autonomes, chacune empruntant la technique de production en usage ; pour simplifier le raisonnement, convenons que chaque établissement produira exactement la moitié de q^s. Le chiffre d'affaires global demeurera inchangé, que deviennent les coûts ?

$$\text{Coût d'un établissement} = C\left(\frac{q^s}{2}\right) = \left(\frac{q^s}{2}\right) \times C_M\left(\frac{q^s}{2}\right)$$

ce qui implique :

$$\text{coût global} = 2 \times \text{coût d'établissement} = q^s \times C_M(q^s/2).$$

Les rendements décroissants impliquent un coût moyen croissant, donc :

$$\text{coût global} = q^s \times C_M\left(\frac{q^s}{2}\right) < q^s \times C_M(q^s) = \text{coût initial.}$$

Autrement dit, l'entreprise serait bien avisée de se diviser en deux établissements, le coût global serait moindre ! Cette idée étant poursuivie, la firme éclatera en une poussière d'établissements microscopiques qui, eux-mêmes, auront tendance à se fractionner sans cesse...

L'irréalisme de cette conclusion remet en question la validité de l'hypothèse initiale : les rendements ne peuvent donc pas être toujours décroissants. Il existe un seuil en deçà duquel ils sont croissants, ce qui provoque l'arrêt du processus de division envisagé. Ce seuil de production correspond à la notion de « taille optimale de la firme », il confirme le seuil de rentabilité par un autre raisonnement (voir fig. 9).

Cette notion de taille optimale de la firme peut renforcer l'hypothèse concurrentielle. Dans les secteurs à rendements croissants puis décroissants, la technique impose une multitude d'établissements de tailles voisines plutôt que quelques firmes géantes.

Le secteur de la publicité peut servir d'exemple. Une entreprise en expansion y suscite fréquemment le départ d'une équipe décidée à voler de ses propres ailes, elle-même étant bientôt victime de la trahison de l'un de ses membres... Certaines entreprises de grande taille demeurent néanmoins, elles accordent en fait une réelle autonomie à leurs services qu'on peut considérer comme autant d'unités de production au sens microéconomique ; la notion de concurrence est alors interne au groupe.

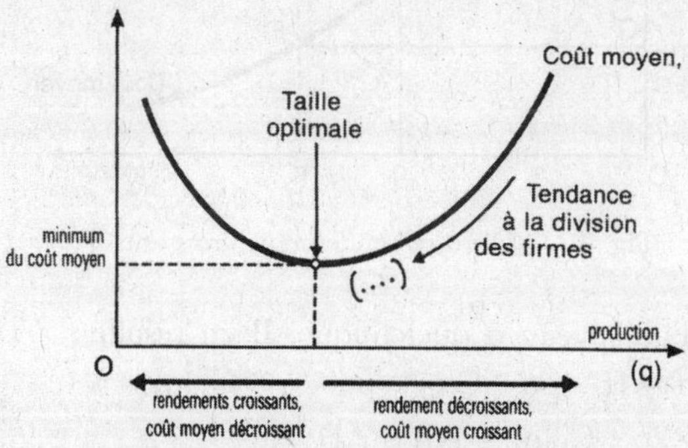

Fig. 9 – La taille optimale d'une firme

4.4. Les rendements croissants

Si les rendements sont toujours croissants, les raisonnements du paragraphe précédent s'inversent. La décroissance du coût moyen incite à des regroupements d'entreprises et favorisent celles qui sont en position dominante : l'hypothèse d'un comportement concurrentiel de long terme devient d'autant moins crédible.

Tous les secteurs à fort investissement initial, en matériel ou en frais de recherche, peuvent servir d'exemple, comme l'aviation, les télécommunications, les chemins de fer, l'industrie pharmaceutique ou celle des logiciels. Une seule ou quelques firmes se partagent le marché national en amortissant les coûts fixes par des niveaux de production élevés ; une certaine concurrence demeure parfois, mais au niveau international.

À court terme, les conditions d'équilibre concurrentiel sont profondément modifiées, comme le montre la figure 10 (souvenons-nous que la vente au coût marginal n'est plus justifiée).

Supposons une firme à la recherche du profit maximum, qui considère le prix de marché comme donné et détermine ensuite sa production.

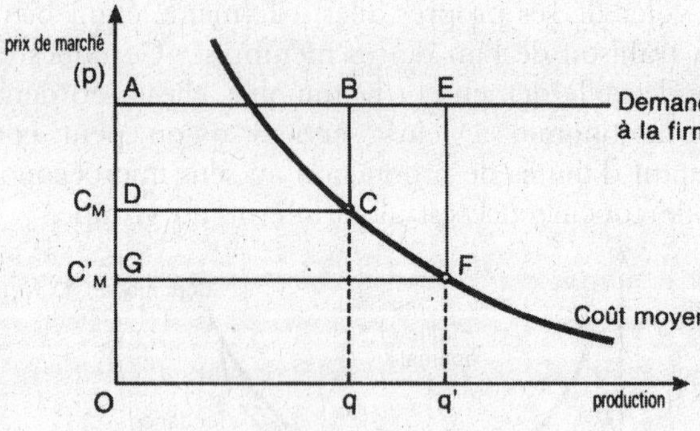

Fig. 10 – Offre et rendements croissants

Partons d'un niveau q quelconque. Il en résulte :

$$\text{Profit} = \Pi = pq - C(q) = pq - q \times C_M(q)$$
$$= q \times (p - C_M(q)) = AB \times AD$$
$$= \text{aire du rectangle (ABCD) de la figure 10.}$$

Augmentons la production qui devient q′. Le nouveau profit est représenté par la surface du rectangle (AEFG), il a donc augmenté.

On en déduit que l'offre concurrentielle est infinie, car tout accroissement de la production s'avère bénéfique. Il vaut mieux reconnaître que le comportement concurrentiel en cas de rendements croissants n'est pas une hypothèse réaliste, même à court terme.

4.5. Les rendements constants

Les rendements constants impliquent une fonction de coût linéaire, de la forme :

$$C(q) = a \times q \text{ (a étant un nombre donné).}$$

Coût moyen et coût marginal sont alors égaux à (a) et le profit d'une firme qui produit q vaut simplement :

$$\text{Profit} = \Pi = pq - C(q) = pq - aq = (p - a)\, q.$$

Si le prix de marché était inférieur à (a), tout profit serait négatif : la production d'équilibre serait donc nulle.

Si le prix de marché était supérieur à (a), le profit serait positif et d'autant plus grand que la production serait élevée : nous sommes ramenés aux considérations précédentes sur les rendements croissants, le modèle concurrentiel ne tient plus.

Mais si enfin le prix de marché était exactement égal au coût moyen (a), le profil serait nul pour toute production, ce qui permettrait de rémunérer le capital correctement (mais sans plus). L'offre individuelle serait indéterminée, de même que le nombre de firmes de la branche ruais l'offre globale se chargerait de satisfaire la demande globale.

Les rendements constants renvoient donc à la notion de concurrence avant de préciser la nature de l'équilibre de la branche : illustrons ce point avec l'exemple des taxis. Si la profession est réglementée, il est possible d'imposer un prix kilométrique supérieur au coût moyen, ce qui assure des rémunérations intéressantes aux taxis agréés. En régime libéral, tout prix supérieur au coût moyen suscitera des vocations nouvelles qui proposeront des tarifs plus bas. À l'équilibre, le prix de la course sera égal au coût moyen, c'est-à-dire que les chauffeurs seront rémunérés au minimum salarial ; on devine que cette perspective n'est pas réjouissante pour les intéressés, ils invoquent alors les avantages de la réglementation pour le public : un tarif connu à l'avance et l'assurance de ne pas se faire dévaliser en cours de route.

Vocabulaire à connaître : offre de produit - demande de facteurs - équilibre de la firme - seuil de rentabilité - libre entrée, libre sortie dans une branche.

EXERCICES PROPOSÉS

Exercice 19

Soit une branche composée de deux firmes, on note q_1 et q_2 les volumes respectifs de production, les fonctions de coût total valent :

$$\begin{cases} \text{première firme : } c_1 = 0{,}5(q_1)^2 \\ \text{deuxième firme : } c_2 = 1{,}5(q_2)^2 + (q_2) + 1{,}5 \end{cases}$$

1 / Déterminez l'offre de la firme 1.
2 / Représentez graphiquement l'allure des coûts, marginal et moyen, de la firme 2.
Représentez graphiquement le profit qui résulte d'un prix de vente donné p.
3 / Déterminez le seuil de rentabilité de la firme 2 et son offre pour un prix supérieur à ce seuil.
4 / Calculez l'offre globale de la branche. Représentation graphique.

Exercice 20

Soit une entreprise utilisant un seul facteur en quantité x pour produire un bien en quantité q. Le produit vaut p, le facteur vaut w = 2.
— Fonction de production : $q = \sqrt{x - 6}$.
1 / Représentez graphiquement l'allure de la fonction de production. Essayez d'en déduire le point où les rendements d'échelle sont constants ; qu'en est-il ailleurs ?
2 / Calculez les fonctions de coût (avec w = 2), marginal et moyen. Représentations graphiques. Retrouvez les résultats sur les rendements d'échelle. Déterminez le seuil de rentabilité.
3 / Déterminez l'offre de la firme et la demande de facteur.

Exercice 21

Soit une entreprise et la fonction de coût total représentée ci-dessous :

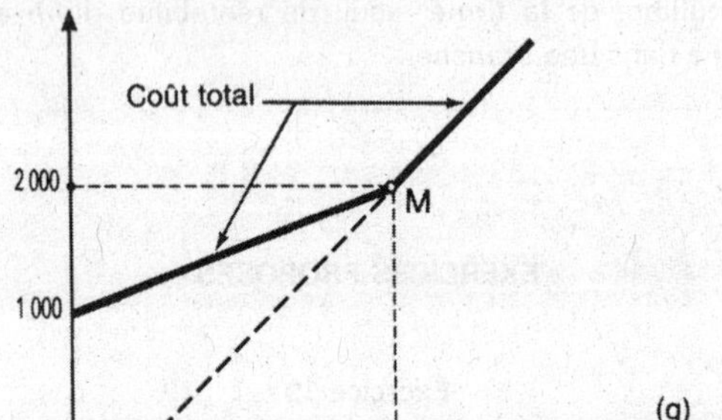

1 / Représentez géométriquement le coût moyen pour une quantité q quelconque. Comment évolue ce coût moyen quand q augmente ? Que dire des rendements d'échelle ? Justifiez économiquement votre réponse. Que vaut le seuil de rentabilité ?

2 / Sur la figure ci-dessus, représentez le chiffre d'affaire à un prix p, c'est-à-dire la droite pq, pour différentes valeurs de p.

En déduire géométriquement l'offre de produit pour toutes les valeurs possibles de p (commencez par visualiser le profit si la production vaut une valeur quelconque q).

Troisième partie - Équilibre et optimum

Nous venons de nous familiariser avec les principaux acteurs économiques : les entreprises et les ménages. Il est temps d'envisager la confrontation générale des comportements : les uns veulent vendre, les autres veulent acheter, tous le pourront-ils ? (chap. 8).

Ensuite, nous nous demanderons ce que serait une économie fonctionnant de façon optimale (chap. 9 et 10) et si le marché est compatible avec cet optimum (chap. 11 et 12).

8. L'équilibre général de court terme

1. Définitions générales

1.1. Les notions d'équilibre

Une situation économique est un « équilibre général », si, compte tenu des informations disponibles et des usages en cours, aucun agent particulier n'est incité à modifier ses comportements.

L'équilibre est donc la situation normale à laquelle il faut s'attendre dans un système économique donné, car elle suppose essentiellement que les agents poursuivent leurs buts propres : maximisation du profit pour les entreprises et de l'utilité pour les consommateurs. Plusieurs notions d'équilibre sont possibles puisqu'il faut préciser les informations des agents et les usages en cours. Il est cependant convenu que l'information acquise doit être « réaliste », ni trop faible ni trop complète et que les usages ne doivent pas être trop facilement violés par les agents. Comme usage particulier, nous supposerons le plus souvent qu'il existe des prix – à définir – permettant d'acheter les produits : on parle alors d' « équilibre de marché ». On pourrait imaginer un système parallèle de troc, mais l'escroquerie ou le vol, par exemple, seront implicitement négligés.

Il peut alors sembler facile de déterminer un équilibre à partir de n'importe quel modèle économique précisant les agents et leurs possibilités. La difficulté provient de la compatibilité des comportements individuels. Essentiellement il faudra que chaque désir d'acheter rencontre un désir de vendre pour tous les marchés possibles.

1.2. L'équilibre et les consommateurs

À l'équilibre, chaque consommateur commence par acheter ce qui lui convient, compte tenu des prix et de ses goûts. Nous exigeons qu'il s'en tienne là, plus précisément qu'il n'ait pas intérêt à entreprendre des trocs en tant que consommateur. Ceci sera obtenu avec un système de prix commun à tous.

Pour le démontrer, supposons que j'achète un produit 15 € et que mon voisin le paie 10 €. Je demande alors à mon voisin d'acheter à ma place, éventuellement en lui accordant un pourboire : tout le monde y gagnera, mais le prix de 15 € n'a plus aucun sens ; les prix doivent donc être communs à l'équilibre. Pourtant, chacun connaît des situations réelles avec des écarts de prix pour certains produits identiques. Il se peut que la localisation intervienne en rendant les produits économiquement différents ; une huître à Arcachon n'est pas une huître à Clermont-Ferrand, les prix n'ont aucune raison d'être semblables. Il se peut aussi, en pratique, que j'achète plus cher parce que j'ignore les conditions de vente à côté : nous retrouvons cette question de l'information des agents. Nous supposerons toujours que chacun connaît les prix en vigueur : l'hypothèse ne semble pas exagérée pour aboutir à des résultats intéressants.

1.3. L'équilibre et les producteurs

Les producteurs achètent leurs consommations intermédiaires aux mêmes prix. Leur objectif est de maximiser leur profit compte tenu des possibilités techniques : ici commencent les difficultés.

Chacun comprend que les entreprises, par des ententes verticales ou au sein d'une même branche, peuvent augmenter leurs bénéfices. Notre définition générale de l'équilibre citait les « usages en cours ». Si les ententes ou même les fusions en trusts, en cartels, en syndicats professionnels actifs sont considérés comme des usages tolérés, on parlera d' « équilibres monopolistiques » ou d' « équilibre non concurrentiels », notions que nous étudierons dans le chapitre 13 à venir. Reste alors le cas des « équilibres concurrentiels » à quoi nous nous limiterons dans ce chapitre, aucune firme ne cherchant à s'entendre avec une autre.

Deux entreprises vendant le même type de bien afficheront à l'équilibre le même prix. Dans le cas contraire, les acheteurs bouderaient le produit plus cher avec à nouveau l'idée d'une information parfaite sur les prix. À l'équilibre, tout se passe donc comme si les prix étaient « donnés », c'est-à-dire imposés aux producteurs et aux consommateurs. Personne n'a la possibilité de les modifier sans être immédiatement pénalisé. *On dit alors que les agents, en régime concurrentiel, sont « preneurs de prix », ils prennent les prix d'équilibre comme des données, ceci constituant une définition très générale de la concurrence, du moins à court terme.* Reste alors à expliquer le niveau de ces prix d'équilibre et comment ils sont obtenus en pratique.

1.4. Les prix d'équilibre concurrentiel

Soit, pour un produit de prix p, une demande globale des acheteurs D(p) et une offre globale des vendeurs S(p). À l'équilibre, le prix p* doit assurer l'égalité :

$$\text{Demande, } D(p^*) = \text{offre, } S(p^*).$$

Supposons en effet une « demande nette excédentaire », autrement dit :

$$D(p) - S(p) > 0.$$

Alors, certains consommateurs ne trouveront pas l'article désiré au prix p.

Leurs projets de consommation ne maximiseront pas leurs utilités respectives, ce qui est contraire au principe d'équilibre.

Dans le cas d'une « demande nette déficitaire », autrement dit :

$$D(p) - S(p) < 0,$$

certaines entreprises ne pourront pas vendre toutes leurs marchandises, ce qui n'est pas le meilleur moyen de maximiser le bénéfice !

Les prix d'équilibre permettent donc d'égaliser les offres et les demandes pour tous les produits et tous les facteurs.

Dans les cas non concurrentiels, les offres et les demandes sont plus délicates à définir comme fonctions des prix, mais le principe de leurs égalités à l'équilibre demeure.

1.5. Équilibre et répartition

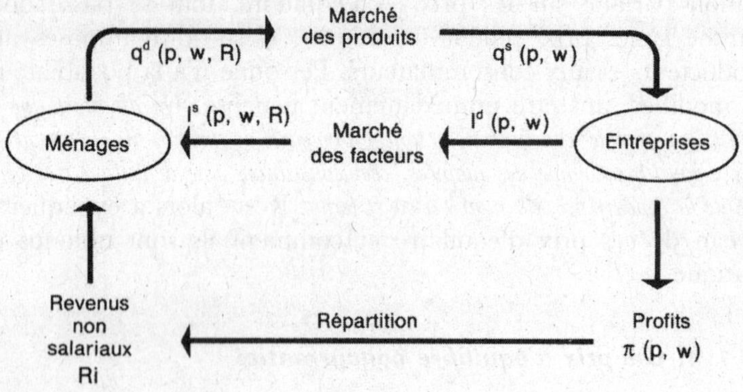

Fig. 1 – Schéma d'équilibre général

Sur la figure 1, les flèches indiquent le sens des échanges monétaires. Sur le marché du produit se confrontent une offre et une demande q^s et q^d, il en résulte un prix d'équilibre p. Sur le marché du facteur se détermine un prix w correspondant par exemple au travail (il existe en fait plusieurs produits et plusieurs facteurs, mais ceci ne modifie pas l'analyse qui suit). Les entreprises obtiennent un profit global d'équilibre π, somme de tous les profits particuliers. Ce profit est alors réparti entre les différents individus, d'une certaine façon qu'il importe de préciser. Plusieurs règles sont possibles, toutes pourront être qualifiées d'équilibrées du moment que le total des profits se retrouve finalement entre les mains des consommateurs sous forme de revenus non salariaux ; R_i étant la, part de l'individu n° i, il faut donc seulement garantir :

$$\pi = \sum_i R_i.$$

Dans un équilibre concurrentiel, on suppose que les consommateurs considèrent R_i comme « donné ». Autrement dit, il n'est pas question pour un actionnaire de Peugeot d'acheter une voiture de cette marque sous prétexte que ses dividendes seraient plus importants. Cette hypothèse est réaliste, pourvu que le nombre d'actionnaires soit assez élevé. De même, il n'est pas question pour Peugeot d'augmenter les salaires pour mieux écouler sa production auprès de ses employés.

Souvent, pour fixer les idées, on imagine que les entreprises appartiennent à certains individus, selon des parts θ_1, θ_2, etc. Ainsi $\theta_1 = 0{,}3$ signifie que l'individu 1 possède 30 % des actions des entreprises. On écrit alors :

$$R_i = \theta_i\,\pi, \text{ pour tout individu i,}$$

ce qui correspond à une certaine clé de répartition des profits et à un certain équilibre particulier. D'autres équilibres sont possibles, avec d'autres valeurs de θ_1, θ_2, etc.

On parle d'un équilibre de marché, au singulier, lorsque la clé de répartition est considérée comme donnée. L'ensemble des équilibres de marché fait allusion à l'ensemble des répartitions possibles.

2. Les équilibres partiels et leurs stabilités

L'équilibre partiel signifie qu'on ne s'intéresse, à partir de la figure 1, qu'à un seul marché en ne considérant que la demande et l'offre globales correspondantes. En particulier, les prix des autres biens sont donnés, seul le prix du marché étudié sera susceptible de varier.

2.1. Le cas d'un produit de consommation finale

Notons $q^d(p)$ la demande globale du bien et $q^s(p)$ l'offre globale. Nous savons que la demande est « normalement » décroissante et que l'offre est toujours croissante.

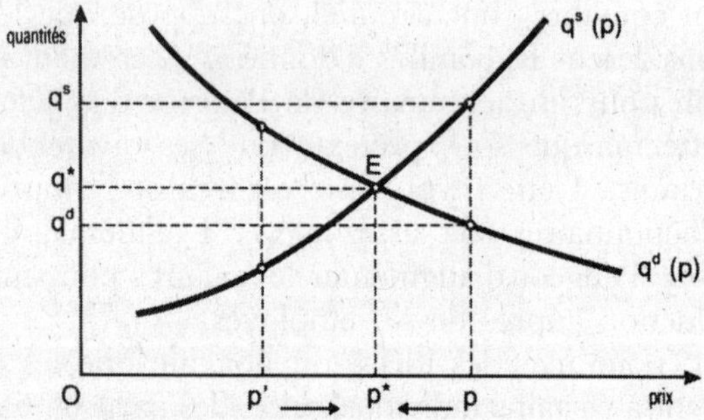

Fig. 2 – Équilibre partiel d'un produit

La seule condition d'équilibre s'écrit :

$$\text{offre} = q^s(p) = \text{demande} = q^d(p).$$

Donc l'équilibre E (fig. 2) est à l'intersection de l'offre et de la demande.

Les coordonnées de E sont le prix d'équilibre p* et la quantité d'équilibre q*.

Supposons alors que le prix effectif p s'avère supérieur à p*. Évidemment, la situation est hors équilibre, que se passera-t-il ?

Les entreprises offriront une quantité q^s, c'est-à-dire qu'elles auront acheté des facteurs leur permettant de produire q^s et la demande q^d sera inférieure. On conçoit que certaines entreprises, réalisant que toute leur production ne pourra être écoulée, braderont leurs produits à un prix inférieur à p.

Le prix aura donc tendance à diminuer, ce qui nous ramènera insensiblement à p*.

Inversement, si le prix effectif p′ s'avère inférieur à p*, la demande sera supérieure à l'offre ; certains acheteurs devinant qu'ils risquent de ne pas pouvoir être satisfaits, feront « monter les enchères » et l'augmentation du prix qui en résultera nous ramènera insensiblement à p*.

Dans ce cas, on dit que ce sont les prix qui équilibrent les marchés, c'est-à-dire qu'ils s'adaptent pour égaliser l'offre et la demande.

Surtout, on en conclura que l'équilibre E est « stable » :

Un équilibre est stable quand les forces du marché tendent à y revenir après s'en être légèrement écarté.

(On peut imaginer d'autres façons de réagir face à un équilibre partiel. Ainsi, à partir du prix p, certaines entreprises pourraient ne rien vendre du tout puisque la demande ne permet pas de satisfaire tout le monde, ces entreprises disparaîtraient alors par faillites).

Puisque la demande peut théoriquement croître avec le prix, voyons ce qu'il advient alors de la stabilité de l'équilibre.

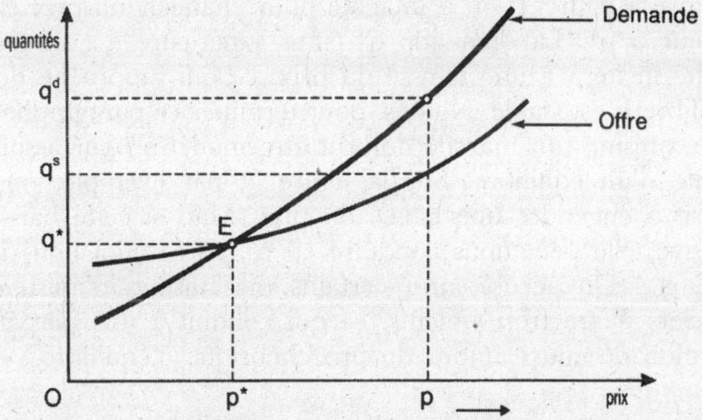

Fig. 3 – Équilibre instable

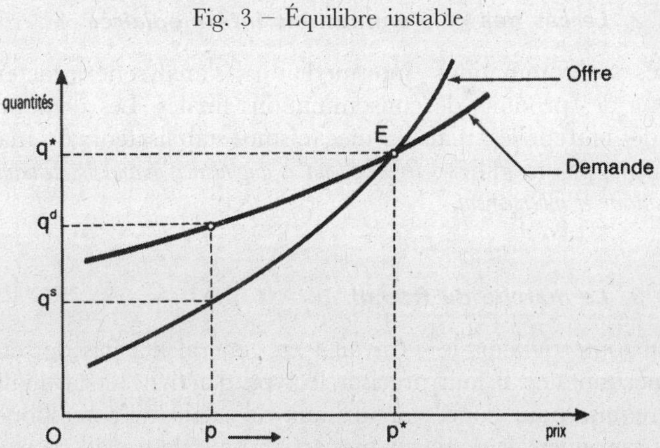

Fig. 4 – Équilibre stable

Dans la figure 3, la demande croît avec le prix, plus vite encore que l'offre. L'équilibre est en E, imaginons un prix effectif p supérieur à p*. La demande q^d s'avère supérieure à l'offre q^s.

Les mécanismes de marché invoqués plus haut suggèrent alors une augmentation du prix, ce qui éloignera encore plus de l'équilibre. On dit alors que l'équilibre est « instable ». À moins d'un hasard fou, les mécanismes du marché n'aboutiront pas à l'équilibre général. Le hasard serait que le prix en vigueur soit justement p*, un écart de 1 % suffisant à tout perturber rapidement.

Dans la figure 4, on a imaginé pour changer, un prix effectif inférieur à p*. La demande q^d étant supérieure à l'offre q^s, le marché incitera à une hausse du prix, ce qui rapproche de p* : l'équilibre E est stable. Notons, pour terminer ce paragraphe, que les mécanismes du marché doivent être modérés pour assurer la stabilité d'un équilibre. Sur la figure 2, par exemple, un prix excessif p engendre une baisse du prix. Mais si cette baisse est excessive, elle peut nous conduire en p′, après quoi nous irions en p, etc. On accuse ainsi certains mécanismes d'ajustements financiers d'être trop violents, ce qui conduit à une perpétuelle oscillation du cours autour du prix théorique d'équilibre.

2.2. Le cas des consommations intermédiaires

Les consommations intermédiaires s'analysent exactement comme des produits de consommations finales. Les demandeurs sont des entreprises, mais les mécanismes stabilisateurs du marché n'en sont pas modifiés : *le prix tend à augmenter quand la demande est excédentaire et inversement.*

2.3. Le marché du travail

En toute rigueur, le « travail » en général n'a pas de sens en microéconomie : il faut préciser le type d'activité et la qualification requise pour concevoir un taux de salaire w correspondant. Nous raisonnerons donc sur un certain type de travail, sans chercher à préciser davantage.

Il existe une demande de travail $l^d(w)$ provenant des employeurs, toujours décroissante avec le taux de salaire. L'offre $l^s(w)$ des salariés n'est pas forcément croissante, nous pouvons l'imaginer constante, comme sur la figure 5.

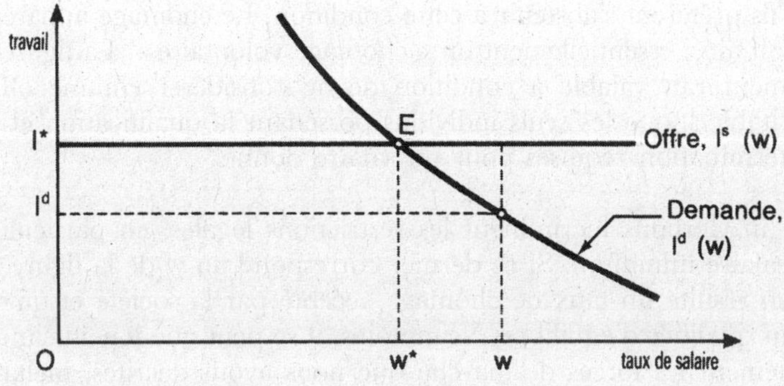

Fig. 5 – Le marché du travail

L'équilibre est évidemment défini en E, par l'égalité :

$$l^d(w) = l^s(w).$$

Supposons un taux de salaire w excessif par rapport au salaire d'équilibre w*. Les entreprises désirent utiliser l^d unité de travail, la différence $l^* - l^d$ sera donc inemployée. Si cette différence est mesurée en nombre de salariés, elle représente le chômage dans cette catégorie de travailleurs. Il y *aurait* donc des forces de marché tendant à diminuer le taux de salaire, ce qui nous *rapprocherait* de l'équilibre. Ainsi se *montrerait* la stabilité de l'équilibre de plein-emploi défini par le point E.

Le conditionnel que nous venons prudemment d'utiliser s'impose dans cette analyse : chacun comprend qu'elle n'est pas la seule et que son réalisme ne va pas de soi. Indiquons quelques pistes simples pour concilier l'équilibre résultant de la figure 5 et la persistance depuis 1975 d'un taux de chômage élevé dans un pays comme la France.

(i) Certains considèrent que l'équilibre conserve son réalisme, moyennant les inévitables délais entre la perte d'un emploi et l'embauche ultérieure. Au taux courant correspond la productivité marginale du travail et tous ceux qui sont offreurs à ce taux et à la qualification requise trouvent à s'employer. Certains individus choisissent de ne pas travailler au taux correspondant à leur qualification, soit qu'ils attendent une occasion meilleure, soit qu'ils préfèrent s'abstenir à cette condition. Le chômage apparent serait ainsi essentiellement un « chômage volontaire ». La figure 5 demeurerait valable à condition de ne considérer comme offre véritable l^s que les seuls individus possédant la qualification et la détermination requises pour un salaire donné.

(ii) Certains incriminent les restrictions légales, en particulier le salaire minimum. Si ce dernier correspond au w de la figure 5, il en résulte un taux de chômage accepté par la société et qu'on peut qualifier d'équilibre. Néanmoins, il se peut que jouent simultanément les forces de marché que nous avons décrites, incitant alors au « travail au noir » non déclaré et payé en deçà du taux officiel, compte tenu des charges sociales non versées.

(iii) Certains estiment que l'équilibre n'est pas la règle sur le marché du travail, car les forces du marché n'y jouent pas leur rôle habituel. Ainsi, à partir d'un salaire courant excessif, les entreprises qui réalisent des profits ne sont pas incitées à la rigueur salariale. Il leur faudrait risquer de mécontenter leur personnel, ce qui peut toujours se traduire par une baisse de la productivité. D'autres entreprises, moins performantes, seraient simultanément acculées à la faillite et procéderaient à des licenciements.

(iv) Certains estiment que le travail est plutôt assimilable à un investissement des entreprises qu'à une consommation intermédiaire. Embaucher, c'est anticiper un certain type de croissance interne. Le taux de salaire n'est alors plus la variable clé, par exemple le pessimisme des entrepreneurs pourrait bloquer toute évolution vers le plein-emploi. Cette analyse du travail comme investissement nécessiterait la prise en compte du temps dans l'équilibre économique. Comme nous avons prudemment choisi de nous en tenir à la courte période dans ce chapitre, il nous est impossible d'en dire plus.

2.4. Le marché du capital à court terme

« Capital » signifie outil de production, équipement, machine, sans considération pour une somme d'argent à placer que ce mot évoque souvent.

Raisonnant en courte période, il est difficile de concevoir un marché du capital réaliste : une machine se caractérise précisément par une durée de vie élevée impliquant une succession de « courtes périodes ».

Imaginons pourtant qu'un certain nombre de ces machines existe, propriété de certains agents économiques, ménages ou entreprises. On ne pourra que les louer à un taux k, variable évidemment selon le type de machine. Dire que k vaut 50 signifie que certaines entreprises louent des machines en payant 50 par période, sans que ces machines finissent par leur appartenir.

Pour déterminer l'offre et la demande de machines, nous allons raisonner sur un exemple.

Il existe deux entreprises utilisant une certaine quantité K de machines (ou d'heure-machine, peu importe) louables au taux k. Les fonctions de production s'écrivent :

$q = f(K)$ pour la 1re entreprise
$q = g(K)$ pour la 2e entreprise.

La firme 1 possède 10 machines, un certain individu en possède 20 autres, il y en a donc 30 en tout dans l'économie. Nous allons montrer que, dans un équilibre, tout se passe comme si les 30 machines appartenaient à des ménages et que les entreprises devaient toutes les louer. Suivez attentivement le raisonnement, il s'applique à toutes les situations où un agent possède certains actifs, physiques ou financiers (un actif est un bien dont le prêt rapporte de l'argent : une obligation et son intérêt, une action et son dividende, un logement et son loyer sont des actifs, financiers pour les deux premiers, réels ou physiques pour le dernier).

(i) *Équilibre réel*

— La firme 2 se demande combien de machines louer pour maximiser son profit. Elle résout donc :

$$\begin{cases} \text{maximiser } pq - kK, \text{ sous la contrainte :} \\ q = g(K) \end{cases}$$

Nous noterons K_2^d la solution de ce programme. Elle est déterminée par :

$$pg'(K_2^d) = k.$$

La productivité marginale du capital en valeur est égale à son prix de location. K_2^d apparaît comme une fonction de k, en supposant p « donné ».

La firme 2 cherchera à se procurer K_2^d et réalisera un profit :

$$\pi_2 = pg(K_2^d) - kK_2^d.$$

— La firme 1 possède 10 machines. Elle cherche combien de machines en plus K^+ il convient de louer pour maximiser son profit. Elle résout donc, en notant K_1 le nombre total de machines utilisées, le programme suivant :

$$\begin{cases} \text{maximiser } pq - kK^+, \text{ avec les contraintes :} \\ q = f(K_1) \\ K_1 = K^+ + 10 \end{cases}$$

Éliminons K^+, il vient :

$$\begin{cases} \text{maximiser } (pq - kK_1) + (10k), \text{ avec la contrainte :} \\ q = f(K_1) \end{cases}$$

La solution en K_1 sera notée K_1^d, elle résulte évidemment de l'équation :

$$pf'(K_1^d) = k.$$

Elle dépend, comme K_2^d, du prix k.

Le profit qui en résulte s'écrit :

$$\pi_1 = pf(K_1^d) - kK_1^d + 10k.$$

La firme 1 cherchera à se procurer $K^+ = (K_1^d - 10)$ machines. Notez que si K_1^d, est inférieur à 10, la firme louerait $10 - K_1^d$, l'excédent disponible.

— À l'équilibre, les firmes réclament un certain nombre de machines :

$$K_2^d + K^+ = K_2^d + K_1^d - 10.$$

Ce nombre est égal aux disponibilités des ménages, ici égales à 20. On aura donc :

$$K_2^d + K_1^d - 10 = 20$$

ou encore :

$$K_2^d + K_1^d = 30.$$

Les firmes distribuent leurs profits aux ménages. Les revenus non salariaux valent donc :

$$\pi_2 + \pi_2 + (\text{location des 20 machines} = 20k).$$

Finalement :

$$\textit{Revenus non salariaux} = pg(K_2^d) + pf(K_1^d) - kK_2^d - kK_1^d + 30k.$$

(ii) *Équilibre fictif*

Considérons que toutes les machines appartiennent aux ménages, nous allons montrer que les résultats ne changeraient pas à l'équilibre.

— Rien de changé pour la firme 2 qui réclamerait la même quantité K_2^d aux ménages pour un prix k et réaliseront un profit π_2.

— La firme 1 maximiserait un nouveau profit :

$$\begin{cases} \text{maximiser } B_1 = pq - kK, \text{ avec la contrainte :} \\ q = f(K) \end{cases}$$

La solution en K vérifierait :

$$pf'pf(K) = k.$$

Vous constatez qu'on retrouve la valeur K_1^d, qui est désormais le nombre de machines que la firme 1 cherche à se procurer. Le profit qui en résulte vaut :

$$B_1 = pf(K_1^d) - kK_1^d.$$

— À l'équilibre, on écrit que les besoins en machines sont satisfaits par les ménages :

$$K_1^d + K_2^d = 30.$$

Comme revenus non salariaux, il faut compter les profits distribués $(\pi_2 + B_1)$ et la rémunération des actifs loués (30k) :

$$\textit{Revenus non salariaux} = (pg(K_2^d) - kK_2^d) + (pf(K_1^d) - kK_1^d) + (30k).$$

Vous constatez que les équations d'équilibre sont exactement les mêmes dans les deux cas. Par convention, nous considérerons $K_1^d + K_2^d$ comme la véritable demande globale de facteurs, même si certaines entreprises possèdent des machines. L'offre est alors l'ensemble des machines existantes, peu importe qui les possède, tout se passe comme si les ménages étaient les seuls propriétaires (l'offre vaut ici $K^s = 30$). De même, tout se passe comme si les entreprises devaient louer chaque machine utilisée au taux k, même les machines qu'il leur arrive de posséder.

La demande globale de machines $K^d = K_1^d + K_2^d$ décroît généralement quand k augmente, d'où le schéma d'équilibre de la figure 6.

Le point E est l'équilibre du marché des machines d'un type donné. Supposons un taux de location k inférieur au taux d'équilibre. Beaucoup d'entreprises chercheraient à louer des machines (K^d), plus qu'il n'en existe. Les enchères monteraient et le taux de location avec, ce qui nous conduirait à l'équilibre. La valeur k* est donc un équilibre stable.

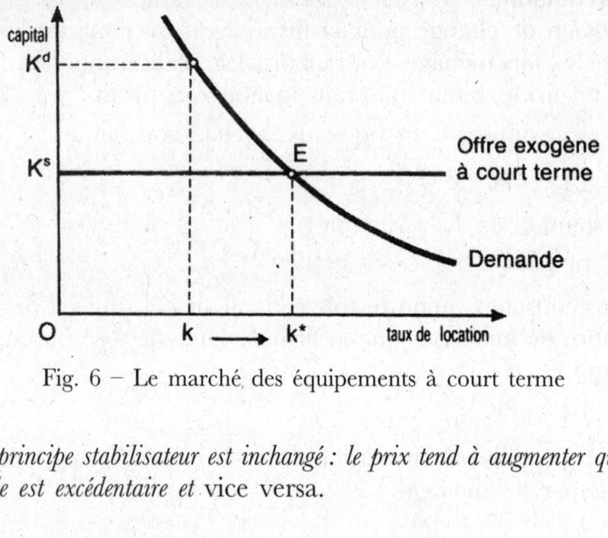

Fig. 6 – Le marché des équipements à court terme

Le principe stabilisateur est inchangé : le prix tend à augmenter quand la demande est excédentaire et vice versa.

2.5. Le marché d'un actif quelconque

Tous les actifs, à l'équilibre, s'analysent comme nous venons de le faire avec les machines.

On peut donc considérer que chaque agent détenteur d'un actif le loue fictivement au prix du marché. Puis certains agents, parfois les mêmes, se portent acquéreurs en considérant l'avantage de l'actif et son prix de marché.

Ainsi, si je suis propriétaire d'un appartement, que j'y habite ou non, si je peux le louer 2 000 € par mois, on écrira l'équilibre de mon budget mensuel en tant que consommateur :

Dépenses		Recettes	
Loyer :	x	Valeur locative de mon actif :	2 000
Autres dépenses :	y	Autres revenus :	4 000
		Revenu disponible :	6 000

Ma contrainte budgétaire s'écrira :

$$x + y = 6\,000.$$

Il se peut que je décide, à l'équilibre, de demeurer chez moi ; x vaudra donc 2 000, le prix de location pour cet appartement. Mais je peux aussi bien vivre à l'étroit, x vaudra 1 000 et je deviendrai réellement gérant immobilier.

Dans tous les cas, on comptera un revenu disponible de 6 000 : c'est ainsi que procède la Comptabilité nationale.

3. L'équilibre général concurrentiel de court terme

Nous pouvons reprendre la figure 1 avec quelques précisions. À côté du travail, il faudra compter avec les demandes de machines et leurs offres, ces dernières étant données. On considérera que toutes les machines sont propriété des ménages. Reste alors à calculer l'équilibre, c'est-à-dire en fait les prix d'équilibre. Dans l'exemple qui suit, surveillez attentivement la démarche sans chercher à vérifier les calculs intermédiaires assez fastidieux.

3.1. Un exemple assez simple

Imaginons un seul ménage, une seule entreprise et trois biens le produit q de prix p, le travail L de prix w et le capital, un certain type d'équipement noté K, de prix k. Chaque agent adopte un comportement concurrentiel.

L'utilité du ménage vaut :

$$U = q(1 - L).$$

La fonction de production vaut :

$q = K^{1/4} L^{1/4}$, elle est de type Cobb-Douglas à rendements décroissants.

Il n'y aura aucune spécification de la répartition puisque, avec un seul ménage, tous les revenus non salariaux lui reviennent. Il y a 10 machines disponibles en tout.

Première étape : les entreprises

On commence par écrire l'équilibre de la firme. Elle résout le programme suivant :

$$\begin{cases} \text{maximiser : } \pi = pq - wL - kK \\ \text{sous la contrainte : } q = K^{1/4}\ L^{1/4} \end{cases}$$

Égalisons productivités marginales et coûts des facteurs, il vient :

$$\text{pour le travail : } p \times \frac{1}{4} \times K^{1/4} L^{-3/4} = w$$

$$\text{pour le capital : } p \times \frac{1}{4} \times K^{-3/4} L^{1/4} = k.$$

On en déduit, après quelques péripéties :

$$K = K^d = \frac{1}{16}(k)^{-3/2}(w)^{-1/2}(p)^2.$$

Telle est la demande de capital.

Par analogie, on peut écrire :

$$L^d = \frac{1}{16}(w)^{-3/2}(k)^{-1/2}(p)^2.$$

Telle est la demande de travail.

L'offre s'en déduit, vu la fonction de production :

$$q^s = \frac{1}{4}(k)^{-1/2}(w)^{-1/2}(p).$$

Il en résulte un profit d'équilibre :

$\pi^* = pq^s - kK^d - wL^d$, qui s'écrit :

$$\pi^* = \frac{1}{8}(k)^{-1/2}(w)^{-1/2}(p)^2.$$

La première étape est achevée quand on a obtenu toutes les demandes de facteurs, toutes les offres de produit et tous les profits qui en résultent. Lorsqu'il existe plusieurs firmes, il faudra déterminer les fonctions correspondantes puis ajouter le tout : seuls compteront les offres, les demandes et les profits par branche.

Deuxième étape : la répartition

Les revenus non salariaux R proviennent simplement des profits distribués et de la rémunération du capital :

$$R = \pi^* + 10k.$$

Troisième étape : les consommateurs

Le programme d'équilibre s'écrit :

$$\begin{cases} \text{Maximiser } U = q(1 - L) \\ \text{en respectant : } pq = wL + R \end{cases}$$

On obtient l'offre de travail suivante :

$$L^s = \frac{w - R}{2w}.$$

Remplaçons dans la contrainte budgétaire, nous aurons la demande de produit :

$$q^d = \frac{w + R}{2p}.$$

Reste l'offre de capital, nous savons qu'il convient de l'écrire :

$$K^s = 10.$$

En effet, même si le taux de location k est faible, mieux vaut louer à ce taux que renoncer à toute rémunération.

La troisième étape est finie : nous avons obtenu toutes les offres de facteurs, toutes les demandes de produit, en fonction notamment des revenus non salariaux. Lorsqu'il existe plusieurs consommateurs, il faut déterminer les fonctions correspondantes puis ajouter le tout : seules les offres et demandes globales sont à conserver.

Quatrième étape : les équations d'équilibre

On écrit que, sur chaque marché, les prix d'équilibre égalisent l'offre et la demande.

marché du produit : $q^d = q^s$
marché du travail : $L^d = L^s$
marché du capital : $K^d = K^s$.

Cinquième étape : la résolution

Comptons nos équations : il y en a 11. Certaines traduisent des comportements (K^d = etc.), d'autres la répartition (π^* = etc. et R = etc.) et les trois dernières sont les équations d'équilibre par marché.

Comptons les inconnues : il y en a 11 que nous détaillons ci-dessous :

— les offres et demandes : K^d, L^d, q^s, L^s, q^d, K^s ;
— les prix : k, w, p ;
— les variables de répartition : π^*, R.

Tout parait bien engagé. On peut conserver les 3 équations d'équilibre, remplacer les valeurs K^d, q^s, etc. par leurs expressions en fonction des prix, remplacer π^* et R par leurs valeurs et seuls les 3 prix resteront comme inconnues. Écrivons le système qui en résulte, en gardant néanmoins R pour ne pas alourdir les équations :

$$\text{(produit)} : \frac{w + R}{2p} = (1/4)\,(k)^{-1/2}(w)^{-1/2}(p)$$

$$\text{(travail)} : \frac{w - R}{2w} = (1/16)\,(w)^{-3/2}(k)^{-1/2}(p)^2$$

$$\text{(capital)} : 10 = (1/16)\,(k)^{-3/2}(w)^{-1/2}(p)^2$$

$$\text{avec} : R = \pi^* + 10k = (1/8)\,(k)^{-1/2}(w)^{-1/2}(p)^2 + 10k.$$

Nous sommes tentés de résoudre, c'est-à-dire de calculer les prix d'équilibre, en constatant qu'il y a autant d'inconnues que d'équations. Ce serait une erreur !

Sixième étape : la loi de Walras

Nous allons utiliser une propriété de l'équilibre que nous ne démontrerons que plus loin. Il se trouve que, parmi les 4 équations restantes, il suffit de n'en considérer que 3, n'importe lesquelles, pour résoudre ! L'équation omise s'en trouve automatiquement vérifiée.

Omettons par exemple l'équation d'équilibre du capital et remplaçons R par sa valeur dans les deux autres équations, il vient :

$$\begin{cases} \dfrac{w+(1/8)(k)^{-1/2}(w)^{-1/2}(p)^2+10k}{2p}=(1/4)(k)^{-1/2}(w)^{-1/2}(p) \\ \dfrac{w-(1/8)(k)^{-1/2}(w)^{-1/2}(p)^2-10k}{2w}=(1/16)(w)^{-3/2}(k)^{-1/2}(p)^2 \end{cases}$$

On peut écrire ces deux équations avec les « prix réels » comme inconnues : le salaire réel $\dfrac{w}{p}$ et le taux de location réel $\dfrac{k}{p}$. Vous vérifierez ou admettrez qu'on obtient les solutions suivantes :

$$\begin{cases} \dfrac{k^*}{p^*}=0{,}03 \\ \dfrac{w^*}{p^*}=1{,}5 \end{cases}$$

L'équilibre général ne permet donc d'obtenir que des prix réels ou, plus généralement, des prix relatifs comme w/k, p/w, etc. Ces prix relatifs suffisent pour déterminer les valeurs d'équilibre car toutes les équations de comportement s'expriment en fonction des prix relatifs (nous savons qu'elles sont homogènes de degré 0). Calculons ainsi le travail d'équilibre, à partir de l'expression de la demande :

$$L^* = (1/16)\,(w/p)^{-3/2}(k/p)^{-1/2} = 0{,}2 \text{ environ.}$$

3.2. La loi de Walras

(Léon Walras était un économiste français, 1834-1910).

Reprenons le cadre et les notations de l'exemple précédent. À l'équilibre, la firme réalisait des profits :

$$\pi^* = pq^s - kK^d - wL^d.$$

La formule vaudrait avec plusieurs firmes, π^* serait alors l'ensemble des profits que les entreprises s'apprêteraient à verser aux ménages. À quoi il convient d'ajouter les rémunérations escomptées du capital kK^s, pour obtenir le revenu non salarial attendu par les ménages :

$$R = \pi^* + kK^s = pq^s - wL^d - k(K^d - K^s).$$

Ce revenu est celui que les ménages espèrent, si leur capital trouve acquéreur et si les firmes réalisent leurs projets. Le plan des ménages vérifie alors la contrainte budgétaire suivante :

$$pq^d = wL^s + R = pq^s - w(L^d - L^s) - k(K^d - K^s).$$

On peut donc écrire :

$$\boxed{p(q^d - q^s) + w(L^d - L^s) + k(K^d - K^s) = 0}$$

Appelons « demandes excédentaires » de produit, de travail, etc., les différences demandes-offres comme $q^d - q^s$, $L^d - L^s$, etc. En multipliant une demande excédentaire par son prix, on obtient une demande « excédentaire en valeur » et on peut ainsi traduire et généraliser l'équation ci-dessus.

Loi de Walras : À l'équilibre concurrentiel, la somme, pour tous les marchés, des demandes excédentaires en valeur est nulle.

Si l'équilibre n'est pas de type concurrentiel, on estime parfois que la loi de Walras demeure puisque, dans notre démonstration, nous n'avions utilisé que des relations comptables, sans préjuger des comportements, concurrentiels ou non.

Si la situation n'est pas un équilibre, autrement dit si les prix p, k, w de la formule encadrée ne sont pas les prix d'équilibre p*, k*, w*, certains estiment que la loi de Walras demeure, d'autres pensent le contraire : nous ne trancherons pas, mais songez, hors équilibre, qu'un détenteur de machine peut ne pas trouver acquéreur ; comment pourrait-il alors inclure la rémunération de cette machine dans sa contrainte budgétaire ?

La loi de Walras permet de comprendre le mystère de la résolution de l'équilibre général du paragraphe précédent.

Nous avions trois équations en présence :

$$\begin{cases} q^d = q^s \\ L^d = L^s \\ K^d = K^s \end{cases}$$

En résolvant uniquement les deux premières, la loi de Walras nous assurait que la solution vérifierait la dernière.

On énonce souvent cette propriété déduite de la loi de Walras de la façon suivante : *Lorsque tous les marchés sauf un sont en équilibre, le dernier l'est aussi.*

3.3. Les insuffisances de notre modèle

À l'équilibre général tel que nous venons de l'étudier, il manque essentiellement une perspective dynamique, autrement dit la prise en compte du temps. Sans anticiper sur le chapitre 14 consacré à ce thème, signalons quelques lacunes dans le cadre de la courte période auquel nous nous sommes limités.

Première lacune, il est clair que les équipements disponibles ne sont pas « donnés » une fois pour toutes et qu'il faut en expliquer la dynamique. Pourquoi une société est-elle amenée à investir, dans quels secteurs et à quelles conditions ?

Deuxième lacune, le nombre de firmes n'est pas non plus « donné ». Certaines se créent, d'autres disparaissent : pourquoi, dans quels secteurs et à quelles conditions ? (Relire l'équilibre à long terme dans le chapitre 7 qui précède).

Enfin, nous allons nous demander, dans les chapitres suivants, si un équilibre de marché conduit à la meilleure situation possible pour tous, et dans quel sens.

> **Vocabulaire à connaître** : équilibre général - équilibre de marché - équilibre monopolistique - équilibres concurrentiels - preneurs de prix - demande nette - prix d'équilibre - stabilité de l'équilibre - équilibre - excès de demande - demande excédentaire - équilibre walrasien - loi de Walras.

EXERCICES PROPOSÉS

Exercice 22

Soit une branche concurrentielle composée de 30 firmes de deux types. Les 15 firmes du premier type sont identiques avec comme fonction de coût : $C_1 = 0{,}5(q_1)^2$; q^1 étant la production d'une de ces firmes.

Les firmes du deuxième type sont identiques avec comme fonction de coût : $C^2 = 1{,}5(q_2)^2 + (q_2) + 1{,}5$; q_2 étant la production d'une de ces firmes.

On note p le prix du produit.

1 / Déterminez l'offre globale des 15 firmes de type 1.

2 / Calculez le seuil de rentabilité des firmes de type 2. Déterminez alors l'offre globale des 15 firmes de type 2.

3 / Représentez graphiquement l'offre globale de la branche, selon que le prix est inférieur ou supérieur au seuil de rentabilité de la question précédente.
4 / La demande globale du produit vaut :
$q^d = -2p + 127$, p étant le prix du produit.
Représentez graphiquement l'équilibre de la branche. Calculez le prix d'équilibre. Montrez que l'équilibre est stable.

Exercice 23

Soit une économie concurrentielle de marché avec deux biens : le travail et un produit, de prix w et p. On dénombre 24 entreprises avec la même fonction de production qu'on écrira avec les notations habituelles :

$$q = \sqrt{l}.$$

On dénombre deux consommateurs, ou deux classes de consommateurs, notés 1 et 2, travaillant, consommant et munis de la même fonction d'utilité :

$$U_1 = \frac{\sqrt{3}}{4}\sqrt{Q_1(1 - L_1)}$$

$$U_2 = \frac{\sqrt{3}}{4}\sqrt{Q_2(1 - L_2)}.$$

Les profits totaux des firmes Π sont distribués aux deux consommateurs proportionnellement aux actions qu'ils possèdent : 800 pour le 1er consommateur et 200 pour le deuxième.
1 / Déterminez l'offre d'une firme et le profit qui en résulte en fonction des prix. Déterminez l'offre globale de produit et les profits totaux en fonction des prix.
2 / Écrivez la contrainte budgétaire d'un individu en notant R_i le revenu exogène issu de ses dividendes. Déterminez sa demande de produit en fonction des prix et de R_i. Déterminez la demande globale en fonction des prix et des valeurs R_1 et R_2, puis en fonction du prix et de Π.
3 / Écrivez l'équilibre du marché du produit et déterminez les prix relatifs d'équilibre. Ces prix équilibrent-ils le marché du travail ?
4 / Représentez graphiquement l'allure de l'équilibre du marché du produit (Π/w) étant donné. Représentez $\frac{p}{w}$ en abscisse.
5 / Les prix relatifs ne dépendent pas des parts des profits qui reviennent à chacun. Ce résultat vous semble-t-il général ?
6 / Calculez à l'équilibre les valeurs $\frac{R_1}{w}$ et $\frac{R_2}{w}$, en vous souvenant que le revenu exogène est proportionnel aux profits totaux. Calculez ensuite les valeurs des demandes individuelles du produit.
7 / Calculez les quantités de travail fournies par les individus, en vous souvenant qu'elles apparaissent dans les contraintes budgétaires. Calculez enfin les niveaux d'utilité à l'équilibre.

9. L'optimum de production

1. Le cadre d'analyse

L'économie que nous allons considérer sera celle de la courte période. Nous ne supposerons aucun mode de régulation particulier, aucune procédure particulière d'affectation des ressources et des biens. Il est possible que le marché impose sa loi, avec notamment ses prix d'équilibre mais nous n'aurons pas à le supposer. Il est possible que règne la concurrence mais nous n'en savons rien *a priori*. La figure 1 ci-dessous résume la situation :

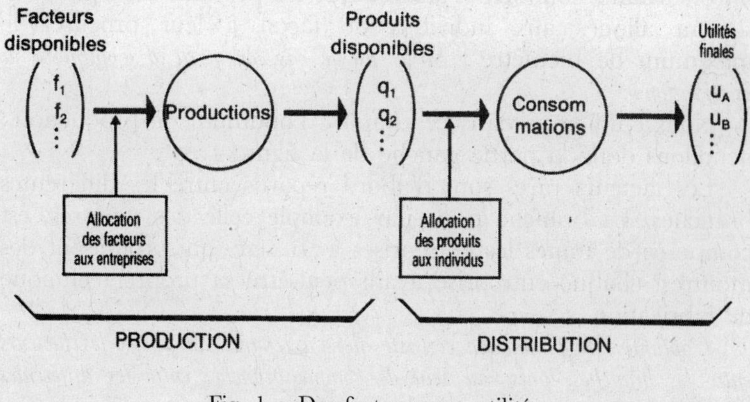

Fig. 1 – Des facteurs aux utilités

Les quantités de facteurs disponibles sont données. Ainsi il existe un certain nombre de machines de chaque type, résultant des investissements des périodes passées. Y en a-t-il trop ou trop peu ? Nous ne voulons pas le savoir, de même nous ne nous demanderons pas comment préparer au mieux l'avenir, tous ces problèmes de gestion du temps seront traités à part, dans le chapitre 14.

Il existe aussi un certain volume de travail utilisable, correspondant à une population active donnée, avec un certain niveau de qualification. Les facteurs f_1, f_2 ..., sont non « reproductibles », c'est-à-dire qu'on ne peut pas en modifier le niveau, du moins pendant la période considérée. Affectés d'une certaine façon aux différentes entreprises existantes, ces facteurs permettent de produire certaines quantités de produits (q_1, q_2, etc.). Les entreprises que nous venons d'évoquer sont elles aussi « données » : il y en a tant et de tels types, fruits des créations passées, soumises à une technologie donnée.

Le premier problème à résoudre sera le suivant : comment obtenir que les facteurs soient judicieusement répartis de façon à produire le maximum de produits ? Si *tel est le cas, on parle d'« optimum de production ».*

Les produits disponibles (q_1, q_2, etc.) étant donnés, ils sont affectés d'une certaine façon aux individus. Ces derniers en font le meilleur usage possible et en retirent certains niveaux de satisfaction (U_A, U_B, etc.). D'où un second problème, thème du chapitre suivant : comment s'assurer que les produits sont judicieusement alloués aux individus de façon à leur procurer le maximum de bien-être ? *Si tel est le cas, on parle d'« optimum de distribution ».*

Nous étudierons dans ce chapitre l'optimum de production ; détaillons donc la partie gauche de la figure 1.

Les facteurs rares sont d'abord répartis entre les différentes branches. La branche n° 1, par exemple celle des montres, est composée de toutes les entreprises a_1, b_1, etc. qui produisent des montres, chaque entreprise ayant peut-être sa propre technique de fabrication.

L'optimum de production consiste alors à répartir au mieux les facteurs entre les branches, puis, au sein de chaque branche, entre les différentes entreprises.

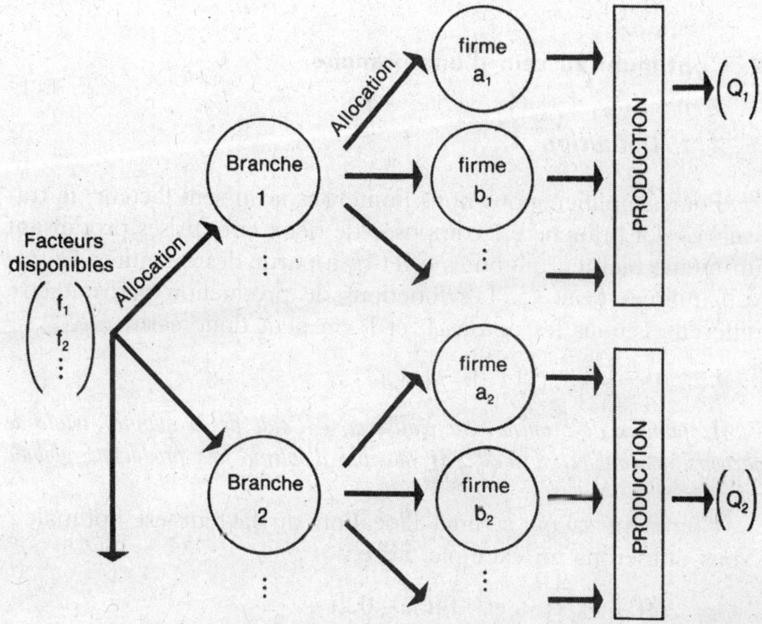

Fig. 2 – Des facteurs aux produits

Une branche ayant reçu une certaine quantité de facteurs, tant de machines, tant de travail, etc., comment faut-il les répartir au mieux entre les différentes entreprises pour assurer une production globale maximum ? Ce sera le thème du § 2.

Comment répartir au mieux les facteurs entre les différentes branches ? Nous le verrons au § 3.

Notons une légère erreur dans la figure 2. Une firme ne produit pas qu'à l'aide des facteurs rares f_1, f_2, etc. Elle utilise aussi des produits de consommations intermédiaires fournis par d'autres branches de production. Nous l'oublierons désormais, ce qui n'invalidera pas nos résultats.

2. L'optimum au sein d'une branche

2.1. Définition

Pour simplifier, nous nous limiterons à un seul facteur, le travail (L). La branche est composée de deux entreprises produisant un même bien en quantités q_1 et q_2 à partir des quantités de travail utilisées ℓ_1 et ℓ_2. Les fonctions de production peuvent être différentes, nous les notons f_1 et f_2 on peut donc écrire :

$$q_1 = f_1(\ell_1) \quad \text{et} \quad q_2 = f_2(\ell_2).$$

L'optimum de branche sera réalisé si, à l'aide de la quantité totale de facteurs disponibles, il n'est pas possible d'obtenir une production globale supérieure.

Comment savoir si une allocation du facteur est optimale ? Nous utiliserons un exemple, avec :

$$f_1(\ell_1) = \sqrt{\ell_1} \quad \text{et} \quad f_2(\ell_2) = 0{,}2\ell_2.$$

La firme 1 emploie 100 personnes et produit donc 10 unités ; la firme 2 emploie 60 personnes et produit 12 unités. Donc la branche utilise 160 personnes et fournit 22 unités de production : peut-elle faire mieux ?

2.2. Première méthode

Si on avait affecté les 160 personnes à la firme 2, celle-ci aurait livré $0{,}2 \times 160 = 32$ unités de produit, ce qui serait mieux que les 22 en question. La situation initiale n'est donc pas optimale, mais la méthode utilisée est peu commode à généraliser : il faut imaginer un autre scénario de fonctionnement de la branche, ce qui devient inextricable quand le nombre d'entreprises et de facteurs deviennent élevés.

2.3. Méthode marginaliste

Calculons les productivités marginales du travail $P_{m,i}$ de chaque firme :

$$\begin{cases} \text{Firme 1} : P_{m,1} = \Delta q_1 / \Delta \ell_1 = q_1' = 1/2\sqrt{\ell_1} = 0{,}05 \\ \text{Firme 2} : P_{m,2} = \Delta q_2 / \Delta \ell_2 = q_2' \doteq 0{,}2 \end{cases}$$

Convenons d'affecter une unité supplémentaire de facteur (en vérité : une quantité infinitésimale) par exemple à la firme 1 et ôtons une unité à la firme 2 : nous ne changeons pas la quantité totale de facteurs disponibles ; il en résulte les modifications suivantes :

$$\begin{cases} \text{Firme 1 :} \\ \text{elle produit } P_{m,1} = 0{,}05 \text{ unité supplémentaire de produit} \\ \text{Firme 2 :} \\ \text{elle produit } P_{m,2} = 0{,}2 \text{ unité en moins de produit} \end{cases}$$

Total : la branche produit 0,05 – 0,2 = 0,15 unité en moins.

Ce résultat étant décevant, nous inversons les opérations, en prélevant sur la firme 2 pour donner à la firme 1 :

$$\begin{cases} \text{Firme 1 : elle produit } \Delta q_1 = P_{m,1} = 0{,}05 \text{ en moins} \\ \text{Firme 2 : elle produit } \Delta q_2 = P_{m,2} = 0{,}2 \text{ en plus} \end{cases}$$

Total : la branche produit $\Delta q_2 - \Delta q_1 = P_{m,2} - P_{m,1} = 0{,}15$ en plus.

Cette fois, le résultat est concluant : la situation initiale n'est pas optimale puisqu'on aurait pu obtenir davantage avec la même quantité de facteurs. Notons que cette conclusion est générale dès que les productivités marginales diffèrent. Si on note $P_{m,2}$ la productivité marginale la plus grande, le transfert d'une unité de facteur vers la firme correspondante accroît la production totale de $P_{m,2} - P_{m,1}$, quantité strictement positive.

Ce résultat est d'ailleurs intuitif : il vaut mieux confier les ressources disponibles aux entreprises les plus performantes pour produire au maximum. Mais alors, ne conviendrait-il pas d'éliminer tout à fait la firme 1 ?

Sans aller jusque-là, partons d'une situation où cette firme 1 recevrait moins de facteurs : 4 contre 156 à la firme 2 (le total demeure 160).
Firme 1 : elle produit $q_1 = \sqrt{\ell_1} = 2$, d'où une productivité marginale :

$$P_{m,1} = 1/2\sqrt{\ell_1} = 0{,}25.$$

Firme 2 : elle produit $q_2 = 0{,}2\ell_2 = 27$ avec $P_{m,2} = 0{,}2$.

Cette fois, la firme 1 s'avère plus performante : il conviendrait donc d'augmenter sa dotation en travail.

Vous devinez la conclusion, elle est très générale : *il faut, à l'optimum, que les entreprises d'une même branche aient la même productivité marginale pour chaque facteur considéré.*

On peut calculer cette situation dans notre exemple :

$$p_{m,1} = p_{m,2} \text{ devient : } \frac{1}{2\sqrt{\ell_1}} = 0{,}2, \text{ c'est-à-dire :}$$

$$\ell_1 = 6{,}25.$$

Avec 160 unités de travail l'optimum est atteint si la firme 1 en reçoit 6,25 (elle produit alors $2{,}5 = \sqrt{6{,}25}$) et si la firme 2 en reçoit 153,75 (elle produit alors $0{,}2 \times 153{,}75 = 30{,}75$). La branche produit alors 33,25 unités de produit.

Mais que devient l'optimum avec une quantité totale de travail égale à 5 ? Il n'est évidemment plus possible d'affecter 6,25 unités à la firme 1 !

Revenons donc aux grands principes.

La productivité marginale de la firme 1 s'avère décroissante ($P_{m,1}$ diminue quand ℓ_1 augmente). Donc, si elle utilise moins que 6,25 unités de facteur, sa productivité sera plus grande que $P_{m,1} = 0{,}2$. Autrement dit, elle sera plus performante dans tous les cas possibles que la firme 2. C'est alors qu'il faut lui allouer l'intégralité des ressources disponibles au détriment de la firme 2. La production optimale est simplement :

$$q_1 = \sqrt{5} = 2{,}2 \text{ environ.}$$

Remarque importante

La méthode utilisée nous permet, pour chaque niveau de travail total disponible, de déterminer la production optimale de la branche. Il apparaît ainsi une espèce de fonction de production globale de la branche, définie à partir des fonctions de production des entreprises qui la composent.

Si on note $Q = F(\ell)$ cette fonction « agrégée », elle vérifiera par exemple :

$$\begin{cases} 33{,}25 = F(160) \\ 2{,}2 = F(5) \end{cases}$$

2.4. Méthode mathématique

Calculons mathématiquement le maximum de produit total $q_1 + q_2$ à partir de 160 salariés. Le programme s'écrit :

$$\begin{cases} \text{maximiser } q_1 + q_2, \text{ avec les contraintes suivantes :} \\ q_1 = \sqrt{\ell_1} \\ q_2 = 0{,}2\ell_2 \\ \ell_1 + \ell_2 = 160 \,;\, \ell_1 \geq 0 ;\, \ell_2 \geq 0 \end{cases}$$

Éliminons q_1 et q_2, il vient :

$$\begin{cases} \text{maximiser} \sqrt{\ell_1} + 0{,}2\ell_2 \text{, avec les contraintes suivantes :} \\ \ell_1 + \ell_2 = 160 (\lambda) \\ \ell_1 \geq 0 \,;\, \ell_2 \geq 0 \end{cases}$$

Utilisons la méthode de Lagrange, d'où le (λ) associé à la contrainte ci-dessus ; il vient :

$$\mathcal{L} = \sqrt{\ell_1} + 0{,}2\ell_2 - \lambda(\ell_1 + \ell_2 - 160) \text{ et donc :}$$

$$\begin{cases} \mathcal{L}'_{\ell_1} = \dfrac{1}{2\sqrt{\ell_1}} - \lambda = 0 \\ \mathcal{L}'_{\ell_2} = 0{,}2 - \lambda = 0 \\ \ell_1 + \ell_2 = 160 \end{cases}$$

Éliminons λ, on obtient :

$$\begin{cases} 1/2\sqrt{\ell_1} = 0{,}2 \\ \ell_1 + \ell_2 = 160 \end{cases}$$

On reconnaît dans la première équation notre égalité des productivités marginales. Mais, attention ! Le résultat ne vaut que si les conditions mathématiques du problème initial permettent d'utiliser la méthode de Lagrange. (Ainsi, quand le travail total vaut 5, il se trouve que ces conditions ne sont pas vérifiées).

2.5. Le cas où la productivité marginale est croissante

Le principe marginaliste que nous venons d'établir est d'un niveau de grande généralité. Considérons ainsi un étudiant devant résoudre en deux heures 4 questions notées chacune sur 5 points.

Il devra veiller à égaliser les productivités marginales correspondant aux temps passés sur chaque question. La productivité est dans ce cas le nombre de points supplémentaires pour une minute de réflexion en plus. S'il est impossible de reconnaître *a priori* ces productivités, on pourra supposer qu'elles évoluent de la même façon pour les quatre sujets à traiter. On supposera aussi qu'elles sont décroissantes : le premier point est toujours plus rapide à obtenir que le dernier. Dans ces conditions, des productivités égales impliquent des temps de réflexion égaux : il faudra consacrer une demi-heure par question et passer *impérativement* à la suivante, tel est le secret de la réussite.

Mais imaginons que la productivité marginale soit croissante, par exemple parce que je suis lent à « me mettre en route ». Dans ce cas, j'aurais intérêt à continuer ma question au-delà d'une demi-heure, jusqu'à sa complète résolution, et ainsi de suite.

Reprenons sur ce thème notre branche et ses deux firmes, en supposant que les deux fonctions de production sont identiques avec une productivité marginale du travail croissante. Partons d'une situation quelconque, la firme 1 ayant reçu une plus grande quantité de travail. Sa productivité marginale est alors plus grande que celle de la firme 2, il conviendra de lui transférer davantage de facteurs et ainsi de suite jusqu'à disparition de la firme 2, car, à mesure que la firme 1 accroît sa production, elle devient plus performante par rapport à sa rivale.

Si une branche semble propice à la croissance des productivités marginales, l'État, par ses commandes publiques, pourra essayer d'avantager systématiquement l'entreprise déjà la plus importante. La mort des plus faibles sera ainsi bénéfique pour l'efficacité globale de la branche. Mais toute généralisation serait hâtive : lorsque certaines firmes connaissent des productivités marginales croissantes mais différentes, et que d'autres firmes connaissent des situations contraires, aucune conclusion *a priori* n'existe quant à la meilleure organisation de la branche. On sait simplement que certaines entreprises doivent disparaître et que les autres doivent avoir la même productivité marginale.

3. L'optimum entre les branches

3.1. Définition

Chaque branche est désormais gérée de façon optimale, c'est-à-dire qu'elle fournit le maximum de produit avec les facteurs disponibles pour elle. L'optimum de production est alors posé dans la figure 3, que vous comparerez avec la figure 2 précédente.

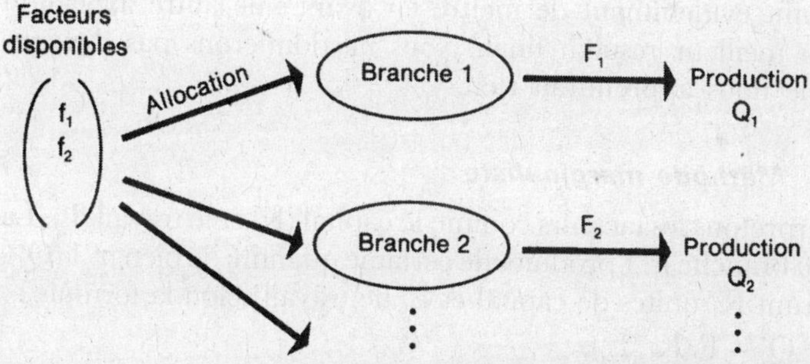

Fig. 3 – Les fonctions de production agrégées

Les fonctions F_1, F_2, etc. sont les fonctions de production agrégées que nous avons définies plus haut. Pour simplifier l'exposé, nous les considérerons parfois comme des fonctions de production usuelles, assimilant une branche à une entreprise. Notre problème est désormais le suivant : les quantités de facteurs étant données, comment les répartir au mieux entre les différentes branches ? Nous parlerons d'« optimum de production » quand tel sera le cas, il nous faut d'abord définir ce qu'est une « bonne répartition » des facteurs.

Une répartition est optimale quand il n'en existe aucune autre qui permette de produire davantage dans toutes les branches, ou du moins davantage dans une branche et autant dans les autres.

Remarquons qu'avec un seul facteur, toutes les situations sont optimales. En effet, modifier l'allocation revient au minimum à diminuer la dotation en facteurs d'une branche ; celle-ci produira donc moins, peu importe l'accroissement de production par ailleurs, la nouvelle situation n'en sera pas « meilleure » pour autant. On ne peut en effet pas dire qu'il est « mieux » de produire 2 g de savon et 15 t d'acier plutôt que 3 g de savon et 3 g d'acier : les deux situations sont incomparables.

Les allocations non optimales ne seront donc possibles qu'avec plusieurs facteurs, nous nous limiterons à deux pour simplifier, de même nous nous limiterons à deux branches. Comment caractériser une situation non optimale ?

3.2. Première méthode

Il suffit évidemment de mettre en avant une autre allocation avec un meilleur résultat final. Nous ne donnerons pas d'exemple, il ne nous apprendrait rien.

3.3. Méthode marginaliste

Interprétons les facteurs comme le capital (K) et le travail (L). La firme ou branche n° 1 produit une certaine quantité de bien n° 1 (Q_1), en utilisant K_1 unités de capital et L_1 de travail selon la formule :

$$Q_1 = F_1(K_1, L_1).$$

De même, Q_2 est la production du bien n° 2 et vérifie :

$$Q_2 = F_2(F_2, L_2).$$

Le capital total utilisé vaut :

$$\overline{K} = K_1 + K_2 \ (\overline{K} \text{ est donné}).$$

Le travail total utilisé vaut :

$$\overline{L} = L_1 + L_2 \ (\overline{L} \text{ est donné}).$$

Considérons les taux marginaux de substitution définis par :

$$\text{TMS} = -\frac{\Delta K}{\Delta L}.$$

Autrement dit, ce sont des quantités de capital qui compensent la perte d'une unité de travail dans le maintien du niveau de production. Supposons que ce TMS vaut 4 pour la firme 1 et 3 pour la firme 2. Nous allons montrer que la production n'est alors pas optimale.

Considérons, en effet, la modification marginale suivante (fig. 4) :

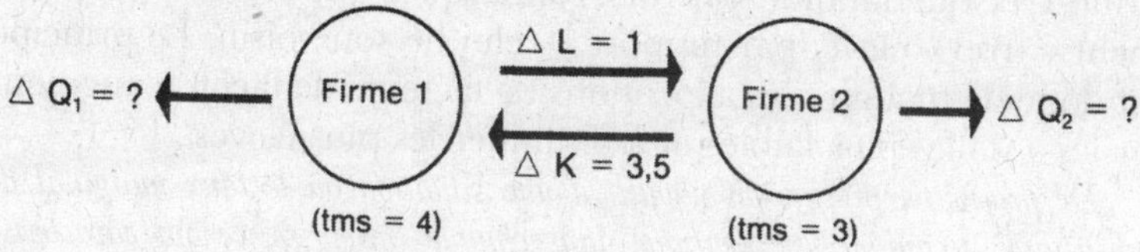

Fig. 4 – En route vers l'optimum

On alloue 1 unité de travail en plus (en vérité une quantité infinitésimale) à la firme 2 et on en retire autant à la firme 1 : la quantité globale de facteur utilisé n'est donc pas modifiée. À la firme 1, on alloue 3,5 unités de capital en plus provenant de la firme 2 (le nombre est choisi au hasard entre les deux valeurs des TMS, 4 et 3).

Que deviennent les productions, dans quel sens varient-elles ?

La firme 1, privée d'une unité de travail, réclamera TMS = 4 unités de capital pour maintenir sa production. Comme elle en obtient moins, elle diminuera son niveau de production. De la même façon, vous constaterez que la firme 2 diminuera également son niveau de production. Ce piètre résultat est dû au sens des flèches de la figure 4, nous allons donc les inverser.

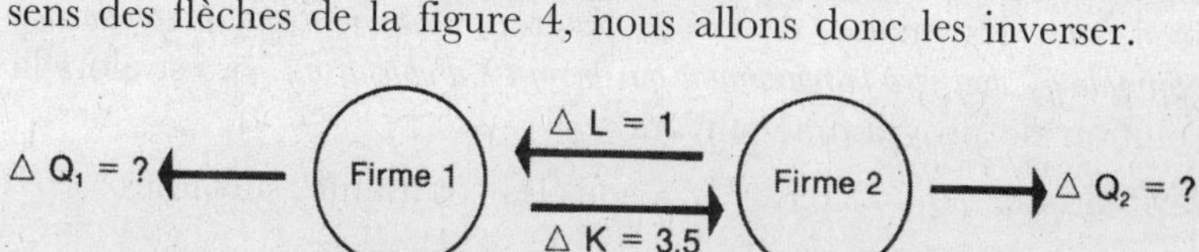

Fig. 5 – En route vers l'optimum *(bis)*

Désormais (fig. 5) la firme 2 se voit diminuer d'une unité sa dotation en travail. Elle pourrait compenser si on lui attribuait TMS = 3 unités de capital en plus. Mais on lui en alloue davantage (3,5 unités) : elle produit donc davantage. Vous vérifierez de même que la firme 1 produit elle aussi davantage, ce qui prouve que la situation initiale n'était pas optimale : on pouvait mieux utiliser les facteurs. Il n'est pas très commode de deviner dans quel sens modifier la répartition des facteurs pour obtenir une meilleure situation. Supposons que les TMS soient décroissants, tel est le cas usuel. Plus le travail utilisé est important, moins le TMS est élevé. Avec la modification de la figure 5, on augmente la dotation en travail de la firme 1, ce qui diminue son TMS. Remarquez que ce TMS était justement « trop » élevé, par rapport à celui de son voisin. Le principe est donc de modifier les allocations de facteurs de façon à augmenter les TMS les plus faibles et à diminuer les plus élevés.

De proche en proche, on aboutit à une situation où le taux marginal de substitution technique est identique dans chaque entreprise, ce qui caractérise une allocation optimale des facteurs.

On dit que la production est alors optimale, ou encore qu'elle est « efficiente ».

3.4. Méthode mathématique

Reprenons les notations ci-dessus et cherchons une caractérisation mathématique d'un optimum.

À partir de certaines quantités de facteurs, $\overline{K}$ et $\overline{L}$, il s'agit de produire « au mieux » dans le sens où aucune autre allocation ne pourrait simultanément augmenter les deux types de production. Il revient au même de dire que la production d'un des biens étant donnée, disons $\overline{q}_2$, il est impossible d'obtenir davantage de bien n° 1 avec les mêmes dotations $\overline{K}$ et $\overline{L}$. *Autrement dit, la production optimale $\overline{q}_1$ doit être le maximum qui permette d'obtenir $\overline{q}_2$.* $\overline{q}_1$ est alors la solution de programme suivant :

$$\begin{cases} \text{Maximiser : } q_1 = F_1(K_1, L_1), \text{ sous les contraintes suivantes :} \\ \overline{q}_2 = F_2(K_2, L_2) \quad (\lambda) \qquad \left\{\begin{array}{l} \text{sont donnés : } \overline{q}_2, \overline{K}, \overline{L} \\ \text{il faut calculer : } K_1, L_1, K_2, L_2 \end{array}\right. \\ K_1 + K_2 = \overline{K} \quad (\mu_1) \\ L_1 + L_2 = \overline{L} \quad (\mu_2) \end{cases}$$

Nous supposerons les conditions requises pour utiliser la méthode de Lagrange, avec les multiplicateurs λ, μ_1, μ_2, ; on pose donc :

$$\mathcal{L} = F_1(K_1, L1) + \lambda[F_2(K_2, L_2) - \overline{q}_2]$$
$$- \mu_1 [K_1 + K_2 - \overline{K}] - \mu_2[L_1 + L_2 - \overline{L}].$$

Annulons les dérivées partielles :

$$\begin{cases} \mathscr{L}'_{K1} = \dfrac{\Delta K_1}{\Delta F_1} - \mu_1 = 0 \\ \mathscr{L}'_{K2} = \lambda \dfrac{\Delta F_2}{\Delta K_2} - \mu_1 = 0 \\ \mathscr{L}'_{L1} = \dfrac{\Delta F_1}{\Delta L_1} - \mu_2 = 0 \\ \mathscr{L}'_{L2} = \lambda \dfrac{\Delta F_2}{\Delta L_2} - \mu_2 = 0 \end{cases}$$

Éliminons successivement μ_1, μ_2, et λ, il vient :

$$\frac{\dfrac{\Delta F_1}{\Delta K_1}}{\dfrac{\Delta F_1}{\Delta L_1}} = \frac{\dfrac{\Delta F_2}{\Delta K_2}}{\dfrac{\Delta F_2}{\Delta L_2}}.$$

On reconnaît dans le terme de gauche le rapport des productivités marginales du capital et du travail de la firme 1 : il s'agit donc de son TMS dont nous venons de redémontrer qu'il doit être égal au TMS de la firme 2 à l'optimum.

3.5. Prix associés à un optimum

Imaginons une allocation optimale quelconque (nous verrons en effet qu'il existe plusieurs allocations optimales). Nous sommes responsables de la planification et nous aimerions que les entreprises 1 et 2 se conforment à nos désirs. Nous pourrions certes résoudre le programme ci-dessus, on en déduirait les valeurs K_1, K_2, L_1, L_2 à attribuer aux firmes, elles n'auraient ensuite qu'à utiliser au mieux leurs dotations. Mais nous voulons un procédé moins autoritaire, plus libéral.

Commençons par calculer les valeurs de nos multiplicateurs associés, λ, μ_1, et μ_2. Annonçons à tous que le taux de salaire sera μ_2 que le prix de location du capital sera μ_1, que le prix du bien 1 sera 1 et que le prix du bien 2 sera λ. Aux entreprises alors de chercher librement à maximiser leurs profits, elles pourront même en disposer, peu nous importe ici. Que vont-elles faire ?

La firme n° *2* maximisant son profit égalisera ses productivités marginales en valeur aux prix des facteurs :

$$\begin{cases} \text{Prod. marg. du travail} = \lambda \dfrac{\Delta F_2}{\Delta L_2} = \text{prix du travail} = \mu_2 \\ \text{Prod. marg. du capital} = \lambda \dfrac{\Delta F_2}{\Delta K_2} = \text{prix associé au capital} = \mu_1 \end{cases}$$

De même pour la firme 1 :

$$\begin{cases} \text{Prod. marg. du travail} = \dfrac{\Delta F_1}{\Delta L_1} = \mu_1 \\ \text{Prod. marg. du capital} = \dfrac{\Delta F_1}{\Delta K_1} = \mu_2 \end{cases}$$

On retrouve alors les quatre équations caractérisant l'optimum que nous voulions atteindre. Les entreprises vont précisément chercher librement et acquérir $\overline{K}$ et $\overline{L}$ que nous étions disposés à leur fournir, elles produiront librement les quantités $\overline{q}_1$ et $\overline{q}_2$ que nous visions.

Les prix que nous venons de calculer à partir d'un optimum de production sont appelés « prix duaux », en anglais : *shadow prices*. On dit qu'ils permettent de « décentraliser (la production) par les prix » (lorsque les conditions techniques du Lagrangien ne sont pas réunies, le calcul et même l'existence des prix duaux sont moins évidents). En pratique, les prix duaux suggèrent une façon très simple pour l'État de répartir ses moyens entre différentes activités qu'il contrôle. Au lieu de calculer centralement les investissements désirables, il suffit de décider des prix de vente des différents produits, prix du kilowattheure, du billet de chemin de fer, des traitements hospitaliers, etc. Chaque entreprise concernée est alors invitée à maximiser son profit, le résultat final sera optimal pourvu que chacune paie le même prix pour utiliser les mêmes facteurs.

4. Représentations graphiques

4.1. La frontière des produits

Revenons au schéma général de la figure 2. Étant « donné » certaines quantités f_1, f_2, etc. de facteurs, certaines affectations entre les branches sont optimales (d'autres ne le sont pas) ; reste à répartir les facteurs entre les entreprises de chaque branche et on obtient certaines quantités de production optimales. La première allocation obéit en principe au critère d'égalisation du TMS, la deuxième obéit en principe au critère d'égalisation des productivités marginales, nous l'avions résumée à l'aide des fonctions de production agrégées F_1, F_2, etc.

Représentons les optima à partir de leur définition mathématique, dans le cadre deux facteurs – deux biens ; q_1 était solution du programme suivant :

$$\begin{cases} \text{Maximiser} : q_1 = F_1(K_1, L_1), & \text{sous les contraintes :} \\ \overline{q}_2 = F_2(K_2, L_2), & \overline{q}_2 \text{ étant donné} \\ K_1 + K_2 = \overline{K}, & K \text{ étant donné} \\ L_1 + L_2 = \overline{L}, & \overline{L} \text{ étant donné} \end{cases}$$

On obtient généralement la représentation suivante :

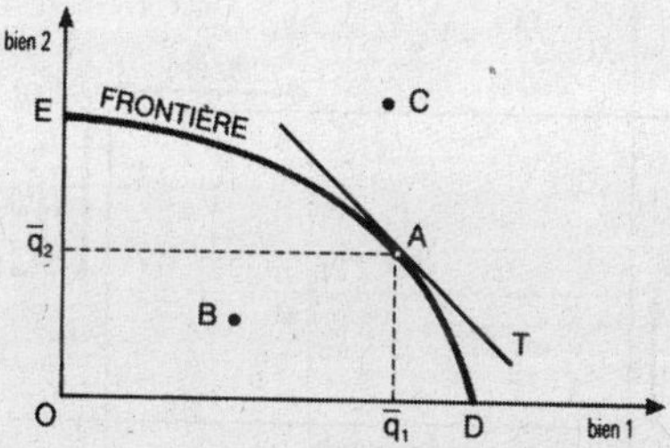

Fig. 6 – La frontière des produits

q_2 étant donné (fig. 6), on a représenté en abscisse la solution q_1 du programme mathématique de référence. *Le point A décrit alors une ligne appelée frontière des produits ou encore frontière des productions. Tous les points de cette ligne sont des optima de production.* Par exemple, le point D correspond à une production nulle de bien n° 2. On peut alors affecter tous les facteurs à la production de bien n° 1, qui vaut donc $F_1(\overline{K}, \overline{L}) = OD$.

À l'intérieur de la frontière, les points tels que B correspondent à des niveaux de production techniquement possibles, mais non optimaux puisqu'on aurait pu « faire mieux » en A ; les facteurs ont donc typiquement été mal répartis. Les points extérieurs, tels que C, sont impossibles à atteindre, faute de quantités suffisantes de facteurs.

Au point A, on peut définir une tangente AT et donc la valeur absolue de la pente correspondante. Celle-ci s'interprète comme un taux de transformation des produits (en abrégé : TTP). *Plus précisément, la pente en A indique la quantité supplémentaire de bien n° 2 qu'on peut obtenir en renonçant à une unité de bien n° 1, si les différentes entreprises utilisent au mieux les disponibilités totales des facteurs.*

4.2. Le diagramme en boîte

La figure 6 était inscrite dans l' « espace des biens » avec des coordonnées q_1, q_2, etc. Nous allons raisonner ici dans l' « espace des facteurs », avec des coordonnées K et L, en utilisant une astuce de présentation assez commode.

Rappelons que les quantités disponibles $\overline{K}$ et $\overline{L}$ sont « données » et qu'il s'agit de les allouer au mieux entre les deux branches.

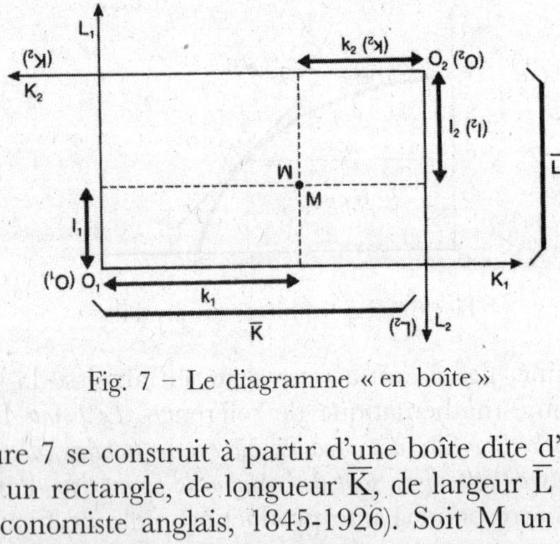

Fig. 7 – Le diagramme « en boîte »

La figure 7 se construit à partir d'une boîte dite d'Edgeworth, qui est ici un rectangle, de longueur $\overline{K}$, de largeur $\overline{L}$ (Edgeworth était un économiste anglais, 1845-1926). Soit M un point quelconque dans la boîte; par projection, on obtient des points k_1, k_2, ℓ_1, ℓ_2.

Vous remarquerez qu'ils vérifient toujours :

$$\begin{cases} O_1\,k_1 + O_2\,k_2 = \overline{K} \\ O_1\,\ell_1 + O_2\,\ell_2 = \overline{L} \end{cases}$$

D'où l'interprétation de ces valeurs comme répartition possible des facteurs entre les deux branches. Au point M correspond ainsi une production $q_1 = F_1(k_1, \ell_1)$ de bien n° 1 et $q_2 = F_2(k_2, \ell_2)$ de bien n° 2. Nous allons chercher les points M tels que ces productions associées soient optimales.

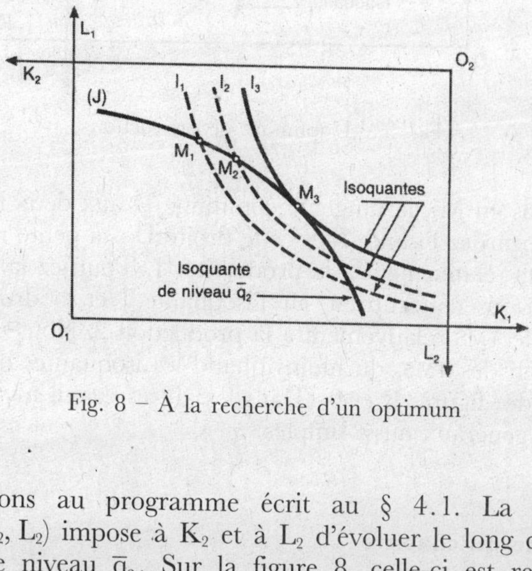

Fig. 8 – À la recherche d'un optimum

Revenons au programme écrit au § 4.1. La condition $\overline{q}_2 = F_2(K_2, L_2)$ impose à K_2 et à L_2 d'évoluer le long d'une isoquante de niveau $\overline{q}_2$. Sur la figure 8, celle-ci est représentée par (J), tournez la tête pour reconnaître son allure familière, avec les axes K_2, L_2 habituels. Nous chercherons donc l'optimum sur cette courbe (J), il doit permettre une production maximale de bien 1.

La courbe I_1 est une isoquante dans le repère (K_1, L_1). Le point M_1 permet donc de produire $\overline{q}_2$ et un certain volume de bien n° 1. M_2 est préférable : il permet également de produire $\overline{q}_2$ mais davantage de bien 1. L'idéal est finalement M_3, quand les isoquantes sont tangentes entre elles ; (avec une autre isoquante (J′) de niveau $\overline{q}_2'$, on aurait obtenu un autre point M'_3, optimal par la même méthode et ainsi de suite pour l'ensemble des allocations optimales).

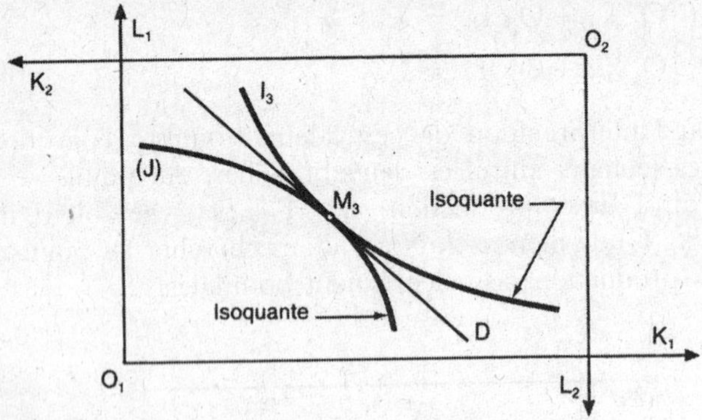

Fig. 9 – L'optimum de production

Traçons en M_3, la tangente commune D aux deux isoquantes (fig. 9). Regardez l'isante I_3 et cette droite D : sa pente n'est autre que le TMS relativement à la production 1. Tournez la tête ou la page, en vous concentrant sur l'isoquante J et la droite D : sa pente est le TMS relativement à la production 2. Nous retrouvons l'égalisation des TMS, du moins quand les isoquantes ont l'allure familière des figures 8 et 9. (Dans les autres cas, il n'y a plus de principes généraux aussi simples).

5. Résumé du chapitre

Une organisation optimale de la production doit respecter deux critères simples :

— *toutes les entreprises fabriquant le même produit doivent constater une même productivité marginale relativement à un facteur quelconque ;*
— *pour chaque couple de facteurs, chaque production doit s'effectuer avec un même TMS, quelle que soit la nature du produit.*

Ces deux critères doivent être modifiés dans certaines situations que nous avons rencontrées et qui sont nullement aberrantes, ainsi quand certaines productivités marginales et certains TMS sont croissants.

Il faut souligner l'extrême généralité de ces résultats fondamentaux. Au niveau le plus global, ils permettent de s'interroger sur la répartition des facteurs, capital, hommes ou énergie, entre les différents secteurs d'activité. Au niveau d'une firme, ils permettent de s'interroger de la même façon sur l'utilisation des ressources disponibles par les différents services ou établissements internes. Considérons un autre exemple, avec la sécurité routière.

Supposons que les mesures de sécurité sur autoroute reviennent à dépenser 400 000 € pour éviter un accident annuel mortel. Supposons que la somme correspondante soit de 300 000 € en rase campagne. Les productivités marginales de sécurité sont très différentes, ce qui signale un gâchis d'utilisation des ressources. Pour diminuer la mortalité sur route, il faut donc diminuer les mesures de sécurité sur autoroute et augmenter les autres : on sauvera ainsi davantage de vies avec autant de moyens. En poursuivant le raisonnement, on pourrait ainsi évaluer l'opportunité d'augmenter ou de diminuer les dépenses de sécurité dans d'autres domaines comme les centrales nucléaires, l'aviation civile ou la réanimation hospitalière. Le principe demeure d'y consacrer partout la même somme, peu importe laquelle, pour sauver une même vie humaine. On devine que tel n'est pas le cas, ce qui peut signifier deux choses très différentes : soit que la microéconomie gagnerait à être mieux comprise, soit que les vies humaines dans les exemples ci-dessus n'étaient pas exactement de même nature (vaste débat !).

Vocabulaire à connaître : facteurs reproductibles, non reproductibles - optimum de production - optimum de distribution - fonction de production agrégée - prix duaux - frontière des produits.

EXERCICES PROPOSÉS

Exercice 24

On considère six façons de produire trois types de biens avec les ressources et les techniques disponibles. Le tableau ci-dessous signifie par exemple que la façon n° 1 permet de produire 10 unités de bien A, 20 unités de bien B et 15 unités de bien C.

	1	2	3	4	5	6
Bien A	10	12	14	9	7	5
Bien B	20	18	16	15	25	2
Bien C	15	14	16	15	2	18

Quelles sont les façons optimales de produire ? Quelles sont les façons non optimales ?

Exercice 25

Soit une branche constituée de deux firmes, les fonctions de production valant :
$q_1 = \sqrt{l_1}$ pour la firme 1
$q_2 = 0{,}2 \times \ell_2$ pour la firme 2.
ℓ_1 et ℓ_2 sont les quantités de travail utilisées par les firmes.
Déterminez et représentez graphiquement la fonction de production agrégée de la branche. Vous distinguerez selon que le travail total est inférieur ou supérieur à 6,25.

Exercice 26

On considère une entreprise produisant un bien en quantité q dans deux établissements différents. Chaque établissement utilise deux facteurs, le travail noté L et le capital noté K ; les fonctions de production valent :
$q_1 = 10 \times (K_1)^{0,5} \times (L_1)^{0,3}$, pour le 1er établissement
$q_2 = 10 \times (K_2)^{0,25} \times (L_2)^{0,5}$, pour le 2e établissement.

La firme dispose de 20 unités de capital et 100 unités de travail. Elle se demande comment répartir ces facteurs entre ses établissements pour optimiser sa production totale $q = q_1 + q_2$.
1 / Montrez que les deux établissements ont des TMS identiques à l'optimum. En déduire une relation entre L_1, K_1, L_2 et K_2.
2 / L_1 étant donné, entre 0 et 100, déterminez L_2 en fonction de L_1 ; déterminez K_2 en fonction de L_1 et L_2 ; déterminez K_1 en fonction de K_2.
3 / Pour chaque valeur de L_1, on peut ainsi calculer la valeur de q. Il s'agit de repérer la plus grande des solutions ainsi balayée. Trouvez l'optimum à l'aide d'un programme informatique (à défaut, passez à la question suivante).
4 / On trouve ainsi à l'optimum :
$L_1 = 25{,}6$; $L_2 = 74{,}4$; $K_1 = 10{,}7$; $K_2 = 9{,}3$; $q = 237$.

Prouvez que ces valeurs sont effectivement optimales, qu'elles sont caractéristiques d'un optimum.
5 / Le prix du produit vaut $p = 1$; le taux de salaire vaut $w = 0{,}8$; le coût du capital vaut $k = 4{,}2$. Que conseillez-vous pour augmenter le profit de la firme ? Combien vaut-il ?

Exercice 27

On considère une branche composée de deux entreprises, chacune étant soumise aux rendements croissants. On note q_i le volume des produits et L_i les quantités de travail correspondant à la firme i. Les fonctions de production valent :

$$\begin{cases} \text{firme 1} : q_1 = (L_1)^{1,2} \\ \text{firme 2} : q_2 = (L_2)^{n}, \text{ avec } n > 1 \end{cases}$$

La quantité totale de travail utilisé dans la branche vaut 100.
1 / Montrez que les rendements sont effectivement croissants.
2 / Exprimez la production totale q de la branche en fonction de L_2. Représentez graphiquement l'allure de la fonction $q(L_2)$.
3 / Déterminez l'optimum de production selon les valeurs de n. Que se passe-t-il si la quantité totale de travail varie ?
4 / Imaginons que les chaînes de télévision s'assimilent à des productions à rendements croissants. Justifiez cette hypothèse. Quelle politique audiovisuelle cet exercice suggère-t-il précisément ?

10. L'optimum de Pareto

1. L'optimum de distribution

1.1. Définition

Nous venons d'étudier comment répartir au mieux les ressources disponibles pour obtenir des productions optimales de biens de consommations finales. Plusieurs solutions sont d'ailleurs possibles, elles définissent une « frontière optimale des produits », mais nous commencerons par n'en considérer qu'une seule, n'importe laquelle. Il reste alors à répartir les produits entre les différents individus ; certaines façons de procéder s'avèrent maladroites, par exemple si on donne beaucoup de produit d'un certain type précisément à l'individu qui en raffole le moins. Si on évite ces maladresses, on dit que la distribution des biens s'est effectuée de façon optimale ou efficiente. Plus précisément :

Une distribution de certains produits entre différents individus est optimale s'il n'existe aucune autre façon de procéder qui puisse rendre chaque individu plus heureux ou, au minimum, qui puisse rendre certains plus heureux sans léser les autres.

Cette définition est très générale, en particulier elle ne précise pas comment les individus se procurent les différents produits, en les achetant ou autrement.

Il faut comprendre que l'optimum de distribution n'est pas unique, que plusieurs répartitions peuvent être aussi bien qualifiées d'optimales.

Si l'économie ne comporte que deux individus, tout donner au premier et rien au deuxième est toujours optimal. En effet, il n'est pas possible d'améliorer le sort du plus malheureux sans défavoriser son voisin. L'autre solution extrême est tout aussi optimale, on y donnerait tout au deuxième et rien au premier (toutes sortes de solutions intermédiaires sont également optimales). La morale de cet exemple est simple mais fondamentale :

— si une situation est optimale, elle n'est pas forcément désirable ;
— mais, inversement, si une situation n'est pas optimale, il est assurément souhaitable de ne pas la pérenniser puisque tout le monde pourrait gagner en l'abandonnant.

Nous allons donc chercher à caractériser l'optimum de distribution avec l'arrière-pensée de traquer les usages sociaux qui ne s'y conformeraient pas. Pour plus de simplicité, nous supposerons qu'il n'existe que deux individus notés A et B et deux produits différents en notant $\overline{q}_1$ et $\overline{q}_2$ leurs quantités. Nous noterons U^A et U^B les fonctions d'utilité individuelles.

1.2. La méthode marginaliste

Considérons les taux marginaux de substitution définis par :

$$\text{TMS} = -\frac{\Delta q_1}{\Delta q_2}.$$

Autrement dit, ce sont les quantités de bien n° 2 qu'un individu réclamera si on le prive d'une unité de bien n° 1, pour maintenir constant son niveau d'utilité.

Supposons une certaine répartition des quantités $\overline{q}_1$ et $\overline{q}_2$ entre les individus :

$$\begin{cases} \text{A reçoit } q_1^A \text{ et } q_2^A \text{ d'où il résulte un certain } (\text{TMS})^A \text{ égal à } 10 \\ \text{B reçoit } q_1^B \text{ et } q_2^B\text{, le } (\text{TMS})^B \text{ vaut par exemple } 9 \end{cases}$$

Autrement dit, imaginons que les deux TMS sont différents, nous allons prouver que la distribution n'est pas optimale.

Envisageons une autre répartition, représentée page ci-contre.

On donnerait un peu plus de bien n° 1 à l'individu B et autant de moins à l'individu A, disons une unité supplémentaire. On

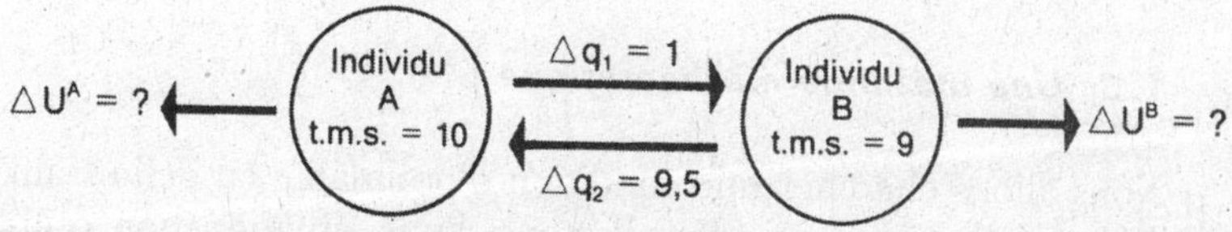

Fig. 1 – À la recherche d'un optimum

donnerait 9,5 unités supplémentaires de bien n° 2 à l'individu A et autant de moins à B (remarquez que 9,5 est un nombre intermédiaire entre les deux valeurs des TMS). Que deviennent les utilités, comment ont-elles varié ?

L'individu A, quand on lui retire une unité de bien 1, « exige » en compensation 10 unités de bien n° 2. Hélas, on ne lui en donne que 9,5 : il est donc plus malheureux qu'avant, son voisin également : piètre consolation. Inversons à présent le sens des transferts :

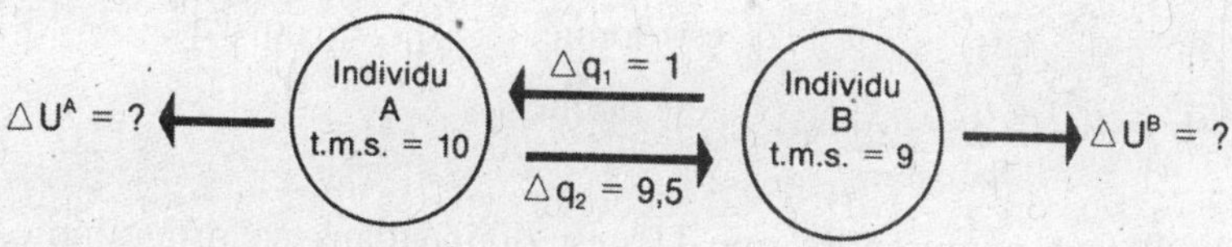

Fig. 2 – À la recherche d'un optimum *(bis)*

L'individu A reçoit une unité de bien 1. Il est prêt à céder 10 unités de bien 2 en échange ; or, on lui en prend 9,5 : il est donc plus heureux qu'avant. Vous vérifierez que l'individu B est également plus heureux, on en conclut, par définition, que la situation initiale n'était pas optimale.

En continuant les transformations de la figure 2, on aboutira parfois à transférer toute la production de bien 1 à l'individu A. Mais, dans d'autres cas, on s'arrêtera en chemin, précisément quand les deux TMS des deux individus seront égaux. *Autrement dit, pour les individus consommant certains produits, la condition d'optimalité de la distribution s'écrit très simplement :*

$$(\text{TMS})^A = (\text{TMS})^B = (\text{TMS}) \text{ de chaque individu.}$$

1.3. Une méthode mathématique

Nous allons chercher une condition d'optimalité en définissant mathématiquement cette idée. Partons d'une situation non optimale ; il est donc possible d'améliorer simultanément le sort des deux individus ; au minimum, convenons qu'il est possible d'améliorer l'utilité, par exemple, du premier individu en conservant à l'autre son niveau de satisfaction. Si un tel processus n'est pas possible, si donc un optimum est atteint, c'est que l'utilité de l'individu A est maximale sous contrainte que celle de B soit maintenue à son niveau, disons $\overline{U}_B$.

Autrement dit, un optimum résulte d'un programme de type suivant :

$$\begin{cases} \text{maximiser } U^A(q_1^A, q_2^A) \text{ sous les contraintes:} \\ \overline{U}^B = U^B(q_1^B, q_2^B) \ (\lambda) \quad (\overline{U}_B \text{ est donné}) \\ \overline{q}_1 = q_1^A + q_1^B \quad (\mu_1) \ (\overline{q}_1 \text{ est donné}) \\ \overline{q}_2 = q_2^A + q_2^B \quad (\mu_2) \ (\overline{q}_2 \text{ est donné}) \end{cases} \qquad \begin{cases} \text{Variables à déterminer:} \\ q_1^A, q_2^A, q_1^B, q_2^B \end{cases}$$

Il faut comprendre que $\overline{U}^B$ est donné dans ce programme, qu'il existe donc autant de programmes de ce type que de valeurs possibles de $\overline{U}^B$ et donc autant d'optima de distribution. En particulier, si $\overline{U}^B$ est très faible, il en résultera une valeur forte de U^A et inversement.

Si vous êtes insensible aux charmes des mathématiques, sautez les § 1.3 et 1.4.

Revenons au programme mathématique, résolvons-le à l'aide du Lagrangien en supposant que les conditions techniques l'autorisent ; définissons $\mathcal{L}$ par :

$$\mathcal{L} = U^A(q_1^A, q_2^A) + \lambda[U^B(q_1^B, q_2^B) - \overline{U}^B] - \mu_1[q_1^A + q_1^B - \overline{q}_1] - \mu_2[q_2^A + q_2^B - \overline{q}_2].$$

Annulons les dérivées partielles, il vient :

$$\begin{cases} \mathcal{L}' \, q_1^A = \dfrac{\Delta U^A}{\Delta q_1^A} - \mu_1 = 0 \\ \mathcal{L}' \, q_1^B = \lambda \, \dfrac{\Delta U^B}{\Delta q_2^B} - \mu_1 = 0 \\ \mathcal{L}' \, q_2^A = \dfrac{\Delta U^A}{\Delta q_2^A} - \mu_2 = 0 \\ \mathcal{L}' \, q_2^B = \lambda \, \dfrac{\Delta U^B}{\Delta q_2^B} - \mu_2 = 0 \end{cases}$$

Éliminons μ_1, μ_2 et λ, il vient :

$$\boxed{\dfrac{\dfrac{\Delta U^A}{\Delta q_1^A}}{\dfrac{\Delta U^A}{\Delta q_2^A}} = \dfrac{\dfrac{\Delta U^B}{\Delta q_1^B}}{\dfrac{\Delta U^B}{\Delta q_2^B}}}$$

On reconnaît dans le terme de gauche le rapport de l'utilité marginale du bien 1 pour l'individu A à l'utilité marginale du bien 2 pour le même individu. C'est donc de son TMS entre les deux biens qu'il s'agit. À droite, vous voyez le même TMS mais relativement à l'individu B. *Nous venons de montrer que la condition d'optimalité est l'égalisation des TMS des individus relativement à toutes les paires possibles de biens existant.*

1.4. Prix associés à un optimum

Les mêmes considérations que celles du chapitre précédent peuvent s'appliquer au programme définissant un optimum de distribution. Si on laissait les deux individus libres de leurs échanges au sein d'un marché avec μ_1 comme prix du bien 1 et μ_2 comme prix du bien 2, leurs désirs seraient compatibles avec les ressources disponibles $\bar{q}_1$ et $\bar{q}_2$, on retrouverait les conditions d'optimalité définies ci-dessus. Nous aurons à revenir ultérieurement sur ce mécanisme : inutile de trop s'y attarder présentement. Remarquons néanmoins que l'analyse mathématique suppose implicitement des solutions non « en coin » du programme d'optimalité. Dans le cas de solutions en coin, les prix associés à un optimum ne sont plus les valeurs μ_1 et μ_2, mais on arrive toujours à les définir plus ou moins facilement.

2. Représentations graphiques

2.1. La frontière des utilités optimales

Revenons au programme mathématique définissant un optimum :

$$\begin{cases} \text{maximiser } U^A(q_1^A, q_2^A) \\ \overline{U}^B = U^B(q_1^B, q_2^B) \\ \overline{q}_1 = q_1^A + q_1^B \\ \overline{q}_2 = q_2^A + q_2^B \end{cases} \qquad \begin{cases} \text{Variables à déterminer} : q_1^A, q_2^A, q_1^B, q_2^B \\ \text{Variables « données »} : \overline{U}^B, \overline{q}_1, \overline{q}_2 \end{cases}$$

Dans ce programme, $\overline{U}^B$ est donné et on en déduit certaines valeurs des variables q_1^A, q_1^B, etc. Soit $\overline{U}^A$ le niveau maximum de U^A. Il dépend de $\overline{U}^B$ et réciproquement d'ailleurs : le programme ci-dessus aurait pu s'écrire « maximiser U^B (...) avec $\overline{U}_A$ donné », d'où on aurait conclu que $\overline{U}^B$ dépendait de $\overline{U}^A$.

La figure 3 indique l'allure générale de la relation entre $\overline{U}^A$ et $\overline{U}^B$, le long d'une ligne appelée « frontière des utilités » ou « frontière des utilités optimales » pour être plus précis.

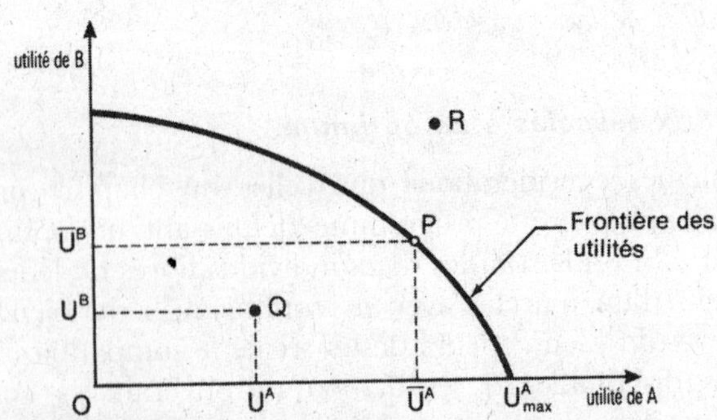

Fig. 3 – La frontière des utilités

Que cette frontière soit décroissante ne doit pas étonner : plus $\overline{U}^B$ est faible, moins on doit consacrer de produits q_1^B et q_2^B pour garantir ce niveau d'utilité, plus il reste de produits disponibles pour A, plus $\overline{U}^A$ est élevé. Lorsque $\overline{U}^B$ est nul, inutile de réserver des produits à l'individu B, tout ira à l'individu A qui en retirera une utilité :

$$U^A_{max} = U^A(\overline{q}_1, \overline{q}_2).$$

Un point comme Q, intérieur à la frontière des utilités, est toujours « possible », dans le sens où ses coordonnées $\overline{U}^A$ et $\overline{U}^B$ correspondent à des niveaux d'utilité que les ressources initiales $\overline{q}_1$ et $\overline{q}_2$ permettent d'obtenir moyennant une certaine répartition entre les individus. Mais celle répartition n'est pas optimale, il est clair sur la figure 3 que la solution P serait préférable pour tout le monde. C'est pourquoi nous disons que les solutions non optimales sont à rejeter mais on ne peut pas trancher entre les différents optima comme le point P et la valeur extrême U^A_{max}.

Les points extérieurs tels que R ne sont pas compatibles avec les niveaux $\overline{q}_1$ et $\overline{q}_2$ des ressources disponibles.

2.2. Le diagramme en boîte

Nous allons représenter les solutions d'une économie de distribution avec le même procédé que celui du § 4.2 du chapitre précédent. Ce procédé est célèbre, autant donc le connaître, mais

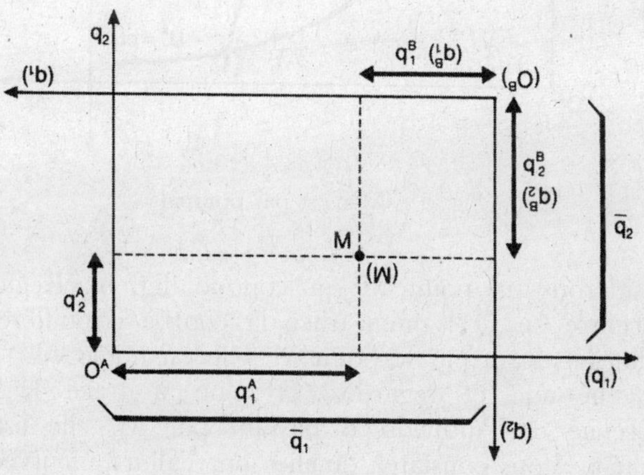

Fig. 4 – La boîte d'Edgeworth

notez qu'il est inutilisable quand le nombre de biens dépasse 2 ou que le nombre d'individus dépasse 2.

On commence donc par construire un rectangle de largeur $\overline{q}_1$ et de longueur $\overline{q}_2$. Soit M un point intérieur (fig. 4). Dans le repère centré en O^A, on lit ses coordonnées comme des quantités q_1^A, q_2^A affectées à l'individu A. Tournez la tête, regardez O^B et considérez que les projections de M donnent les allocations q_1^B et q_2^B de l'individu B. Tout ceci sera possible car les allocations en cause vérifient toujours par définition :

$$\begin{cases} \overline{q}_1 = q_1^A + q_1^B \\ \overline{q}_2 = q_2^A + q_2^B \end{cases}$$

Donc toute allocation des produits correspond à un point tel que M et inversement.

Nous allons chercher les points M correspondant à un optimum de distribution.

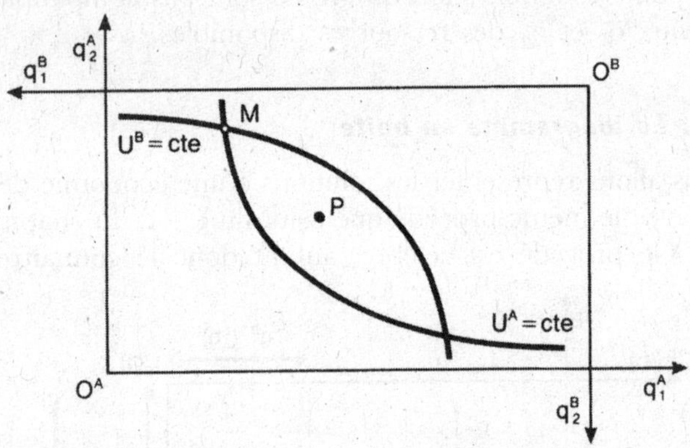

Fig. 5 – M n'est pas optimal

Considérons un point M quelconque (fig. 5). Regardez le repère centré en O^A : on a tracé la courbe d'indifférence de l'individu A passant par le point M, elle est notée « U^A = cte ». Tournez la tête et regardez O^B : on a tracé la courbe d'indifférence de l'individu B passant par M, elle est notée « U^B = cte ». Vous constatez qu'elles ont l'allure incurvée traditionnelle. Soit alors un point P choisi dans l'espace défini entre les deux courbes, les deux points M et P correspondent à deux façons de répartir les biens disponibles entre les deux individus.

L'individu A obtient davantage de bien 1 et moins de bien 2 avec la solution P. *Mais surtout, il est plus heureux car le point P est au nord-est de la courbe d'indifférence passant par M.* Vous constaterez de même que la solution P rend l'individu B plus heureux qu'au point M. Il faut en conclure que M n'est pas un optimum : une autre allocation est possible, rendant simultanément plus heureux tous les individus. *A contrario,* pour éviter ces points M non optimaux, il faut éviter de pouvoir leur associer des points P plus satisfaisants.

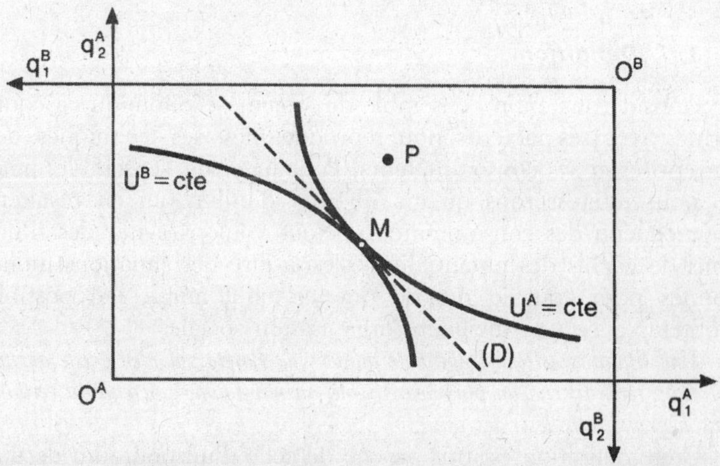

Fig. 6 – M est un optimum

Le point M de la figure 6 est un cas où les deux courbes d'indifférence passant par M sont tangentes, on note (D) leur tangente commune. Dès que vous voulez rendre l'individu A plus heureux, par exemple avec l'allocation P, vous rendez B plus malheureux, tournez la tête pour vous en assurer. C'est donc que M est un optimum de distribution, il en existe plusieurs en général. La pente de (D) dans le repère centré en O^A vaut le TMS pour l'individu A. En tournant la tête, on retrouve le TMS pour l'individu B. *À l'optimum, les TMS sont donc égaux pour les deux individus.* Attention : lorsque les courbes d'indifférence n'ont pas l'allure habituelle des figures 5 et 6, les points optimaux ne sont plus forcément définis par des conditions de tangence : il convient d'étudier chaque cas particulier avec la méthode générale adoptée ici.

3. L'optimum de Pareto

Une précision s'impose : Vilfredo Pareto était un économiste et sociologue italien (1848-1923).

3.1. Définition

Considérons enfin l'ensemble du système économique à court terme, avec ses facteurs non reproductibles, ses techniques, ses entreprises et ses consommateurs. Pour juger de l'ensemble, nous ne nous intéresserons qu'aux niveaux d'utilité qui en résultent pour chacun des consommateurs. Nous voulons éviter des situations de gâchis des potentialités, c'est-à-dire des situations moins bonnes pour tout le monde que ce qu'il aurait été possible d'obtenir avec une meilleure organisation sociale.

Une situation est ainsi optimale au sens de Pareto s'il n'en existe aucune autre qui rendrait chacun plus heureux ou, au minimum, qui rendrait certains plus heureux sans léser les autres.

Cette définition est très proche de celle d'un optimum de distribution, simplement les quantités optimales de produits ne sont plus données *a priori,* elles résultent désormais d'un optimum de production. Pour aller vite, on dit parfois qu'un optimum de Pareto résulte simplement d'un optimum de production et d'un optimum de distribution. Ceci n'est pas tout à fait exact ; un optimum de production qui aurait fourni en grande quantité des produits dont personne ne raffole ne peut pas être optimal au sens de Pareto. Il faut donc ajouter que la production, dans un certain sens, correspond aux goûts des individus.

Fondamentalement, une situation non optimale indique que les ressources rares, principalement les équipements disponibles, ont été mal affectées aux différentes entreprises ou que les produits de consommations finales ont été mal répartis entre les différents individus.

Nous allons chercher à caractériser un optimum de Pareto, avec à nouveau l'arrière-pensée de démasquer les pratiques sociales qui pourraient s'opposer à sa réalisation.

3.2. Les critères d'optimalité

Un optimum de Pareto est un optimum de production. Il faudra donc respecter les deux conditions suivantes :

(i) *Pour chaque facteur et chaque produit, les productivités marginales sont identiques dans chaque entreprise.*

(ii) *Pour chaque couple de facteurs utilisés, les TMST sont identiques dans chaque entreprise, quels que soient les produits concernés.*

Un optimum de Pareto est un optimum de distribution. Il faudra donc respecter en outre la condition suivante :

(iii) *Pour chaque couple de produits effectivement consommés, les TMS sont identiques pour tous les individus concernés.*

À ces trois critères, il faut ajouter certaines conditions de liaison entre les différents niveaux d'optimalité, elles se ramènent au principe suivant :

(iv) *Pour chaque couple de produits, les TTP qu'on peut calculer dans la sphère productive sont égaux aux TMS correspondant des consommateurs concernés.*

Si l'ensemble de ces critères est vérifié, l'économie est optimale au sens de Pareto, mais surtout, si un seul de ces critères n'est pas respecté, l'économie n'est généralement pas optimale : on aurait pu fournir davantage de satisfaction à chaque individu (nous donnerons des exemples au chapitre suivant).

Le dernier critère est inédit : il est temps de le démontrer.

3.3. Les conditions de liaison

Nous allons illustrer les conditions d'optimalité de liaison par une méthode assez générale. Soient donc deux produits de consommation finale différents, notons q_1 et q_2 les quantités ; imaginons qu'un seul facteur commun, par exemple le travail, permet de produire les deux biens.

Pour commencer, montrons que *le taux marginal de transformation des produits dans ce cas n'est autre que le rapport des productivités marginales.*

Augmentons en effet d'une unité la quantité produite de

bien 1 ; il faut utiliser une quantité supplémentaire de travail ΔL vérifiant :

Δq_1 = (productivité marginale pour le bien 1) $\times \Delta L$
$= P_{m,1} \times \Delta L = 1$.

On en déduit :

$\Delta L = 1 / P_{m,1}$.

Cette quantité de travail doit être retirée à la production du bien 2 ; celle-ci diminue donc d'une valeur Δq_2 vérifiant :

Δq_2 = (productivité pour le bien 2) $\times \Delta L$
$= P_{m,2} \times \Delta L = P_{m,2} / P_{m,1}$.

Cette valeur, par définition, n'est autre que le TTP cherché, il vient donc :

$$\text{TTP} = \frac{P_{m,2}}{P_{m,1}}$$ ce que nous voulions justement montrer !

Soit alors le taux marginal de substitution du bien 2 au bien 1, noté TMS, pour un individu quelconque. Nous voulons montrer qu'à l'optimum, les deux taux sont égaux, c'est-à-dire :

à l'optimum : TTP = TMS.

Supposons donc que ces deux valeurs soient distinctes, par exemple :

TMS = 4 ; $P_{m,1} = 3$; $P_{m,2} = 15$ (et donc : TTP = 15/3 = 5).

Précisons les deux notions vedettes de cet exemple.

Le TMS vaut 4, ceci signifie que le consommateur accepte de renoncer à une unité de bien 1 si on lui offre en compensation 4 unités de bien 2.

Le TTP vaut 5, ceci signifie qu'il est possible de produire 5 unités supplémentaires de bien 2 et 1 unité en moins de bien 1 avec les mêmes quantités de facteurs.

Montrons qu'il est possible, sans utiliser davantage de travail, mais en le répartissant autrement, d'augmenter la satisfaction individuelle. Plus précisément, affectons ΔL = une unité supplémentaire de travail pour produire le bien 2 et une unité de moins pour produire le bien 1. Il vient :

$$\begin{cases} \text{Augmentation du produit } 2 = \Delta q_2 = P_{m,2} \times \Delta L = 15 \\ \text{Diminution du produit } 1 = \Delta q_1 = P_{m,1} \times \Delta L = 3 \end{cases}$$

Avec 3 unités de moins de bien 1, le consommateur se contente de 3 × TMS = 12 unités supplémentaires de bien 2 pour maintenir son utilité ; on peut lui en fournir 15 unités : on peut donc le rendre plus heureux qu'avant.

Ceci prouve bien que la situation initiale n'était pas optimale. *A contrario,* l'optimum sera atteint quand TTP et TMS seront égaux, du moins si le consommateur n'est pas conduit de proche en proche à renoncer au bien 1.

La figure 7 ci-dessous résume le raisonnement et permet de le généraliser :

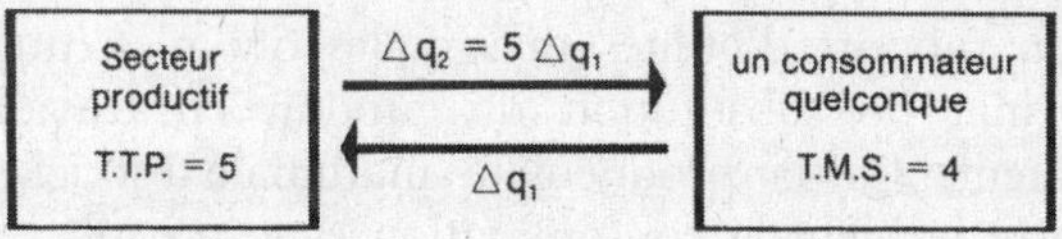

Fig. 7 – Modification avantageuse avec TTP et TMS différents

Le consommateur privé de Δq_1 exige $4 \times \Delta q_1$ unité de bien 2 : le secteur productif lui en offre davantage. Dans le cas où le TMS est supérieur au TTP, il suffit d'inverser le sens des flèches pour obtenir une transformation avantageuse pour l'individu.

3.4. Le cas du travail

On peut définir un optimum de Pareto dans lequel la quantité de travail fourni ne soit plus « donnée », elle devient variable et influe négativement sur l'utilité des individus concernés. Pour examiner ce que deviennent alors les critères d'optimalité, nous allons considérer un exemple caricatural avec deux biens le travail noté L et un produit de consommation finale noté q. Un seul individu suffira, avec son utilité notée U(q, L), fonction de la consommation q et du travail fourni L. Une seule entreprise suffira, avec sa fonction de production notée F.

Un optimum de Pareto revient alors simplement à garantir à l'individu le maximum de bien-être. Il faut donc résoudre le programme suivant :

$$\begin{cases} \text{maximiser } U(q, L) \rightarrow \\ \quad \text{il faut choisir q et L pour maximiser l' utilité} \\ q = F(L) \qquad\qquad \rightarrow \\ \quad \text{le travail L suffit pour obtenir q unité de produit} \end{cases}$$

Éliminons q, il reste à choisir L solution de :

$$\text{Max } U(F(L), L).$$

Annulons la dérivée en L de cette expression, il vient :

$$U'_q \times F'_L + U'_L = 0$$

que nous écrirons plutôt :

$$F'_L = - \frac{U'_L}{U'_q}.$$

On reconnaît à gauche la productivité marginale du travail et à droite un rapport d'utilités marginales qui n'est autre que le taux marginal de substitution du produit en travail pour le consommateur. Or la productivité marginale est ici une sorte de TTP entre le bien de consommation et le travail.

On retrouve donc la condition générale de liaison déjà énoncée : il faut, à l'optimum, égaliser les TMS et les TTP pour chaque couple de biens.

3.5. Représentations graphiques

Utilisons deux graphiques obtenus précédemment :

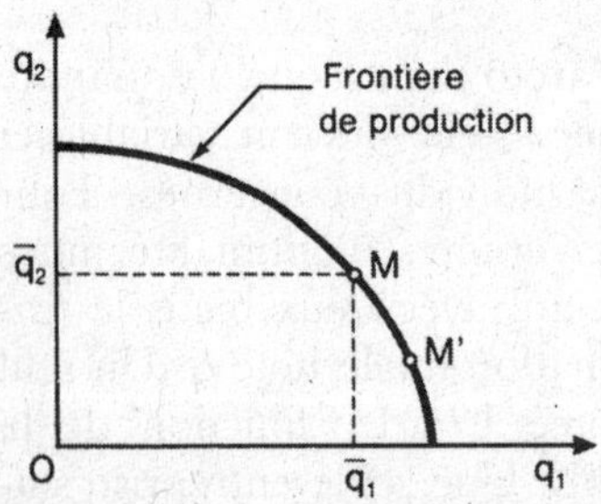

Fig. 8 – La frontière des productions optimales

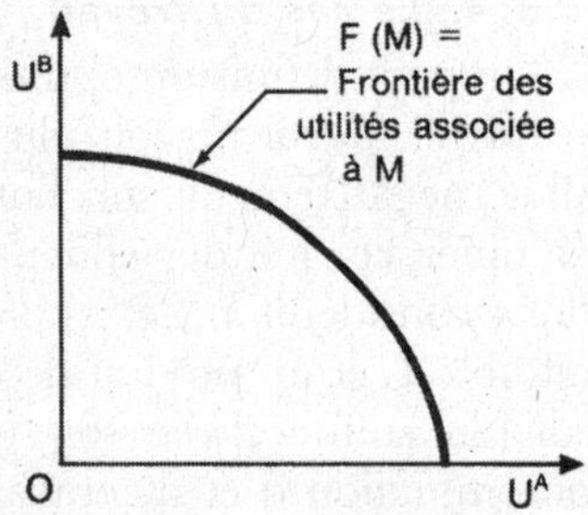

Fig. 9 – La frontière des utilités optimales pour des productions données

Les productions optimales, dans un optimum de Pareto, sont évidemment optimales au sens d'un optimum de production. Elles varient donc sur une frontière de produits (fig. 8). À un point M de cette frontière correspond une frontière des utilités (fig. 9) quand on change les allocations entre les individus.

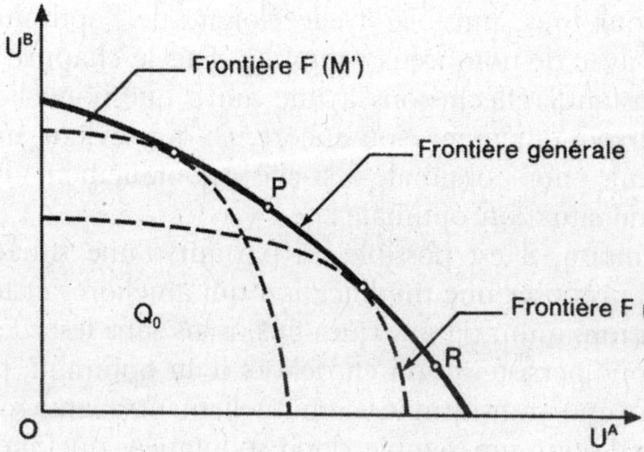

Fig. 10 – La frontière des utilités optimales au sens de Pareto

Sur la figure 9, on a reproduit en pointillé la frontière F(M) de la figure 8 correspondant à un point M donné. Pour un autre point M′ situé sur la frontière de production, on aura une autre frontière F(M′) dessinée en pointillé. La courbe en gras qui enveloppe toutes les frontières pointillées est la frontière des utilités optimales dans le cadre général.

La frontière de la figure 10 représente comment varie l'utilité maximale U^A d'un individu quand varie le niveau d'utilité U^B de l'autre individu. Les points intérieurs tels que Q caractérisent des situations non optimales au sens de Pareto, il serait possible d'augmenter la satisfaction de chacun, par exemple au point P. Le point R est également optimal, mais il est impossible de le qualifier de meilleur que P : l'individu B ne comprendrait pas pourquoi !

4. L'économie est-elle spontanément optimale ?

La notion d'optimum peut alimenter deux sortes de réflexions. D'une part, des réflexions de politique économique. Une mesure sociale ou économique – privée ou publique – étant envisagée, comment savoir si elle est conforme à l'intérêt général ? L'idée d'optimum est alors précieuse : une mesure sera considérée comme satisfaisante si elle conduit à une situation optimale et meilleure pour tous, nuisible si elle éloigne de l'optimum. Nous détaillerons avec de nombreux exemples dans le chapitre suivant.

Pour l'instant, réfléchissons à une autre question : l'optimum s'impose-t-il spontanément ? ou encore, ce qui revient au même : une économie non optimale est-elle spontanément incitée à rejoindre une situation optimale ?

Par définition, il est possible en partant d'une situation non optimale de proposer une modification qui améliorerait le sort de tous, ou, au minimum de quelques-uns, mais sans léser les autres. Pourquoi donc persisterait-on en dehors d'un optimum, pourquoi refuserait-on une transformation mutuellement avantageuse ? La marche vers l'optimum semble donc spontanée, quelques individus plus clairvoyants que d'autres, ou plus directement intéressés, se chargeant d'indiquer la direction à prendre et personne n'ayant intérêt à s'y opposer.

La réalité semble plus complexe, n'importe quel participant au jeu de « monopoly » ayant pu l'éprouver avec plus ou moins d'agacement.

Il arrive en effet, dans ce jeu, qu'un participant propose à deux autres des échanges qui amélioreraient le sort de chacun face au quatrième. Pour les trois joueurs, la situation initiale n'est donc pas optimale, une amélioration est possible et l'un des joueurs la propose en toute bonne foi (?). Pourtant, il arrive que cette amélioration soit fermement refusée par l'un des partenaires et pas seulement en vue de faire « monter les enchères » : pourquoi donc ?

Parfois par incompréhension des raisonnements émis, parfois par mauvaise volonté, mais négligeons ces deux cas. Il reste que je peux refuser une transaction parce que mon sort serait très peu amélioré en comparaison de celui de l'un de mes partenaires. Mieux vaut être misérable avec deux amis misérables qu'un peu mieux loti avec un ou deux amis soudain enrichis, d'autant que les règles du « monopoly » se chargent rapidement d'éliminer le plus défavorisé.

La société ne fonctionne pas très différemment. En pratique, toute réforme – même la mieux intentionnée – finit par accabler certains individus ; ceux-ci s'en doutaient d'ailleurs et d'autres craignaient de subir le même sort : aucune transformation économique, en pratique, ne peut susciter l'approbation générale et la marche vers l'optimum n'est donc pas garantie de façon spontanée. Il est vraisemblable que la dynamique sociale ne s'accommode pas longtemps de situations excessivement éloignées de tout optimum. Mais il est probable qu'une situation non optimale perdure parce qu'aucune procédure pratique n'est concevable pour garantir à tout le monde une amélioration durable de son sort.

La persistance du chômage est peut-être une illustration de ce propos ; elle implique une situation non optimale puisque, en réduisant le chômage, l'économie pourrait créer des richesses supplémentaires qui, théoriquement, pourraient être réparties de façon à améliorer la satisfaction de tout le monde, anciens chômeurs et anciens travailleurs. Mais, en pratique, aucune mesure réaliste ne semble convenir. Par exemple, diminuer le coût du travail pour inciter les employeurs à embaucher menacerait tôt ou tard la situation de certaines catégories d'actifs.

Vocabulaire à connaître : optimum de distribution - frontière des utilités optimales - optimum de Pareto.

EXERCICES PROPOSÉS

Exercice 28

On considère une économie à deux biens, numérotés 1 et 2 et deux individus notés A et B, dont les utilités U^A et U^B sont semblables :
$U^A(q_1, q_2) = U^B(q_1, q_2) = q_1 \times q_2$.

La production est organisée de telle manière que trois possibilités seulement sont à considérer, illustrées par le tableau ci-dessous :

		I	II	III
Productions nettes	bien 1	4	6	8
	bien 2	84	60	32

Par exemple, dans le cas I, 4 unités de bien 1 et 84 de bien 2 sont disponibles pour les individus. Il n'est pas possible de combiner les différents cas, ou d'en modifier l'échelle.

Un optimum de Pareto correspond alors à un choix de l'un des trois cas possibles, puis à une certaine répartition des productions nettes entre les individus. On notera q_1^A et q_1^B les dotations en bien 1 des individus correspondant à un total : $q_1 = q_1^A + q_1^B$; et de même pour le bien 2.

1 / Calculez les (TMS) du bien 2 au bien 1 des deux individus, en fonction des dotations en biens.

2 / Supposons que l'un des trois cas conduise à des optima, montrez la relation :

$$\frac{q_2^A}{q_1^A} = \frac{q_2^B}{q_1^B} = \frac{q_2}{q_1}.$$

3 / En déduire une représentation graphique, dans le diagramme en boîte d'Edgeworth, des optima associés au cas n° II.

4 / Notons q_1 et q_2 les productions nettes. Déterminez le niveau d'utilité de l'individu A quand l'individu B jouit de la satisfaction $U^B = 49$ et que la répartition de la production est optimale.

5 / Déterminez lequel des trois cas convient pour garantir à l'individu B une satisfaction $U^B = 49$ dans le cadre d'un optimum de Pareto.

Exercice 29

Soit une économie à deux biens notés 1 et 2. La production nette de bien 1, disponible pour les individus, vaut 1 412, celle de bien 2 vaut 840.

Les TMS du bien 2 au bien 1, pour tous les individus, sont égaux et valent 4. Il s'avère possible de produire 1 415 unités de bien 1 et 810 unités de bien 2 au lieu des productions initiales.

1 / Pensez-vous que cette éventualité est favorable ? Si oui, précisez comment satisfaire tout le monde.

2 / Les responsables du pays considéré sont en négociation commerciale avec un pays lointain. On lui propose d'exporter du produit 1 qui vaut là-bas 4 000 € et de lui importer du produit 2 qui, grâce aux faibles charges salariales, n'y coûte que 400 € (dans le pays de référence, le produit 1 vaut $p_1 = 3\,200$ € et le produit 2 vaut $p_2 = 800$ €). L'accord porterait sur l'importation de 40 unités de bien 2 contre l'exportation de 5 unités de bien 1, ce qui équilibrerait les balances commerciales, quelle que soit la monnaie utilisée dans les échanges internationaux (pourquoi ?).

Conseillez-vous d'accepter ou non cet accord commercial du point de vue du pays de référence ? Si oui, précisez comment y satisfaire tout le monde.

3 / L'argument des faibles charges salariales semble ne jouer aucun rôle dans la question précédente. Pourquoi intervient-il en pratique dans les débats de politique commerciale internationale ?

Exercice 30

(Cet exercice est déconseillé aux étudiants allergiques aux mathématiques.)
On considère deux individus A et B possédant certaines quantités de biens 1 et 2 et on se demande quels trocs ils vont convenir pour améliorer éventuellement leurs situations. Avec des dotations q_1 et q_2, les utilités respectives valent :

$U^A = q_1 \times q_2$ pour l'individu A

$U^B = (q_1)^2 \times q_2$ pour l'individu B.

Initialement, A possède 4 unités de bien 1 et 2 unités de bien 2,
B possède 6 unités de bien 1 et 6 unités de bien 2.

1 / Il est vraisemblable que la situation finale sera optimale au sens de Pareto (pourquoi ?). Caractérisez mathématiquement un tel optimum en vous souvenant que les TMS peuvent vous rendre service.

2 / Chacun des individus refusera toute transaction qui aboutirait à une diminution de son utilité initiale, on dit aussi qu'il « bloque » cette transaction. Les situations finales sont donc optimales mais non bloquées par l'un des individus, elles constituent ce qu'on appelle le « noyau » de l'économie. Caractérisez le noyau en question.

3 / Représentez ce noyau dans la boîte d'Edgeworth.

11. Optimum et équilibre de marché

1. Le théorème d'équivalence

1.1. Le théorème et ses conditions

Soit une économie avec ses techniques, ses ressources non reproductibles et ses individus, sans aucune considération pour les règles de son fonctionnement. Plusieurs situations sont des optima de Pareto, caractérisées par les niveaux de satisfaction offerts aux individus.

Soit alors la même économie, avec les mêmes techniques, les mêmes ressources et les mêmes individus mais avec une organisation sociale très précise, l'économie marchande avec ses prix et ses profits, et avec l'hypothèse d'un équilibre général concurrentiel. L'équilibre général n'est pas unique, il varie selon les critères de distribution des profits aux ménages.

Le théorème d'équivalence énonce que l'ensemble des optima de Pareto est le même que l'ensemble des équilibres concurrentiels. Autrement dit, tout équilibre concurrentiel est optimal au sens de Pareto et, mieux encore, tout optimum peut, moyennant certains prix particuliers, se réaliser grâce à une organisation en marchés concurrentiels.

Ce théorème fondamental n'implique pas que l'économie de propriété privée soit la « meilleure du monde ». D'une part, il faut s'assurer que la concurrence en est bien la règle et, d'autre part, il est possible que l'optimum particulier auquel elle conduit soit socialement insupportable. Le théorème permet seulement d'affirmer que la concurrence et les marchés sont une bonne base de départ pour assurer aux individus des satisfactions maximales. Comme tout théorème, certaines hypothèses sont nécessaires à sa démonstration, essentiellement il convient d'éviter des techniques à rendements toujours croissants, un cas que nous examinerons donc à part à la fin de ce chapitre. Nous allons commencer par démontrer le théorème ou, du moins, par le justifier.

1.2. Des marchés à l'optimum

Supposons que règne l'équilibre général concurrentiel, nous allons prouver que les quatre critères d'optimalité sont bien respectés (ceux-ci se trouvent au § 3.2 du chapitre précédent).

(i) Au sein d'une branche, les entreprises maximisent leurs profits en utilisant au mieux les facteurs ; elles égalisent alors productivité marginale et prix réel de chaque facteur, toutes les productivités marginales sont donc égales au sein d'une branche.

(ii) Pour minimiser leurs coûts, les entreprises égalisent TMST et rapport des prix des facteurs. Les TMST sont donc égaux, quelles que soient les entreprises concernées par un couple de facteurs.

(iii) Pour maximiser leurs utilités, les individus égalisent TMS et rapport des prix des produits. Les TMS sont donc égaux, quels que soient les individus concernés par un couple de produits.

(iv) Le dernier critère est plus délicat. Supposons que deux produits 1 et 2 soient fabriqués par deux entreprises aux prix p_1 et p_2 avec un même facteur, disons le travail de prix w.

Écrivons que chaque firme maximise son profit :

$$\begin{cases} \text{productivité marginale de la première} = P_{m,1} = w/p_1 \\ \text{productivité marginale de la deuxième} = P_{m,2} = w/p_2 \end{cases}$$

On en déduit :

$$\text{TTP} = P_{m,2} / P_{m,1} = p_1 / p_2.$$

Écrivons que le consommateur maximise son utilité :

$$\text{TMS du produit 2 au produit 1} = p_1 / p_2.$$

On en déduit :

$$TTP = TMS.$$

Ce qui confirme les conditions de liaison de l'optimum de Pareto.

L'équilibre de marché assure donc les conditions d'optimalité, ceci prouve la moitié du théorème d'équivalence. Notez que ce sont les prix des biens, communs à tous les agents économiques, qui se chargent de faire respecter chacun des quatre critères.

1.3. De l'optimum aux marchés

Démontrer que tout optimum peut s'obtenir avec certains prix et une organisation marchande est plus délicat. Essentiellement, il faut reprendre les critères d'optimalité et définir judicieusement le bon prix pour chaque bien. Contentons-nous de l'exemple précédent.

L'économie étant optimale, elle vérifiait :

$$TMS = \frac{P_{m,2}}{P_{m,1}} = TTP.$$

Soit alors un prix quelconque w pour le travail, définissons les prix des produits par :

$$p_1 = \frac{w}{P_{m,1}} \quad \text{et} \quad p_2 = \frac{w}{P_{m,2}}.$$

Il est alors clair que, confrontés aux prix w, p_1, p_2, les entreprises et les ménages exprimeront des désirs marchands exactement conformes à la situation optimale initiale. L'économie de marché associée à un optimum suppose en outre une certaine répartition des revenus exogènes entre les individus, l'exemple ci-dessous nous permettra de mieux le comprendre.

1.4. Le cas d'une économie d'échange

Nous allons illustrer le théorème d'équivalence avec une économie de distribution à deux individus A et B et deux biens 1 et 2, les ressources initiales étant notées $\overline{q}_1$ et $\overline{q}_2$ (les hypothèses sont les mêmes qu'au § 2.2 du chapitre précédent).

Supposons que les individus modifient leurs situations initiales en vendant ou en achetant les biens à des prix convenus et invariables notés p_1 et p_2 (on parle alors d'économie d'échange, c'est-à-dire d'une économie marchande sans production).

Pour préciser la notion de contrainte budgétaire dans ce cadre particulier, imaginons qu'un individu possède initialement $\overline{q}_1$ unité de bien 1 et qu'il en vende une partie pour se retrouver avec la quantité q_1 ; qu'il possède initialement $\overline{q}_2$ unité de bien 2 et qu'il en achète pour se retrouver avec la quantité q_2. Nous aurons alors :

$$\begin{cases} \text{Vente de bien 1} = \overline{q}_1 - q_1 \\ \text{Achat de bien 2} = q_2 - \overline{q}_2 \end{cases}$$

La contrainte budgétaire s'écrit donc :

$$p_1 \times \text{vente} = p_2 \times \text{achat}, \quad \text{ou encore} : p_1(\overline{q}_1 - q_1) = p_2(q_2 - \overline{q}_2)$$

et donc :

$$p_1\, q_1 + p_2\, q_2 = p_1\, \overline{q}_1 + p_2\, \overline{q}_2 .$$

Vous vérifiez que tout se passe comme si l'individu possédait un revenu égal à la valeur de sa dotation initiale (terme de droite) et qu'il choisissait alors ses consommations finales en bien 1 et 2 (terme de gauche). Vous comprenez également que la contrainte budgétaire conserve la même écriture, quelles que soient les transactions effectuées, vente de bien 1 ou achat de bien 1.

Représentons graphiquement l'équilibre du consommateur A, en notant $\overline{q}_1^A$ et $\overline{q}_2^A$ ses dotations initiales :

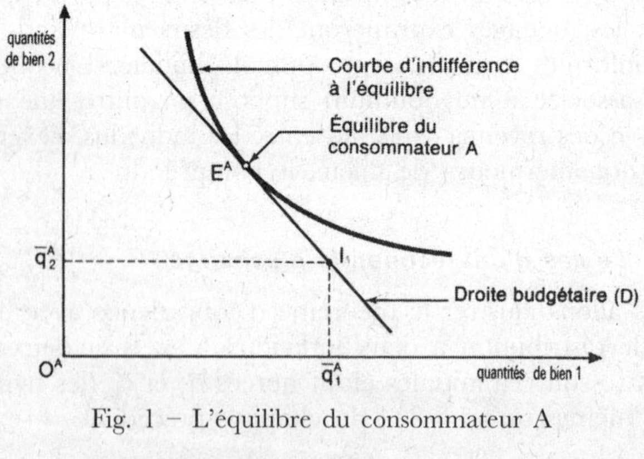

Fig. 1 – L'équilibre du consommateur A

Le point I représente les dotations initiales, notez que la droite budgétaire (D) passe par I et que sa pente vaut $\frac{p_1}{p_2}$ en valeur absolue.

Profitons du diagramme en boîte pour représenter simultanément les deux équilibres des consommateurs avec des prix quelconques p_1 et p_2 :

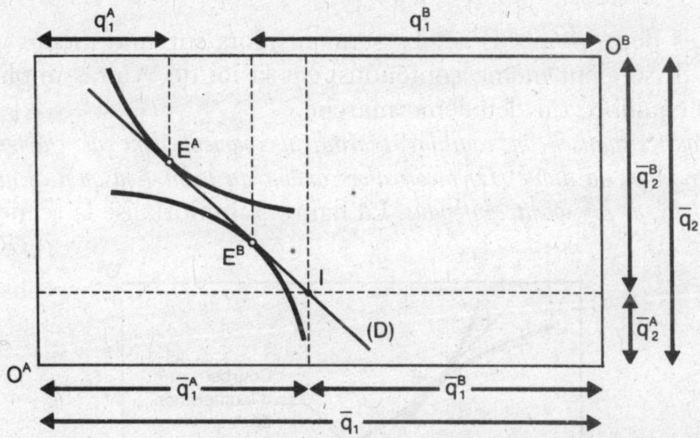

Fig. 2 – Les équilibres des consommateurs A et B

Par construction de la boîte d'Edgeworth, la situation initiale est représentée par un même point I pour les deux individus. Notez également que la même droite (D) convient pour représenter les deux contraintes budgétaires des deux individus. On a noté E^B l'équilibre de l'individu B, qui apparaît en tournant la tête pour se concentrer sur le repère centré en O^B.

Sur la figure 2, les points E^A et E^B représentant les équilibres des 2 individus aux prix p_1 et p_2 ne sont pas confondus. Ceci prouve qu'il n'y a pas équilibre général, dans le sens où ce que veut vendre un individu ne correspond pas à ce que l'autre veut acheter. Si les désirs de transactions étaient compatibles, on montrerait que les points E^A et E^B seraient nécessairement confondus.

Supposons en effet que A veuille vendre du produit 1, comme sur la figure 2, et notons q_1^A la quantité correspondante à l'équilibre :

$$\text{désir de vente de A} = \overline{q}_1^A - q_1^A .$$

De même, il viendrait :

$$\text{désir d'acheter de B} = q_1^B - \bar{q}_1^B.$$

L'équilibre du marché du bien 1 s'écrirait donc :

$$\bar{q}_1^A - q_1^A = q_1^B - \bar{q}_1^B, \text{ ce qui impliquerait :}$$

$$q_1^A + q_1^B = \bar{q}_1^A + \bar{q}_1^B = \bar{q}_1.$$

Les deux points E^A et E^B seraient alors sur une même verticale, ils seraient même confondus, car la loi de Walras impliquerait l'équilibre du deuxième marché.

Pour visualiser un équilibre général, il convient donc de changer les prix p_1 et p_2, la droite (D) pivote alors autour du point I jusqu'à ce que les points E^A et E^B soient confondus. La figure 3 immortalise la scène :

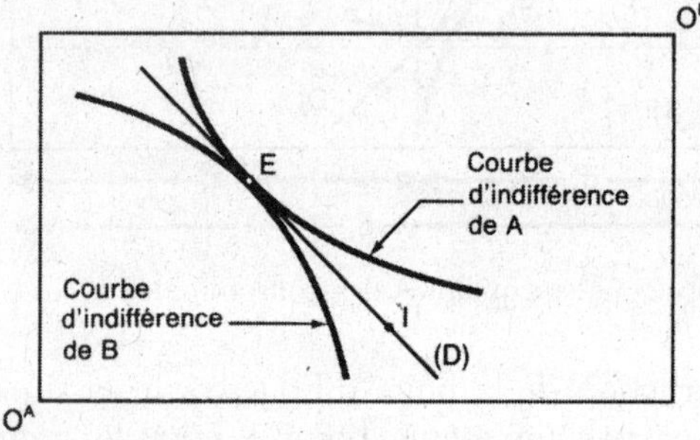

Fig. 3 – L'équilibre général E d'une économie d'échange

L'équilibre général E se caractérise par la tangence de deux courbes d'indifférence : il est donc optimal au sens de Pareto. Réciproquement, un optimum de Pareto E est un équilibre général à condition de définir les prix comme pente de la tangente commune (D) et une situation initiale comme un point quelconque de cette droite. Nous venons donc de démontrer le théorème d'équivalence dans le cas d'une économie d'échange.

2. Les cas de non-optimalité

2.1. Prix et optimum de distribution

Considérons un repas universitaire et son prix, supposons-le égal à 2,5 € pour un étudiant alors qu'un « passager » paie 3 €. Considérons un autre bien, que chacun ne peut acquérir qu'au prix de 25 € : un manuel d'économie, par exemple.

Un étudiant qui hésite entre les nourritures spirituelles et terrestres se décidera en égalisant le TMS (des repas aux livres) au rapport des prix = 25/2,5 = 10. Le passager égalisera, lui, le même TMS au rapport 25/3 = 8 environ.

On en conclut que la pratique des repas universitaires avec ses prix avantageux n'est pas optimale puisqu'elle ne permet pas d'égaliser les TMS. De la même façon, la politique d'aide au logement n'est pas optimale si elle revient à diminuer le prix d'acquisition pour certains ménages mais pas pour les autres.

Plus généralement, toute réduction de tarif accordée à certains individus n'est pas conforme avec l'optimum ; il existe toujours une politique alternative qui améliorerait la situation de tous ; laquelle ? C'est ce que nous verrons bientôt.

2.2. Prix et optimum de production

Supposons qu'on décide de favoriser l'embauche en diminuant le coût du travail pour certaines entreprises dans une zone géographique limitée. L'égalisation des productivités marginales du travail en sera perturbée, ce qui permet de qualifier de non optimale la politique en question.

2.3. Prix et optimum de Pareto

Supposons que certaines entreprises n'adoptent pas un comportement concurrentiel, par exemple si elles sont en position de quasi-monopole sur les marchés. Elles sont alors incitées à pratiquer d'autres prix que leurs coûts marginaux, ce qui est incompatible avec un optimum de Pareto. Il existe d'ailleurs une réglementation spécifique de la concurrence, chargée de pénaliser certaines pratiques commerciales non conformes.

Le théorème d'équivalence suggère ainsi une règle de gestion très simple pour les monopoles publics tels que EDF ou la SNCF : ceux-ci doivent se comporter comme si leurs marchés étaient concurrentiels, en particulier les prix de vente doivent refléter la structure des coûts marginaux et les investissements doivent se financer aux mêmes conditions que ceux des entreprises du secteur concurrentiel.

2.4. Sous-optimalité et critères de Pareto

Le théorème d'équivalence incite à veiller au respect des normes de l'économie marchande concurrentielle, grâce à quoi nous avons pu « condamner » l'usage des restaurants universitaires par exemple. Mais ce théorème ne nous enseigne pas ce qu'il convient de faire dans un domaine particulier si l'ensemble du système économique se trouve manifestement éloigné des conditions d'optimalité.

Par exemple, un taux de chômage important révèle une économie non optimale. Une mesure partielle comme l'allégement des coûts du travail pour certaines entreprises est donc « mauvaise » parce qu'elle perturbe les prix existants, mais, puisque ces prix ne sont pas des prix d'équilibre, il est impossible de condamner si rapidement une pareille politique économique. Nous sommes sûrs que cette politique ne conduira pas à un optimum, mais nous ignorons si la situation initiale valait mieux. Représentons ces idées dans l'espace des utilités.

Supposons que l'économie soit initialement optimale, elle implique des utilités individuelles représentées par le point A de la figure 5. Une mesure comme l'allégement partiel des coûts du travail conduit à un point B non optimal, ce qui permet de réfuter cette politique.

Mais si l'économie initiale est non optimale, comme le point A de la figure 4, il se peut que la même politique conduise en un point B qui s'avère plus satisfaisant : évaluer la politique en question devient en pratique beaucoup plus difficile.

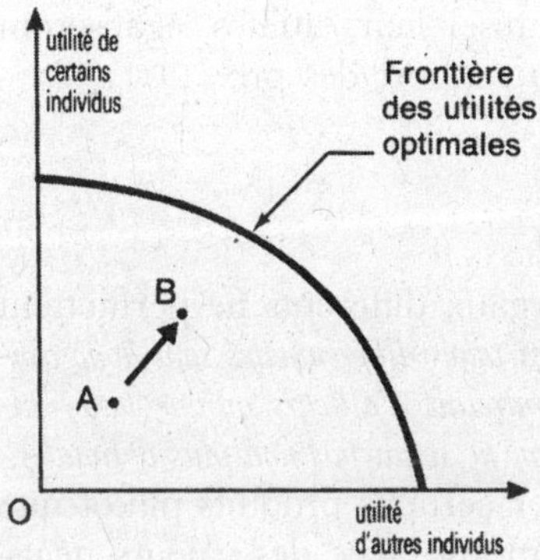

Fig. 4 – La situation initiale A n'est pas optimale

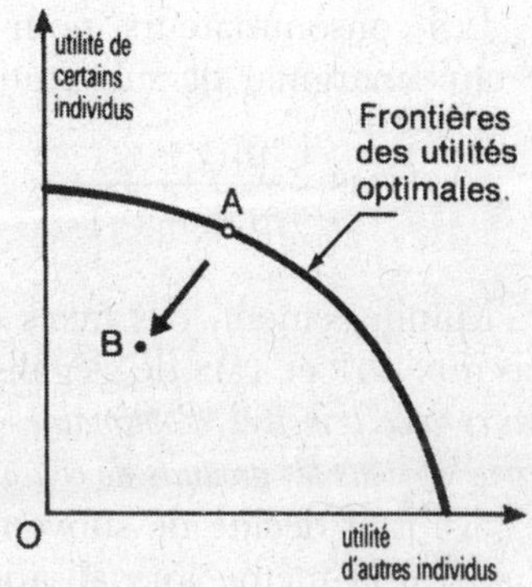

Fig. 5 – La situation initiale A est optimale

Presque toujours, nous supposerons une situation initiale optimale pour simplifier les raisonnements, il faudra se souvenir que l'hypothèse inverse est parfois plus convaincante.

3. Fiscalité et optimalité

3.1. Taxes et subventions

Soient p_1 et p_2 les prix hors taxes de deux produits. Soient t_1 et t_2 les taxes unitaires payées par le consommateur au profit de l'État. Le prix public du bien 1 vaut donc, toutes taxes comprises (« TTC ») :

$$p_1(1 + t_1).$$

Si t_1 vaut 20 %, le consommateur paie 120 € quand le producteur reçoit 100 €, l'État recevant la différence.

Les producteurs, pour maximiser leurs profits, égaliseront le taux de transformation des produits (relatifs aux deux biens) au rapport des prix hors taxes :

$$\text{TTP} = \frac{p_1}{p_2}.$$

Les consommateurs, pour maximiser leurs utilités, égaliseront le taux marginal de substitution au rapport des prix TTC :

$$\text{TMS} = \frac{p_1(1 + t_1)}{p_2(1 + t_2)}.$$

Manifestement, des taxes de niveaux différents ne permettent pas aux TTP et TMS de s'égaliser. *Les taxes différentielles sont donc contraires aux principes d'optimalité (on montrerait d'ailleurs qu'une taxe uniforme sur tous les produits de consommation ne serait pas non plus optimale).*

Si l'État décide de subventionner certains produits plutôt que d'autres, la même formalisation s'impose avec des valeurs négatives pour t_1 et t_2. *Les politiques de subvention de certains produits sont donc contraires aux principes d'optimalité.*

Pour certains produits comme la presse d'opinion ou les musées, on justifie la politique de subvention en introduisant d'autres critères de jugement que les niveaux de satisfactions individuelles, par exemple la liberté d'expression ou le développement de la culture de masse (?).

3.2. L'impôt sur les revenus du travail

Soit t le taux d'imposition sur le revenu d'un individu salarié. Au lieu d'un salaire W par période, l'individu percevra donc $W(1 - t)$. Notons p l'indice des prix des produits consommés, l'équilibre de l'individu implique alors :

$$\text{TMS du produit au travail} = \frac{W(1 - t)}{p}.$$

Pour les producteurs, seul compte le taux de salaire W et il vient donc :

$$\text{TTP} = \text{productivité marginale du travail} = \frac{W}{P}, \text{ différent}$$

du TMS.

L'impôt sur le revenu du travail est donc contraire aux principes d'optimalité.

La non-optimalité provient d'une offre de travail qui serait insuffisante en cas d'impôt sur le revenu. *En pratique, l'offre de travail est inélastique pour la majorité des salariés et l'impôt direct ne biaise donc pas les conditions d'optimalité,* sauf pour certains ménages quand madame (par exemple) hésite entre le travail salarié et l'« inactivité » (au sens économique).

3.3. La neutralité d'un impôt

L'impôt peut être compatible avec l'optimum s'il n'incite pas certains agents économiques, consommateurs ou producteurs, à changer de comportement. On dit alors qu'il est neutre.

En principe, l'impôt proportionnel aux bénéfices est un bon exemple puisqu'il ne modifie pas le comportement des producteurs : la même politique est en effet conseillée pour maximiser le profit brut avant impôt et pour maximiser le profit net, c'est-à-dire 60 % environ du profit brut. L'offre de produit et la demande de facteurs sont donc en principe insensibles au taux d'imposition sur les bénéfices.

Un autre impôt neutre consisterait à taxer uniformément la rémunération du capital. À court terme, l'offre de capital serait inchangée : mieux vaut une rémunération faible que nulle (à long terme, on observerait peut-être une modification des comportements d'épargne aux conséquences incertaines sur l'efficacité dynamique de l'économie). Le capital n'étant pas source directe de satisfaction individuelle, un impôt ne modifierait directement aucun TMS individuel à court terme, il ne concernerait que la partie exogène des revenus courants.

Considérons alors l'exemple de la « taxe foncière sur les propriétés bâties ». En principe, celle-ci revient à une taxe indirecte et est condamnée en tant que telle par les critères d'optimalité. En fait, si un individu s'apprête à acheter un logement, la perspective de payer annuellement sa taxe le fera-t-elle renoncer à son achat ? si oui, le changement des prix relatifs aura frappé, l'optimum de Pareto sera sacrifié. Mais, en pratique, le prix de la taxe est oublié lors des décisions d'achat, il peut donc s'assimiler à un impôt forfaitaire, neutre et donc optimal.

Plus généralement, imaginons qu'on arrive à calculer, individu par individu, le niveau d'une taxe qui ne dissuaderait pas d'acheter un produit. Cette taxe serait alors discriminatoire mais presque neutre, elle serait presque optimale. Les impôts locaux à la charge des particuliers sont ainsi presque neutres, les taux sont appliqués à la valeur locative des habitations et il semble que personne ne modifie son comportement en fonction de ces divers taux. Le cas des entreprises est différent, certaines taxes locales élevées peuvent inciter à s'établir dans la commune voisine.

3.4. Les transferts sociaux optimaux

Reprenons l'exemple des repas universitaires, qualifiés de non optimaux, et envisageons une alternative optimale. L'objectif sera d'avantager les étudiants, par rapport à une situation de pure concurrence où ceux-ci devraient payer le « vrai » prix de leurs repas.

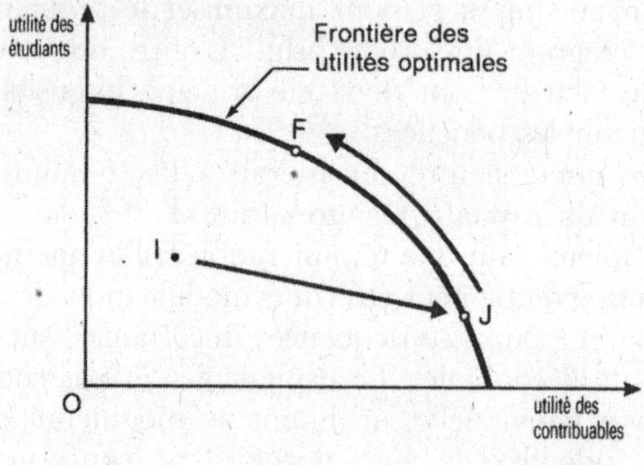

Fig. 6 – Transferts sociaux et optimalité

Sur la figure 6, on a représenté un point J correspondant à un équilibre concurrentiel sans intervention de l'État ; les étudiants y ont un niveau d'utilité relativement faible.

L'État décide alors de subventionner certaines dépenses étudiantes, admettons que ceci caractérise la gestion des restaurants universitaires. On aboutit au point I, non optimal, avec une meilleure situation des étudiants au détriment des malheureux contribuables.

Le point F apparaît préférable pour tous ; comment l'obtenir en partant de I ?

D'abord en supprimant les subventions, ce qui conduit en J. Puis en instaurant un impôt neutre sur les contribuables non étudiants et en distribuant son produit aux étudiants sous la forme d'allocation d'étude. Chacun en ferait l'usage qu'il voudrait : fréquenter les restaurants de luxe ou acheter de bons manuels d'économie, mais aux prix correspondant aux frais de production.

En pratique, cette politique optimale de transferts sociaux est très coûteuse et parfois même plus injuste que l'aide indirecte.

Dans notre exemple, il faudrait déterminer l'allocation d'étude de façon à compenser la perte de niveau de vie des étudiants précédemment les plus assidus au restaurant universitaire. En profiteraient les étudiants qui étaient précédemment les moins assidus : on devine la crainte des contribuables. Ajoutons que de nombreux individus s'inscriraient alors à l'université uniquement pour profiter de l'allocation d'étude...

L'État est ici confronté à un problème très général : il veut favoriser certains mais ignore exactement qui. Il imagine alors des règles générales qui vont profiter à de nombreux autres individus auxquels il ne songeait pas initialement. Souvent, l'aide indirecte a le mérite de révéler les individus qu'on désire aider. Ainsi, en proposant des habitations à prix modiques dans des quartiers mal famés, est-on sûr de ne pas favoriser des ménages qui n'en auraient pas besoin. De la même façon, il serait peut-être souhaitable de proposer aux étudiants des repas spéciaux à très bas prix, mais à condition que ces repas soient particulièrement répugnants.

Une autre méthode pour repérer les individus que l'on veut avantager consiste évidemment à définir des critères sociaux particuliers : ainsi on vérifierait le revenu familial des étudiants avant de leur accorder une allocation d'étude, un peu comme on procède pour le « revenu de solidarité active ».

4. Les rendements croissants

Les technologies à rendements croissants ont au moins deux bonnes raisons de bousculer le théorème d'équivalence. D'une part, elles incitent au regroupement des firmes, à la constitution d'une seule unité de production ; or, la gestion d'un monopole ne conduit pas, en régime de propriété privée, aux règles concurrentielles dont nous avons découvert les vertus d'optimalité. D'autre part, le critère de maximisation du profit, même avec un comportement concurrentiel, s'avère contradictoire avec la simple égalisation du prix et du coût marginal, ce qui enlève tout espoir d'optimalité aux critères usuels de marché.

4.1. Le regroupement des firmes

L'optimum de production, dans le cas des rendements décroissants, se contentait d'imposer aux firmes rivales d'égaliser leurs productivités marginales par facteur. Le marché parvenait au même but en ramenant ces productivités aux prix des facteurs. Considérons désormais deux firmes produisant le même bien, à partir du même facteur, disons le travail (noté L), avec la même fonction de production à rendements croissants :

$$q_1 = L_1^2 \quad \text{et} \quad q_2 = L_2^2.$$

Supposons donnée une quantité totale de travail égale à 100. Un optimum de production est simplement la solution du programme suivant :

$$\begin{cases} \text{maximiser } q = q_1 + q_2 \\ \text{(maximiser la production totale) avec :} \\ q_1 = L_1^2 \ ; \ q_2 = L_2^2 \\ L_1 + L_2 = 100 \\ 0 \leq L_1 \leq 100 \\ 0 \leq L_2 \leq 100 \end{cases}$$

Éliminons q_1 et q_2, il vient :

$$\begin{cases} \text{Max } q = L_1^2 + L_1^2 \\ L_1 + L_2 = 100 \ ; \ 0 \leq L_1 \leq 100 \ ; \ 0 \leq L_2 \leq 100 \end{cases}$$

Éliminons L_2, il vient à chercher L_1, compris entre 0 et 100 tel que :

$$q = (100 - L_1)^2 + L_1^2 \text{ soit maximum.}$$

On peut écrire alors :

$$q(L_1) = 2L_1^2 - 200L_1 + 10\,000.$$

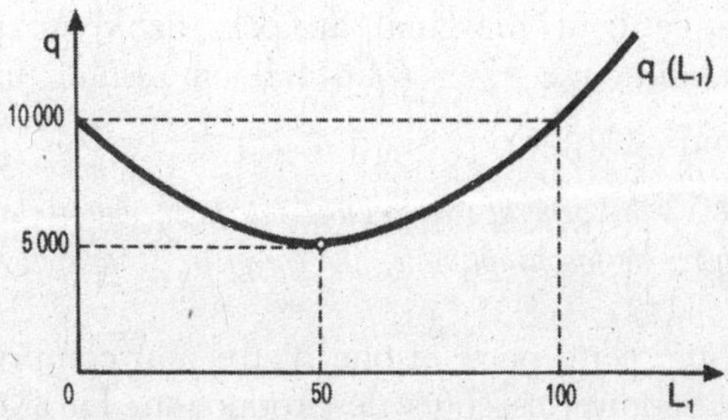

Fig. 7 – Production maximale et rendements croissants

La figure 7 représente $q(L_1)$. La dérivée vaut :

$q'(L_1) = 4L_1 - 200$, qui s'annule pour $L_1 = 50$.

Le maximum de $q(L_1)$ est atteint dans l'intervalle considéré pour deux valeurs de L_1 : $L_1 = 0$, autrement dit seule la firme 2 subsiste, et $L_1 = 100$, qui implique $L_2 = 0$ et donc la disparition de la firme 2. *Les rendements croissants impliquent donc la constitution de monopoles pour garantir l'optimum de production.*

4.2. La gestion optimale

Confiée à une logique privée, on montre qu'un monopole avec rendements croissants est incompatible avec un optimum de Pareto. Il convient donc de nationaliser l'entreprise et d'imaginer des règles de gestion décentralisée compatibles avec l'optimum.

Ces règles ne sont évidemment pas uniques et nous n'entreprendrons pas leur théorie générale. Signalons néanmoins quelques ingrédients de base :

— La firme doit égaliser le prix de vente au coût marginal.

— Elle doit minimiser ses coûts de production, les facteurs étant rémunérés aux prix usuels du marché.

Reprenons l'exemple précédent à la lumière de ces règles.

Fonction de production : $q = L^2$

Fonction de coût : $C(q) = wL = w\sqrt{q}$ (w est le prix du travail)

Coût marginal : $Cm(q) = C'_q = w / 2\sqrt{q}$.

Égalisons ce coût marginal au prix de vente p, il vient : $w / 2\sqrt{q} = p$, donc : $q = (w)^2 / 4(p)^2$. Il en résulte un profit :

$$\pi = pq - C(q) = pq - w\sqrt{q} = (\dots) = -(w)^2/4 \quad p < 0.$$

Ce résultat est très général : lorsqu'une entreprise soumise aux rendements croissants est gérée de façon optimale, elle enregistre structurellement une perte d'exploitation.

En pratique, cette perte risque d'être mal comprise et de ne pas inciter à réduire les coûts de production. La SNCF, dont on pense que les rendements sont croissants, est donc invitée à équilibrer son budget plutôt qu'à réclamer des subventions d'exploitation conformes à la théorie de l'optimum.

Vocabulaire à connaître : économie d'échange - neutralité d'un impôt - théorème d'équivalence.

EXERCICES PROPOSÉS

Exercice 31

1 / Parmi ces produits, lesquels vous semblent inélastiques aux prix ? (traduction : lesquels voient leurs demandes relativement insensibles aux modifications de leurs prix).

Essence, magnétoscope, tabac, alcool, chaussures, réfrigérateurs, eaux minérales, briquets jetables ?

2 / Lesquels conseillez-vous de taxer particulièrement pour alimenter le budget de l'État sans trop s'éloigner de l'optimum économique ?

3 / À votre avis, ces considérations d'optimalité interviennent-elles dans l'établissement des taux de TVA ?

Exercice 32

Les salariés bénéficient d'une réduction de transport pour leurs congés annuels sur le réseau de la SNCF. Comment jugez-vous cette mesure, d'une part en considérant les transferts sociaux qu'elle implique et d'autre part du point de vue de l'optimum économique ?

Imaginez une solution alternative avantageuse pour tous.

Représentez les différentes situations envisagées dans l'espace des utilités (distinguez entre salariés et non-salariés) en représentant la frontière des utilités optimales.

Exercice 33

L'aide au logement consiste à abaisser le coût d'acquisition, par des réductions fiscales et des prêts bonifiés principalement.

1 / Raisonnez en considérant un « ménage représentatif » et deux biens : le logement et l'automobile. Montrez que l'aide au logement conduit à une situation non optimale au sens de Pareto.

2 / Montrez pourquoi et comment la situation de ce ménage représentatif s'améliorerait après la suppression de l'aide au logement.

3 / Dans le repère logement/automobile, représentez graphiquement les étapes du raisonnement précédent. Indiquez en particulier les choix du ménage avant et après la suppression de l'aide au logement, avec les courbes d'indifférence correspondantes.

4 / L'aide au logement, en réalité, est à la fois redistributive et incitative. Précisez ces deux notions.

5 / Justifiez l'aide au logement en considérant le cas de la politique antitabac.

Exercice 34

On reprend les hypothèses de l'exercice 23 du chapitre 8. Commencez par en lire le corrigé si vous l'avez oublié. Nous allons désormais nous interroger sur l'optimum de Pareto dans cette économie, indépendamment donc des prix, des profits et des dividendes.

1 / Écrivez que toutes les productivités marginales du travail pm sont égales à l'optimum. En déduire pm en fonction de la quantité totale produite Q.

2 / Exprimez la quantité totale de travail utilisée L par les firmes en fonction de la quantité Q.

3 / Écrivez que les TMS sont égaux à l'optimum, relativement au travail fourni et à la consommation de chacun des individus. Il sera plus simple de calculer ces TMS à partir de la fonction d'utilité équivalente : $Vi = Qi(1 - Li)$.

4 / Écrivez une condition de liaison entre pm et TMS à l'optimum.

5 / Calculez à l'optimum les valeurs de travail fourni ($L = L_1 + L_2$) et de produit disponible ($Q = Q_1 + Q_2$).

6 / Exprimez chaque niveau d'utilité Ui à l'optimum en fonction de la consommation Qi. En déduire la frontière des utilités optimales.

7 / Vérifiez que l'équilibre général de l'exercice 23 était bien un optimum au sens de Pareto.

12. Le surplus économique

L'analyse du surplus est plus ancienne que la microéconomie traditionnelle. Elle demeure un moyen pratique irremplaçable pour évaluer certaines décisions publiques. Nous choisirons une présentation plutôt intuitive de la méthode, la rigueur mathématique serait possible mais en alourdissant énormément l'exposé.

Une question simple nous servira de fil conducteur : une entreprise publique envisage de diminuer son prix de vente ; bonne nouvelle pour les usagers, mauvaise nouvelle pour d'autres sans doute. Comment savoir si, globalement, la mesure envisagée est souhaitable ou non ?

1. Le surplus des consommateurs

La baisse du prix réjouira les consommateurs. Nous voulons évaluer l'accroissement de leurs satisfactions.

1.1. Un consommateur et un seul achat

Oublions la formalisation des choix à partir des fonctions d'utilité. Un individu se demande s'il va ou non acheter un bien au prix p. Il se fixe alors un seuil à ne pas dépasser, noté s. Ce seuil est d'autant plus grand que l'individu désire l'objet en question.

— Si le prix affiché s'avère exactement égal à ce seuil, j'achèterai l'objet mais sans joie particulière, puisque j'étais prêt à y renoncer, même pour 1 € de plus.

— Si le prix est supérieur au seuil, je n'achète pas et inversement quand le prix est inférieur au seuil. *Dans tous les cas, notez qu'il s'agit d'acheter ou non une seule unité de produit.*

La figure 1 ci-dessous illustre la situation en termes de demande. Cette dernière vaut 0 ou 1 selon les cas. La figure 2 est obtenue en inversant les axes habituels, ce qui s'avérera plus commode.

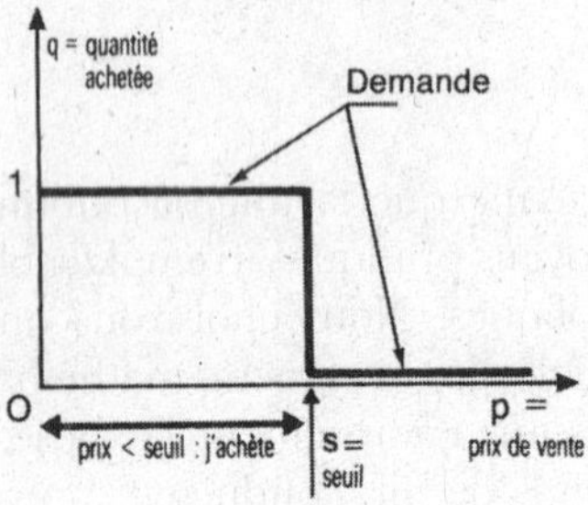

Fig. 1 – La demande individuelle

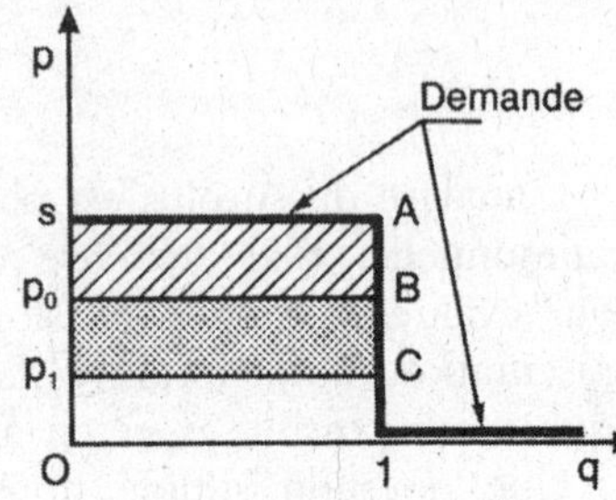

Fig. 2 – Le surplus élémentaire

Imaginons (fig. 2) que le prix effectif p_0 s'avère inférieur à mon seuil. J'achète le produit et tout se passe comme si j'avais gagné la différence $s - p_0$, entre la valeur de l'objet à mes yeux et le prix déterminé par le marché. Cette différence peut aussi s'écrire comme le produit $(s - p_0) \times (1)$, elle est donc mesurée par l'aire du rectangle ($sABp_0$). Imaginons que le prix diminue jusqu'à p_1. Tout se passe alors comme si, par rapport à la situation précédente, j'avais gagné $p_0 - p_1$, ce qu'on représente par le rectangle (p_0BCp_1).

Dans le premier cas, pour le prix p_0, on appelle surplus du consommateur le gain par rapport au seuil de référence. Dans le deuxième cas, passage de p_0 à p_1, on appelle variation du surplus le gain supplémentaire qui en résulte. Cette variation est évidemment positive si le prix diminue, négative dans le cas inverse et nulle si les prix semblent de toute façon excessifs par rapport au seuil.

Désormais, après avoir profité des soldes saisonnières, ne dites plus : « chic, je viens d'économiser 100 € », dites : « mon surplus vient d'augmenter de 100 € ».

1.2. Plusieurs consommateurs et un seul achat par consommateur

Représentons la demande globale, chaque consommateur ayant le même type de comportement que celui que nous venons de rencontrer. Évidemment, chacun aura son propre seuil, correspondant à sa situation personnelle : goûts, richesse, etc.

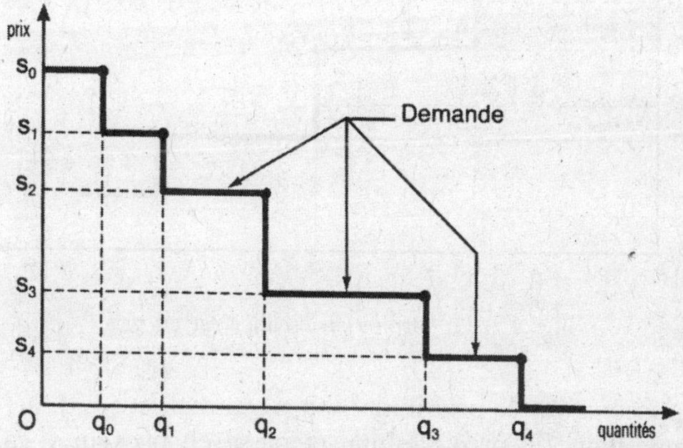

Fig. 3 – La demande globale en escalier

Sur la figure 3, on a imaginé qu'il y avait 5 seuils s_0, s_1..., s_4 et que plusieurs individus pouvaient avoir le même seuil.

Si le prix vaut s_0, seuls les consommateurs les plus avides de posséder le bien vont se manifester. Ils vont en acheter q_0 unités, un bien par acheteur, donc q_0 acheteurs concernés. Si le prix passe à s_1, ces q_0 acheteurs continueront de l'être mais ils seront rejoints par d'autres, en quantité $q_1 - q_0$. De sorte qu'au prix s_1, il y aura $q_0 + (q_1 - q_0) = q_1$ acheteurs en tout. (Entre s_0 et s_1, seuls subsistent les q_0 premiers acheteurs). On continue ainsi jusqu'à s_4, qui détermine $q_4 - q_3$ nouveaux acheteurs, c'est-à-dire

q_4 acheteurs en tout. En deçà, aucun nouveau venu ne se manifeste, même pour un prix nul. La demande globale est alors représentée par le trait en gras de la figure 3. Pour chaque prix, elle indique le nombre d'acheteurs et donc la quantité achetée.

Que deviennent nos surplus ? La figure 4 va nous l'enseigner, avec les mêmes notations.

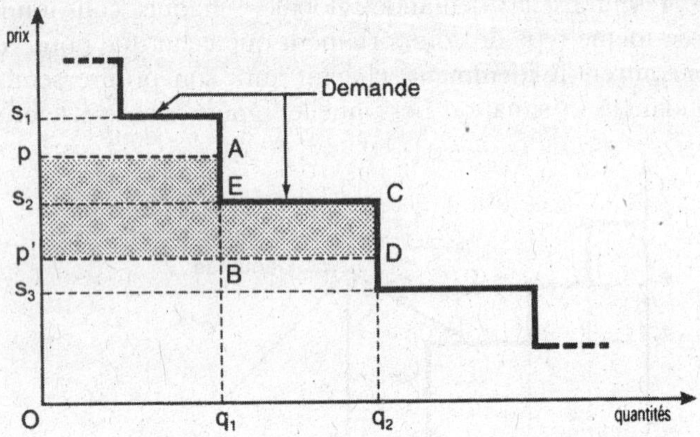

Fig. 4 – Le surplus en escalier est en gris

Supposons que le prix initial soit p, entre s_1 et s_2 : q_1 acheteurs se manifestent. Le prix diminue et passe en p′. Qui y gagne et combien ?

Les q_1 premiers acheteurs sont ravis de cette baisse, ils économisent ainsi $p - p'$ chacun soit en tout un gain, qui est la variation de leur surplus, de $(p - p') \times q_1$, correspondant au rectangle (pABp′). Mais il y a aussi les nouveaux acheteurs, décidés par la baisse du prix. Ils sont $q_2 - q_1$ et étaient disposés à payer s_2. Lorsque le prix valait p, ils n'achetaient pas et leur surplus était nul. Désormais, au prix p′, ils ont un surplus égal à $s_2 - p'$ qui est donc également la variation de leur surplus. En tout, la variation du surplus de ces nouveaux acheteurs vaut donc $(s_2 - p') \times (q_2 - q_1)$, représentée par le rectangle (ECDB) et la variation totale du surplus est la somme des aires des deux rectangles, on l'obtient en projetant les prix sur la demande globale.

D'une certaine façon, on peut dire qu'il est indifférent pour les consommateurs dans leur ensemble de bénéficier d'une baisse du prix de p à p′ ou de toucher directement la somme correspondant à la variation de leurs surplus.

À condition évidemment que cette somme soit judicieusement répartie : p − p′ pour les premiers acheteurs, $s_2 - p'$ pour les deuxièmes. Quant aux autres acheteurs, ils ne sont pas concernés par la baisse du prix : ils n'achetaient rien, ils continuent de ne rien acheter : leur surplus reste nul et n'a donc pas varié.

1.3. Le cas continu avec un seul achat par consommateur

Lorsque la demande globale n'est plus en escalier comme sur la figure 4, ou lorsque les marches se multiplient par milliers, elle a une allure continue qui permet encore de repérer les variations de surplus (fig. 5).

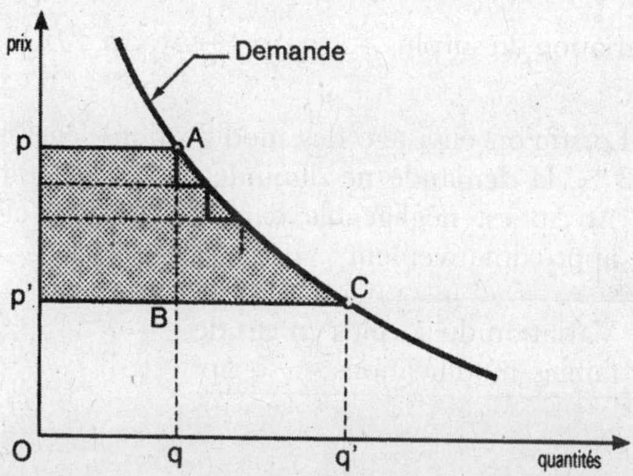

Fig. 5 – Le surplus des consommateurs est en gris

Le prix baissant de p à p′, les q acheteurs qui étaient preneurs à p améliorent leur surplus de p − p′ chacun, soit (p − p′) × q en tout, soit l'aire du rectangle pABp′. Les nouveaux venus sont q′ − q, avec des situations très différentes. On a représenté en dessous du point A des rectangles comme ceux de la figure 4. La variation totale de surplus des nouveaux acheteurs est représentée par la surface curviligne ABC : assurez-vous-en par comparaison avec la figure 4.

La variation totale du surplus des consommateurs est représentée par l'aire hachurée pACp′. On peut en donner une expression simple quand la demande est linéaire entre A et C.

L'aire du rectangle pABp′ vaut en effet $(p - p') \times q$. Notons Δp la variation du prix. Attention : celle-ci est négative dans notre exemple, elle vaut en effet : prix final − prix initial = $p' - p$. L'aire du rectangle vaut donc $- q\,\Delta p$.

La surface curviligne ACB est devenue un triangle rectangle banal. Son aire vaut : $\frac{1}{2}(q' - q)(p - p')$. En notant $\Delta q = q' - q$ la variation (positive dans notre exemple) de la demande, il vient pour cette aire :

$-\frac{1}{2}\Delta q\,\Delta p$. On en déduit :

$$\text{Variation du surplus} = - q\,\Delta p - \frac{1}{2}\Delta q\,\Delta p.$$

Remarque : Lorsqu'on envisage des modifications légères des prix, disons de 3 %, la demande ne diminue pas considérablement et le produit $\Delta q\,\Delta p$ est négligeable dans l'expression ci-dessus ; il reste donc approximativement :

Variation du surplus en cas de faibles modifications = $- q\,\Delta p$

1.4. Le cas général

Nous avons par commodité raisonné avec des individus n'achetant jamais plus d'une unité de produit. La demande globale de la figure 5 ne correspond donc qu'à certains biens particuliers. Pour généraliser, on peut imaginer qu'un individu achetant deux unités de produit réalise deux types de surplus. Le premier correspond au premier achat, celui pour lequel il était *a priori* le plus intéressé ; le second au deuxième achat.

Revoyez la figure 4 avec cette nouvelle interprétation. Au prix s_1, un individu achète q_1 unités de bien, au prix s_2 il se décide à acheter $q_2 - q_1$ unités supplémentaires, soit encore q_2 en tout. La variation de surplus en cas de baisse correspond à la même aire hachurée, en distinguant cette fois non plus les surplus par individu, mais les surplus par objet acheté successivement. Les mesures de surplus à partir de la demande globale de la figure 5 demeurent donc avec des biens que chacun peut acquérir en plusieurs exemplaires. Mais l'interprétation est plus délicate. Par exemple, quand le prix baisse de p à p′, il faut parler des surplus réalisés sur les q premiers objets achetés par un certain nombre de consommateurs (à propos du rectangle pABp′).

L'essentiel est que la variation totale de surplus garde la même interprétation : c'est la somme d'argent qu'on aurait pu donner aux consommateurs au lieu de leur accorder une baisse du prix.

Si plusieurs prix venaient à baisser, la variation totale des surplus serait évidemment une somme de variations correspondant à chacun des biens.

2. Le surplus des différents agents économiques

Continuons de raisonner avec une baisse du prix consentie par une entreprise. Les consommateurs en retirent un surplus que nous venons d'expliciter. (Il faudrait dire : « variation de surplus », mais ce serait plus long). Est-ce pour autant toujours une bonne chose ? Non, car pour l'entreprise, il y aura éventuellement un manque à gagner. Ce manque retombera toujours sur des individus, soit que des salariés soient moins payés, soit que des actionnaires soient moins rémunérés, soit que des propriétaires en pâtissent, etc. Si le surplus des consommateurs s'élève à 1 000 (en vérité c'est de variation qu'il s'agit) et que l'entreprise y perd 800, que faut-il conclure ?

Tout se passe comme si les individus gagnaient 1 000 d'un côté et perdaient 800 de l'autre : dans ce cas, ils seraient globalement contents dans un sens que nous allons préciser. La différence 1 000 − 800 apparaît comme la somme de deux surplus, celui des consommateurs (+ 1 000) et celui de l'entreprise (− 800), d'où les définitions et principes suivants.

2.1. Surplus d'une entreprise et surplus global

Le surplus global est la somme des surplus de tous les agents.

Par exemple, quand une entreprise améliore son bénéfice net de 500 après avoir payé 300 d'impôts supplémentaires, on comptera :

surplus de l'entreprise = 500 (bénéfice net)
surplus de l'État = 300.

Ce dernier surplus de l'État doit être compté, puisque ce sera autant d'économie pour les individus en tant que contribuables.

Calculons ainsi le surplus d'une firme quand sa fonction de coût vaut C(q) en fonction des quantités produites, à partir d'une baisse du prix de vente. Notons π le profit brut, impôt compris :

— Ventes initiales : q au prix p ; ventes finales : q′ au prix p′
— Profit initial = $\pi = pq - C(q)$
— Profit final = $\pi' = p'q' - C(q')$
— Surplus = $\pi' - \pi = (p'q' - pq) - [C(q') - C(q)]$.

On posera :

$p' = p + \Delta p$ (Δp est négatif avec notre exemple)

$q' = q + \Delta q$ (Δq est la variation de la production).

Il vient alors :

$$\text{Surplus} = [(p + \Delta p)(q + \Delta q) - pq] - [C(q') - C(q)].$$

En négligeant $\Delta p\,\Delta q$, il vient :

$$\text{Surplus} \# p\,\Delta q + q\,\Delta p - [C(q') - C(q)].$$

Pour continuer, supposons que la fonction de coût soit quasiment linéaire entre q et q′. Sa pente sera la dérivée de C(q), c'est-à-dire le coût marginal noté C_m. On aura alors, avec le théorème des accroissements finis :

$$C(q') - C(q) = C(q + \Delta q) - C(q) = C_m \times \Delta q.$$

D'où finalement :

$$\boxed{\text{Surplus} = p\,\Delta q + q\,\Delta p - C_m\,\Delta q}$$

Cette formule étant calculée à partir du profit brut, elle résume la variation de surplus imputable aux producteurs sans avoir à comptabiliser explicitement les transferts fiscaux.

2.2. Le critère du surplus

Nous pouvons enfin revenir à nos préoccupations du début. Une modification économique étant suggérée, comment savoir si elle est ou non bénéfique ?

On commence par recenser tous les agents économiques concernés. S'il s'agit d'une ligne de chemin de fer à prolonger, il y aura les passagers-consommateurs, l'entreprise SNCF, l'État, les entreprises concurrentes de transport, etc. Pour chaque agent, on mesure – tant bien que mal ! – la variation du surplus correspondant. On ajoute le tout pour obtenir le surplus global. Si ce dernier s'avère positif, on dira que la modification en question est conforme à l'intérêt général : tel est le critère du surplus.

Rappelons qu'un surplus positif permet en principe d'améliorer le sort de tous, mais qu'en pratique il faudrait envisager une multitude de transferts de revenus entre les agents pour y parvenir. Dans l'exemple ci-dessus, il faudrait dédommager les entreprises concurrentes, ou plutôt leurs ayants droit, si du moins on considère la situation initiale comme satisfaisante du point de vue des inégalités sociales.

2.3. Les biens non marchands

Le critère du surplus repose sur des évaluations en monnaie. Il néglige donc *a priori* les accidents de la route que la ligne de chemin de fer que nous évoquions permettrait d'éviter. On intègre les éléments de cet ordre dans le surplus global en chiffrant – tant bien que mal – les éléments non marchands du calcul ; il faut alors préciser ce que « vaut » un accidenté, ou plutôt ce qu'il en coûte à ses proches, à la société et à lui-même. Il faut aussi chiffrer en euros des gains de temps, la pollution, etc., pour être sûr qu'un surplus global positif correspond à une transformation conforme à l'intérêt général.

2.4. Exemple : la tarification optimale

Appliquons le critère du surplus au cas qui nous a servi de fil conducteur. Une entreprise, disons publique, décide d'abaisser ses tarifs d'une valeur Δp (négative donc). Il en résulte une augmentation Δq de la demande. Est-ce une bonne ou une mauvaise chose ?

Nous supposerons que la variation Δp est suffisamment petite pour négliger les éléments du second ordre, tels que $\Delta p \times \Delta q$. On note C_m le coût marginal de l'entreprise. Rappelons nos résultats :

(Variation de) surplus des consommateurs $= - q\,\Delta p$

(Variation de) surplus de l'entreprise $= p\,\Delta q + q\,\Delta p - C_m\,\Delta q$.

On en déduit :

$$\text{(Variation de) surplus global} = (p - C_m)\,\Delta q.$$

Cette dernière formule est fort instructive. Imaginons qu'initialement le coût marginal était inférieur au prix de vente. La quantité $p - C_m$ est alors positive et le critère du surplus conduit à préconiser une augmentation de la quantité ($\Delta q > 0$) ou, de façon équivalente, une baisse du prix (voir fig. 6).

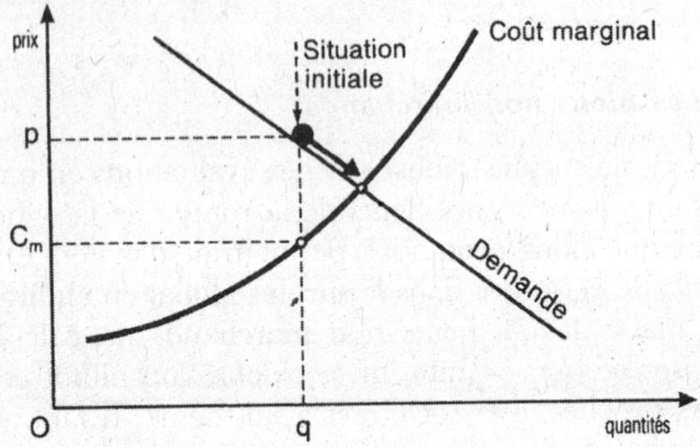

Fig. 6 – Comment augmenter le surplus si p > coût marginal

La flèche indique la décision du critère : augmenter la quantité, baisser le prix. Imaginons à présent une autre situation initiale, avec un coût marginal supérieur au prix de vente. Le surplus global sera positif si Δq est négatif et donc Δp positif (voir la figure 7).

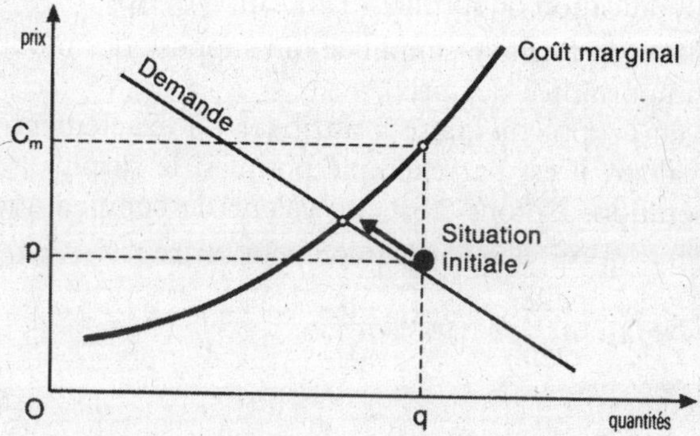

Fig. 7 – Comment augmenter le surplus si p < coût marginal

La morale de l'histoire est claire : il faut que chaque entreprise égalise son prix de vente et son coût marginal pour que le surplus global soit maximum. (Dans ce cas, on vérifie que n'importe quelle nouvelle modification impliquera une diminution de surplus global). Par chance, nous avons vu que le critère du profit maximum conduit précisément beaucoup de producteurs à adopter ce comportement en situation concurrentielle. Nous retrouvons donc, par une voie détournée, les correspondances déjà signalées entre le fonctionnement concurrentiel des marchés et l'optimum économique.

2.5. Exemple : l'indice des prix

Revenons à notre consommateur, face, cette fois, à plusieurs biens. Deux nous suffiront, de prix p_1 et p_2, achetés en quantité q_1 et q_2. On note R le revenu disponible, il vérifie donc à l'équilibre :

$$R = p_1 q_1 + p_2 q_2.$$

Les prix viennent alors à changer. Il s'agit de déterminer le supplément de revenu qui pourrait exactement compenser les modifications de prix sans changer le niveau de satisfaction.

L'individu subit deux modifications de son surplus, une pour chaque bien. Au total en notant Δpi les modifications de prix :

$$\text{modification de surplus} = - q_1 \Delta p_1 - q_2 \Delta p_2$$

(nous utilisons la formule simplifiée qui suppose des modifications pas trop importantes des prix).

Le revenu supplémentaire à attribuer est exactement l'opposé de cette valeur, il est par exemple positif si le surplus a diminué dans l'opération. Notons ΔS cette valeur de compensation :

$$\Delta S = q_1 \Delta p_1 + q_2 \Delta p_2, \text{ qu'on peut écrire :}$$

$$\Delta S = p_1 q_1 \frac{\Delta p_1}{p_1} + p_2 q_2 \frac{\Delta p_2}{p_2}.$$

On en déduit :

$$\frac{\Delta S}{R} = \frac{p_1 q_1}{R} \times \frac{\Delta p_1}{p_1} + \frac{p_2 q_2}{R} \times \frac{\Delta p_2}{p_2}$$

Interprétons cette formule.

— $\frac{p_1 q_1}{R}$ est la part de la consommation de bien 1 dans le total des consommations. Elle vaut 0,2 si je consacre 20 % de mes achats au bien 1.

— $\frac{\Delta p_1}{p_1}$ est l'augmentation relative du prix du bien 1.

— $\frac{\Delta S}{R}$ apparaît alors comme la moyenne des variations de prix, pondérés par les parts relatives des produits.

Application numérique : p_1 augmente de 7 %, p_2 augmente de 3 %. Le bien 1 représente 20 % du total, le bien 2 représente 80 %. Calculons $\Delta S/R$:

$$\Delta S/R = (0{,}2 \times 7\ \%) + (0{,}8 \times 3\ \%) = 3{,}8\ \%.$$

Autrement dit, une augmentation du revenu de 3,8 % suffirait à compenser les augmentations de prix pour préserver mon pouvoir d'achat. On reconnaît alors, sous ces 3,8 %, l'indice général des prix de l'INSEE, son mode de calcul et l'utilisation sociale qui en résulte.

Vocabulaire à connaître : surplus d'un consommateur - surplus des consommateurs - surplus global - critère du surplus.

EXERCICES PROPOSÉS

Exercice 35

On considère un produit indivisible susceptible d'être acheté annuellement par cinq individus.
L'individu 1 est décidé à acheter (une unité) si le prix n'excède pas $p_1 = 700$.
Pour l'individu 2, le seuil vaut $p_2 = 400$ et il vaut pour les autres : $p_3 = p_4 = 200$; $p_5 = 100$.
Le prix de vente vaut $p = 250$ la première année et $p' = 175$ la deuxième année.
1 / Calculez la variation du surplus pour chaque individu et la variation globale du surplus quand on passe de la première à la deuxième année.
2 / Représentez géométriquement, avec p en abscisse, la demande globale du produit.
Représentez la variation du surplus global (commencez par celle de l'individu 1).

Exercice 36

Une entreprise est en position de monopole sur un marché. Elle vend son produit 25 € et en écoule ainsi 150 unités par période. Son bénéfice brut vaut alors 1 000 par période, 400 pour l'État à titre d'impôt et 600 pour l'heureux propriétaire.
L'État se demande si cette entreprise n'abuse pas de sa position de monopole et entreprend une étude préalable en vue d'une éventuelle nationalisation.
Il s'avère que la demande du produit vaut approximativement :
$q = q^d(p) = -2p + 200$,
p étant le prix et q la quantité demandée.
La fonction de coût c(q) est approximée par la relation :
$c(q) = 0{,}1q^2 - 10q + 2\,000$.
1 / Vérifiez que ces études sont compatibles avec les données de l'exercice.
2 / Si la firme était nationalisée, quel type de gestion préconiseriez-vous ?
3 / Quels seraient alors le prix de vente, la quantité vendue et le bénéfice brut ? Confirmez les soupçons de l'État.

4 / Indiquez les gains ou les pertes enregistrées par les agents en cas de nationalisation. Distinguez entre le propriétaire, l'État et les consommateurs.
5 / Que préconisez-vous ?

Exercice 37

On suppose une production locale de bois irrégulière. Les années normales, on en produit une certaine quantité s'écoulant normalement sur le marché local à un prix stable. Les années de crise voient la production en volume diminuer de 10 %, les prix montant alors pour équilibrer le marché. On constate que les crises surviennent en moyenne tous les cinq ans. Elles sont imprévisibles et il est impossible d'y remédier en important brusquement les 10 % de produits défaillants. L'élasticité de la demande locale annuelle de bois par rapport à son prix vaut – 0,2, la valeur de la production locale en année normale vaut 10 000 €.
On se demande s'il ne serait pas judicieux de constituer des stocks de précaution, de façon à fournir régulièrement la quantité correspondant aux années normales, en important chaque année environ 2 % de la production locale.
1 / Représentez graphiquement, dans un repère quantité/prix, la perte de surplus des consommateurs concernés en année de crise.
2 / En assimilant la demande à une droite, évaluez cette perte de surplus. (Vous commencerez par exprimer le prix de vente en fonction de l'élasticité, de la variation de prix consécutive à la hausse et de la variation relative de la production en volume.)
3 / Quels frais annuels de stockage croyez-vous raisonnable d'accepter dans l'intérêt général ? Les frais d'importations doivent-ils s'ajouter aux frais de stockage ?
4 / Qui doit payer les frais de stockage ?

Quatrième partie
Quelques complications

Nous allons aborder dans cette partie quelques analyses particulières dans le sens où elles s'insèrent difficilement dans un schéma d'équilibre général. Mais ces analyses s'appliquent à la plupart des relations économiques et, en particulier, quand il s'agit d'économie appliquée.

La concurrence imparfaite (chap. 13) et les effets externes (chap. 15) impliquent des équilibres naturels qui risquent d'être désagréables avec, par exemple, des monopoles abusant de leur pouvoir ou des agents économiques trop peu soucieux de l'environnement. Dans les deux cas, il s'agira de préciser pourquoi et d'indiquer comment on pourrait améliorer les choses, si possible dans le cadre d'une économie de marché.

Le temps (chap. 14) et l'incertain (chap. 16) sont des dimensions essentielles de toute activité économique. Ce sont malheureusement des thèmes que l'on sait mal analyser d'une façon très générale. En particulier, la notion d'équilibre général n'est pas claire quand on envisage la succession des périodes, l'incertitude et l'information des agents. Il faudra donc envisager des analyses partielles et formuler des hypothèses assez restrictives sur le comportement des agents économiques et le fonctionnement des marchés.

13. La concurrence imparfaite

1. Remarques introductives

1.1. Définition de la concurrence imparfaite

Considérons un marché particulier ; du comportement des acheteurs et de celui des vendeurs résulte un équilibre spécifique avec, en général, un prix de vente unique si le produit est homogène. Ce prix de marché détermine alors les transactions effectives et les gains qu'en tirent les acteurs du marché.

En concurrence pure et parfaite, aucun agent économique n'est suffisamment important pour influer significativement sur le prix d'équilibre. Autant donc considérer ce prix comme « donné » puisque, par exemple, vendre plus cher ferait fuir la clientèle et vendre moins cher ne permettrait pas de vendre davantage.

La concurrence imparfaite concerne les marchés où certains participants peuvent sensiblement modifier les conditions d'équilibre ; ils en prennent conscience et cherchent alors à en tirer le meilleur parti.

Une entreprise qui recourt à la publicité est ainsi un signe de concurrence imparfaite puisqu'il s'agit toujours de modifier à son profit l'équilibre du marché, soit en vendant plus cher soit en vendant davantage.

Des consommateurs qui se groupent en coopérative d'achat pour obtenir des tarifs avantageux agissent de même dans un cadre de concurrence imparfaite.

1.2. Concurrence imparfaite et optimalité

Si tous les autres marchés sont de type concurrentiel, un marché de concurrence imparfaite suffit à briser l'optimalité économique au sens de Pareto, en vertu du théorème d'équivalence. Cet argument suffit en principe à condamner la concurrence imparfaite et à légiférer de façon à imposer des comportements concurrentiels ; il convient néanmoins de nuancer

1 / La concurrence imparfaite implique une perte d'efficacité du système économique, mais cette perte est-elle considérable ? S'il s'avérait que la perte était finalement minime, il vaudrait mieux renoncer à mettre en place des mesures de contrôle et de répression toujours assez coûteuses.

2 / Si les autres marchés ou encore si certaines pratiques financières ou fiscales devaient nécessairement aboutir à une situation non optimale, il n'est pas sûr qu'un marché de concurrence imparfaite éloignerait davantage de l'optimum. Les recommandations théoriques deviennent alors très complexes, mieux vaut ne pas les aborder.

3 / Un marché concurrentiel suppose souvent beaucoup d'unités de production indépendantes et de petites tailles. À long terme, cette situation peut s'avérer inefficace, en particulier parce qu'elle ne favorise pas les efforts de recherche et d'innovations. La concurrence serait donc optimale à court terme, mais inefficace à long terme.

En situation de concurrence imparfaite, les entreprises cherchent à influencer et même à contrôler le marché, au besoin en éliminant les concurrents. Cette attitude peut s'avérer bénéfique si elle conduit à inventer des nouveaux produits ou des nouvelles façons de produire. Au contraire, dans un marché concurrentiel, toute innovation est immédiatement reprise par les concurrents et il en résulte un maigre bénéfice pour l'entreprise innovatrice. Chacun peut donc passivement attendre des autres qu'ils innovent ; ce comportement ne caractérise évidemment pas tous les marchés de concurrence parfaite.

1.3. La typologie des marchés

Il est commode, pour commencer, de caractériser les marchés par le nombre de ses participants.

	Nombre d'acheteurs	Nombre de vendeurs	Exemples
Concurrence parfaite	grand	grand	les huîtres
Monopole	grand	1	l'électricité naguère
Monopsone	1	grand	les tanks de l'armée française
Oligopole	grand	petit	les eaux minérales

Fig. 1 – Exemples de marchés particuliers

La figure 1 décrit les cas les plus étudiés. Le terme « monopsone » n'est guère employé, on dira plutôt « monopole d'achat », par exemple pour les tanks de l'armée française.

Cette typologie s'avère tout à fait insuffisante puisqu'elle n'indique pas le comportement des agents économiques. Ainsi, le marché des eaux minérales peut fort bien être concurrentiel si les producteurs n'y entendent pas manipuler l'équilibre, soit par défaut d'information sur la demande, soit par convention sociale. De la même façon, un monopole public comme l'était EDF pouvait adopter un comportement concurrentiel si telle était la volonté de ses dirigeants.

Nous allons donc plutôt chercher à recenser quelques comportements non concurrentiels parmi d'autres, à charge pour chacun de deviner quels comportements semblent le mieux convenir pour définir tel marché ou telle situation particulière. Nous formaliserons surtout les défauts de concurrence imputables au comportement des producteurs.

1.4. La demande à la firme

Pour une entreprise, la demande à la firme exprime le prix qu'elle peut pratiquer en fonction de la production qu'elle veut écouler sur le marché.

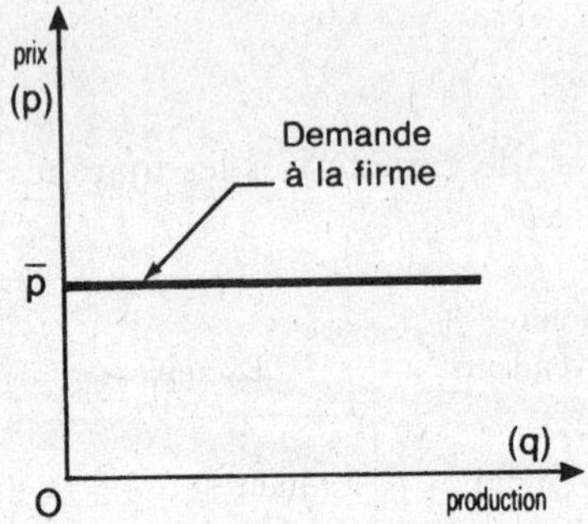

Fig. 2 – Demande à la firme concurrentielle

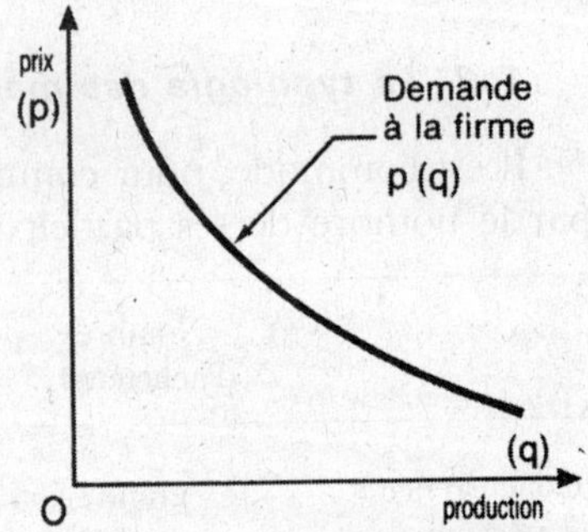

Fig. 3 – Demande à la firme non concurrentielle

La figure 2 caractérise la situation concurrentielle des vendeurs. Pour chacun, on ne peut vendre qu'au prix de marché p et on peut vendre autant qu'on désire à ce prix.

La figure 3 caractérise la concurrence imparfaite du côté des vendeurs. Il est désormais possible de choisir son prix de vente, à condition évidemment d'adapter le volume de la production.

Pourquoi une hausse du prix est-elle possible sans que la clientèle fuie tout entière chez les concurrents ? Parfois faute de concurrents (ce sera le cas du monopole) ; parfois faute de concurrents susceptibles d'accueillir toute la clientèle disponible : nous préciserons le moment venu.

De la demande à la firme, on passe à la recette totale R_T en multipliant par le volume des ventes :

$$R_T = p \times q = p(q) \times q = R_T(q).$$

La recette marginale est alors définie comme le supplément de recette si la production augmente d'une unité.

Mathématiquement, cette recette marginale R_m s'obtient en dérivant la recette totale :

$$R_m = \frac{\Delta R_T(q)}{\Delta q} = R_m(q).$$

Notez qu'elle dépend en général du volume des ventes mais, dans le cas concurrentiel, la recette marginale est évidemment égale au prix de marché, indépendamment du volume des ventes.

La recette moyenne R_M est définie par :

$$R_M = \frac{R_T}{q} = P(q) = R_M(q).$$

Ce n'est donc qu'une autre façon de désigner la demande à la firme.

2. Le monopole

2.1. Définition

Un monopole est un agent économique qui est le seul offreur d'un produit particulier.

Par exemple, un acteur peut être considéré comme un monopole (encore qu'on devine qu'il existe toujours des produits de substitution). Le comprenant, il aura tendance à ne pas gaspiller son offre de travail pour ne pas la dévaloriser. Les producteurs de Perrier sont dans la même situation, de même que la firme Éclair aux premiers temps de leurs fermetures.

Pourquoi existe-t-il des monopoles ? Parfois une ressource naturelle confère un monopole à ses propriétaires (Perrier) ; parfois un brevet d'invention donne le même résultat, mais temporairement ; parfois l'État impose sa loi comme naguère pour la production d'électricité en France. Les cas plus fréquents sont moins absolus, comme la firme Intel pour les amateurs d'ordinateurs rapides.

Dans tous les cas, un monopole n'est jamais absolu, il existe toujours des produits de substitution plus ou moins proches ; de même une entreprise seule sur un marché craint toujours l'émergence de nouveaux concurrents, ce qui conduit à des comportements moins caricaturaux que ceux de la théorie élémentaire.

2.2. La demande à la firme

Soit donc un monopole, absolu pour simplifier. Le bien qu'il produit est demandé par d'autres entreprises ou par des consommateurs, peu importe pourvu que les acheteurs soient suffisamment dispersés pour ne pas constituer à leur tour un monopole d'achat. La demande du produit dépend du prix p et d'autres paramètres que nous supposerons toujours fixes dans les analyses, comme les prix des autres biens et les revenus des consommateurs ; nous écrirons donc tout simplement :

$q = q^d(p)$: la demande du produit ne dépend que de son prix de vente.

Il sera plus commode de considérer la relation inverse :

$p = p(q)$, qui se lit ainsi :

p(q) est le prix du produit qui permet au marché d'écouler la quantité q.

Cette relation sera elle aussi qualifiée de demande du produit, ou encore de demande à la branche.

Exemple

Soit une demande globale linéaire :

$q = q^d(p) = -2p + 10$. On en déduit :

$p = -0{,}5q + 5 = p(q)$.

Le monopole étant le seul vendeur dans la branche, à quel prix pourra-t-il écouler toute sa production q ? Évidemment à un prix vérifiant la demande à la branche, autrement dit :

pour un monopole, la demande à la firme n'est autre que la demande à la branche.

2.3. L'équilibre du monopole

Calculons la recette totale R_T d'un monopole qui connaît la demande de son produit :

$R_T = p \times q = p(q) \times q$.

Cette recette n'est autre que le chiffre d'affaires attendu si la production vaut q, la figure 4 reprend l'exemple précédent.

$p(q) = -0{,}5q + 5$ implique en effet :

$R_T = p \times q = -0{,}5q^2 + 5q$.

Le dilemme du monopole est donc simple : vendre peu (q voisin de 0) ou vendre beaucoup à trop bas prix (q voisin de 10) ne rapporte pas suffisamment, que choisir ? Tout dépend évidemment des coûts de production, que nous représenterons par la fonction de coût total :

$C = C(q)$.

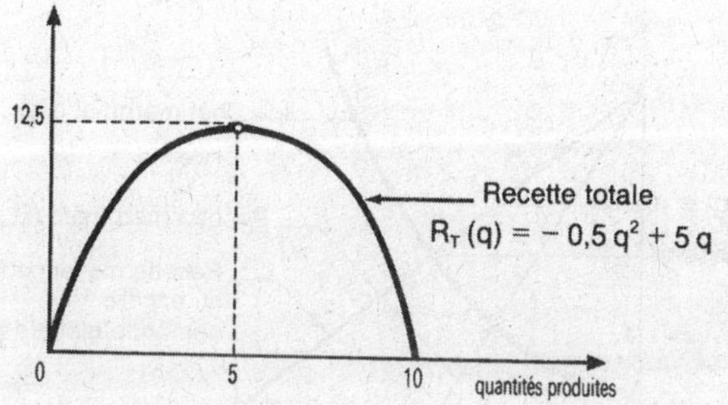

Fig. 4 – La recette totale : exemple

Le profit π dépend du volume de production, il vaut :

$\pi = R_T(q) - C(q)$.

Nous considérerons qu'il est maximum quand sa dérivée est nulle, il vient :

dérivée de $R_T(q)$ = dérivée de $C(q)$ = coût marginal = $C_m(q)$.

La dérivée de R_T n'est autre que la recette marginale R_m, il vient donc :

quantité vendue : $R_m(q) = C_m(q)$ prix de vente : $p = p(q)$

La figure 5 illustre ces relations avec notre exemple. Plutôt que la fonction initiale p(q), on préfère parler de recette moyenne $R_M(q)$, ce qui revient exactement au même, comme nous allons le constater :
demande : $p = p(q)$; exemple : $p = -0,5q + 5$
recette totale : $q \times p(q)$; exemple : $R_T = -0,5q^2 + 5q$
recette moyenne : $\frac{R_T}{q} = p(q)$; exemple : $R_M = -0,5q + 5$
recette marginale : $(R_T)'_q$; exemple : $R_m = -q + 5$
(dans le cas général, les représentations de R_m et R_M ne sont pas des droites, ce sont des courbes décroissantes, la recette marginale étant inférieure à la recette moyenne).

Le monopole est ainsi incité à produire q au prix p, ce qui conduit à l'équilibre au point M. Si le monopole avait adopté un

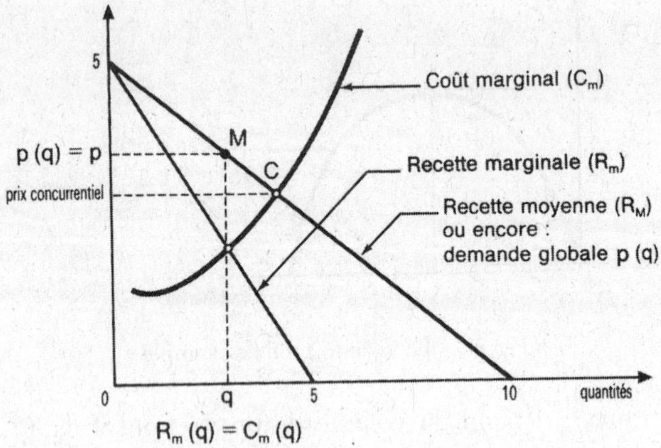

Fig. 5 – L'équilibre monopolistique

comportement concurrentiel, il aurait égalisé prix de vente et coût marginal avant de constater que l'équilibre du marché conduisait au point C, intersection de la demande p(q) et de l'offre constituée du coût marginal.

Le comportement monopolistique revient donc à vendre peu et cher par comparaison avec l'équilibre concurrentiel, avec évidemment un profit supérieur.

L'écart entre les deux situations dépend beaucoup de l'élasticité prix de la demande. Si la demande est assez inélastique, c'est-à-dire peu sensible aux variations de prix, le monopoleur n'hésitera pas à afficher des prix très élevés, ceux-ci compensant la faible diminution de la clientèle. Par contre, en cas de demande très élastique, augmenter le prix diminue beaucoup les ventes, ce qui limite la marge de manœuvre du monopole par rapport au cas concurrentiel.

L'écart entre le profit d'un monopole et le profit concurrentiel est parfois appelé « rente de monopole ». En pratique, cette rente n'est peut-être pas très élevée parce qu'elle pourrait alors susciter des vocations d'entrepreneurs concurrents. Plus exactement, cette rente est utilisée pour conserver au monopole son statut, alimentant selon les cas des budgets de recherche ou de publicité.

2.4. Le monopole discriminant

Un monopole discriminant pratique des politiques commerciales différentes selon les types de consommateurs rencontrés. On dit aussi qu'il « segmente » le marché en plusieurs parties.

L'idéal serait de proposer à chaque individu le prix maximum qu'il est disposé à payer, ce qui est en pratique impossible et juridiquement réglementé. Les discriminations sont donc assez limitées et les marchés segmentés doivent être suffisamment étanches pour valider le procédé. Ainsi, proposer le même bien à deux prix très différents dans deux établissements d'une même ville risque de faire disparaître l'établissement le plus cher.

Une pratique voisine de la discrimination consiste à lancer un produit à un prix très élevé pour s'adresser à la clientèle la plus intéressée ou la plus fortunée ; puis on s'adresse au grand public avec un prix plus bas : pensez aux différents instruments de reproduction du son et de l'image, ou aux ordinateurs individuels.

Mathématiquement, on imagine qu'un marché est segmenté en deux. Il en résulte deux fonctions de demande, d'où deux recettes totales $R_1(q_1)$ et $R_2(q_2)$ en fonction des quantités vendues à chaque segment du marché. Le profit total du monopole s'écrit alors :

$$\pi = R_1(q_1) + R_2(q_2) - C(q_1 + q_2).$$

Les quantités sont choisies de façon à maximiser ce profit, on devine que ce dernier est plus élevé que si le marché n'était pas segmenté.

La discrimination peut concerner également le travail. Elle se manifeste si, à productivités égales, le travail féminin est moins rémunéré que le travail masculin.

3. Le monopole bilatéral

3.1. Définition

Un monopole bilatéral est défini par un vendeur qui est le seul à proposer un produit et par un acheteur, lui-même unique client pour le produit considéré.

Par exemple Areva, qui fabrique les centrales nucléaires pour EDF, est la seule à proposer ce produit, EDF est également le seul acheteur : les deux entreprises constituent un monopole bilatéral.

Toutes les relations entre une entreprise et un sous-traitant spécialisé constituent des monopoles bilatéraux.

En pratique, un monopole bilatéral n'est jamais absolu ni jamais symétrique.

Jamais absolu, car tout produit et tout débouché possèdent des substituts plus ou moins proches. Si une entreprise se fâche avec un sous-traitant, elle pourra toujours solliciter une autre entreprise avec, certes, des coûts spécifiques de transition. Inversement, un sous-traitant spécialisé pourra toujours en cas de besoin changer de client et de produit, avec ici encore, des coûts spécifiques de reconversion.

La situation des deux partenaires n'est jamais non plus parfaitement symétrique. L'un des deux se reconvertirait plus facilement que l'autre, tout dépend du produit en cause et des produits de remplacement. Dans l'exemple des sous-traitants joue un effet de taille au détriment de ceux-ci ; en cas de rupture de contrat, un sous-traitant risque la faillite, alors que son client, souvent, ne risque qu'une rupture de stocks momentanée.

Un monopole bilatéral pose deux questions intéressantes combien de produits vont-ils convenir d'échanger et à quel prix ?

On devine que nous avançons vers des relations de marchandage avec menaces, chantages et accords finaux la nuit tombée. Nous allons néanmoins tenter de préciser en recourant aux mathématiques le type de solution qui devrait logiquement prévaloir. Pour passer de l'analyse mathématique à la réalité, il faudra se souvenir :

— que les deux entreprises ne souffriraient pas autant en cas de rupture ;
— que des produits ou des débouchés de substitution existent presque toujours ;
— enfin que les relations bilatérales sont généralement durables il se peut qu'on renonce à un avantage aujourd'hui pour ne pas risquer une vengeance demain.

3.2. Analyse mathématique

La formalisation diffère quelque peu selon que l'acheteur est lui-même fabricant (le produit est alors un bien de consommation intermédiaire) ou qu'il est revendeur final. Considérons ce dernier cas, plus simple à expliciter :

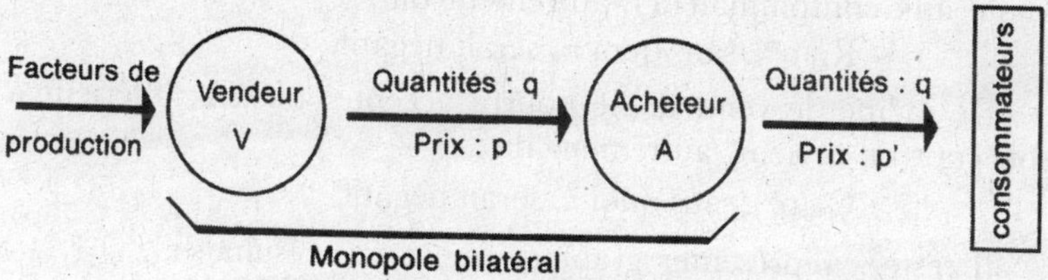

Fig. 6 – Exemple de monopole bilatéral

L'acheteur des q unité de produit les revend aux consommateurs à un prix supérieur p' et en tire une recette totale :

Recette totale = $RT(q) = q \times$ Recette moyenne $= q \times R_M(q)$.

Si le comportement de l'acheteur face à sa clientèle est celui d'un monopole, comme on peut s'y attendre, la recette totale $RT(q)$ sera calculée tout simplement à partir de la demande des consommateurs.

Le profit qui en résulte s'écrit :

$$\pi_A = RT(q) - pq.$$

Le vendeur est caractérisé par une fonction de coût total $C(q)$ habituelle, il en résulte un profit :

$$\pi_v = pq - C(q).$$

Nous allons supposer que les deux entreprises sont assez raisonnables pour ne pas convenir d'un contrat, s'il en existait un autre meilleur pour tous les deux.

Or la recette des deux firmes provient des consommateurs et les dépenses proviennent des coûts de production. Il est donc raisonnable de maximiser le gâteau commun, quitte à se quereller ensuite sur les parts respectives. Ce gâteau vaut :

$$RT(q) - C(q) = \pi_A + \pi_v.$$

La quantité q* raisonnable pour tirer parti des consommateurs est donc déterminée par la relation suivante :

$R_m(q^*) = C_m(q^*)$ ou : Recette marginale = coût marginal.

Du point de vue des consommateurs, le monopole bilatéral revient donc à un monopole ordinaire.

Le partage du gâteau revient à déterminer le prix p des transactions q* : l'acheteur le voudrait faible, le vendeur le préférerait élevé.

L'acheteur ne pourra accepter un prix supérieur au prix de vente aux consommateurs, autrement dit :

$p < R_M(q^*)$, sans quoi π_A serait négatif.

De même, le vendeur ne pourra accepter un prix inférieur à son coût de revient, autrement dit :

$p > C_M(q^*)$, sans quoi π_v serait négatif.

Il reste à représenter graphiquement nos résultats :

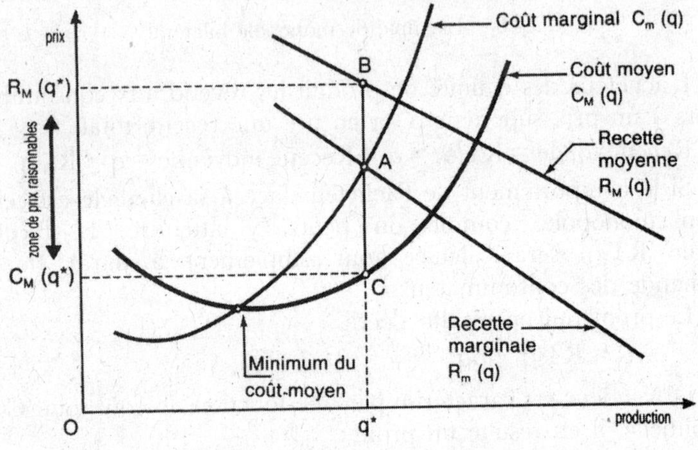

Fig. 7 – Les contrats raisonnables

Le point A, intersection du coût marginal et de la recette marginale détermine le volume optimal q* des transactions. Au-delà de B, le prix dissuaderait l'acheteur, en deçà de C, il dissuaderait le vendeur. Le segment BC représente donc l'ensemble des contrats raisonnables (quantité et prix).

Le choix d'un point sur le segment BC, c'est-à-dire le choix d'un prix, est un élément clé des filières de production, il détermine la part du gâteau des différents acteurs, élément instable des relations au sein d'une filière.

L'intégration verticale est une solution assez tentante quand un des participants en a les moyens financiers, elle le met à l'abri de négociations continuelles et incertaines.

4. L'oligopole

4.1. Définition

Les firmes qui se partagent un marché constituent un oligopole si elles connaissent la demande à la branche et peuvent y déceler l'incidence de leurs volumes de production.

Autrement dit, un certain nombre de firmes produisent un même bien, elles doivent donc le vendre à un même prix p ; elles connaissent la demande finale que nous caractériserons par une fonction des quantités totales achetées :

$$p = p(q).$$

En outre, elles comprennent que leur niveau de production modifiera le prix de vente en modifiant l'offre globale, et tentent d'en tirer parti.

Intuitivement, on comprend que l'oligopole constitue un cas intermédiaire entre la concurrence et le monopole. Une firme concurrentielle, quand elle modifie ses choix, modifie si peu l'offre globale que le prix d'équilibre n'en est guère affecté : autant pour elle considérer que ce prix est déterminé par ailleurs. Un monopole, au contraire, constate que ses choix modifient systématiquement le prix d'équilibre et décide d'en tenir compte. Une firme en situation d'oligopole aura une influence moindre mais suffisante pour ne pas s'en remettre aveuglément au marché.

On devine donc que l'oligopole conduira à une situation intermédiaire entre le monopole et la concurrence, quant au prix d'équilibre et aux quantités vendues.

L'intérêt théorique de l'oligopole va pourtant bien au-delà de ces quelques remarques préliminaires. Nous allons en effet considérer des agents économiques dont la situation dépend partiellement du comportement des autres : comment définir un équilibre stable, c'est-à-dire plausible et suffisamment général dans ce cadre inédit ? (Nous le verrons bientôt).

En pratique, les situations d'oligopole sont très fréquentes et peut-être même majoritaires. Les pays producteurs de pétrole en sont un exemple : chacun est bien conscient, en augmentant sa propre production, de participer à la baisse du prix commun. Mieux vaut donc adopter un comportement restrictif, comme le suggère la théorie du monopole ; mais si les autres ne respectent pas cette règle, on risque alors d'être doublement perdant, en ayant peu produit et à un prix plus faible que convenu !

La notion d'« équilibre stable » que nous évoquions n'apparaît donc pas évidente à déterminer, nous allons prudemment commencer par le cas le plus simple, deux entreprises seulement se partageant le marché, on parle alors d'un duopole.

4.2. Le duopole de Cournot

(Cournot est un économiste français qui réalisa en 1838 le premier traité de ce qu'on appellera bien plus tard la microéconomie.)

Considérons deux entreprises dites n° 1 et n° 2, produisant un même bien en quantités q_1 et q_2, vendu au prix p.

Les firmes se caractérisent par leurs fonctions de coût, *a priori* différentes :

$$\begin{cases} \text{coût de la première} = C_1(q_1), \text{ coût marginal} = C_1'(q_1) = C_{m,1}(q_1) \\ \text{coût de la deuxième} = C_2(q_2), \text{ coût marginal} = C_2'(q_2) = C_{m,2}(q_2) \end{cases}$$

Notons $q = q_1 + q_2$ la production de la branche, il en résulte à l'équilibre une demande que chacun connaît et que nous supposerons linéaire pour simplifier :
demande à la branche : $p = p(q) = -aq + b = -a(q_1 + q_2) + b$
(a et b sont deux paramètres positifs connus).

Nous allons supposer que chaque firme choisit son volume de production en considérant donnée la production de l'autre.

Il en résulte alors une situation nommée équilibre de Cournot ou encore : équilibre non coopératif.

Considérons par exemple la première firme, elle constate ou sait que sa voisine a décidé d'un niveau de production q_2 ; combien doit-elle produire ? Son profit s'écrit alors :

$$\begin{cases} \pi_1 = pq_1 - C^1(q_1), \text{ avec :} \\ p = -a(q_1 + q_2) + b. \text{ Autrement dit, il vient,} \\ \text{en éliminant } p : \end{cases}$$

$$\pi_1 = (-aq_1 - aq_2 + b)\, q_1 - C_1(q_1).$$

Considérons que ce profit est maximum quand on annule la dérivée correspondante par rapport à la seule variable q_1, il vient :

$$-2aq_1 - aq_2 + b - C_{m,1}(q_1) = 0.$$

Cette équation indique, quand q_2 est donné, le niveau q_1 que la firme n° 1 choisit pour maximiser son profit. On parle alors de « fonction de réaction » de la firme n° 1 (sous-entendu à la production de la firme n° 2).

De la même façon, la firme n° 2 « réagit » aux décisions de la firme 1 par sa propre fonction déterminée par l'équation suivante :

$$-2aq_2 - aq_1 + b - C_{m,2}(q_2) = 0.$$

Il en résulte un équilibre de Cournot représenté par la figure 8 (on a imaginé des coûts marginaux linéaires pour simplifier).

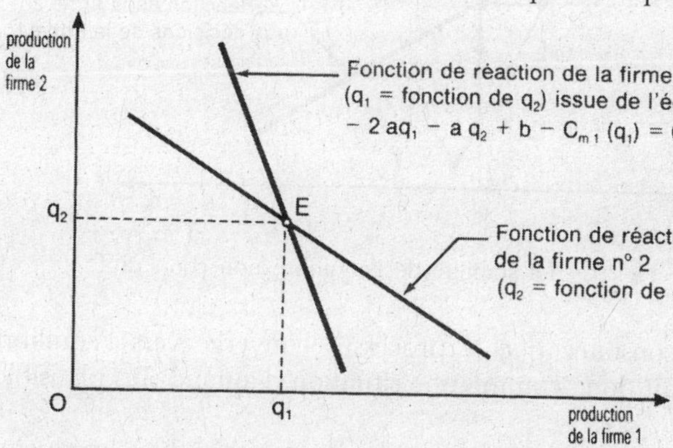

Fig. 8 – L'équilibre de Cournot

Le point E est un « équilibre » dans un sens qu'il convient de préciser.

Imaginons que les deux firmes, simultanément, envisagent les quantités q_1 et q_2 et le font savoir. La firme n° 1 est alors confortée dans son choix initial : celui-ci maximise son profit si q_2 est la production de sa voisine (et inversement pour la firme n° 2).

Il faut s'interroger sur la spontanéité de cet équilibre, autrement dit sur sa stabilité : si les niveaux initiaux de production ne sont pas ceux du point E, comment évoluera la situation, conduira-t-elle à l'équilibre ?

4.3. La stabilité de l'équilibre non coopératif

Imaginons que la firme 2 annonce un choix q_2^I initial, bientôt suivie de la firme 1 qui annonce q_1^I en maximisant son profit. La firme 2 révise alors ses plans et réagit à l'annonce q_1^I par une nouvelle annonce q_2^{II}, etc. La figure 9 représente la succession des annonces :

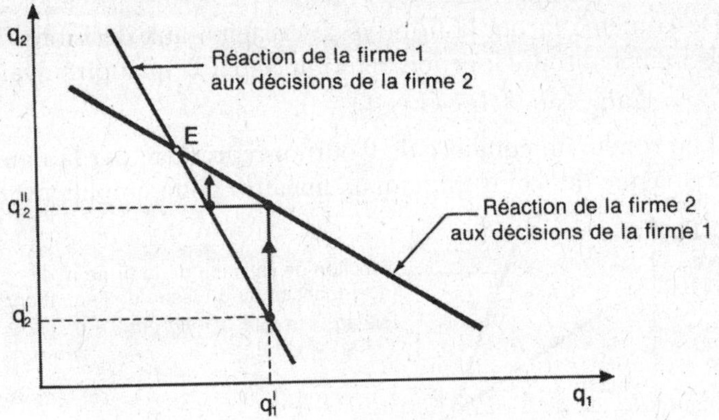

Fig. 9 – La stabilité de l'équilibre non coopératif

Vous constatez que le processus converge vers l'équilibre E qui apparaît donc comme une situation d'autant plus plausible en pratique.

D'autres solutions sont néanmoins envisageables logiquement. Par exemple, les deux firmes pourraient décider de se concerter pour fixer un prix de monopole et se partager un gâteau total qui serait alors plus important. L'équilibre de Cournot est précisément qualifié de « non coopératif », car il ne suppose pas d'entente explicite entre les entreprises.

Une des entreprises peut également chercher à deviner la stratégie de l'autre pour en tirer un meilleur parti que la solution de Cournot, et ainsi de suite. L'équilibre non coopératif n'est donc pas *la* solution d'un marché de duopole, elle n'est qu'une référence réaliste entre la passivité de la firme concurrentielle et l'agressivité des firmes qui souhaiteraient évincer leurs concurrents.

4.4. Le duopole de Cournot est-il réaliste ?

La question de ce paragraphe est trop ambitieuse pour notre propos : nous allons simplement avancer deux objections parmi d'autres.

1re objection

L'idée d'équilibre non coopératif étant admise, son application au duopole de Cournot s'avère très particulière. En effet, les deux firmes se contentent d'enregistrer les quantités produites ou annoncées par l'autre sans considérer les décisions en termes de prix. Cette hypothèse est mathématiquement justifiée, car une guerre des prix conduirait ici à un effondrement sans limite. Si une firme annonçait un prix de vente, l'autre serait en effet tentée de proposer légèrement moins, ce qui suffirait à capter l'ensemble de la demande à la branche. De proche en proche, le prix tendrait vers zéro, ce qui ne serait pas un gain de réalisme. On convient donc que les fonctions de réaction ne traduisent que des ajustements de volumes de production, mais cette hypothèse reste à vérifier en pratique.

2e objection

Dans le processus décrit par la figure 9, la firme n° 1 annonce certaines décisions consécutives à la décision adverse. Elle constate que ses prévisions sont systématiquement erronées, puisque la firme n° 2 modifie sans cesse ses projets, mais elle conserve la même fonction de réaction.

En pratique, il arrive qu'on fasse plusieurs erreurs d'interprétations consécutives, mais ne doit-on pas alors modifier la représentation qu'on a adoptée au départ du comportement d'autrui ?

Plusieurs solutions existent pour rendre les membres du duopole plus perspicaces, nous ne les détaillerons pas. Certaines introduisent une asymétrie des comportements, une entreprise se révélant alors plus naïve que l'autre avec les conséquences que l'on devine sur leurs bénéfices respectifs.

4.5. La généralisation de l'équilibre non coopératif

L'équilibre du duopole se généralise très naturellement quand plusieurs firmes coexistent sur un marché :

L'équilibre non coopératif revient, pour chaque firme, à maximiser son profit étant donné l'ensemble des décisions de production des autres firmes.

Mathématiquement, la firme n° 1 par exemple détermine le volume q_1 en résolvant le programme suivant :

$$\begin{cases} \text{Max } pq_1 - C_1(q_1), \text{ avec :} \\ p = -a(q_1 + q_2 + q_3 + \ldots) + b ; \\ q_2, q_3, \text{ etc. étant tous donnés} \end{cases}$$

Chaque firme se comportant de la sorte, il en résulte un équilibre non coopératif généralement stable.

Quand le nombre de firmes augmente dans une branche, on considère souvent que l'équilibre non coopératif a d'autant plus de chance de prévaloir en pratique. Toute autre stratégie, pour une firme, devient en effet de plus en plus difficile à élaborer et pour un gain supplémentaire de moins en moins élevé.

Une propriété intéressante mérite l'attention : on démontre que l'équilibre non coopératif, quand le nombre de firmes devient infiniment grand, tend vers l'équilibre de concurrence parfaite. Cette dernière hypothèse s'en trouve donc confortée comme approximation raisonnable des comportements, au moins à court terme.

L'équilibre non coopératif se généralise à d'autres situations économiques que l'oligopole et même à d'autres domaines qu'économiques. Il faut s'en souvenir dès que plusieurs acteurs découvrent que leurs gains dépendent de leur propre action, mais aussi de celle des autres et qu'ils n'envisagent pas de concertations directes pour améliorer mutuellement leur sort.

Considérons ainsi l'exemple d'automobilistes à un carrefour dont les « feux rouges » sont en panne. Étant donné les décisions des autres, c'est-à-dire leurs positions à chaque instant, j'ai intérêt à avancer le plus possible pour me rapprocher de mon objectif. Si tout le monde se comporte ainsi, nous aurons un équilibre non coopératif sous la forme d'un magnifique embouteillage.

Notez la similitude avec la guerre des prix que nous évoquions plus haut. Étant donné les prix des concurrents, chacun a intérêt, pour capter la clientèle, à diminuer légèrement le sien : l'équilibre final serait aussi sinistre, pour les entreprises, que les embouteillages à un carrefour.

4.6. La demande coudée

Considérons une situation d'oligopole sans préciser la nature de l'équilibre du marché et intéressons-nous à une entreprise particulière.

Celle-ci estime, à tort ou à raison, qu'une baisse de son prix de vente sera aussitôt imitée par ses concurrents qui n'entendent pas perdre aussi facilement leurs parts de marché. Par contre, une hausse du prix sera peu ou pas du tout imitée pour toutes sortes de raisons.

L'essentiel est de considérer une certaine dissymétrie dans les réactions des concurrents vis-à-vis de sa politique de prix. Comment mathématiser ces idées ?

On recourt parfois à une « demande coudée » à la firme, définie à partir de la demande à la firme au sens usuel et des réactions estimées des partenaires (fig. 10).

Si l'entreprise augmente son prix, elle n'est pas imitée et ne perd des clients que comme dans le cas usuel ; la partie AC est donc une demande à la firme usuelle.

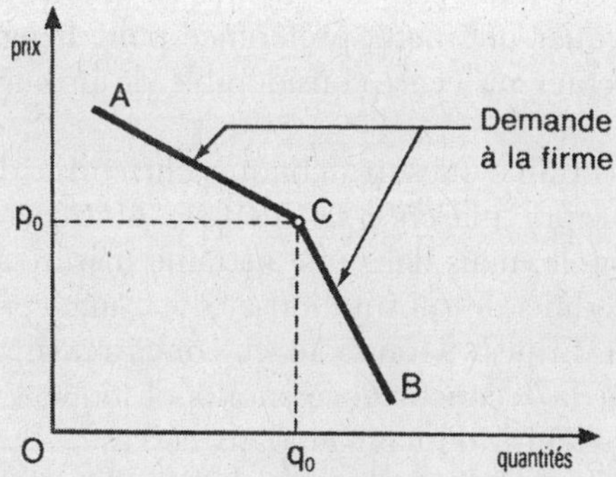

Fig. 10 – La demande coudée

Si l'entreprise baisse son prix, elle est imitée et ne profite donc pas pleinement de son sacrifice du point de vue de l'augmentation de ses ventes. La partie CB est très verticale : une grande diminution du prix n'implique qu'une faible augmentation des ventes.

Dans le cas général, les segments AC et CB seraient des courbes avec une sorte de coude au point C.

La recette marginale est alors discontinue au point C et il vaut mieux l'éviter pour caractériser l'équilibre de la firme. On montre que, si l'équilibre conduit au point C, il est beaucoup plus stable que dans le cas d'une demande non coudée.

5. La concurrence monopolistique

5.1. Définition

Par rapport au modèle d'oligopole, nous allons considérer une branche composée d'un certain nombre d'entreprises mais qui ne vendent plus exactement le même produit. La différenciation des produits peut être réelle ou simplement imaginée par les acheteurs. Ainsi deux barils de lessive de même composition seront différenciés si telle est l'opinion des consommateurs compte tenu de l'emballage, de la publicité ou de tout autre motif. La différenciation peut être plus objective comme dans l'exemple des marques automobiles, mais elle doit demeurer limitée. Tel individu peut donc marquer une nette préférence pour Peugeot, mais pas au point d'accepter un écart considérable de prix avec les autres marques.

Dans une certaine mesure, chaque entreprise de la branche possède son propre marché, sa clientèle attitrée, ce qui est le signe du monopole, mais dans une certaine mesure seulement car il existe des produits de substitution et donc une certaine concurrence entre les firmes. Monopole et concurrence : de ces deux parents est née la « concurrence monopolistique ». Quelle sorte d'équilibre convient-il d'imaginer dans ce cas ?

Nous adopterons le point de vue de l'équilibre non coopératif, mais avec désormais la possibilité d'une guerre des prix. En effet, chaque entreprise ayant annoncé ou décidé sa stratégie – prix de vente et quantités vendues – la dernière peut choisir un prix « défiant toute concurrence » sans attirer pour autant l'ensemble de la demande globale. Certes, certains consommateurs seront tentés de profiter de l'aubaine, mais pas tous compte tenu de la fidélité aux autres produits, ce qui limite le bénéfice financier d'un comportement systématiquement orienté à la baisse du prix.

L'équilibre sera atteint quand chacun proposera des prix qui permettront à n'importe quelle entreprise d'écouler la production qu'elle désirait au prix qu'elle désirait.

5.2. La demande à la firme

Raisonnons à partir de deux firmes seulement pour commencer (vous pouvez ainsi penser à Coca-Cola et Pepsi-Cola).

La demande du premier produit (q_1^d) dépend du prix correspondant p_1 mais aussi désormais du prix p_2 du produit proposé par la firme n° 2 :

$$q_1^d = \text{fonction de } p_1 \text{ et } p_2 = D_1(p_1, p_2).$$

Si p_1 augmente, D_1 diminue pour deux motifs ; d'une part, certains clients de la firme 1 limitent leurs achats et, d'autre part, certains clients vont désormais se fournir auprès de la firme 2. Pour cette même raison, D_1 augmente avec p_2.

Écrivons que la demande D_2 de bien de la firme 2 s'analyse pareillement, il vient :

$$\begin{cases} q_1 = D_1(p_1, p_2) \\ q_2 = D_2(p_1, p_2) \end{cases}$$

À partir de ces deux équations, on peut exprimer un prix en fonction de sa quantité et de l'autre prix, ce que nous écrirons sous forme linéaire pour simplifier :

$$\begin{cases} p_1 = -a_1 q_1 + b_1 p_2 + c_1 \\ p_2 = -a_2 q_2 + b_2 p_1 + c_2 \end{cases}$$

La première équation se lit : quand la firme n° 2 pratique le prix p_2, la firme n° 1 doit vendre au prix p_1 pour écouler une production q_1. Quand p_2 augmente, on peut augmenter p_1 pour écouler une même production, les risques de pertes de clientèle étant diminués : b_1 est donc positif. Quand q_1 augmente, il faut consentir une baisse du prix p_1 pour attirer de nouveaux clients et séduire davantage les anciens : a_1 est donc positif (les mêmes raisonnements valent pour les signes de a_2 et b_2).

La recette totale de la firme 1 s'écrit donc :

$$(RT)_1 = p_1\, q_1 = -\, a_1(q_1)\, 2 + (b_1\, p_2 + c_1)\, q_1.$$

Elle dépend de la quantité q_1, ce qui était le cas du monopole, mais aussi désormais du prix p_2, ce qui laisse prévoir une guerre des prix. On en déduit les recettes moyennes et marginales en oubliant les indices pour simplifier et en notant $\hat{p}$ le prix de la firme concurrente :

$$\begin{cases} R_M = -\, aq + b\hat{p} + c \\ R_m = -\, 2aq + b\hat{p} + c \end{cases}$$

La figure 11 résume la situation :

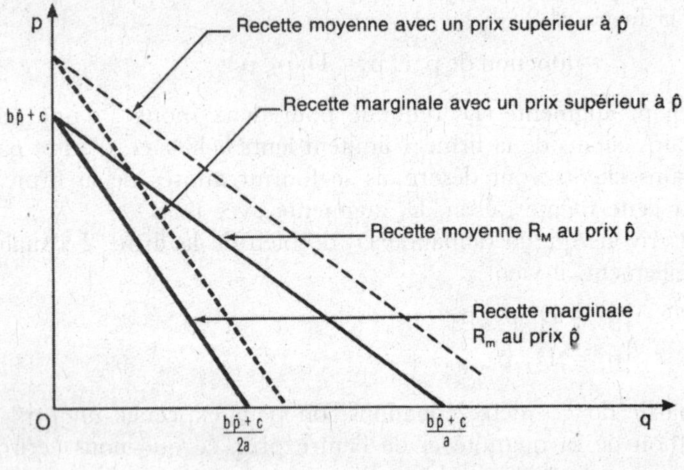

Fig. 11 – Recettes d'une firme en concurrence monopolistique ; l'autre firme pratique un prix $\hat{p}$

La généralisation de ces formules est immédiate : les recettes moyennes et marginales en concurrence monopolistique dépendent du niveau de production de l'entreprise, mais aussi de *l'ensemble* des prix affichés par les concurrents.

5.3. L'équilibre de court terme

Le nombre de firmes étant donné, chacune différenciant son propre produit, l'équilibre implique d'abord que chaque entreprise détermine son prix p en considérant les autres prix notés symboliquement p̂ comme donnés.

Le problème est donc exactement celui d'un monopole ordinaire dont la recette marginale ne dépend que de ses propres ventes : il ne reste plus qu'à l'égaliser au coût marginal C_m pour maximiser son profit, d'où la figure 12 :

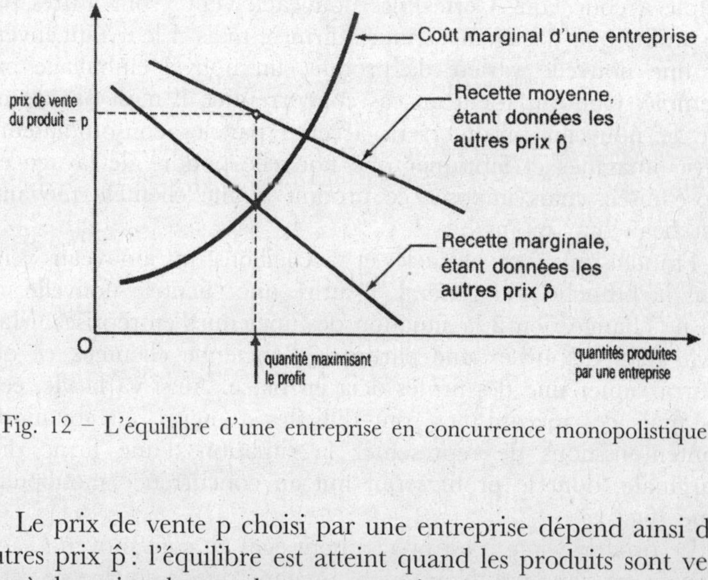

Fig. 12 – L'équilibre d'une entreprise en concurrence monopolistique

Le prix de vente p choisi par une entreprise dépend ainsi des autres prix p̂ : l'équilibre est atteint quand les produits sont vendus à des prix tels que chaque entreprise constate que son propre prix s'avère la meilleure solution étant donné ceux des autres.

À l'équilibre, aucun acteur n'a intérêt à modifier sa stratégie, ce qui constitue d'ailleurs la force de l'idée d'équilibre non coopératif. On pourrait démontrer la stabilité d'un tel équilibre par un processus voisin de celui que nous avons utilisé pour le duopole de Cournot et qui convient d'ailleurs à tout équilibre de type non coopératif. Contentons-nous d'indiquer qu'il convient alors que les effets de substitution entre les produits ne soient pas trop violents, c'est-à-dire que chaque clientèle doit être fermement attachée à sa marque favorite de produit. Intuitivement, on devine que certains prix risqueraient de s'effondrer dans le cas inverse en raison d'une concurrence trop intense.

5.4. L'équilibre de long terme

Contrairement à l'oligopole, la concurrence monopolistique n'aboutit pas à un pur équilibre concurrentiel quand augmente le nombre de firmes.

L'arrivée de nouveaux venus dans la branche n'est pas simple à concevoir. Certes, ces nouveaux venus sont attirés par les profits que dégagent certaines firmes, mais il leur faut inventer une nouvelle variété de produit, un nouvel emballage par exemple. Contrairement au cas concurrentiel, il n'est pas assuré que le nouveau produit sera accepté par les consommateurs. Ainsi, imaginer et fabriquer une nouvelle poudre de lavage est chose aisée, mais imposer ce produit à une clientèle méfiante l'est beaucoup moins.

Franchissons cet obstacle et accueillons un nouveau venu dans la branche. En général, il attire une clientèle nouvelle, ce qui ne change rien à la situation des anciennes entreprises. Mais il va aussi détourner une partie de l'ancienne clientèle, ce qui pourra ruiner une des firmes déjà en place. Ainsi va la vie, certes, mais ces mécanismes sont difficiles à mettre en équations. Contentons-nous de représenter la situation d'une firme dite marginale, dont le profit serait nul en concurrence monopolistique (fig. 13).

Le prix de vente p est précisément égal au coût moyen $C_M(q)$, le profit est donc nul. Nous avons imaginé que la courbe de cette recette moyenne (qui est ici une droite) était tangente au coût moyen au point M d'équilibre de concurrence monopolistique car, si la recette moyenne passait au-dessus de M, la firme réaliserait des pertes et son profit ne serait pas nul dans l'autre cas.

Par rapport à la situation d'une firme marginale en régime concurrentiel représentée parle point E, la concurrence monopolistique semble susciter un prix trop élevé et des firmes aux dimensions trop faibles. Ces conclusions sont séduisantes, mais délicates à interpréter rigoureusement.

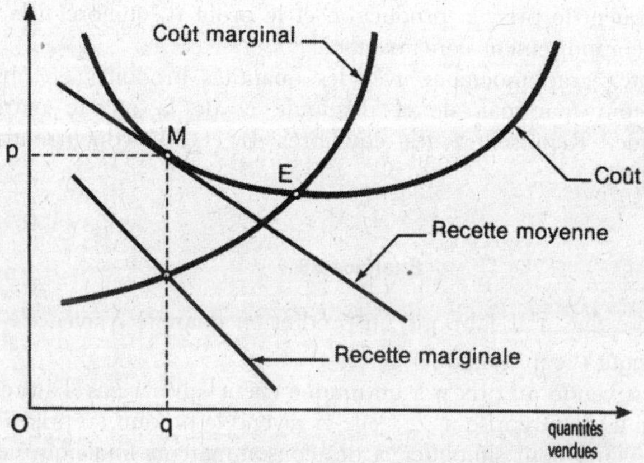

Fig. 13 – La situation d'une firme marginale

> **Vocabulaire à connaître** : concurrence imparfaite - monopole - monopsone - oligopole - demande à la firme - recette totale - recette marginale - recette moyenne - rente d'un monopole - monopole discriminant - monopole bilatéral - duopole - équilibre non coopératif - fonction de réaction - demande coudée - concurrence monopolistique.

EXERCICES PROPOSÉS

Exercices 38

On considère une firme en situation de monopole. Elle vend un produit en quantité q au prix p avec pour fonction de coût :

$c = 1{,}5q^2 + q + 1{,}5$.

La demande à la firme est estimée par :

$q^d = -2p + 23$.

1 / Déterminez en fonction des ventes la recette totale, la recette moyenne et la recette marginale.

2 / Déterminez le prix et la production choisis par le monopole. Calculez le profit qui en résulte.

3 / Quels seraient le prix, la production et le profit d'équilibre si la firme adoptait un comportement concurrentiel ?
4 / Représentez graphiquement avec les quantités produites en abscisse, l'allure du coût marginal, de la demande et de la recette marginale monopolistique. Représentez les équilibres E et M, concurrentiels et monopolistiques.

Exercice 39

Une entreprise dite n° 1 fabrique un produit en quantité q avec :
fonction de coût = $c(q) = 0{,}5q^2$.
Le produit est vendu au prix p à un unique client qui n'a pas d'autre fournisseur et qui est l'entreprise n° 2. Celle-ci revend le produit au prix p' (sans frais commerciaux pour simplifier) à des consommateurs finals qui ne peuvent pas se fournir ailleurs. La demande des consommateurs pour ce produit vaut :
$q^d = -p' + 30$,
elle est connue des firmes 1 et 2.
1 / Supposons que la firme 1 produise et vende la quantité q à un prix p. Déterminez le profit $\pi 1$ de la firme 1, la recette totale et le profit $\pi 2$ de la firme 2.
2 / Supposons que les deux firmes conviennent d'un niveau q^* de transaction qui maximiserait la somme $\pi 1 + \pi 2$. Justifiez cette hypothèse. Calculez q^*.
3 / Exprimez alors $\pi 1$ et $\pi 2$ en fonction du prix p ; représentez graphiquement, avec p en abscisse, ces deux fonctions. Montrez que le prix appartient à une fourchette déterminée par le coût moyen et la recette moyenne en q^*. Quel est le prix de vente p' au public ?

Exercice 40

Une entreprise s'installe sur un marché oligopolistique. Sa fonction de coût, en notant q le volume de sa production, vaut :
$C = 2{,}5q^2$.

La demande à la firme est coudée, définie à partir du prix de vente par :

$$\begin{cases} p = 100 - 3q & \text{si } q > 10 \\ p = 85 - 1{,}5q & \text{si } q < 10 \\ \text{(cette demande est connue par la firme)} \end{cases}$$

1 / Représentez graphiquement la demande à la firme, dans le repère quantité/prix. Interprétez le changement de pente.

2 / On note π^- le profit de l'entreprise pour une production inférieure à 10 unités, π^+ le profit pour q supérieur à 10. Représentez graphiquement π^- et π^+, indiquez l'allure du profit π pour chaque niveau de production.
En déduire la politique à suivre : prix de vente et volume de production, ainsi que le profit qui en résulte.
3 / Représentez graphiquement la recette marginale et le coût marginal.
4 / À partir de la position d'équilibre, supposons que la production augmente d'une unité. Comment le profit évolue-t-il ? (supposez que 1 correspond à une augmentation suffisamment « petite »). Même question en diminuant la production d'une unité. Conclusion quant à l'équilibre de la firme.
5 / L'État impose une taxe de 5 % sur le produit. Que devient l'équilibre de la firme ? (la taxe n'est pas répercutée sur la clientèle).
Que devient son profit ?

Exercice 41

Deux firmes se partagent le marché d'un produit. En notant qi la production d'une d'elles, la fonction de coût est commune et vaut :
$ci = 1{,}5(qi)^2 + qi$ (pour i = 1 et 2).
La demande globale vaut :
$q^d = -p + 10$, p étant le prix de vente.
1 / Chaque firme choisit son niveau de production en considérant le niveau de l'autre firme comme donné et connaît la fonction de demande globale.
Déterminez la production de la première firme étant donné celle de la deuxième.
2 / Déterminez l'équilibre non coopératif, c'est-à-dire la production de chaque firme, la production globale et le prix de vente.
3 / Mêmes questions mais en supposant désormais que la branche comporte n firmes identiques aux deux premières (vos résultats dépendront donc du paramètre n). Il sera commode de définir $\hat{q}i$ comme la somme des productions de toutes les firmes sauf i.
4 / Calculez les limites du prix et de la quantité globale quand n tend vers l'infini. Montrez que la situation est alors de type concurrentiel.
5 / Montrez que le profit de chaque firme est positif quand la branche comporte n firmes. Justifiez l'hypothèse de concurrence à l'aide de cet exercice.

Exercice 42

Une branche en équilibre monopolistique est constituée de 5 firmes identiques. La demande à la firme i est une relation entre le prix de la firme pi et sa production qi ; elle dépend également de la production totale q̂i des autres firmes :

$$pi = 12 - 0{,}8qi - 0{,}1\hat{q}i \text{ avec } \hat{q}i = \sum_{j \neq i} q_j.$$

Le coût de la production de la firme i vaut :

C = 8qi + 2.

Chaque firme connaît sa demande et détermine sa politique en considérant comme donnés les niveaux de production des firmes concurrentes.

1 / Déterminez la production d'équilibre de la firme i, étant donné q̂i.

2 / En déduire l'équilibre de la branche, chaque firme adoptant par symétrie la même production. Que vaut la production de la branche ?

3 / Même question quand le nombre de firme n est quelconque. Interprétez le résultat.

4 / Montrez que l'équilibre monopolistique tend vers l'équilibre concurrentiel quand le nombre de firme tend vers l'infini, en considérant d'abord la production totale q de la branche, puis la production d'une firme et son prix de vente.

5 / Déterminez le profit de chaque firme quand il y a n firmes en concurrence monopolistique. Application à n = 5 puis à n = 10. En admettant la décroissance du profit avec n, montrez qu'en cas de libre entrée – libre sortie dans la branche, l'équilibre est atteint pour n = 10. Calculez alors la production de chaque firme.

6 / On suppose désormais la branche en équilibre avec n = 10 firmes. Déterminez la demande perçue par chaque firme, n'oubliez pas que q̂i est considéré comme donné, calculez au préalable sa valeur.

Déterminez la recette marginale, le coût marginal et le coût moyen. Représentez graphiquement ces 4 fonctions sur un graphique commun. Interprétez l'équilibre qui en résulte.

14. Le temps

L'introduction du temps dans l'analyse microéconomique modifie à peu près toutes les définitions introduites dans la courte période. Le comportement des consommateurs, celui des entreprises, les notions mêmes d'équilibre et d'optimum s'en trouvent perturbés. Tout devient plus compliqué, passe encore, mais aussi plus controversé : deux bonnes raisons pour nous contenter de quelques analyses partielles, suffisamment simples et commodes, pas toujours cohérentes malheureusement et dont nous n'entreprendrons la synthèse que par allusions.

1. L'offre, du court au long terme

1.1. L'offre d'une firme en courte période

La figure 1 rappelle les éléments traditionnels de l'équilibre d'une entreprise en courte période : le prix de marché p étant donné, la firme choisit la production q dont le coût marginal $C_m(q)$ vaut précisément p. Le profit π apparaît alors comme positif sur la figure, il vaut :

$$\pi = pq - C(q) = q[C_m(q) - C_M(q)].$$

Cc profit peut signifier deux choses :

— *Première possibilité :* C'est une expression $pq - wL - kK$, autrement dit incluant la rémunération du capital au moyen de son prix de location k.

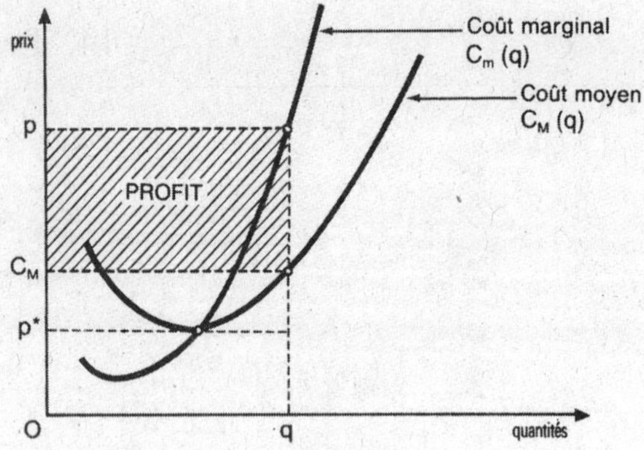

Fig. 1 – Équilibre d'une firme

Par exemple, avec une technique à la Cobb-Douglas, ce profit est issu du programme suivant :

p étant donné, w et k également $\begin{cases} \text{maximiser } \pi = pq - kK - wL, \text{ avec:} \\ q = K^{\alpha} L^{\beta} \end{cases}$

On dit alors curieusement qu'il s'agit d'un « profit à long terme » parce que, par définition, il comporte le choix des équipements K.

— *Autre possibilité :* Le profit en question est à « court terme », les équipements sont « donnés », ils proviennent implicitement d'une décision antérieure. Le bénéfice brut B de court terme est solution du programme suivant :

p, w et k étant donnés, et aussi le niveau K $\begin{cases} \text{maximiser } B = pq - wL, \text{ avec:} \\ q = K^{\alpha} L^{\beta} \end{cases}$

Les équipements sont mathématiquement « donnés » dans cette version du court terme, ils ne sont pas gratuits pour autant comme nous le préciserons bientôt.

1.2. La libre entrée dans la branche

Adoptons donc le point de vue d'un capital choisi et loué à chaque période. La figure 1 nous indique un profit strictement positif. L'idée, typique de la recherche d'un équilibre, est que de nouvelles firmes décideront d'entrer dans la branche. En avançant la somme C(q), en utilisant la technologie disponible, en se procurant les facteurs nécessaires aux prix du marché, elles en tireraient un résultat net positif : pourquoi s'en priver ?

Précisons que la technologie est connue et accessible et que les facteurs sont disponibles : autant de conditions de ce qu'on nomme la « libre entrée dans la branche ».

En pratique, toutes les entrées ne sont pas libres : un permis de conduire et une voiture ne suffisent pas pour exercer le métier de taxi.

Si l'entrée est libre, tout profit positif défini par :

$$\pi = pq - wL - kK$$

suscitera de nouvelles vocations d'entrepreneurs. L'offre globale augmentera avec les offres supplémentaires de ces nouveaux venus et l'équilibre à la branche en sera affecté :

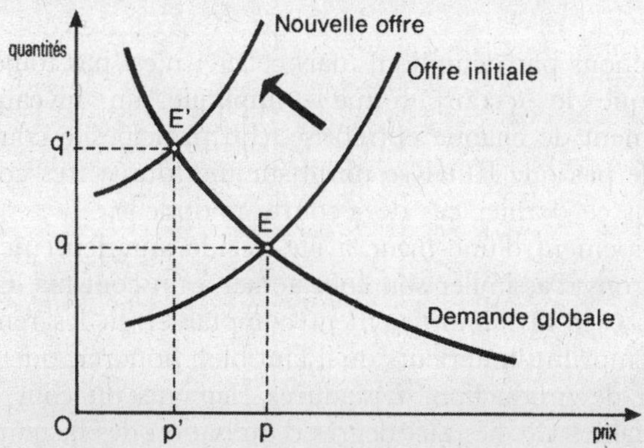

Fig. 2 – L'effet de nouveaux venus dans la branche

L'équilibre E se déplace en E′ (fig. 2) : le prix de marché s'en trouve diminué.

Le processus continuera jusqu'à ce que le profit soit nul dans la branche pour tout nouveau venu. Autrement dit, le prix p* de la figure 1 est le véritable équilibre. Au-delà, certaines firmes entrent dans la branche, diminuant le prix de marché ; en deçà, certaines firmes quittent la branche. Résumons :

Le prix d'équilibre à long terme annule le profit des firmes qui pourraient entrer dans la branche. Il égalise également l'offre et la demande globales.

L'équilibre à long terme est assuré par les variations du prix de marché et aussi du nombre de firmes composant la branche.

Le cadre temporel de cette analyse n'est pas clair. La dynamique de la figure 2 peut se concevoir dans la longue durée, mais on peut aussi imaginer des ajustements virtuels, potentiels, conduisant instantanément au prix p*. Dans ce cas, autrement dit dans la courte période, mais avec une pincée de long terme, le nombre total de facteurs est donné et il se peut qu'il ne suffise pas à toutes les créations d'entreprise suscitées par les perspectives de profit. *Il faut donc considérer que les taux de location des facteurs augmenteraient, participant eux aussi à la tendance des profits à la nullité.*

1.3. Libre entrée et libre sortie

Convenons par définition, mais celle-ci n'est pas toujours respectée, que le « court terme » implique un niveau donné d'équipement de chaque entreprise. (En principe, le court terme ne signifie pas que l'analyse porte sur une durée très courte, on parle dans ce dernier cas de « courte période »).

L'équipement d'une firme a été décidé antérieurement, nous conviendrons d'assimiler son coût actuel à un coût fixe C_F. Pratiquement, ce sera l'amortissement comptable, ou les remboursements d'emprunts antérieurs qu'il faut bien honorer, quel que soit le niveau de production. Les autres éléments du coût sont des coûts variables C_V, liés aux degrés d'utilisation des facteurs choisis pendant la période.

Notons B le bénéfice courant, sorte de résultat brut d'exploitation :

$$B = pq - C_V(q).$$

Notons π le profit en incluant les charges fixes, sorte de résultat net :

$$\pi = B - C_F = pq - C_V(q) - C_F.$$

Le coût total est défini par :

$$C_T = C_V + C_F = C_V(q) + C_F.$$

La firme maximisant son bénéfice courant aboutit à l'équation :

$$p = C_{mV}(q)$$

(le coût marginal variable C_{mV} est la dérivée en q du coût variable. C'est aussi bien la dérivée du coût total, nous le noterons C_m. On notera C_{MV} le coût moyen variable = C_V/q et C_{MT} le coût moyen total = $\frac{C_V + C_F}{q}$).

Le bénéfice courant maximum vaut alors :

$$B = pq - C_V(q) = q[C_m - C_{MV}].$$

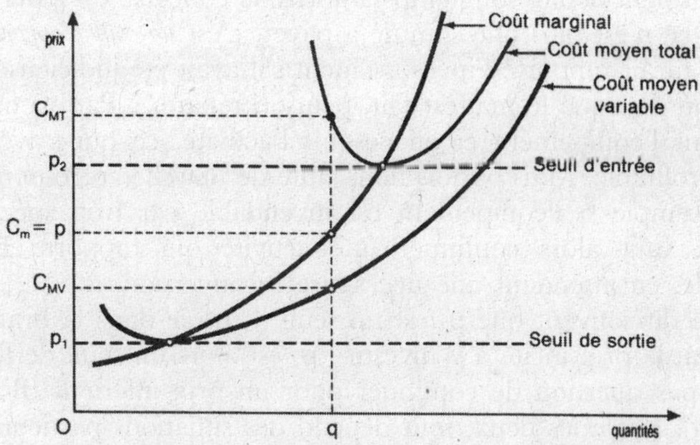

Fig. 3 – Seuil d'entrée, seuil de sortie

Supposons (fig. 3) un prix de marché p intermédiaire entre le minimum de coût moyen total (p_2) et le minimum de coût moyen variable (p_1).

À ce prix, la firme produit q unité pour maximiser un bénéfice courant qui apparaît positif puisque le coût marginal est supérieur au coût moyen variable.

Ce bénéfice sera-t-il suffisant pour rembourser le coût fixe résultant de l'achat antérieur des équipements ? En principe non, car le prix est inférieur au coût moyen total. Vérifions-le par quelques calculs :

$$\text{Bénéfice courant} = q[p - C_{MV}]$$

$$\text{Coût moyen total} = C_{MT} = \frac{C_V + C_F}{q} = C_{MV} + \frac{C_F}{q},$$

d'où on déduit : $C_F = q[C_{MT} - C_{MV}]$. Le bénéfice courant permet de rembourser les coûts fixes si :

$B > C_F$, ou encore si :

$q[p - C_{MV}] > q[C_{MT} - C_{MV}]$, ou encore si :

$p > C_{MT}$.

Manifestement, cette condition n'est pas remplie sur la figure 3, avec un prix de marché inférieur à p_2. Faut-il en conclure que tout prix inférieur à p_2 éliminera des entreprises par faillites successives et qu'il s'impose comme prix réaliste d'équilibre ?

Pas toujours en pratique. Il se peut en effet que les équipements soient depuis longtemps amortis, le coût fixe est alors théorique, ce n'est plus une somme à payer, c'est *un coût d'opportunité* : ce qu'aurait rapporté l'investissement s'il avait été judicieusement effectué. Puisque le mal est fait, peut-on réparer ? Parfois oui, en vendant l'équipement et en cessant l'activité, ce qui s'avérerait plus profitable. Mais parfois non, faute de marché correspondant, par exemple si l'équipement est invendable car trop spécialisé. Mieux vaut alors continuer une activité qui rapporte B par période, en attendant une nécessaire reconversion.

On dit souvent que p_2 est un seuil d'entrée dans la branche : au-delà, le prix incite à y investir ; p_1 est alors un seuil de fermeture : pas question de continuer pour un prix inférieur (B serait négatif). Entre les deux, tout dépend des situations particulières : peut-on liquider l'affaire à bon prix ? Peut-on s'installer ailleurs ? A-t-on fini de rembourser ses dettes ?, etc.

Enfin, notez que p_2 sur la figure 3 correspond exactement au p* de la figure 1.

1.4. L'analyse des coûts

À court terme, c'est-à-dire étant donné un volume K d'équipement, le coût minimum résulte du programme suivant, en nous limitant à un seul autre facteur, le travail L :

$$\begin{cases} \text{minimiser } wL, \text{ il faut choisir } L \text{ vérifiant :} \\ q = F(K, L), \ K \text{ et } q \text{ étant donnés} \end{cases}$$

Dans ce programme, q est également donné, comme il se doit pour déterminer le coût. La solution qui en résulte est un coût variable avec la production noté : $C_V(q)$.

Mais le coût total C inclut la rémunération du capital :

$$C = C_V(q) + kK = C(q, K).$$

Telle est la fonction de coût de court terme, K étant « donné » dans cette formule.

Lorsque K varie, on obtient souvent la représentation suivante :

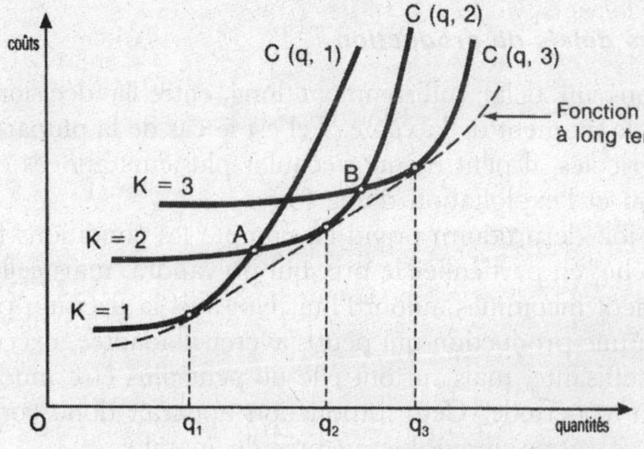

Fig. 4 – Les coûts, du court au long terme

Partons du coût pour K = 2 (fig. 4). Il s'avère plus faible que celui obtenu avec K = 1 pour des valeurs de production supérieures à l'abscisse du point A et inversement. Il est logique que des investissements élevés ne deviennent rentables que pour des niveaux élevés de production. Au-delà du point B, le choix K = 3 s'avère meilleur, etc.

Quand les équipements varient continûment, les courbes de coût à court terme C(q, K) dessinent une enveloppe tracée en pointillé sur la figure 4.

Partons d'un niveau quelconque de production et demandons-nous quel équipement il convient de choisir. Le coût minimum devient de long terme, il est solution du programme suivant, q étant donné :

$$\begin{cases} \text{minimiser } wL + kK, \text{ il faut choisir L et K avec :} \\ q = F(K, L) \end{cases}$$

Géométriquement, il est clair qu'au niveau q_3 de la figure 4, il conviendra de choisir l'équipement K = 3 pour lequel le coût total est minimum. La valeur du coût à long terme se lit comme l'ordonnée de la courbe enveloppe pour la valeur $q = q_3$, elle vaut $C(q_3, 3)$. Autrement dit :

La courbe enveloppe des coûts à court terme n'est autre que la fonction de coût à long terme.

1.5. Les délais de production

Imaginons un délai suffisamment long entre la décision de produire et le moment de la vente. Tel est le cas de la plupart des produits agricoles, il peut même s'écouler plusieurs années entre la plantation et l'exploitation d'une forêt.

La décision de produire prend en compte les conditions futures du marché, en particulier le prix qui prévaudra, mais celles-ci sont largement inconnues aujourd'hui. Une fois la décision prise, il en résulte une production qui peut s'avérer inadaptée, excédentaire ou insuffisante, mais surtout elle ne peut plus être modifiée dans la courte période. Cette production apparaît donc comme une offre inélastique, insensible au prix du marché.

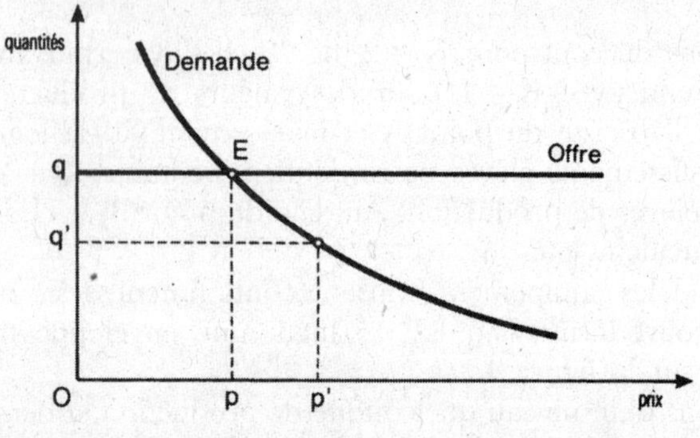

Fig. 5 – L'équilibre E avec une offre inélastique

La production q peut s'avérer plus importante que prévue par rapport à la demande (fig. 5), dans le sens où le prix d'équilibre p s'avère très décevant. Il arrive même qu'on détruise une partie de la production $q - q'$ pour élever le cours jusqu'au niveau p' jugé satisfaisant.

Comment continuer le processus ? Il est probable que certains producteurs renonceront à leur spécialité et se reconvertiront. Les autres tâcheront de mieux prévoir le prix futur et en déduisant leurs nouvelles offres. Une fois réalisée, la production nouvelle apparaîtra à nouveau comme inélastique, et ainsi de suite.

Plusieurs processus d'adaptation sont imaginables, nous en proposerons un comme exemple, mais les représentations graphiques sont toujours assez semblables (fig. 6).

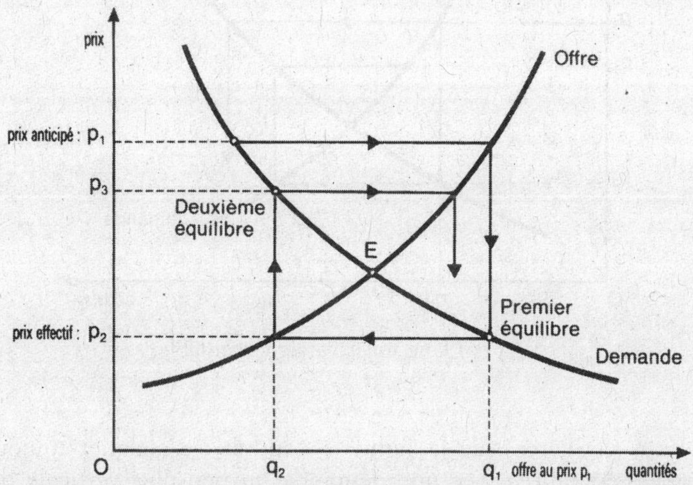

Fig. 6 – Graphique en toile d'araignée

(Notez l'inversion des axes sur la figure 6).

Initialement, les producteurs anticipent (à tort) un prix futur de marché égal à p_1. Ils décident alors de produire q_1, dans la perspective d'un profit maximum à ce prix. Une période plus tard, q_1 est livré à la vente mais la demande est telle que le prix ne sera que p_2 (en imaginant qu'aucune production ne soit détruite). Imaginons surtout que les producteurs se fient à ce niveau de prix et qu'ils le croient désormais stable. Ils décident alors de produire q_2 et, nouvelle surprise, ce niveau conduira à un prix plus élevé que prévu, p_3.

En continuant le raisonnement, on voit apparaître une espèce de toile d'araignée qui peut converger vers l'équilibre stable E, au centre de la toile. D'où le nom de *cobweb* pour qualifier ce genre de modèle (en anglais : « toile d'araignée »).

D'autres situations sont possibles, avec le même raisonnement :

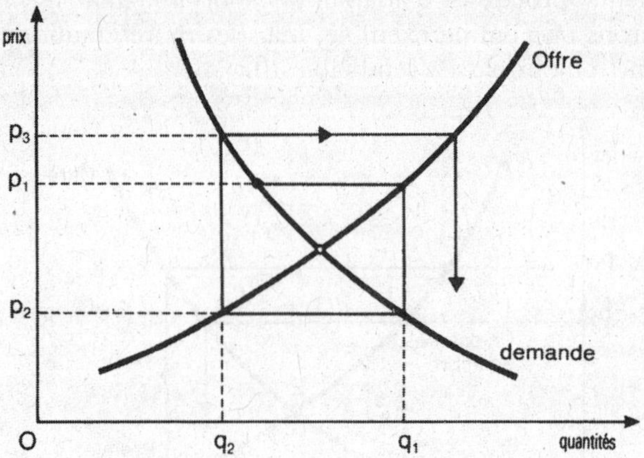

Fig. 7 – Une toile d'araignée instable

Vous vérifierez que la figure 7 conduit à s'éloigner toujours plus de l'équilibre, avec une demande un peu plus verticale que sur la figure précédente.

Certains en concluent que les marchés agricoles sont instables par nature et que la puissance publique doit intervenir pour stabiliser les cours, en se chargeant d'acquérir les éventuels excédents. Faute de quoi, les prix risqueraient d'osciller sans cesse autour d'un inaccessible équilibre. On cite souvent le porc et le bois pour leurs cycles de prix réguliers en dehors d'interventions efficaces.

2. Le principe de l'actualisation

2.1. Définitions

Nous allons désormais envisager une succession de périodes, en utilisant généralement un indice général t (comme temps). La modification essentielle concerne à la fois l'information et les possibilités de contrat, par rapport aux analyses des précédents chapitres.

À chaque instant, l'avenir est largement inconnu, en particulier les prix qui se réaliseront. Lorsqu'un prix futur p interviendra dans une décision à prendre aujourd'hui, nous le noterons p^a, comme « prix futur anticipé » pour bien marquer que l'anticipation peut se révéler exacte ou non.

De même, les contrats aujourd'hui ne sont pas toujours possibles s'ils impliquent des événements à venir. Il m'est impossible de convenir aujourd'hui d'un prix particulier pour un poste de télévision que j'acquerrai dans un an, quelle que soit la date convenue de paiement. Je peux évidemment acheter aujourd'hui au prix d'aujourd'hui, mais toute promesse d'acheter demain à n'importe quel prix peut être bafouée sans pénalité par l'un des deux participants.

Pour simplifier, nous supposerons une seule exception : le prêt à intérêt. Emprunter au taux nominal r, par exemple à 8 %, signifie qu'on me donne aujourd'hui 1 000 € ou 5 000 € et que je promets de donner demain 1 000 × (1 + r) ou 5 000 × (1 + r), 1 080 € ou 5 400 €. Le marché des prêts sera supposé parfait, le taux d'intérêt d'équilibre permet donc à chacun de prêter ou d'emprunter à sa guise pendant une période. On évitera des prêts de durée plus longue mais nous montrerons comment se calculent les taux correspondants.

Soit donc un agent, ménage ou entreprise, qui hésite entre deux comportements. Le premier comportement lui rapporterait 1 000 € aujourd'hui (t = 1), 2 000 € demain (t = 2) et 3 000 après-demain (t = 3). Le deuxième comportement lui vaudrait 800 € aujourd'hui, 2 500 € demain et 2 900 après-demain.

Pour décider, nous allons considérer par exemple le premier comportement comme référence et chercherons par des prêts et des emprunts à nous en rapprocher dans le deuxième cas. On note r_1 le taux courant entre les périodes 1 et 2, r_2 entre 2 et 3, etc.

	t = 1	t = 2	t = 3
Cas 1 (référence)	j'ai 1 000 €	j'ai 2 000 €	j'ai 3 000 €
Cas 2	j'ai 800 €	j'ai 2 500 €	j'ai 2 900 €
Modifications à partir du cas 2	j'emprunte 200 →	je rembourse $200(1 + r_1)$ je prête $500 - 200(1 + r)$ →	on me rembourse : $[500 - 200(1 + r_1)]\ [1 + r_2]$

Fig. 8 – Comment choisir entre les cas 1 et 2 ?

À la date 1 (voir fig. 8), je m'arrange pour disposer d'autant d'argent que dans le cas 1, ici il faudra emprunter 200. À la date 2, après remboursement, je recommence la même démarche : prêter ou emprunter pour disposer finalement des 2 000 € du cas 1 de référence.

À la période finale, ici t = 3, le cas 2, qui était jusqu'ici équivalent au cas 1 grâce à mes opérations, me permet de disposer d'une somme :

$$G_3 = 2\,900 + [500 - 200(1 + r_1)]\ [1 + r_2].$$

Il reste à comparer avec 3 000 pour décider la meilleure solution ; choisir l'option n° 2, c'est constater l'inégalité suivante :

$$G_3 > 3\,000, \text{ ou encore :}$$

$$2\,900 + [500 - 200(1 + r_1)]\ [1 + r_2] > 3\,000, \text{ c'est-à-dire :}$$

$$\frac{2\,900}{(1 + r_1)\,(1 + r_2)} + \frac{500}{(1 + r_1)} - 200 > \frac{3\,000}{(1 + r_1)\,(1 + r_2)}.$$

Souvenons-nous que $200 = 1\,000 - 800$ et $500 = 2\,500 - 2\,000$, on peut écrire :

$$800 + \frac{2\,500}{(1 + r_1)} + \frac{2\,900}{(1+r_1)(1+r_2)} > 1\,000 + \frac{2\,000}{(1+r_1)} + \frac{3\,000}{(1+r_1)\,(1+r_2)}.$$

Le terme de gauche est appelé « valeur actualisée à la date 1 » des bénéfices résultant du choix 2.

Le terme de droite est la « valeur actualisée à la date 1 » du choix 1.

La règle qui s'impose s'énonce donc :

Il faut choisir entre deux projets celui dont la valeur actualisée est la plus grande.

En généralisant, un flux de valeurs V_1, V_2, etc. (positifs ou négatifs) aux périodes 1, 2, etc. correspond à une valeur actualisée V à la date t = 1 :

$$V = V_1 + \frac{V_2}{(1+r_1)} + \frac{V_3}{(1+r_1)(1+r_2)} + \frac{V_4}{(1+r_1)(1+r_2)(1+r_3)} + (\ldots)$$

(r_i étant le taux d'intérêt entre les périodes i et i + 1).

Notez que nous avons dérogé à la règle concernant les variables futures. Au moment de décider, j'ignore les valeurs telles que r_2, intérêt par période de 1 € prêté à la date 2 et remboursé à la date 3. Nous aurions dû noter r_1 certes, mais r_2^a, r_3^a comme intérêts futurs anticipés.

Dans la formule ci-dessus, V s'interprète comme la valeur dont je disposerais à t = 1 et qui serait équivalente au flux V_1, V_2, etc. au moyen de prêts ou d'emprunts appropriés.

De même $(1 + r_1)$ V serait la valeur disponible à t = 2 équivalente au flux V_1, V_2, etc. On dit qu'elle est la valeur actualisée à la date 2 du flux correspondant.

2.2. Prix d'achat et taux de location

Une entreprise s'apprête à acheter une machine à la date t = 0, elle en attend dans l'avenir des revenus supplémentaires R_1, R_2, etc. aux périodes 1, 2, etc. La machine est vendue v (on suppose que ce prix ne changera pas). Chaque année, il faudra dépenser δv pour entretenir la machine, la remettre à l'état neuf : on dit que δ représente le taux de dépréciation de l'équipement. Si une voiture « meurt » au bout de dix ans suite à une usure régulière, son taux de dépréciation est de 10 % par an : les idées de dépréciation et d'amortissement sont donc voisines.

Au lieu d'acheter l'équipement en question, l'entreprise peut, à chaque période, le louer pour un an en payant k (on suppose que ce prix ne changera pas) : c'est la formule pratique du « leasing » ou crédit-bail. Résumons les deux options possibles, achat ou location, par leurs flux de valeurs à chaque période :

	t = 0	t = 1	t = 2	(...)	t	(...)
Achat	$-v$	$R_1 - \delta v$	$R_2 - \delta v$	(...)	$R_1 - \delta v$	etc.
Location	0	$R_1 - k$	$R_2 - k$	(...)	$R_1 - k$	etc.

Fig. 9 – Acheter ou louer ?

En achetant, je paie v à t = 0 et δv à chaque période pour entretenir la machine.

En louant, je ne paie que k, les revenus R_1 sont identiques dans les deux cas.

Calculons les valeurs actualisées à la date 0 des deux options, en supposant un taux d'intérêt annuel constant r :

valeur actualisée avec achat =

$$-v + \frac{R_1 - \delta v}{1 + r} + \frac{R_2 - \delta v}{(1 + r)^2} + \dots$$

$$= -v - \delta v\left(\frac{1}{1+r} + \frac{1}{(1+r)^2} + \dots\right) + \left(\frac{R_1}{1+r} + \frac{R_2}{(1+r)^2} + \dots\right)$$

valeur actualisée avec location =

$$\frac{R_1 - k}{1 + r} + \frac{R_2 - k}{(1 + r)_2} + \dots$$

$$= -k\left(\frac{1}{1+r} + \frac{1}{(1+r)^2} + \dots\right) + \left(\frac{R_1}{1+r} + \frac{R_2}{(1+r)^2} + \dots\right).$$

Pour comparer les deux valeurs, nous constatons un terme commun, les revenus bruts actualisés que nous noterons $\overline{R}$. Il convient de noter en outre la formule commode :

$$\frac{1}{1 + r} + \frac{1}{(1 + r)^2} + \dots = \frac{1 / 1 + r}{1 - 1 / 1 + r} = \frac{1}{r}$$

(formule d'une série géométrique bien connue).

Il vient alors :

$$\text{VAL.ACT. (achat)} = -v - \delta v / r + \overline{R}$$
$$\text{VAL.ACT. (location)} = -k / r + \overline{R}.$$

Il vaut mieux acheter si :

$-v - \delta v / r + \overline{R} > -k / r + \overline{R}$, ou encore si :
$(r + \delta)\, v < k$.

Dans le cas contraire, mieux vaut louer. À l'équilibre, certaines transactions se feront par achat, d'autres par location. Il faut donc qu'elles soient financièrement équivalentes, on aura alors en repérant les valeurs d'équilibre par des * :

$$r^* + \delta = k^*/v^*$$

Autrement dit, avec les hypothèses de ce paragraphe : taux d'intérêt plus taux de dépréciation égale rapport du coût de location et du prix d'achat.

Exemple

Je cherche un appartement dont le loyer est de 1 000 € par mois. À l'achat, il m'en coûterait 200 000 €, mais les charges de propriété sont environ de 2 % par an. Le taux d'intérêt que mon plan d'épargne autorise est de 5 % par an : que faire ?

Calculons $(r + \delta)\, v = (5\,\% + 2\,\%)\,(200\,000) = 14\,000$ €.

Calculons $k = 1\,000 \times 12$ mois $= 12\,000$ €.

Moralité : mieux vaut être locataire.

Notons qu'en pratique, cette alternative est dissymétrique : en achetant, j'emprunte et je sais par contrat combien je devrai rembourser. En louant, j'ignore si mon loyer restera éternellement à ce niveau, il convient donc d'introduire son évolution probable, en toute rigueur.

2.3. La maximisation du bénéfice actualisé

Nous avons dans les précédents chapitres considéré une production simultanée à l'emploi des facteurs. En écrivant $q = F(K, L)$, nous n'indiquions pas qu'entre le moment de l'embauche et de l'investissement, et celui de la production, il pouvait s'écouler un délai plus ou moins important. Sans prétendre combler cette lacune, nous allons raisonner sur un modèle simple et assez particulier avec des délais de production explicites. Nous reprendrons la fonction de production ci-dessus en l'écrivant :

$$q_{t+1} = F(K_t, L_{t+1}).$$

Autrement dit, on investit aujourd'hui, il en résulte un niveau K_t d'équipement à la date t qui ne sera productif que dans une période. Par contre, le travail est supposé immédiatement productif.

Plaçons-nous à la date 0 et demandons-nous quel équipement optimal K conviendrait. Comme nous l'avons déjà souligné, peu importe que la firme possède ou non une certaine quantité de machines, tout se passe comme si elle n'en possédait aucune. Elle devra alors les acheter au prix v.

À la date t, il en résultera une production q_t variable avec les emplois de salariés qu'on demandera :

$$q_t = F(K, L_t).$$

Notons π le profit actualisé qui en résulte :

$$\pi = -\ vK + \frac{p_1^a\ q_1 - w_1^a\ L_1}{(1 + r_1)} + \frac{p_2^a\ q_2 - w_2^a\ L_2}{(1 + r_1)\ (1 + r_2^a\ )} + (\ldots).$$

Supposons un taux d'intérêt constant, égal à r. Supposons des prix futurs constants et connus, égaux à p, w et r. Il vient :

$$\pi = -\ vK + \frac{pq_1 - wL_1}{(1 + r)} + \frac{pq_2 - wL_2}{(1 + r)^2} + (\ldots), \text{ avec :}$$

$$q_1 = F(K, L_1),\ \ q_2 = F(K, L_2), \text{etc.}$$

Maximisant le profit actualisé, il est clair que nous envisagerons des niveaux de production futurs égaux (notons les q) et des niveaux d'embauche égaux (notons les L). Il vient alors :

$$\pi = -\ vK + \frac{pq - wL}{(1 + r)} + \frac{pq - wL}{(1 + r)^2} + \ldots$$

$$= -vK + (pq - wL)\left(\frac{1}{(1+r)} + \frac{1}{(1+r)^2} + \ldots\right) = -\ vK + \frac{pq - wL}{r}.$$

Le programme de l'entreprise consiste à choisir K et à imaginer des valeurs futures q et L telles que le profit actualisé soit maximum :

$$\begin{cases} \text{Maximiser} : -\ vK + (pq - wL\ /\ r) \\ \text{avec la contrainte} : q = F(K, L) \end{cases}$$

On peut aussi écrire après multiplication par r :

$$\underset{(K,\ L).}{\text{Max}}\ \{pF(K, L) - wL - rvK\}$$

D'où les conditions d'équilibre :

$$\begin{cases} pF'_K = rv \\ pF'_L = w \end{cases}$$

Rien d'étonnant, car rv, selon notre formule du précédent paragraphe avec $\delta = 0$, n'est autre que le prix de location du capital. On retrouve bien l'égalité des productivités marginales aux coûts des facteurs.

Oublions L et concentrons-nous sur l'équation :

$$pF'_K = rv.$$

Elle indique, toutes choses égales par ailleurs, que lorsque r augmente, le capital doit diminuer, du moins si la productivité marginale du capital est décroissante. Ce capital est dit « capital désiré », c'est celui que la firme désire posséder, compte tenu de ses anticipations sur les marchés futurs. Du « capital désiré », on passe à l'investissement (désiré) en ôtant les équipements déjà acquis par la firme. L'investissement décroît donc avec le taux d'intérêt. Notez que cette décroissance, dans notre modèle, n'a rien à voir avec le coût du crédit : l'entreprise s'apprête à acheter l'investissement sans que nous ayons précisé si l'argent provenait de ses fonds propres ou d'un emprunt quelconque. Les choix réels (faut-il investir ?) et financiers (comment payer ?) sont donc théoriquement indépendants. Ils sont en pratique confiés à deux directions indépendantes et hiérarchiquement comparables au sein des grandes entreprises.

3. L'offre d'épargne individuelle

Un individu s'attend à vivre deux périodes : aujourd'hui et demain (un horizon plus lointain ne changerait pas l'analyse).

Il existe deux biens, notés 1 et 2, et q désigne des quantités. Aujourd'hui, l'individu achète des quantités (q_1, q_2), demain il achètera des quantités (q_1^a, q_2^a) des biens 1 et 2. Les prix d'aujourd'hui sont connus, ils valent p_1 et p_2. Demain, on imagine qu'ils vaudront p_1^a et p_2^a (les indices a sont évidemment relatifs à l'anticipation du futur). Les revenus disponibles sont R aujourd'hui et R^a demain.

3.1. L'utilité intertemporelle

Être heureux aujourd'hui, c'est profiter de la vie *et* savoir qu'on en profitera demain. Notons U le bonheur présent, sans souci du lendemain :

$$U = U(q_1, q_2).$$

La fonction U est une fonction usuelle d'utilité.

Notons V le bonheur futur, tel qu'on l'imagine aujourd'hui :

$$V = V(q_1^a, q_2^a)$$

la fonction V ayant les mêmes propriétés que les utilités habituelles.

L'utilité totale, aujourd'hui, dépend des deux niveaux d'utilité, présents et futurs, nous la noterons :

$$W = W(U, V).$$

W s'appelle une utilité intertemporelle, on a supposé pour simplifier qu'elle pouvait se calculer en séparant les périodes par les indices U et V.

Dans le cas général, on écrirait :

$$W = W(q_1, q_2, q_1^a, q_2^a).$$

Que dire de la fonction W ? Nous la supposerons croissante avec U et V : davantage de bonheur présent (U) ou de perspective de bonheur futur (V) ne peut que me réjouir.

Lorsque V augmente, U diminue pour un même niveau d'utilité totale : je suis disposé à renoncer à un peu de bonheur aujourd'hui si on m'en promet davantage demain. Mais chacun possède sa propre conception de cet arbitrage :

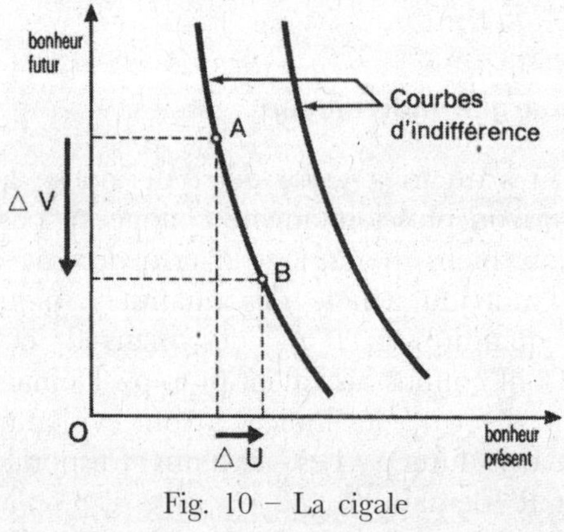

Fig. 10 – La cigale

La figure 10 représente les courbes d'indifférence (W = cte) dans le repère U, V pour un individu de type cigale. Dans le passage de A à B, il est prêt, pour une petite augmentation de son utilité actuelle ΔU, à sacrifier une énorme perte d'utilité future ΔV.

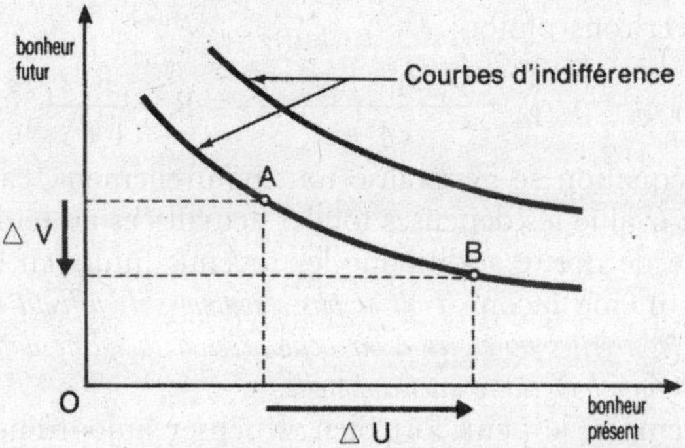

Fig. 11 – La fourmi

La figure 11 représente les arbitrages d'une fourmi : pour la décider à renoncer à une faible diminution de son futur train de vie, il faut lui proposer une énorme augmentation de sa qualité de vie aujourd'hui.

Les deux comportements sont aussi respectables : nous considérerons la forme de la fonction W et de ses courbes d'indifférence comme données.

3.2. Les contraintes budgétaires

Supposons que l'individu puisse épargner aujourd'hui une somme E, qu'il placera au taux d'intérêt r pendant une période. Il vient aujourd'hui comme contrainte budgétaire :

$$p_1 q_1 + p_2 q_2 + E = R.$$

Si l'individu veut emprunter, la formule demeure, mais avec E négatif.

L'épargne rapporte E(1 + r) demain, la deuxième contrainte budgétaire s'écrit donc :

$$p_1^a q_1^a + p_2^a q_2^a = R^a + (1 + r) E.$$

Notez que si l'individu avait emprunté, cette formule demeurerait avec E négatif : il faudrait rembourser intérêt, rE et capital, E.

En éliminant l'épargne, qui n'intervient pas dans les utilités, il reste :

$$E = R - (p_1 q_1 + p_2 q_2) = \frac{p_1^a \ q_1^a}{1+r} + \frac{p_2^a \ q_2^a}{1+r} - \frac{R^a}{1+r}.$$

Nous écrirons plutôt :

$$(p_1 q_1 + p_2 q_2) + \frac{p_1^a \ q_1^a \ + p_2^a \ q_2^a}{1+r} = R + \frac{R^a}{1+r}.$$

Cette équation se généralise tout naturellement, car le terme de gauche évalue les dépenses totales actualisées au temps présent et le terme de droite additionne les revenus futurs en les actualisant de la même façon. *Tout se passe comme s'il suffisait d'égaliser les dépenses et les recettes après les avoir actualisées à la même date, ceci constitue la contrainte budgétaire intertemporelle.*

Par exemple, je peux fort bien dépenser aujourd'hui joyeusement tous mes revenus futurs actualisés à condition de ne rien dépenser demain : il suffit d'emprunter la somme correspondante, par définition, mes revenus futurs me permettront de la rembourser. Telle est un peu la philosophie des prêts spéciaux consentis par certaines banques à certains étudiants.

3.3. Le taux d'intérêt réel

Le qualificatif « réel » signifie que l'on raisonne en quantité de bien et pas en nombre d'euros, l'idée étant que tous les comportements rationnels procèdent ainsi. Mon salaire réel est par exemple la quantité de bien que je peux acheter grâce à mon salaire nominal, il se calcule en divisant ce dernier par l'indice des prix. Le taux de change réel, autre exemple, est la quantité de voitures américaines que je peux acheter en vendant ma voiture française. Pour définir le taux d'intérêt réel, on rappelle que le taux d'intérêt nominal est défini comme le nombre r qui permet d'écrire.

Si je prête S euro au taux annuel r, on me rendra (1 + r)S euro dans un an.

Le taux d'intérêt réel est donc défini comme le nombre ρ (rhô en grec) qui permet d'écrire :

Si je prête n objet au taux annuel ρ, on me rendra (1 + ρ) fois n objet dans un an.

(Toutes ces phrases s'adaptent simplement en imaginant un emprunteur au lieu d'un prêteur). Il existe un rapport simple entre les deux taux r et ρ ci-dessus définis. Soit p le niveau général des prix et p^a le niveau futur des prix que j'anticipe aujourd'hui. Si je prête S euro, je renonce à S/p objet et j'aurai selon les cas :

(1 + r)S euro, c'est-à-dire de quoi m'acheter $(1 + r)\dfrac{S}{p^a}$ objet dans un an ;

ou $(1 + \rho)\dfrac{S}{p}$ objet dans un an.

Égalisons ces deux expressions, il vient :

$$(1 + \rho)\frac{S}{p} = (1 + r)\frac{S}{p^a} \text{ donc}$$

$$(1 + \rho) = (1 + r)\frac{p}{p^a}.$$

Il existe une version approchée et commode de cette dernière expression. Soit i^a le taux d'inflation anticipé, défini par :

$$i^a = \frac{p^a - p}{p};$$

Supposons i^a et r « petits », de l'ordre de quelques pour-cent, on obtient :

$$(1 + \rho) = \frac{1 + r}{1 + i^a}, \text{ qui vaut à peu près } 1 + r - i^a.$$

On en déduit :

$$\rho \approx r - i^a \text{ quand r et } i^a \text{ sont petits.}$$

Exemple : si le taux d'intérêt nominal vaut 5 % et que les prix augmenteront sans doute de 3 %, le taux d'intérêt réel vaut 2 %.

Revenons à la contrainte budgétaire intertemporelle en ne considérant qu'un seul bien de consommation par période, noté C_1 ou C_2 selon que les quantités concernent le présent ou le futur. Le prix présent vaut p, le prix futur anticipé vaut p^a et on a gardé les notations précédentes pour l'intérêt r et le revenu R ; il vient donc :

$$pC_1 + \frac{p^a\ C_2}{1 + r} = R + \frac{R^a}{1 + r}.$$

Divisons de chaque côté par p et souvenons-nous de la définition du taux d'intérêt réel, on trouve :

$$C_1 + \frac{C_2}{1+\rho} = (R/p) + \left(\frac{R^a / p}{1+r}\right).$$

Le terme de droite est obtenu en divisant le total des revenus futurs actualisés par l'indice des prix d'aujourd'hui. C'est la « richesse » d'un individu, la quantité de bien qu'il est capable d'acheter aujourd'hui en empruntant le maximum possible, en renonçant à consommer à l'avenir.

La contrainte budgétaire ci-dessus prouve que les décisions individuelles d'épargne s'expliquent par deux variables seulement : le taux d'intérêt réel et la richesse.

3.4. L'équilibre individuel intertemporel

L'équilibre individuel consiste à maximiser l'utilité intertemporelle en respectant la contrainte budgétaire intertemporelle, on en déduit une offre d'épargne à la première période ainsi que les projets de consommations, présentes et futures. Toutes ces variables dépendent évidemment des paramètres de la contrainte budgétaire : les prix et revenus présents, les prix et revenus futurs tels qu'on les anticipe, le taux d'intérêt présent et même les taux futurs anticipés si on ne se limite pas à deux périodes.

Pour obtenir quelques résultats, nous allons encore simplifier les hypothèses mathématiques. Il n'y aura désormais plus qu'un seul bien de consommation, noté C_1 ou C_2, selon que les quantités évoquent le présent ou le futur. Le prix présent vaut p, le prix futur anticipé vaut p^a. Vous pourrez imaginer que C est un indice de volume des biens consommés et p un indice des prix.

L'utilité intertemporelle s'écrit alors :

$$W = W(C_1, C_2).$$

La contrainte budgétaire intertemporelle devient :

$$pC_1 + \frac{p^a \; C_2}{1+r} = \text{revenus futurs actualisés.}$$

Pour maximiser l'utilité W sous cette contrainte, on utilise la méthode du Lagrangien ou on utilise les conditions habituelles liées aux TMS ; sauf équilibre en coin, on obtient :

$$\frac{W'c1}{W'c2} = \frac{p}{p^a / (1+r)}, \text{ ce qui implique}$$

$$\frac{W'c1}{W'c2} = (1 + r)\frac{p}{p^a} = (1 + \rho),$$

en notant ρ le taux d'intérêt réel issu du marché. Pour interpréter le terme de gauche, notons TMS le rapport W'cl/W'c2.

Il s'interprète comme suit : mon utilité ne change pas si je renonce à une unité de bien en période 1 et qu'on m'en promet TMS de plus en période 2. On supposera que ce TMS est supérieur à 1, conformément aux adages suivants : mieux vaut tenir que courir ; ne lâchons pas la proie pour l'ombre ; un tiens vaut mieux que deux tu l'auras. Les microéconomistes parlent d'une hypothèse d' « impatience » ou de « préférence pour le présent ». On peut donc définir un nombre positif ψ par la relation :

$$\text{TMS} = 1 + \psi.$$

Ce nombre ψ dépend des valeurs C1, C2. Il s'appelle « taux d'intérêt psychologique » à cause de l'interprétation suivante : mon utilité ne change pas si je renonce à une unité de bien en période 1 et qu'on m'en promet 1 + ψ en période 2. Moyennant quoi notre équation de départ peut s'écrire :

$$\text{TMS} = 1 + \psi = 1 + \rho$$

ce qui implique $\psi = \rho$, ce qui s'énonce :

à l'équilibre, chaque individu épargne de façon à égaliser son taux d'intérêt psychologique au taux d'intérêt réel.

La règle ci-dessus peut se montrer par l'absurde avec un raisonnement marginaliste standard. Supposons ρ plus grand que ψ. En renonçant à une unité supplémentaire de consommation en période 1, j'épargne davantage et, moyennant une rémunération réelle de cette épargne ρ, j'augmenterai ma consommation en période 2 de (1 + ρ) unité, ce qui est supérieur à (1 + ψ) unité. Je serai strictement plus heureux ; la situation initiale n'était donc pas meilleure, etc.

Plutôt que le TMS introduit plus haut, on utilise souvent la valeur inverse B = 1/TMS qu'on baptise « facteur d'escompte psychologique » avec l'interprétation suivante : mon utilité ne change pas si on me promet une unité supplémentaire de bien demain et que j'en cède B aujourd'hui.

Supposons enfin une fonction d'utilité W plus générale que ci-dessus, avec autant de périodes qu'on voudra et une même fonction d'utilité par période U :

$$W = U(C_1) + \beta U(C_2) + \beta^2 U(C_3) + (\text{etc.}).$$

β est un paramètre donné, compris entre 0 et 1. Il vient à l'équilibre :

$$\text{TMS} = \frac{W'c1}{W'c2} = 1 + \psi = \frac{U'c1}{\beta U'c2}.$$

Au voisinage de $C_1 = C_2$, on a $U'c1 = U'c2$. β est alors égal au B défini ci-dessus comme facteur d'escompte psychologique ; on le choisit de l'ordre de 0,95 dans les applications empiriques, ce qui correspond à un taux psychologique $\psi = (1/0{,}95) - 1 = 5$ %. Vous vérifierez que l'interprétation précédente se généralise ainsi : mon utilité ne change pas si on me promet une unité supplémentaire de bien dans l'avenir et que j'en cède B pendant la période qui précède, que ce soit la période 1 ou toute autre.

Les biens de consommation durables

J'envisage de m'asseoir par terre une année de plus et, dans un an, d'acheter un fauteuil en cuir pour 1 000 €. Je pourrai aussi emprunter 1 000 € à 10 %, pour m'acheter un fauteuil presque aussi joli tout de suite et en jouir cette année aussi bien que dans un an. On devine que cette dernière solution est presque toujours préférable à la première : il convient donc d'emprunter sans hésiter pour acheter des biens de consommation durables. L'invention des dots ou des listes de mariage aboutit au même résultat mais avec d'autres moyens.

3.5. L'offre d'épargne

Reprenons nos contraintes budgétaires avec un seul bien de consommation :

contrainte présente : $pC_1 + E = R$

contrainte future : $p^a C_2 = R^a + (1 + r) E$

contrainte intertemporelle : $pC_1 + \dfrac{p^a\ C_2}{1 + r} = R + \dfrac{R^a}{1 + r}.$

Si l'individu épargne :

$E > 0$, donc $R - pC_1 > 0$, donc :

$C_1 < R/p$ et inversement si l'individu emprunte.

On en déduit la figure 12.

La figure 12 nous permet de deviner qu'à l'équilibre une cigale est plutôt emprunteuse et qu'une fourmi est plutôt prêteuse, du moins si son épargne est placée en lieu sûr, ce que La Fontaine ne supposait pas.

Il est tentant de deviner, à partir de la figure 12, comment se modifient les comportements quand certains paramètres varient. Mieux vaut recourir au bon sens et faire preuve de prudence dans des prédictions qui s'avèrent impossibles.

Si le taux d'intérêt réel ou nominal augmente et que l'épargne des ménages augmente simultanément, on dira ainsi que l'épargne, mieux rémunérée, est devenue plus attrayante : quoi de plus normal ?

Si par contre l'épargne venait à diminuer, on affirmerait que ce niveau réduit suffit désormais à garantir un certain niveau de vie future ; l'essentiel est d'attendre la publication des chiffres officiels avant de rédiger leur commentaire économique.

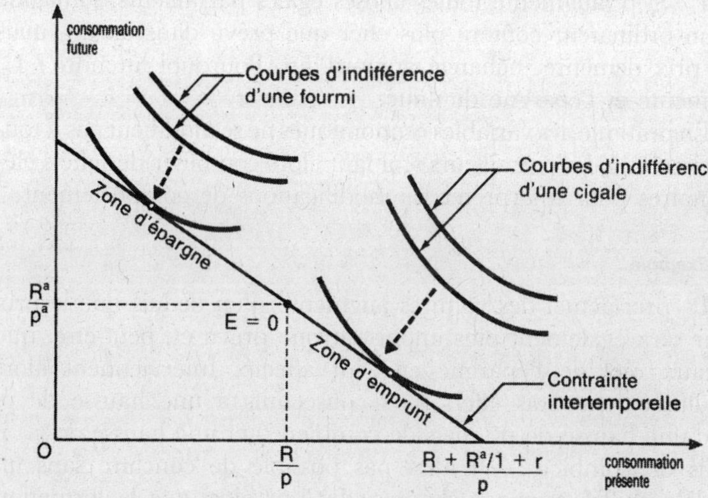

Fig. 12 – L'équilibre intertemporel avec un seul bien de consommation

Réfléchissons de même à l'influence d'autres paramètres.

1 / Si R augmente toutes choses égales par ailleurs, ceci signifie que je reçois une prime exceptionnelle qui ne se renouvellera pas. J'améliore donc mon ordinaire (C_1 augmente) mais, étant prévoyant, je ne dépense pas tout le supplément tout de suite (E augmente).

D'autres réactions sont possibles, ainsi la prime peut m'inciter à épargner davantage, car alors la voiture de mes rêves devient accessible dans un avenir proche : la consommation présente diminue, elle est alors un bien inférieur.

2 / Si R^a augmente toutes choses égales par ailleurs, ceci signifie qu'on vient de m'annoncer une prime que je ne percevrai que demain. Autant fêter l'événement sans attendre (C_1 augmente au détriment de l'épargne), à moins que je n'épargne davantage pour m'offrir demain la voiture de mes rêves.

3 / Si p augmente, ceci signifie que le prix actuel des cerises a augmenté suite à un hiver tardif, mais que rien n'incite à réviser le prix futur anticipé de ces cerises. Autant attendre un an avant de fêter les cerises, C_1 diminue donc, mais d'autres raisonnements sont possibles (un ordinateur personnel serait un exemple plus convaincant qu'une cerise, l'essentiel est d'éviter une révision des anticipations p^a).

4 / Si p^a augmente toutes choses égales par ailleurs, j'imagine qu'un ordinateur coûtera plus cher que prévu dans un an, mais son prix demeure inchangé aujourd'hui. Pourquoi attendre ? C_1 augmente et l'épargne diminue.

En pratique, les variables économiques ne se modifient pas « toutes choses égales par ailleurs », il faut alors combiner des effets élémentaires pour interpréter les modifications de comportement.

Exemple

Le prix actuel des voitures augmente. J'en déduis que le prix futur sera également plus important que prévu et, peut-être, que le taux réel de l'épargne en sera affecté. Interviennent alors simultanément trois effets purs consécutifs à une hausse de p, avec une hausse de p^a (mais de combien ?) et une hausse de $r - i^a$ (mais de combien ?). Il n'est pas possible de conclure sans un modèle chiffré estimant chaque effet pur ainsi que la formation des anticipations.

4. L'équilibre général intertemporel

L'équilibre général intertemporel se définit comme une succession d'équilibres généraux pour chaque période avec, en plus, certaines cohérences des décisions d'épargne et d'emprunt de l'ensemble des agents économiques.

Les consommateurs, étant donné leurs préférences et leurs anticipations sur certaines variables futures (prix et revenus) proposent une épargne globale essentiellement fonction du taux d'intérêt actuel. Les producteurs maximisent leurs profits actualisés, en déduisent un volume global de capital désiré et donc un investissement global, étant donné leurs propres anticipations. Il en résulte un certain volume d'emprunt désiré pour financer ces investissements, essentiellement fonction du taux d'intérêt.

À l'équilibre, offre et demande d'épargne s'égalisent « grâce » au taux d'intérêt actuel et il ne reste plus qu'à passer à la période suivante.

Cette vision simplifiée de l'enchaînement des périodes ne mérite pas de longs développements, car certaines de ses hypothèses s'avèrent particulièrement fragiles, notamment la relation entre taux d'intérêt et investissement désiré.

5. L'optimum intertemporel

La généralisation la plus naturelle de l'optimum de Pareto définit un optimum intertemporel comme une situation où il n'est pas possible d'augmenter l'utilité intertemporelle d'un individu sans diminuer au moins celle d'un autre individu.

On dit alors plus précisément que « le rendement social simple est maximum », l'expression étant de Maurice Allais (1911-2010), prix Nobel français d'économie en 1988.

Une autre notion s'avère plus adaptée, en privant les individus de leurs libertés de choix intertemporel. Imaginons en effet que les individus soient particulièrement peu soucieux de l'avenir. Ils épargneront peu, les entreprises investiront peu et les lendemains risquent d'être pénibles, quoique conformes à l'optimalité définie

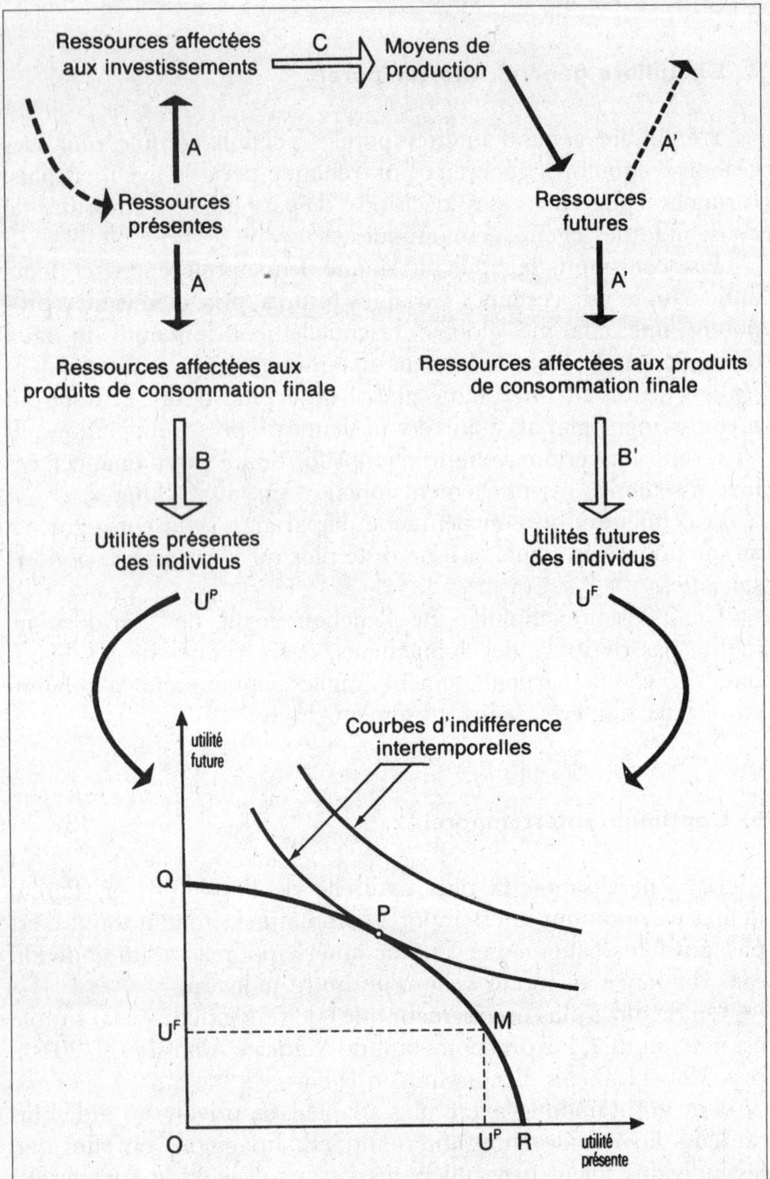

Fig. 13 – L'optimalité intertemporelle

Explication de la figure 13.

Partons de la case « ressources présentes », on y trouve les facteurs primaires disponibles, le travail, les machines, la terre, etc. Une partie de ces ressources est affectée aux branches produisant des biens de consommations finales. L'optimum de Pareto à l'instant présent consiste à répartir au mieux ces ressources entre les entreprises et ces biens entre les individus (flèche B).

Revenons à la case départ. Les autres ressources initiales servent à produire des équipements de certains types, plusieurs solutions existent, représentées par la flèche C. On aboutit alors aux niveaux futurs d'utilité, plus ou moins favorables à certains individus selon l'optimum à l'instant futur de la flèche B′.

Le rendement social généralisé est maximum si aucune alternative ne permet d'augmenter simultanément les valeurs U^P et U^F ou du moins, si on ne peut pas augmenter l'utilité instantanée d'un individu sans léser un autre individu à un moment quelconque. La courbe QMR symbolise ces situations de rendement social généralisé maximum.

Parmi les différentes possibilités, certaines s'avèrent compatibles avec l'arbitrage présent-futur des individus, le point P les représente, on dit alors que le rendement social simple est maximum. (Plusieurs solutions de ce type existent, plus ou moins favorables à certains individus plutôt qu'à d'autres.)

Les deux flèches en pointillé témoignent de la succession des périodes qui ne se limitent pas au couple présent-futur.

ci-dessus. En pratique, l'État se donne le droit de refuser une pareille solution, au nom, par exemple, des intérêts des nouvelles générations. Il prélève par exemple des impôts pour augmenter l'investissement public, il impose des niveaux minima de cotisations pour assurer les retraites futures, etc. On dit alors que « le rendement social généralisé est maximum » si de telles pratiques ne permettent pas d'augmenter certains niveaux d'utilité instantanés à certaines périodes sans diminuer certains autres, éventuellement à d'autres périodes.

(La figure 13 et ses explications tentent de préciser ces notions qui sont loin d'être simples.)

L'intervention publique est donc admise pour maximiser le rendement social généralisé, mais elle doit respecter certaines règles pour aboutir aux objectifs fixés.

Sous certaines conditions, on montre ainsi que les investissements publics doivent être calculés avec un taux d'intérêt identique à celui qui prévaut dans le secteur privé.

Cette condition est évidemment remplie pour les entreprises publiques qui empruntent sur le marché général des capitaux. Pour les autres, il faut que les augmentations de capital correspondent à des taux de rentabilité identiques à ceux du secteur privé.

Vocabulaire à connaître : prix d'équilibre de long terme - coût d'opportunité - coût à court terme, à long terme - valeur actualisée d'un projet - capital désiré - utilité intertemporelle - facteur d'escompte psychologique - taux d'intérêt psychologique - offre d'épargne - utilité indirecte de la monnaie - rendement social simple maximum - rendement social généralisé maximum - contrainte budgétaire intertemporelle.

EXERCICES PROPOSÉS

Exercice 43

J'hésite à acheter cette voiture. Elle vaut 16 000 € et je compte la revendre après cinq années d'utilisation au prix de 2 000 €. L'essence me coûtera 1 000 € par an à quoi il convient d'ajouter 2 000 € annuels de réparations diverses et de frais d'assurance. J'hésite parce que je peux louer cette même marque pendant cinq ans moyennant 5 000 € par an, tous frais inclus sauf évidemment l'essence. J'ai suffisamment d'argent pour acheter sans recourir à l'emprunt, la banque me propose d'ailleurs des obligations à taux fixe de 8 % annuel, disponibles aux mêmes conditions pendant au moins cinq ans. Que faire ?

Exercice 44

Une firme possède un certain nombre K de machines, chacune nécessitant trois salariés pour la servir (pour simplifier, nous supposerons que les quantités de facteurs peuvent prendre des valeurs non entières). Avec ces machines et le nombre correspondant L de salariés, il est possible de produire au maximum :

$Q = \text{Log}(1 + K)$,

Q étant le volume de produit obtenu en une période.

Les machines sont inusables pour simplifier, la firme en possède initialement $K_o = 9$. Une machine coûte $v = 10$ à l'achat, le taux d'intérêt vaut r par période, le taux de salaire vaut $w = 1$ par période, le prix du produit vaut $p = 60$, on suppose que ces prix sont invariables à l'avenir.

1 / Quel est le coût par période imputable au capital ? Vous pourrez raisonner en imaginant que les machines sont achetées à crédit par la firme.

2 / Déterminez le capital désiré par la firme, celui qui maximise ici le profit par période, en fonction de r.

3 / Déterminez l'investissement optimal de la firme, compte tenu de son volume actuel d'équipement, en fonction du taux d'intérêt. Représentation graphique avec r en abscisse. Commentez.

Exercice 45

Un consommateur dispose aujourd'hui d'un héritage d'une valeur H qu'il s'apprête à dilapider en deux périodes (présent/futur). Il ne possède aucune autre source de revenus. Notons q1 et q2 les indices de volume des consommations présentes et futures, l'utilité intertemporelle vaut alors :

$U = (q1 - 1)(q2 - 1)$.

L'indice des prix vaut aujourd'hui $p1 = 100$ et on sait qu'il vaudra demain $p2 = 106$. On note r le taux d'intérêt nominal pour une période et E l'épargne éventuelle de l'individu pendant la première période, pour assurer son niveau de vie demain.

1 / Écrivez les contraintes budgétaires pour les deux périodes, en tenant compte de l'épargne éventuelle et de sa rémunération. Écrivez la contrainte intertemporelle en éliminant l'épargne.

2 / Déterminez la demande présente de produits, en fonction de H et de r. Comment varie-t-elle avec ces paramètres ? (vous supposerez qu'aucun équilibre en coin n'est à craindre).

3 / Représentez graphiquement, dans le repère (q1, q2) l'équilibre intertemporel avec H = 80. Montrez comment se déplace cet équilibre quand r augmente de 2 % à 10 %.

Exercice 46

Nous considérons une économie avec deux périodes et un seul bien, q_1 et q_2 étant les quantités consommées aujourd'hui et demain. Un individu possède alors la fonction d'utilité intertemporelle suivante :

u = q1 q2.

On supposera que les prix ne changent pas d'une période à l'autre, nous les fixerons à l'unité pour simplifier.

1 / Un individu, baptisé « vieux », gagne R1 = 200 et s'attend à gagner R2 = 180 demain. Il peut épargner (ou prêter) au taux de 8 % et entend finir la deuxième période sans dette ni emprunt. Combien prête-t-il ou emprunte-t-il aujourd'hui ?

2 / Même question avec un individu baptisé « jeune » qui possède la même fonction d'utilité intertemporelle mais avec R1 = 150 et R2 = 300.

3 / Le marché financier comprend 100 individus « vieux » et 33 « jeunes ». Déterminez l'offre et la demande globales d'épargne en fonction du taux d'intérêt r.

4 / Représentez graphiquement l'équilibre du marché financier. Déterminez le taux d'intérêt d'équilibre.

Exercice 47

Soit une économie intertemporelle à deux périodes notées P et F (présent et futur) et deux individus notés 1 et 2. On note U_1^P et U_2^F les niveaux d'utilité de l'individu 1 aux deux périodes, son utilité intertemporelle vaut alors :

$U1 = U_1^P + U_1^F$.

De même pour l'individu 2 avec :

$U_2 = U_2^P + 2U_2^F$.

Il existe seulement quatre situations économiques envisageables, le tableau suivant indique les niveaux d'utilités instantanées qui en résultent :

	U_1^P	U_1^F	U_2^P	U_2^F
Situation I	15	15	20	10
Situation II	15	19	31	7
Situation III	14	15	20	10
Situation IV	14	20	2	9

1 / Quelles sont les situations qui maximisent le rendement social généralisé ?
2 / Quelles sont les situations qui maximisent le rendement social simple ?

15. Les effets externes

1. Vue d'ensemble

1.1. Les effets indirects

Quand un agent économique modifie ses décisions, quelles sont les conséquences sur la situation des autres agents ?

Il est tentant d'évoquer la concurrence pure et parfaite pour répondre que ces conséquences sont nulles, chacun ayant un poids trop faible pour influencer l'équilibre général. Inversement, la concurrence imparfaite nous a habitués à des interdépendances entre agents quand ceux-ci sont peu nombreux sur un marché.

Du point de vue de ce chapitre, ces deux cas sont un peu équivalents, car l'influence d'un agent s'y transmet par l'intermédiaire des marchés, plus précisément en modifiant les prix d'équilibre. Tous les effets de ce type sont qualifiés d'indirects : ils n'agissent que par l'intermédiaire des prix.

Par exemple, si je décide d'être végétarien, la demande de viande diminuera, le prix à court terme diminuera et les amateurs de viande seront ravis ; à long terme, la production diminuera peut-être et d'autres conséquences s'ensuivront : autant d'effets indirects de ma décision initiale.

1.2. Les effets externes

Il y a effet externe quand la décision d'un agent influe directement sur le gain ou le niveau d'utilité d'un autre ; directement, c'est-à-dire sans passer par l'intermédiaire des marchés.

Quand cet effet est bénéfique, on parle d'économie externe réalisée par certains, sinon on parle de déséconomie externe.

Exemples d'effets externes d'une firme sur une autre

Un apiculteur profite de son voisin qui soigne ses arbres fruitiers ; une entreprise profite de l'université qui lui fournira des cadres qualifiés : il s'agit de deux cas d'économies externes.

Un agriculteur se plaint de la pollution chimique d'une usine voisine : il s'agit de déséconomie externe.

Exemples d'effets externes d'une firme sur un individu

Un riverain est ravi de l'autoroute qui se construit et qui augmentera la valeur de son terrain : économie externe.

Un pêcheur se plaint de la pollution de sa rivière : déséconomie externe.

Exemples d'effets externes d'un individu sur un autre

Un automobiliste souffre de la présence de ses confrères les jours d'affluence : ce cas de déséconomie externe est qualifié d'effet d'encombrement ou de congestion des transports.

Un téléphone est d'autant plus utile que le nombre d'abonnés est plus grand : économie externe typique des « réseaux ».

Un individu souffre d'avoir un voisin pianiste ou, au contraire, il s'en trouve ravi : déséconomie externe dans un cas, économie externe dans l'autre.

1.3. Marché, efficacité, justice

Les effets externes correspondent à des effets produits et subis involontairement. Se pose donc dans tous les cas un problème de justice : est-il admissible de nuire à autrui, même involontairement, et sinon quelle compensation financière faut-il exiger ?

Le marché, dans certains cas, permettrait de répondre à cette question. Reprenons l'exemple de l'individu importuné par son pianiste de voisin. Il conviendrait, avant de louer l'appartement mitoyen, d'indiquer le niveau sonore qui y règne et de consentir une baisse du loyer en compensation. Si cette baisse est trop importante, une multitude de locataires voudra en profiter ; si elle est trop faible, aucun locataire ne se présentera. Entre les deux, un prix d'équilibre sera trouvé, payé évidemment par le pianiste en échange du droit de s'exercer. L'effet externe est alors « internalisé », on lui a trouvé un marché pour s'exprimer et la justice y trouve parfois son compte. En pratique, cette solution contractuelle est souvent impossible, car les victimes sont nombreuses et inconnues.

Les effets externes posent un autre problème spécifique lié à la perte d'efficacité du système économique concurrentiel qui en résulte, une notion que nous allons développer dans les paragraphes suivants.

2. Un exemple de déséconomie externe

2.1. Description du modèle

Nous raisonnerons dans une économie caricaturale, la plus simple possible pour obtenir des résultats significatifs. Elle comporte trois agents : un consommateur, une entreprise polluante dite n° 1 et une entreprise victime dite n° 2.

Trois biens suffiront : le travail comme unique facteur de production et deux biens de consommations finales, le bien 1 produit par la firme 1 et le bien 2 produit par la firme 2.

Le consommateur offre une quantité de travail exogène égale à 30 unités. Cette offre sera toujours employée et on peut se contenter d'exprimer l'utilité en fonction des consommations q_1 et q_2 ; nous poserons :

$$\text{utilité} = U = q_1 \times q_2.$$

La firme 1 produit une quantité q_1 en utilisant un certain volume de travail L_1 avec comme fonction de production :

$$q_1 = \text{fonction de } (L_1) = L_1.$$

La firme 2 produit une quantité q_2 en utilisant un certain volume de travail L_2, mais cette production dépend aussi de la valeur de q_1 :

$$q_2 = \text{fonction de } (L_2 \text{ et } q_1) = \frac{L_2}{\sqrt{q_1}}.$$

Notez que q_2 diminue quand q_1 augmente, on peut imaginer que la firme 1 pollue une rivière en produisant par exemple du papier et que la firme 2 élève des truites un peu plus bas en se servant de l'eau de la rivière (exemple fantaisiste, mais peu importe). Plus la firme 1 produit et plus elle pollue, plus elle pollue et plus la production du produit 2 diminue.

Notez que les deux firmes ont des rendements constants, les productions sont proportionnelles aux quantités de facteurs utilisés. (Cette hypothèse n'est nullement nécessaire, mais elle va simplifier certains calculs).

2.2. L'optimum de Pareto

Dans notre modèle, l'optimum de Pareto est unique, car il n'existe qu'un seul individu à satisfaire. Il faut donc trouver la meilleure utilisation possible de son travail pour maximiser son utilité.

Supposons qu'une quantité L_1 soit affectée à la firme 1. On a donc :

$q_1 = L_1$, il reste pour la firme 2 :

$L_2 = 30 - L_1$, ce qui conduit à une production :

$$q_2 = \frac{L_2}{\sqrt{q_1}} = \frac{30 - L_1}{\sqrt{L_1}}.$$

L'utilité qui en résulte vaut :

$$U = q_1 \times q_2 = L_1 \times \frac{30 - L_1}{\sqrt{L_1}} = (30 - L_1)\sqrt{L_1}.$$

La figure 1 représente cette dernière fonction quand L_1 varie :

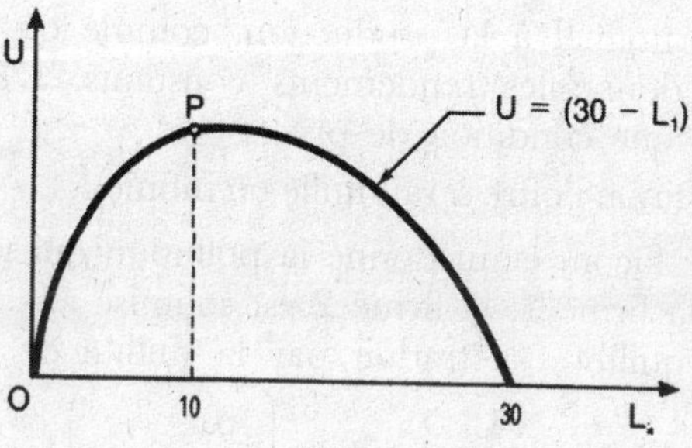

Fig. 1 – Détermination de l'optimum

Quand L_1 vaut 0, q_1 vaut 0, il n'y a plus de pollution mais plus de bien 1 et l'utilité est nulle. Quand L_1 vaut 30, il n'y a plus de travail disponible pour le bien 2 et l'utilité est nulle. Entre les deux, $L_1 = 10$ annule la dérivée de $U(L_1)$ et constitue la solution optimale ; de proche en proche, on trouve environ :

Optimum : $L_1^P = 10$; $L_2^P = 20$; $q_1^P = 10$; $q_2^P = 6{,}3$; $U^P = 63$

(l'indice P évoque Pareto).

S'il n'y avait ces effets externes, cet optimum se réaliserait spontanément dans un cadre marchand concurrentiel. Nous allons constater que tel n'est plus le cas.

2.3. L'équilibre concurrentiel

Convenons que le travail se loue au taux w, le bien 1 s'échange au prix p_1 et le bien 2 au prix p_2. Nous allons calculer ces valeurs en supposant un équilibre concurrentiel ; cette hypothèse peut sembler curieuse, puisque chaque branche ne comporte qu'une seule entreprise, mais elle servira de référence par la suite.

Le profit de la firme 1 vaut :

$$\text{profit} = p_1\, q_1 - wL_1 = p_1\, q_1 - wq_1 = (p_1 - w)\, q_1.$$

Il est proportionnel à la production, comme on pouvait s'y attendre étant donné les rendements constants. L'équilibre se ramène donc à une condition de prix :

$p_1 = w$ (sinon l'offre serait nulle ou infinie).

De la même façon, étant donné la pollution qui résulte de la production de la firme 1, la firme 2 est soumise aux rendements constants et l'équilibre se traduit par la nullité de ses profits :

$$\text{profits} = p_2\, q_2 - wL_2 = p_2 \frac{L_2}{\sqrt{q_1}} - wL_2 = \left(\frac{p_2}{\sqrt{q_1}} - w\right) L_2,$$

donc : $p_2 / \sqrt{q_1} = w$ à l'équilibre,

ou encore : $p_2 = w\sqrt{q_1}$.

L'encadré suivant résume les conditions d'équilibre de la production :

$$p_1 = w\ ;\ p_2 = w\sqrt{q_1}$$
$$q_1 = L_1\ ;\ q_2 = \frac{L_2}{\sqrt{q_1}}$$

Passons au consommateur. À l'équilibre, il choisit les produits en égalisant TMS et rapport des prix :

$$\text{TMS} = \frac{\text{utilité marginale du bien 2}}{\text{utilité marginale du bien 1}} = \frac{U'_{q_2}}{U'_{q_1}} = \frac{q_1}{q_2} = \frac{p_2}{p_1}.$$

Il respecte évidemment sa contrainte budgétaire. Notez que ses revenus proviennent exclusivement de son travail compte tenu de la nullité des profits, il vient donc :

$$p_1\, q_1 + p_2\, q_2 = 30w.$$

L'encadré suivant résume les conditions d'équilibre du consommateur :

$$p_1\, q_1 = p_2\, q_2\ ;\ p_1\, q_1 + p_2\, q_2 = 30w$$

Les deux encadrés permettent de déterminer l'ensemble des variables, nous les indicerons avec des w pour évoquer l'équilibre de Walras ; on trouve donc environ :

Équilibre : $L_1^w = 15$; $L_2^w = 15$; $q_1^w = 15$; $q_2^w = 3{,}9$; $U^w = 58{,}5$

(en outre, il vient : $p_1 = w$ et $p_2 = 3{,}9w$).

2.4. L'équilibre n'est pas un optimum

L'utilité à l'équilibre (58,5) est inférieure à celle de l'optimum (63). Ce résultat est tout à fait général, la raison en est une trop forte production du bien polluant (15 unités contre 10 à l'optimum).

Très généralement, une économie marchande concurrentielle n'aboutit pas à des productions optimales en cas d'effets externes. Elle produit en excès les biens causant des déséconomies externes et en défaut ceux qui permettent des économies externes.

Nous voici donc avec deux problèmes caractéristiques des effets externes :

— Un problème de justice : va-t-on tolérer plus longtemps que la malheureuse firme 2 soit lésée impunément par la firme 1 ? Une réponse extrême est possible dans ce cas : la firme 2 n'aurait-elle pas dû s'installer ailleurs ? Entreprendre, c'est prendre des risques et la notion de justice est impossible à préciser dans un cadre aussi général.

— Un problème d'efficacité économique : puisque le marché n'aboutit pas à une solution satisfaisante, comment intervenir le mieux et le moins possible dans l'intérêt général ? Chaque situation d'effet externe, en pratique, suggère des interventions spécifiques, nous continuerons de raisonner à partir de notre modèle élémentaire à titre d'exemple.

Dans tous les cas, il s'agira d'inciter la firme polluante à diminuer sa production.

3. Les solutions optimales de type concurrentiel

3.1. Équilibre avec taxation

Il s'agit de prélever une taxe d'un niveau t % sur chaque unité vendue de produit polluant 1. La réduction de la production peut s'expliquer de deux façons équivalentes :

— Si on considère que la taxe revient à augmenter le prix à payer par le consommateur, celui-ci diminuera sa demande de produit 1 (au profit du bien 2) et il en résultera à l'équilibre une baisse de la production, illustrée par la figure 2 :

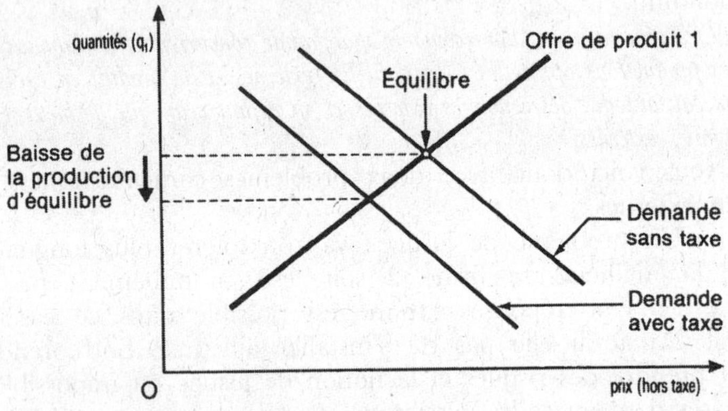

Fig. 2 – L'effet d'une taxe à la consommation

— Si on considère que la taxe revient à diminuer la recette unitaire du producteur, celui-ci diminuera son offre, d'où la figure 3.

(Notez que les deux abscisses des figures ci-dessus sont différentes, que les droites utilisées sont en réalité des courbes, que leur quasi-parallélisme n'est qu'illusoire et qu'enfin les offres dans notre modèle sont en vérité verticales du fait des rendements constants).

Les deux conceptions sont équivalentes, choisissons la première : la taxe diminue la demande sans modifier l'offre.

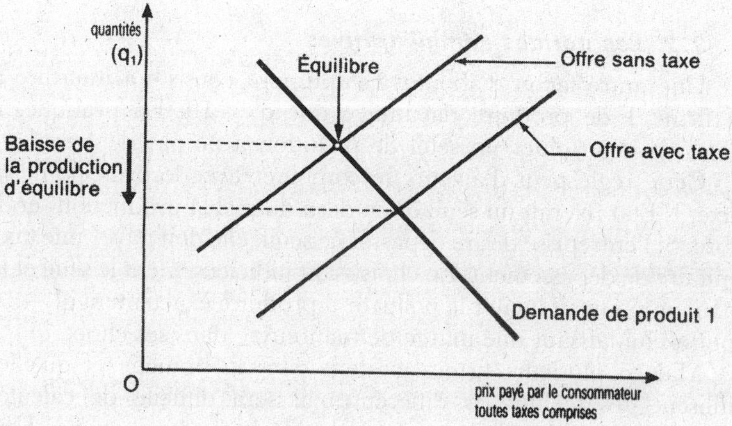

Fig. 3 – L'effet d'une taxe à la production

L'équilibre du consommateur implique alors, en notant t la taxe :

$$\text{TMS} = \frac{q_1}{q_2} = \frac{\text{prix payé pour le bien 2}}{\text{prix payé pour le bien 1}} = \frac{p_2}{p_1(1+t)}.$$

En calculant judicieusement le niveau de la taxe, l'État peut inciter la firme 1 à ne produire que la quantité optimale $q_1^P = 10$. Dans notre modèle, vous pourriez vérifier que la taxe optimale vaut t = 100 %. Si un consommateur dépense 100 €, 50 € iront à la firme et 50 € à l'État.

Notre problème d'efficacité est donc résolu en taxant convenablement les produits polluants. À qui donner le montant de l'impôt ainsi créé ? Nous retrouvons le problème de justice initiale, il n'existe pas de réponses générales. Le principe de la taxe s'énonce souvent : « Les pollueurs sont les payeurs », sans préciser qui sont les « payés ».

En cas d'économie externe, il convient, selon le même principe, de subventionner la production et de choisir qui doit payer la subvention. C'est ainsi que la taxe d'apprentissage est versée par les entreprises aux établissements d'enseignement supérieur.

3.2. Les normes administratives

Une autre façon d'aboutir à l'optimum consiste à interdire à la firme 1 de produire davantage que $q_1^P = 10$. En pratique, il s'agit de déterminer un seuil de pollution à ne pas dépasser.

Cette règle peut d'ailleurs se combiner avec le principe de la taxe. L'État fixerait un seuil $\overline{q}_1$ en deçà duquel la production serait libre. Si l'entreprise désire dépasser ce seuil, elle doit payer une taxe unitaire de dépassement. En choisissant judicieusement le seuil et la taxe, on pourrait inciter le pollueur à produire exactement $q_1^P = 10$ tout en lui laissant une marge de manœuvre dans ses choix.

Mais si plusieurs firmes existent dans la branche et qu'elles utilisent des techniques différentes, il sera difficile de calculer pour chacune des limites judicieuses à leurs productions. Une solution consiste à distribuer à chacune des « droits à polluer », par exemple des droits à déverser tant de CO_2 dans l'atmosphère. Après quoi, les entreprises peuvent échanger ces droits à un prix librement convenu. Les unes peuvent ainsi choisir d'investir dans des techniques moins polluantes, en vendant à d'autres les droits à polluer devenus inutiles.

Lorsque la pollution peut être directement combattue, par exemple en installant une usine d'épuration des eaux, il convient de déterminer le niveau optimal de pollution. L'entreprise polluante peut être taxée et l'État utilisera la taxe pour financer l'usine d'épuration. Ou encore, l'État imposera des normes de pollution, à charge pour l'entreprise de construire elle-même l'usine d'épuration. Les deux solutions sont mathématiquement équivalentes et permettent d'aboutir à l'optimum.

3.3. L'entente bilatérale

Oublions l'État et incitons les deux entreprises à négocier directement. Partons de l'équilibre général et de ses prix ; avec w = 1, par exemple, nous avions :

$L_1^w = 15$; $L_2^w = 15$; $q_1^w = 15$; $q_2^w = 3{,}9$; $p_1 = 1$; $w = 1$; $p_2 = 3{,}9$.

Calculons le coût marginal de la firme 1 (polluante) :

$C_{m,1}$ = coût du travail pour produire une unité de plus = w = 1 (il faut en effet une unité de travail en plus pour produire une unité supplémentaire de bien 1).

Nous trouvons un coût marginal égal au prix de vente p_1 : ceci n'a rien d'étonnant dans un univers concurrentiel.

La firme 2 cherche alors à payer la firme 1 pour que cette dernière réduise sa production d'une unité, elle lui propose 0,2 pour ce renoncement.

La firme 1, avant de répondre, dresse le bilan suivant :

— produire 1 unité de moins me fait perdre une recette $= p_1 = 1$;

— j'économise des coûts de production $= C_{m,1} = 1$;

— mon partenaire m'offre alors : 0,2.

Pas de doute, la firme 1 acceptera le marché.

La firme 2 s'interroge à son tour :

— avec les mêmes facteurs ($L_2 = 15$), je pourrais désormais produire :

$$q_2 = \frac{L_2}{\sqrt{q_1}} = \frac{15}{\sqrt{15-1}} = 4 \text{ environ, d'où :}$$

— une recette supplémentaire $= (4 - 3{,}9) \times p_2 = 0{,}4$ environ ;

— et un don égal à 0,2 à la firme 1.

Pas de doute, la firme 2 a intérêt à proposer le marché.

Plus généralement, on montre que la victime a toujours intérêt à soudoyer son agresseur pour que celui-ci limite sa production, les deux entreprises y trouvant leur compte. De proche en proche, on aboutit alors exactement à la situation optimale et aucun accord bilatéral ne parviendrait plus à satisfaire les deux parties.

Cette solution est en pratique difficile, elle revient à demander à un individu de payer son voisin pianiste pour chaque heure de gammes que ce dernier consentira à ne pas jouer. On dit alors que les effets externes sont « internalisés », c'est-à-dire qu'on les a intégrés dans un marché particulier, avec un prix particulier.

Une solution équivalente consiste à réunir les deux firmes, polluante et victime, le nouvel établissement cherchant à maximiser son profit global. Le résultat est alors conforme à l'optimum de Pareto.

Pour nos voisins, ceci reviendrait à abattre les cloisons communes et à se marier, à condition que le ou la pianiste soit sensible désormais au confort de son conjoint.

4. Le coût marginal social

4.1. Définition

Pour un produit donné, le coût marginal social mesure l'accroissement de l'ensemble des coûts résultant de la production d'une unité supplémentaire. Ces coûts incluent les coûts directs de production enregistrés par l'entreprise concernée, mais aussi les coûts indirects subis par d'autres agents économiques en raison d'éventuels effets externes.

Si un produit diminue par exemple la production d'un autre bien, on comptabilise le manque à gagner pour la firme victime, dû à une augmentation de la production de la firme polluante.

Si un produit diminue l'utilité d'un individu, on comptabilise la perte de surplus du consommateur victime.

Évidemment, en cas d'effets externes positifs, le coût marginal social vaut le coût marginal direct de production diminué des avantages indirects des autres agents concernés.

Pour revenir à notre exemple, considérons que l'usine polluante gêne la firme n° 2 et un individu isolé, par exemple un pêcheur. Le coût marginal social du produit 1 additionne trois coûts :

— un coût direct, le coût marginal de production de la firme n° 1, au sens habituel ;
— un coût indirect comme manque à gagner de la firme n° 2 ;
— un deuxième coût indirect qui est la somme que le pêcheur serait prêt à verser pour que la production de bien 1 diminue d'une unité.

Exemple

L'entreprise victime a pour fonction de production :

$$q_2 = F(L_2, q_1) = \frac{L_2}{\sqrt{q_1}}.$$

Le coût marginal indirect vaut alors :

$$-p_2 \frac{\Delta q_2}{\Delta q_1} = -p_2 F'_{q1} = \frac{p_2 \; L_2}{2} (q_1)^{-3/2}$$

(on en déduit le coût marginal social en ajoutant le coût marginal direct de production du bien 1).

4.2. La vente au coût marginal social

On démontre avec des hypothèses assez générales que :

pour qu'un équilibre général soit un optimum au sens de Pareto, il suffit que chaque bien soit vendu à un prix égal à son coût marginal social, c'est-à-dire en incluant les éventuels effets externes.

Pour préciser ce résultat fondamental, supposons qu'une firme suscite des déséconomies externes, notons C_D le coût marginal direct et C_I les coûts marginaux indirects, tous deux fonction du niveau de production du produit.

Il s'agit d'inciter la firme à égaliser prix de vente p et coût marginal social :

$$C_D(q) + C_I(q) = p.$$

Notons p′ la recette unitaire ou moyenne, celle que perçoit l'entreprise quand elle vend une unité de son produit. Maximisant son profit, elle vérifiera la relation habituelle :

$$C_D(q) = p'.$$

Il suffit donc de vérifier la relation suivante :

recette unitaire = prix de vente − coût marginal indirect

Une taxe sur les ventes permet d'obtenir ce résultat, d'un niveau relatif :

$$\text{Taxe optimale} = \frac{\text{coût marginal indirect}}{\text{coût marginal social}} = \frac{\text{taxe unitaire}}{\text{prix de vente}}$$

ou encore, il suffit de faire payer $C_I(q)$ si le niveau de production vaut q sous forme d'impôt de pollution. La formule de la taxe unitaire est plus commode si le coût marginal indirect est à peu près constant, l'impôt est plus adapté dans l'autre cas, avec des barèmes simplifiés.

La figure 4 suppose, pour simplifier, un coût marginal indirect constant :

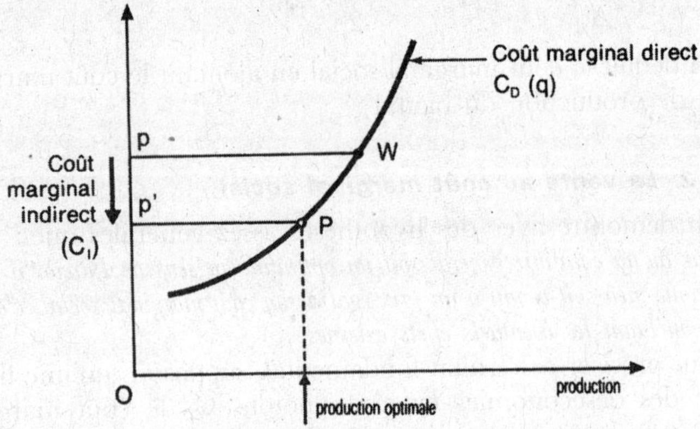

Fig. 4 – Équilibre et taxation ; p est le prix de vente et p′ la recette unitaire

L'équilibre général concurrentiel conduit à la solution W, avec un niveau trop élevé de la production. L'équilibre avec taxation conduit au point P qui est optimal pour la collectivité.

Exemple

Reprenons dans le détail l'exemple de ce chapitre, en calculant les différentes expressions selon les valeurs optimales. Notons p_2 le prix du produit 2, p_1 le prix de vente du produit 1 et p_1' la recette unitaire de la firme n° 1, *a priori* différente de p_1. Convenons que w = 1.

Firme victime :

Fonction de coût total = $C(q_2) = wL_2 = L_2 = q_2\sqrt{q_1}$

Coût marginal = $C_{m,2} = \sqrt{q_1} = \sqrt{10} = 3{,}16$ environ.

Firme polluante :

Fonction de coût total de production = $C(q_1) = wL_1 = L_1 = q_1$

Coût marginal direct = $C'_{q1} = 1$

$$\text{Coût marginal indirect} = \frac{p_2\ L_2}{2}(q_1)^{-3/2} = 0{,}316p_2 \text{ environ}$$

$$\text{Coût marginal social} = C_{m,1} = 1 + 0{,}316p_2.$$

Principe du *coût marginal social :*

Il convient d'égaliser coût marginal social et prix de vente :

$$\begin{cases} p_2 = C_{m,2} = 3{,}16 \\ p_1 = C_{m,1} = 1 + 0{,}316p_2. \end{cases}$$ On en déduit :

$p_1 = 2.$

La recette unitaire de la firme 1 est égale à son coût marginal direct :

$$p_1' = 1.$$

On retrouve donc l'idée d'une taxe optimale de 100 % sur les ventes de la firme 1.

Vocabulaire à connaître : Effet externe - économie externe - déséconomie externe - effet de congestion - coût marginal social.

EXERCICES

Exercice 48

On affirme dans le chapitre 15 qu'une taxe de 100 % sur le produit 1 permet de garantir une situation optimale : c'est ce qu'il va vous falloir montrer. Vous supposerez que le taux de salaire w vaut 1.

1 / À partir de l'équilibre de la firme n° 1, déterminez le prix de vente p, et la recette unitaire du bien 1. Déterminez le produit de la taxe ainsi prélevée J en fonction de la quantité produite q_1 du bien 1.

2 / On suppose que le produit de la taxe est attribué de façon exogène au consommateur. Écrivez son programme d'équilibre. Exprimez la demande du produit 1 en fonction du taux de salaire w, du prix p_1 et du produit J.

3 / Formalisez l'équilibre du marché du bien 1. En déduire la valeur de q_1.

4 / Montrez que l'équilibre est un optimum de Pareto.

Exercice 49

Une branche se compose de deux entreprises, on note q_1 et q_2 les volumes de production, les fonctions de coût valent :

$c_1 = 3q_1^2 - q_1 q_2$ (première firme)

$c_2 = q_2^2$ (deuxième firme).

1 / Interprétez l'allure des fonctions de coût.

2 / Le prix de vente du produit vaut p = 100. Si les deux firmes ne coopèrent pas quel sera l'équilibre de la branche ? Quels seront les profits réalisés ? (l'équilibre est compris au sens du duopole de Cournot).

3 / Les deux firmes se demandent alors quels niveaux de production permettraient le plus grand profit global. Déterminez ces niveaux, le profit total et sa répartition entre les deux firmes. Que suggérez-vous pour débloquer la situation ?

4 / La firme 1 accepte de payer k à la firme 2 pour chaque unité produite par cette dernière (sans acquérir pour autant la production correspondante) : k est ainsi une subvention d'exploitation s'ajoutant au prix de vente p = 100.

Déterminez k pour que les firmes produisent alors spontanément les niveaux correspondant au maximum du profit de la branche. Comment ce profit est-il alors réparti entre les firmes ? Est-ce réaliste ?

5 / Indiquez les recommandations de la théorie du coût marginal social en termes de productions désirables. Comment y parvenir en pratique ?

Exercice 50

L'économie est du type concurrentiel. N firmes, indicées par j, produisent un même bien noté q, de prix p, à partir du travail noté L, de prix w. Elles ont la même fonction de production, définie par : $q_j = \sqrt{L_j}$ avec les notations habituelles. Les produits s'avèrent polluants mais il est possible d'éliminer totalement les effets de la pollution, tel est désormais l'objectif de l'État.

Techniquement, il faut une certaine quantité de travail x pour éliminer la pollution créée par une unité de produit, le travail en question se rémunérant au taux commun w.

1 / Calculez le coût marginal d'une firme.

2 / On rappelle que le coût marginal, lorsqu'un bien est produit par divers établissements, est le coût supplémentaire supporté par l'établissement marginal. Calculez le coût marginal social du produit (vous compterez un coût direct de fabrication et un coût indirect d'élimination de la pollution) en fonction de la production totale q, du nombre de firmes N, de w et de x.

3 / Quelle relation doivent vérifier les prix et le niveau global de production à l'optimum ? Exprimez la production optimale d'une firme (q*) en fonction des prix.

4 / Pour contraindre les firmes au niveau optimal de production, on envisage plusieurs solutions.

a / Ne rien faire. Quelle est l'offre d'une firme. Est-elle optimale ?

b / Instaurer une taxe proportionnelle aux salaires de niveau t.

c / Instaurer une taxe sur les bénéfices de niveau t.

d / Instaurer une taxe sur le chiffre d'affaires, c'est-à-dire sur la valeur de la production, de niveau t.

Calculez t dans les trois derniers cas lorsque ceci est possible.

5 / On souhaite que le produit de la taxe finance entièrement les dépenses antipollution. Que préconisez-vous ?

16. L'incertitude

1. La formalisation de l'incertitude

1.1. L'incertitude et les états du monde

L'incertitude économique prend principalement trois visages :

— elle peut concerner la Nature, considérée comme extérieure à l'activité économique (j'ignore quel temps il fera dans un mois) ;
— elle peut concerner la qualité des biens ou la nature des individus (je ne suis pas sûr que cette voiture soit de très bonne qualité, je me demande si mon dentiste est compétent) ;
— l'incertitude peut enfin concerner le comportement des individus (mon dentiste va-t-il prendre le temps de bien me soigner ?).

L'incertitude varie avec l'information de chacun. Quelques-uns savent peut-être tout, on dit que leur information est « complète », certains savent tout ce qu'ils ont besoin de savoir, on dit que leur information est « parfaite », tandis que d'autres savent peu de choses. Les agents ne sont donc pas tous pareillement informés, on dit dans ce sens que l'information est « asymétrique ».

L'incertitude correspond souvent à des probabilités : certains connaissent la probabilité qu'il pleuve un 12 octobre, les autres s'en forment au moins une certaine idée. Mais l'incertitude peut être non probabilisable : comment affirmer qu'untel possède telle « chance » d'être élu président de la République ? L'incertain ne concerne pas forcément l'avenir, ainsi quand on ignore s'il y a du pétrole dans son champ.

Pour formaliser l'incertitude d'une façon commune à tous les exemples ci-dessus, on suppose qu'il existe des « états du monde », aux caractéristiques et aux conséquences connues, mais dont on ignore exactement lequel s'est ou va se réaliser. Le temps sera sec ou pluvieux dans un mois : deux états du monde ; je n'en connais pas forcément les probabilités mais je sais combien je gagnerai dans chaque cas, par exemple si je décide aujourd'hui de vendre des parapluies. Les *conséquences* des états du monde sont des gains monétaires ou d'autres choses mais elles sont nécessairement connues et quantifiables.

1.2. Les préférences individuelles

Quand un individu envisage l'ensemble des états du monde possibles, il en résulte une satisfaction qui résulte des états eux-mêmes ainsi que de leurs conséquences : un vendeur de para-

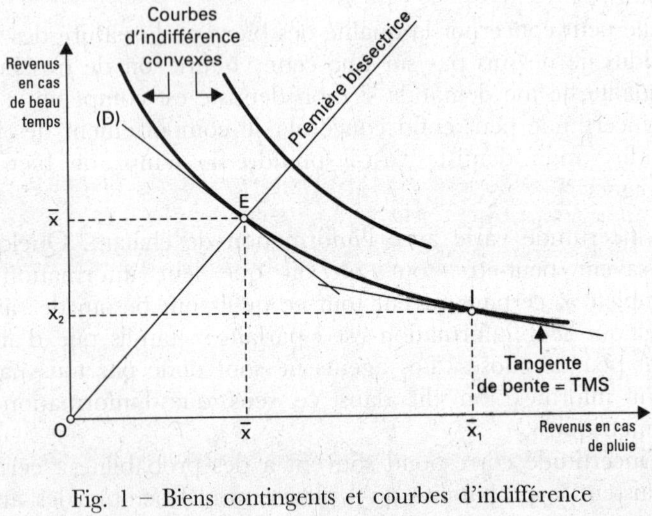

Fig. 1 – Biens contingents et courbes d'indifférence

pluies peut ne pas aimer danser dans des flaques d'eau tout en appréciant le revenu que la pluie lui apporterait.

S'il pleut, notons $\overline{x_1}$ le revenu qui en résultera et de même $\overline{x_2}$ s'il ne pleut pas, ce qui se représente par le point I dans le repère des conséquences des états du monde de la figure 1. Les courbes d'indifférence, dans ce repère, relient des perspectives de gains jugées *a priori* équivalentes, exactement comme dans le cas certain usuel avec des dotations de biens équivalentes (nous justifierons plus bas la convexité des courbes d'indifférence).

A priori, notre individu préférerait-il gagner tant de moins en cas de pluie et tant de plus en cas de beau temps ? Cela dépend de trois choses : de la vraisemblance qu'il attribue à chaque état du monde ; du plaisir qu'il peut éprouver dans chacun des états ; et des gains qui en résultent. On définit un taux marginal de substitution comme valeur absolue de la pente de la tangente à une courbe d'indifférence. Ce TMS indique quel gain supplémentaire il faut vous offrir en cas de beau temps si on vous ôte 1 € en cas de pluie.

La courbe d'indifférence qui passe par I coupe la première bissectrice en E, de coordonnées $\bar{x}$: la perspective de gagner $\overline{x_1}$ s'il pleut et $\overline{x_2}$ sinon, est jugée aussi plaisante que si l'on était sûr de gagner $\bar{x}$.

1.3. La fonction d'utilité

Aux courbes d'indifférence d'un individu correspond une fonction d'utilité. S'il sait, en cas de pluie, qu'il gagnera x_1 et sinon x_2, il en éprouve une certaine satisfaction U *ex ante*, c'est-à-dire avant de savoir le temps qu'il fera. Elle est fonction des gains qu'il envisage, x_1 et x_2, ce que l'on écrit :

$$U = U(x_1, x_2).$$

Cette fonction se généralise avec un nombre quelconque d'états du monde, associés à autant de gains x_i. Au lieu de gains monétaires, les conséquences x_i des états du monde pourraient être un certain nombre de pommes ou même des vecteurs de biens différents. Si l'état i m'apportait par exemple y_i = tant de pommes et z_i = tant d'appartements, mon utilité *ex ante* s'écrirait :

$$U = U(y_1, z_1, y_2, z_2).$$

Dans le cas certain, y_i mesurait l'ensemble des pommes dont je disposerais si j'en achetais tant mais, parfois, les seules pommes que j'achèterais éventuellement, sans tenir compte de celles que je possédais initialement. Dans le cas incertain, on raisonne parfois avec les seuls revenus additionnels directement imputables aux états du monde mais nous verrons qu'il convient en principe de tenir compte des dotations initiales.

On parle de biens ou de revenus « contingents » pour signifier que j'aurais tant de pommes ou d'argent *à condition* que tel état se réalise ; contingent est ici synonyme de conditionnel.

1.4. Les probabilités d'état

Il se peut que notre vendeur de parapluies attribue des probabilités p_1 et p_2 aux états du monde, avec évidemment $p_1 + p_2 = 1$. Ces probabilités sont peut-être objectives, confirmées par les meilleurs météorologistes du pays, et peut-être subjectives, reflétant des croyances quelconques. Elles sont donc *a priori* différentes d'un individu à l'autre.

Si les probabilités sont objectives, chaque individu tient compte de ses propres informations pour agir au mieux. Il utilise donc des probabilités conditionnelles, éventuellement révisables au gré des événements qu'il observe. Si les probabilité sont subjectives, on suppose habituellement qu'elles sont révisables selon la formule de Bayes, à partir des croyances initiales (le § 5 ci-dessous en donnera un exemple).

Si les probabilités d'état sont bien définies, objectives ou subjectives, on peut définir une variable aléatoire X des gains contingents d'un individu, ce qui permet d'envisager un nombre infini d'états. Dans notre exemple, il vient simplement :

$X = x_1$ avec la probabilité p_1 ;
$X = x_2$ avec la probabilité p_2.

Pour souligner que X est un choix, on la qualifie de « loterie ».
(Notation : étant donné une variable aléatoire Y, nous l'écrirons en majuscule et nous noterons E[Y] son espérance).

1.5. L'hypothèse d'utilité espérée

Trois hypothèses s'avèrent commodes pour formaliser les comportements d'un individu donné face à l'incertitude.

Première hypothèse : pour un individu donné, chaque conséquence x d'un quelconque état du monde apporte une utilité élémentaire u(x), mesurée avec une fonction u *commune* à chaque état du monde.

Cette hypothèse convient quand les états du monde n'importent pas en eux-mêmes, comme dans un jeu de pile ou face où seul le gain m'intéresse et pas les dessins gravés sur la pièce. Mais quand un sportif envisage les deux états possibles suivants : être invalide ou en bonne santé, avec comme conséquences : gagner r_1 dans un cas et r_2 dans l'autre, on ne peut pas supposer que l'utilité élémentaire ne dépend que des gains et pas de la santé. On cherchera dans ce cas un indice quantitatif q représentant l'état de santé, tel que l'utilité élémentaire u soit fonction à la fois de r et de q. Nous sommes alors formellement ramenés au cas précédent, en définissant comme conséquence x_i d'un état du monde i le couple de valeurs (r_i, q_i).

Nous pouvons donc raisonnablement supposer qu'il existe une fonction d'utilité élémentaire u(x), qui ne dépend que des conséquences x d'un quelconque état du monde.

Deuxième hypothèse : pour un individu donné, il existe des probabilités p_i associées à chaque état du monde i. On notera X la loterie des conséquences qui en résulte.

Dernière hypothèse, la plus audacieuse des trois : l'utilité U que procure une loterie X est égale à l'espérance mathématique de l'utilité des conséquences qui en résultent. Autrement dit :

$$U = U(X) = E[u(X)] = U(x_1, x_2, \text{etc.}) = p_1\, u(x_1) + p_2\, u(x_2) + \text{etc.}$$

On dit que U est une « utilité espérée » ou que u(x) est de type Von Neumann et Morgenstern, VN-M en abrégé, du nom des deux inventeurs de la théorie des jeux en 1944. On dit aussi, plus simplement, que l'on suppose l'hypothèse VN-M (certains exigent en outre que la fonction u soit concave, nous comprendrons bientôt pourquoi, et bornée).

Attention : cette hypothèse ne permet pas de remplacer la fonction u par une transformée comme v = f(u) avec f croissante, comme nous le faisions avec des fonctions d'utilité ordinaires dans le cas certain. Si une fonction u vérifie l'hypothèse VN-M, on montre que seules des *fonctions linéaires* de u conviennent également pour représenter l'utilité totale U. L'hypothèse VN-M est donc assez particulière. Mais nous l'admettrons désormais, sauf mention contraire.

Reprenons alors la figure 1 ci-dessus. L'équation d'une courbe d'indifférence s'écrit désormais :

$U(x_1, x_2) = p_1\, u(x_1)+p_2\, u(x_2) = cte$. On en déduit :

$$TMS = -\left(\frac{dx_2}{dx_1}\right)_{U = cte} = \frac{U'_1}{U'_2} = \frac{p_1\, u'(x_1)}{p_2\, u'(x_2)}.$$

Aux points certains tels que E, les valeurs x_1 et x_2 sont égales, d'où :

$$TMS(E) = \frac{p_1\, u'(x_1)}{p_2\, u'(x_2)} = \frac{p_1}{p_2}.$$

Or le TMS en E (voir la figure 1) est égal à la valeur absolue de la pente de la tangente (D) en E, cette pente vaut donc $-p_1/p_2$.

La pente d'une courbe d'indifférence aux points représentant des gains certains est égale, au signe près, au rapport des probabilités des états du monde.

2. L'aversion au risque

2.1. Définitions et interprétations

On démontre, et vous admettrez, que la convexité des courbes d'indifférence U (voir fig. 1) est équivalente à la concavité de la fonction d'utilité u de type VN-M.

Une première interprétation de la concavité de u (voir la figure 2) est que l'utilité croît avec la richesse mais moins que celle-ci : posséder 10 000 € de plus me rend beaucoup plus heureux qu'avant; si je suis riche ; mais seulement un peu plus heureux, si je suis très riche. Autrement dit : l'utilité marginale de ma richesse est décroissante.

Pour obtenir une deuxième interprétation de la concavité de u, considérons la loterie X définie par deux gains x_1 et x_2,

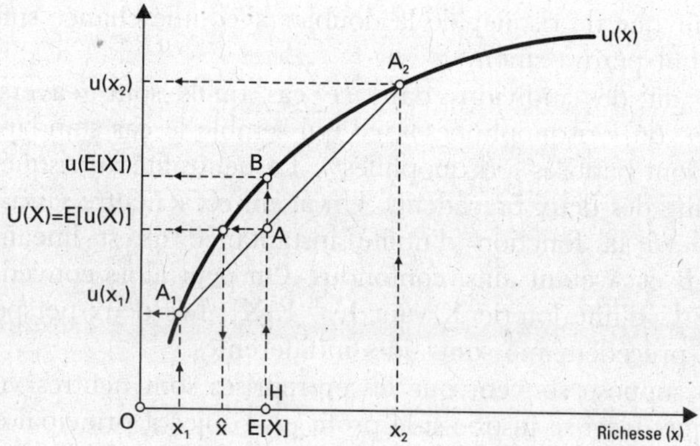

Fig. 2 – Aversion au risque et utilité espérée

associés aux probabilités p_1 et p_2 (probabilités dont la somme vaut 1). Soit E[X] et E[u(X)] les espérances respectives des variables aléatoires X et u(X) et soit A le point correspondant à ces deux coordonnées. Montrons d'abord que A est situé sur le segment $A_1 A_2$. Il vient successivement :

$$\text{Pente de } A_1 A = \frac{E[u(X)] - u(x_1)}{E[X] - x_1} = \frac{[p_1 u(x_1) + p_2 u(x_2)] - u(x_1)}{[p_1 x_1 + p_2 x_2] - x_1}$$

$$= \frac{[p_2 u(x_2)] - (1 - p_1) u(x_1)}{[p_2 x_2] - (1 - p_1) x_1} = \frac{[p_2 u(x_2)] - (p_2) u(x_1)}{[p_2 x_2] - (p_2) x_1}$$

$$= \frac{u(x_2) - u(x_1)}{x_2 - x_1} = \text{pente de } A_1 A_2.$$

Ceci prouve l'alignement des points A_1, A et A_2.

Si u est concave, et seulement dans ce cas, on vérifie alors que l'ordonnée de A est inférieure à celle de B, c'est-à-dire que :

$$HA = p_1 u(x_1) + p_2 u(x_2) \leq HB = u(E[X]) = u(p_1 x_1 + p_2 x_2).$$

Cette dernière expression est l'utilité d'une loterie où l'on gagne E[X] à coup sûr. Je préfère donc gagner l'espérance de X à coup sûr que tenter la loterie X qui me donne les gains x_i avec les probabilités p_i. Par exemple, je préfère garder ma richesse à coup sûr que de risquer de la doubler avec une chance sur deux et de tout perdre sinon.

On dit des individus dans ce cas qu'ils sont « averses au risque », ou « risquophobes », ce qui semble le cas standard. Les autres sont baptisés « risquophiles ». La neutralité au risque est le cas limite des deux précédents. Un agent est « neutre vis-à-vis du risque » si la fonction d'utilité instantanée u est linéaire, les points B et A étant ainsi confondus. On peut alors convenir que l'utilité U d'une loterie X vaut U = E[X]. Les deux perspectives du jeu précédent me sont alors indifférentes.

On suppose souvent que les entreprises sont neutres vis-à-vis du risque. Ceci se justifie si le profit est l'objectif principal et si la loi des grands nombres limite le risque global issu de multiples opérations élémentaires. Mais si une entreprise envisage de changer de stratégie, l'espérance des gains futurs ne suffit pas à fonder sa décision : le risque de l'opération est forcément pris en compte.

« L'équivalent certain » de la loterie X est la valeur $\hat{x}$ définie par :

$$u(\hat{x}) = U(X) = E[u(X)].$$

Si on me donnait l'équivalent certain, j'en éprouverais la même satisfaction que si l'on me proposait la loterie X. L'équivalent certain est donc le prix auquel on consentirait à céder ou à acheter le droit de bénéficier de la loterie X.

Attention : dans la formule de l'équivalent certain, X mesure ma richesse finale quand « je joue » à la loterie et pas seulement le gain que me procure la loterie. Il faut donc tenir compte de ma richesse initiale.

L'aversion au risque implique que l'équivalent certain $\hat{x}$ est inférieur à l'espérance du gain E[X]. On définit la « prime de risque » τ comme la différence relative entre ces deux valeurs :

$$(1 - \tau)\, E[X] = \hat{x}.$$

La loterie X est donc équivalente au gain certain que procurerait son espérance diminuée d'un pourcentage τ. Il vient en effet :

$$u((1 - \tau)\, E[X]) = E[u(X)].$$

Exemple : Soit un titre risqué qui rapporte en moyenne 7 % par an. On note R son rendement, c'est donc une variable aléatoire d'espérance 1,07. On suppose qu'il existe un titre certain qui rapporte 3 % par an, on note $R_0 = 1{,}03$ son rendement. Soit τ la prime de risque du titre risqué, en supposant que je suis indifférent entre placer l'ensemble de ma richesse w sur un an en titres risqués ou en titres non risqués. Il vient :

$$U = u(R_0\, w) = E[u(Rw)] = u((1 - \tau)\, wE[R])$$

ce qui implique :

$$R_0\, w = (1 - \tau)\, wE[R] \text{ et donc } R_0 = (1 - \tau)\, E[R].$$

On en déduit : $\tau = \dfrac{1{,}07 - 1{,}03}{1{,}07} \approx 4\ \%$. Autrement dit :

La prime de risque est ce qu'il faut ajouter au taux d'intérêt certain pour obtenir le taux d'intérêt espéré qui va me décider d'acheter un titre risqué.

2.2. Les indices d'aversion au risque

La prime de risque caractérise autant une loterie X que l'individu qui l'envisage. En effet, j'exige une grande prime de risque, d'une part si je n'aime vraiment pas le risque (ce qu'il s'agit ici de définir) et d'autre part si la loterie que l'on me propose est particulièrement risquée (autre notion difficile à définir). On utilise essentiellement deux indices d'aversion au risque pour caractériser un individu, indépendamment des loteries proposées. Reportez-vous au premier exercice proposé de ce chapitre pour en comprendre la justification.

L'aversion absolue pour le risque est définie par l'indice :

$$r(w) = -\frac{u''(w)}{u'(w)} \text{ avec w comme richesse et u de type VN-M.}$$

La fonction suivante est dite CARA *(constant absolute risk aversion)* : $u(w) = -e^{-rw}$ avec une aversion absolue constante, égale à $r > 0$.

L'aversion relative au risque est définie par l'indice :

$$\rho(w) = -\frac{wu''(w)}{u'(w)} \text{ avec w comme richesse et u de type VN-M.}$$

La fonction suivante est dite CRRA *(constant relative risk aversion)* : $u = w^{1-\rho}/1 - \rho$ avec une aversion relative constante, égale à $\rho > 0$. Si $\rho = 1$, on obtient comme cas limite : $u = \log(w)$.

2.3. La succession des périodes

Envisageons des successions de périodes, trois par exemple, avec une utilité espérée en période 0, U, séparable dans le temps moyennant un facteur d'actualisation constant $\beta < 1$. Notons u l'utilité VN-M; disons qu'elle dépend en période t de la valeur x_t d'une variable aléatoire X_t. Il vient :

$$U = u(x_0) + \beta E[u(X_1)] + \beta^2 E[u(X_2)].$$

(On a noté x_0 la valeur certaine de X_0 à la date 0. Les espérances sont conditionnelles à l'information disponible à la date 0).

La valeur de β indique une forte ou faible préférence pour le présent et la concavité de u indique une forte ou faible aversion au risque.

Dans ce cadre intertemporel, l'utilité espérée d'une entreprise neutre au risque vaut l'espérance de ses gains futurs actualisés. Il resterait à préciser si les gains sont des profits, des dividendes, des cash-flows, ou d'autres choses encore.

2.4. L'arbitrage espérance-variance

Dans certains modèles de finance, un portefeuille se représente par une variable aléatoire W et on suppose qu'un investisseur n'est sensible qu'à l'espérance μ et à la variance V de ce portefeuille. Montrons que cette hypothèse est compatible avec le modèle de l'utilité espérée, au moins dans les deux configurations suivantes.

Premier cas : Soit une utilité élémentaire quadratique :

$$u(w) = a + bw - cw^2 \text{ avec a, b, c positifs et } w \leq b/2c.$$

La fonction u est croissante et concave en w, ce qui correspond à l'aversion au risque. L'utilité *ex ante* vaut :

$$U = E[u(W)] = a + b\mu - cE[w^2] = a + b\mu - c(\mu^2 + V)$$

$$= U(\mu, V) = \text{fonction de } \mu, \text{ et } V.$$

Deuxième cas : Soit une utilité élémentaire adverse au risque de type CARA ($u = -e^{-rw}$). Supposons en outre que la loterie W suive une loi normale de moyenne μ et de variance V. On démontre alors :

$$U = E[u(W)] = -\exp\left(-r\mu + \frac{r^2}{2}V\right) = U(\mu, V) = \text{fonction}$$

de μ et de V seulement.

Dans les deux cas, il est remarquable que la fonction U décroît quand la variance augmente. Cela conforte l'intuition de l'aversion au risque. On assimile en effet volontiers les notions de « risque » et de variance d'une perspective aléatoire.

3. Les échanges de biens contingents

3.1. Les marchés de biens contingents

(Ce paragraphe ne suppose pas l'hypothèse VN-M. Il transpose formellement les analyses certaines au cas incertain). Soient deux individus différents, (A) et (B), qui envisagent les deux *mêmes* états du monde 1 et 2. Notons avec des barres les situations initiales, ainsi $\overline{x}_1^A$ est la ressource qu'aurait l'individu (A) dans l'état 1. Soit $\overline{x}_1$ et $\overline{x}_2$ les sommes des dotations initiales des deux individus dans les deux états du monde.

On a tracé sur la figure 3 une boîte d'Edgeworth, de longueur $\overline{x}_1$ et de hauteur $\overline{x}_2$, pour représenter les différentes dotations possibles des individus (reportez-vous aux figures 2 et 3 du chapitre 11 si vous avez oublié ce qu'est un diagramme en boîte). Dans le repère centré en O^A, les courbes d'indifférence de l'individu (A), averse au risque, dessinent des sortes d'hyperboles habituelles. Et de même dans le repère inverse centré en O^B, avec les courbes d'indifférence de l'individu (B), supposé lui aussi adverse au risque.

Le point P est la meilleure des situations finales pour (B) parmi celles qui conservent à (A) sa satisfaction initiale en I. Le point Q est de même le meilleur pour (A) qui ne détériore pas la situation de (B). Un point tel que F est une situation d'équilibre dans le sens où elle améliore la situation des deux individus et elle est optimale au sens de Pareto.

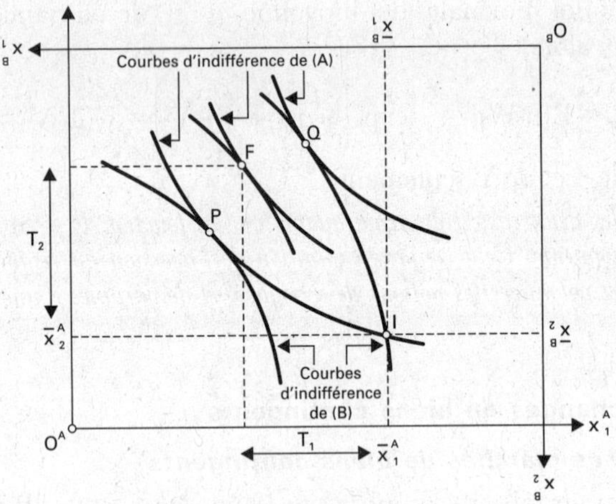

Fig. 3 – Optimums et liens contingents

À quel contrat entre les deux individus correspond ce point F ? Soient T_1 et T_2 les coordonnées, en valeur absolues, du vecteur IF. Vous vérifierez que le passage de I à F suppose que (A) s'engage à céder T_1 à (B) si l'état 1 se réalise, à condition que (B) cède T_2 à (A) si c'est l'état 2.

Les individus sont donc spontanément incités à effectuer de telles transactions contingentes, c'est-à-dire qu'ils ont intérêt à s'engager de donner tant dans tel état du monde et à recevoir tant autrement. Si plusieurs individus sont concernés, et de façon récurrente, il pourrait en résulter un marché spécifique de biens contingents, avec des sortes de prix d'équilibre, indiquant les rapports d'échange qui vont s'établir entre des valeurs comme T_1 et T_2.

Les produits financiers, les opérations d'assurance et les paris sont ainsi les principaux exemples où existent des marchés de biens contingents. Mais très peu d'autres marchés permettent d'échanger des biens contingents définis aussi strictement et avec des contrats aussi simples. On dit alors que les marchés sont « incomplets », parce que certains marchés manquent, certaines transactions ne pouvant pas s'effectuer. Cela peut venir de la difficulté à recenser tous les états du monde possibles et à en préciser toutes les conséquences.

Exemple : L'agent (A) est un touriste qui s'apprête à visiter les États-Unis dans trois mois. Il disposera d'un budget fixe de 2 000 €, valant aujourd'hui 2 000 $. Il s'attend à deux éventualités seulement : une hausse du dollar de 20 % dans trois mois (état 1) ou une baisse de 10 % (état 2). Chaque état du monde se caractérisera par des consommations différentes, x_1^A = 1 600 $ et x_2^B = 2 200 $. En achetant des dollars à trois mois au taux d'aujourd'hui, il disposerait d'une consommation certaine de 2 000 $, ce qu'il préférerait sûrement. Encore faudrait-il rencontrer un individu (B) placé dans une situation symétrique. De telles rencontres sont possibles sur les marchés à terme de devises.

Autre exemple : Un artisan s'engage à repeindre une pièce en trois jours et il m'en coûtera x_1. Il est d'abord convenu que, si le délai est dépassé de n jour, il n'en coûtera que $x_n = x_1 - np$ au client, p étant une pénalité par jour de retard pour n inférieur ou égal à 7. Les 8 états du monde sont donc définis par : « La pièce est repeinte en 3 + n jours », avec les revenus associés x_n.

Mais qu'adviendra-t-il pour n très grand : y aura-t-il ou non des dédommagements spécifiques si rien n'est terminé après cinq ans ? Pourra-t-on exiger une remise en l'état de la pièce ? Et que fera-t-on si les murs s'avèrent plus humides que prévus ? Il se peut ainsi que l'on préfère repeindre soi-même une pièce faute de pouvoir établir un contrat contingent parfaitement défini avec un professionnel dont on ignore trop le comportement. Certaines formules juridiques permettent de ne pas détailler toutes les situations possibles, par exemple quand un peintre doit travailler « selon les règles de l'art ». L'incertitude se concentre alors sur le verdict que le juge prononcera en cas de litige.

3.2. Les contrats d'assurance

Supposons que l'agent (A) de la figure 3 possède une utilité élémentaire de type VN-M avec des probabilités p_1 et p_2. Supposons que l'agent (B) soit une entreprise d'assurance, neutre au risque relativement aux *mêmes* probabilités p_1 et p_2. Cette entreprise propose éventuellement des assurances au sens propre mais il peut aussi s'agir du service après-vente d'un magasin électroménager, d'une administration de sécurité sociale, d'un fonds d'investissement, d'une caisse de retraite, etc. Soient $\overline{x}_1^B = \overline{x}_2^B$ les réserves financières de l'entreprise lui permettant de faire face à des débours éventuels. Appliquons les raisonnements précédents avec le diagramme en boîte de la figure 4.

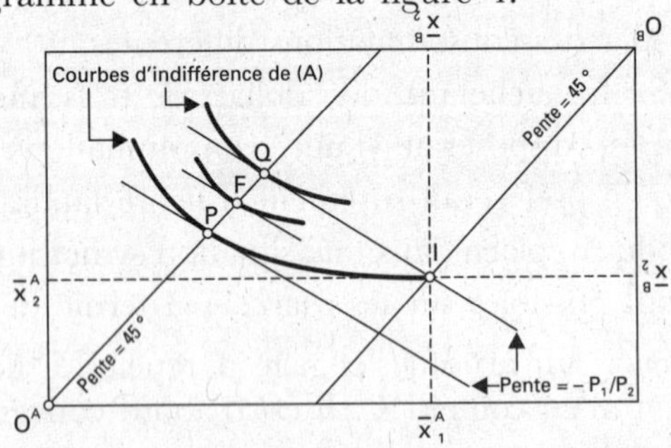

Fig. 4 – Optimums avec assurance

Sur la première bissectrice commençant en O^A, nous savons que les tangentes aux courbes d'indifférence de (A) ont une pente égale à $-p_1/p_2$. Nous montrerons bientôt que les droites correspondantes sont des droites d'isoprofits espérés dans le repère centré en O^B. La droite IQ qui passe par I correspond donc à un profit espéré nul. Le point P est celui qui conserve l'utilité de (A) et qui donne à l'entreprise (B) le profit maximum. Le point Q est celui qui donne à (A) l'utilité maximum, en laissant à (B) un profit espéré nul.

Détaillons et reprenons plus simplement les choses.

Supposons un individu qui gagnerait cette année $\overline{x}_1$ dans l'état 1 et $\overline{x}_2$ dans l'état 2. Cela correspond au point I de la figure 5, dans le repère habituel des conséquences. Supposons qu'il existe des probabilités d'état p_1 et p_2, objectives et connues de tous. On pourra ainsi imaginer que l'état 2 est consécutif à un accident quelconque.

Soit alors une entreprise d'assurance neutre au risque. Elle propose de me donner $x_2^R - \overline{x}_2 = T_2$ euros si l'état 2 se réalise (en cas d'accident), à condition que je lui donne $\overline{x}_1 - x_1^R = T_1$ si c'est l'état 1 (pas d'accident). Si j'accepte ce contrat, j'obtiens comme

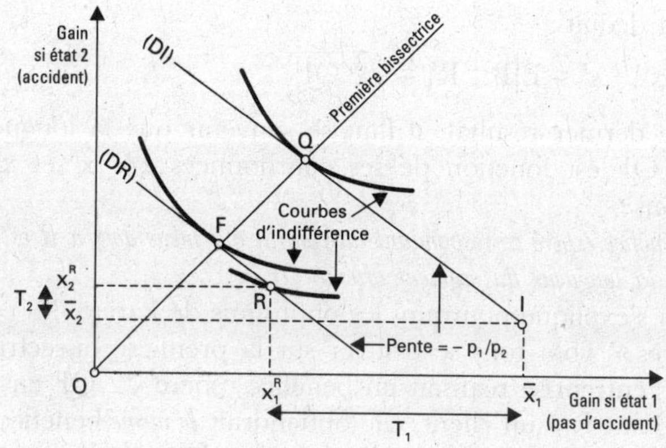

Fig. 5 – Le choix d'une assurance totale

situation finale le point R caractérisé par les valeurs x_1^R et x_2^R. Soit B le bénéfice qui m'est imputable aux yeux de l'entreprise d'assurance. Supposons pour simplifier que ses coûts de gestion soient nuls, il vient :

$B = T_1$ si c'est l'état 1, avec donc la probabilité p_1 ;
$B = - T_2$ si c'est l'état 2, avec donc la probabilité p_2.

En moyenne, le bénéfice espéré qui m'amène au point R vaut :

$$E[B \mid R] = p_1 T_1 - p_2 T_2 = p_1(\overline{x}_1 - x_1^R) + p_2(\overline{x}_2 - x_2^R)$$
$$= (p_1 \overline{x}_1 + p_2 \overline{x}_2) - (p_1 x_1^R + p_2 x_2^R).$$

Nous voulons visualiser ce bénéfice espéré correspondant au point R, de façon à savoir si tel contrat est plus ou moins avantageux pour l'entreprise. Traçons deux droites (D_I) et (D_R) de pente $-p_1/p_2$ passant par I et R. Elles coupent la première bissectrice en deux points Q et F, de coordonnées (x^Q, x^Q)et (x^F, x^F). Il vient :

$$\text{Équation de } (D_I) \equiv p_1 x_1 + p_2 x_2 = p_1 \overline{x}_1 + p_2 \overline{x}_2$$

et donc, au point Q :

$$p_1 x^Q + p_2 x^Q = p1 \overline{x}_1 + p_2 \overline{x}_2 \text{ et donc } x^Q = p_1 \overline{x}_1 + p_2 \overline{x}_2.$$

De même, on montre que :

$$x^F = p_1 x_1^R + p_2 x_2^R.$$

D'où on déduit :

$$x^Q - x^F = E[B \mid R] = \sqrt{2}\ \overline{QF}$$

(pour ce dernier résultat, il faut se souvenir que la longueur du vecteur QF est fonction de ses coordonnées $x^Q - x^F$ et $x^Q - x^F$). Résumons :

Le bénéfice espéré correspondant au contrat qui mène de I à R est proportionnel à la longueur du segment orienté QF.

Ainsi s'explique pourquoi les optimums de Pareto (les contrats « efficaces ») vont tous se trouver sur la première bissectrice. En effet, si l'entreprise réalisait un bénéfice espéré $\sqrt{2}\ \overline{QF}$ en proposant le point R à un client, elle obtiendrait *le même* bénéfice en lui proposant le point F. Or, le client préfère le point F au point R : autant le lui accorder. D'où ce résultat très important :

Soit un individu qui maximise une espérance d'utilité. Soit une entreprise d'assurance neutre au risque, relativement aux probabilités d'état de l'individu. Tout contrat efficace donne à l'individu un revenu certain.

Parmi tous les points représentant des situations finales efficaces pour l'individu, le point Q est particulier en ce qu'il accorde à l'entreprise un bénéfice espéré nul. On dit alors que le contrat correspondant est « actuariellement équitable ». Cette hypothèse peut se justifier si on pense que les sociétés d'assurance ont des rendements constants ; d'autant que la loi des grands nombres assure que leur bénéfice effectif ne sera jamais très éloigné de sa valeur espérée ; et aussi parce que certaines mutuelles ou caisses publiques ne visent effectivement qu'à équilibrer leurs budgets.

Exemple : Supposons que notre individu gagne 20 000 € par an mais qu'il a une chance sur deux de provoquer un accident automobile chaque année, ce qui lui coûterait 14 000 €. Sa situation initiale se caractérise donc par le point I de la figure 6 :

$\overline{x_1} = 20\,000$ dans l'état 1 (c'est le revenu sans accident) ;

$\overline{x_2} = 6\,000$ dans l'état 2 (revenu après un accident).

Si une entreprise d'assurance lui propose un contrat actuariellement équitable, l'individu choisira le point Q avec un revenu certain de 13 000 €. Le contrat correspondant est par exemple ainsi libellé : l'individu s'engage à verser une « prime d'assurance » de 7 000 € par an quoi qu'il arrive (il s'agit d'une cotisa-

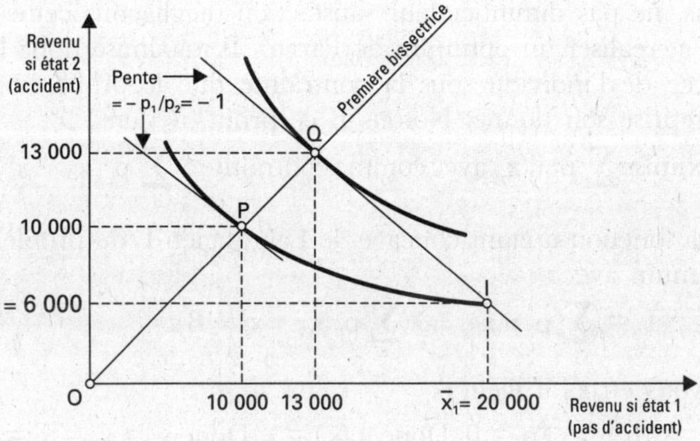

Fig. 6 – Prime et indemnité d'assurance

tion, à ne pas confondre avec la prime de risque). L'entreprise s'engage, en cas d'accident, à le dédommager intégralement, en versant une indemnité de 14 000 €.

Dans ce contrat, on peut imaginer que le montant de l'indemnité est choisi par le client. L'entreprise impose seulement que la prime soit moitié moindre, parce qu'elle sait à quel type de conducteur elle a affaire.

Supposons maintenant que l'entreprise soit en situation de monopole. Elle propose à l'individu une situation finale qui maintiendra tout juste son utilité et qui maximisera l'espérance du bénéfice. L'individu se verra proposer le contrat l'amenant au point P avec, disons, un revenu certain de 1 000 €. Le contrat stipulera par exemple une prime de 10 000 € par an et une indemnité de 14 000 € par accident. Vous vérifierez que l'entreprise réalise alors un bénéfice espéré égal à 3 000 € par an.

Envisageons pour finir une analyse algébrique de la situation. Renoncer aux graphiques nous permettra au moins de raisonner avec davantage que deux états du monde.

Soit un individu adverse au risque, doté d'une fonction d'utilité u (concave) de type VN-M. Soit x_i le gain dans l'état i, p_i les probabilités associées, $\bar{x}_i$ le vecteur des gains initiaux dans l'état i. Soit une entreprise neutre au risque, relativement aux *mêmes* probabilités p_i. Un contrat entre les deux agents doit, au moins, ne pas diminuer leur satisfaction (négligeons cette condition) et réaliser un optimum de Pareto. Il maximise donc l'utilité espérée de l'individu sous la contrainte que le profit espéré de l'entreprise soit donné. Notons $\overline{B}$ ce profit, il vient :

$$x \text{ maximise} \sum_i p_i\, u(x_i) \text{ avec comme contrainte : } \sum_i p_i\, (\overline{x}_i - x_i) = \overline{B}.$$

La fonction u étant concave, le Lagrangien L du problème est maximum avec :

$$L = \left(\sum_i p_i\, u(x_i)\right) + \lambda\left(\sum_i p_i\, (\overline{x}_i - x_i) - \overline{B}\right).$$

Dérivons en x_i, il vient :

$L'\,x_i = p_i\, u'(x_i) - \lambda p_i = 0$. Donc $u'(x_i) = \lambda$. Donc $x_1 = x_2 = x_i =$ etc.

L'égalité de toutes les utilités marginales conditionnelles s'appelle la condition de Arrow-Borch. Elle aboutit au résultat fondamental illustré par la figure 5 : quand un individu risquophobe est libre de contracter avec une entreprise neutre au risque, il choisit une assurance totale de ses risques.

4. L'information

Il est difficile de formaliser l'information de façon générale, sa nature, son utilité et son coût. Nous présenterons ici les choses avec un exemple fantaisiste mais que nous transposerons ensuite dans des cadres plus intéressants.

Je suis invité chez des amis qui ont un enfant de 10 ans à qui je veux offrir un cadeau. Je crois que les garçons, pour 50 % d'entre eux, aiment les livres alors que les filles sont à 70 % dans ce cas. Il s'agit de probabilités subjectives, fondées ou pas. Mais je ne me souviens plus si l'enfant est une fille ou un garçon et je juge que les deux probabilités correspondantes sont identiques. Le tableau ci-dessous résume mon information initiale :

	Garçon ↓	Fille ↓
Aime lire →	25 %	35 %
N'aime pas lire →	25 %	15 %

Les éléments de ce tableau sont les quatre états de la nature, avec leurs probabilités *a priori*, dont le total vaut nécessairement 1. Si je ne sais rien d'autre, j'en déduis que l'enfant sera heureux de recevoir un livre comme cadeau avec une probabilité de 60 %. J'agirais donc en conséquence, disons que je lui offrirai un livre. Précisons ici deux notions évoquées en début de ce chapitre. Si je sais laquelle des quatre cases correspond à l'état de la nature, mon information est dite « complète ». Si je sais seulement que l'état de la nature vérifie par exemple la condition que l'enfant « aime lire », mon information est « parfaite » dans le sens où elle me suffit pour choisir le cadeau qui convient (peu importe en effet le sexe de l'enfant).

Supposons à présent que quelqu'un m'apprenne qu'il s'agit d'une fille. Ce *signal* améliore mon information parce que les états de la nature pertinents ne sont plus que deux : cette fille aime ou n'aime pas lire. Puisqu'elle aime lire avec la probabilité de 70 %, disons que je lui offre un livre. Un autre signal possible aurait été : « C'est un garçon » et j'en aurais déduis son amour des livres dans 50 % des cas. Disons que je laisse alors le hasard décider en lançant une pièce de monnaie : j'achète un livre si c'est pile, un puzzle si c'est face.

L'affaire se complique avec ce troisième scénario. Personne ne me révèle le sexe de l'enfant mais j'aperçois un autre collègue invité qui achète un livre manifestement destiné au mystérieux enfant. Premier cas : si ce collègue est aussi ignorant que moi, il cherche simplement à faire plaisir dans 60 % des cas, d'où son choix et je n'en sais pas davantage. Mais, deuxième cas, si ce collègue est bien informé, par exemple en tant que proche parent de la famille concernée, il choisit en toute connaissance de cause et, *observant ce qu'il a décidé*, je deviens moi-même mieux informé. En l'occurrence, j'en déduis que l'enfant est une fille avec une probabilité dite *a posteriori*, égale à 66,6 % environ. Vous serez qualifié de « bayésien » si vous accréditez ce résultat, admettez-le si vous ignoriez ces notions de calcul des probabilités.

On dira que ma croyance initiale, selon laquelle l'enfant était une fille à 50 %, est révisée et qu'elle vaut désormais 66,6 %. Et si l'ami bien informé avait offert un puzzle, j'en aurais évidemment déduit que l'enfant était forcément un garçon. On notera, dans cet exemple, cette règle de conduite rationnelle : il faut acheter le même bien qu'achète l'individu mieux informé que moi.

De ces considérations, retenons simplement ceci : que les agents économiques sont différemment informés ; qu'ils agissent en fonction de ce qu'ils savent ; que chacun peut espérer en savoir plus en observant ce que font les agents mieux informés.

Exemples : La cherté d'un produit est un signal de sa qualité, du moins quand beaucoup de consommateurs y consentent. De même, un spéculateur avisé mais paresseux sera-t-il enclin à imiter ses confrères, en moyenne moins paresseux mais mieux informés. Il est rationnel de choisir le restaurant le plus bondé quand j'arrive dans une ville inconnue. Une politique de qualité des produits ou des services est donc bénéfique à long terme, certes parce qu'un client satisfait peut acheter à nouveau, mais aussi parce que de nombreux individus en seront informés.

5. La sélection adverse

5.1. Le manque d'information sur la qualité

Les modèles précédents supposaient que l'assureur connaissait la qualité, en l'occurrence la probabilité d'accident, de chacun de ses clients potentiels. Désormais, l'information sera asymétrique dans le sens suivant : l'assureur connaît les probabilités moyennes d'accident parmi la population mais il ignore la probabilité particulière de chacun de ses clients, il ignore quelle est leur qualité individuelle.

Supposons qu'il propose la même prime pour tous et les mêmes indemnités en cas d'accident, en comptant que les bons conducteurs paieront pour les mauvais. Le résultat sera peut-être que les meilleurs conducteurs refuseront le contrat. Ceux qui l'accepteront auront une probabilité d'accident supérieure à celle de l'ensemble de la population et il est à craindre que l'assureur ne puisse pas s'en accommoder.

On parle de « sélection adverse » (l'expression initiale est anglaise) quand un contrat séduit les candidats de mauvaise qualité et qu'il ne convient pas aux meilleurs des autres candidats.

Sélection adverse signifie que sont paradoxalement sélectionnés les plus mauvais, on dit aussi « anti-sélection ».

Exemples : diminuer les indemnités en cas de décès dans un contrat d'assurance sur la vie dissuade les clients dont la santé est la meilleure, mais pas les autres. Augmenter le taux du crédit dissuade des investisseurs aux projets très sûrs mais de rentabilités modestes ; le pourcentage de défaillances auprès des banques va donc augmenter.

Autre exemple : les acheteurs potentiels connaissent mal la qualité d'une voiture d'occasion. Si le prix moyen diminue sur ce marché, les possesseurs des meilleures voitures cessent de les proposer. La qualité des voitures restantes diminue et, le comprenant, les acheteurs exigent des prix plus bas. Le processus pourrait ne pas s'arrêter et aucune transaction ne serait possible.

Dans tous les cas, la « sélection adverse » vient de ce que l'on propose un même prix, faute de connaître la qualité exacte d'un bien ; mais le propriétaire du bien connaît, lui, cette qualité et il se retire du marché le cas échéant. La sélection adverse pénalise à la fois certains vendeurs et certains acheteurs potentiels en les empêchant de contracter. On doit donc s'attendre à des initiatives pour mieux informer ceux qui ne le sont pas assez. Effectivement, des labels de qualité sont attribués par des organismes indépendants pour éclairer l'acheteur, des garagistes agréés sont tenus d'indiquer à l'acheteur l'état d'une voiture d'occasion, des agences de notation évaluent la confiance financière que l'on peut accorder aux principaux emprunteurs.

Les agents informés peuvent eux-mêmes donner des gages ou des signaux crédibles de la qualité de leurs produits. Une entreprise qui propose une garantie étendue indique qu'elle est plus sûre qu'une autre de la qualité de son produit. Une entreprise qui dépense beaucoup pour lancer un nouveau produit nous dit : si mon produit n'était pas si bon, on finirait par s'en apercevoir et je ne pourrais pas amortir mes dépenses promotionnelles. Un jeune salarié qui exige un salaire d'embauche élevé fait de même. Il peut aussi exhiber la difficulté et la longueur de ses études : s'il n'était pas sûr d'être capable de les amortir, pourquoi les aurait-il entreprises ?

5.2. Les contrats séparateurs

L'autosélection est un autre moyen utilisé pour contrer la sélection adverse. Elle consiste à proposer aux agents informés *plusieurs* contrats tels que, en choisissant celui qui lui convient, chacun va révéler sa véritable nature. D'où l'expression de « contrats révélateurs » et on dit aussi « contrats séparateurs » parce qu'ils permettent de séparer les bons et les mauvais clients.

Nous allons illustrer ce procédé en reprenant l'exemple de notre compagnie d'assurance automobile : elle connaît les probabilité d'accident liés à chaque type de conducteur mais elle ignore la dangerosité de chacun de ses clients, alors que chaque client, lui, en est conscient. Techniquement, la seule incertitude qui importe ici est celle de l'assureur, relativement à mon type de comportement au volant. L'autre incertitude, relative au fait que j'aurai ou non un accident, ne joue aucun rôle particulier dans l'idée de contrat séparateur.

Supposons que les clients potentiels de l'assureur soient de deux types : les bons conducteurs (indicés par B) et les mauvais conducteurs (indicés par M). Les probabilités respectives d'accident sont x̂, les probabilités de ne pas avoir d'accident valent π_1^B et π_1^M. Pour simplifier, les revenus sans assurance sont supposés identiques, notés $\overline{x_1}$ et $\overline{x_2}$.

Sur la figure 7, les courbes d'indifférence des bons conducteurs sont les plus pentues, elles coupent la première bissectrice avec (au signe près) une pente égale à π_1^B / π_2^B, dont vous comprenez qu'elle est supérieure à π_1^M / π_2^M.

Mettons-nous à la place d'un assureur qui ne veut proposer qu'un seul contrat, destiné *a priori* aux mauvais conducteurs. Les figures 5 et 6 lui suggèrent de proposer un point tel que m, entre P^M et Q^M de la figure 7. Cette solution convient aux mauvais conducteurs mais notez qu'aucun bon conducteur ne gagnerait à la choisir. Il s'agit donc d'un contrat séparateur : tout client qui le choisit révèle qu'il est un mauvais conducteur.

Supposons maintenant que l'assureur souhaite également attirer une clientèle de bons conducteurs avec un contrat tel que b.

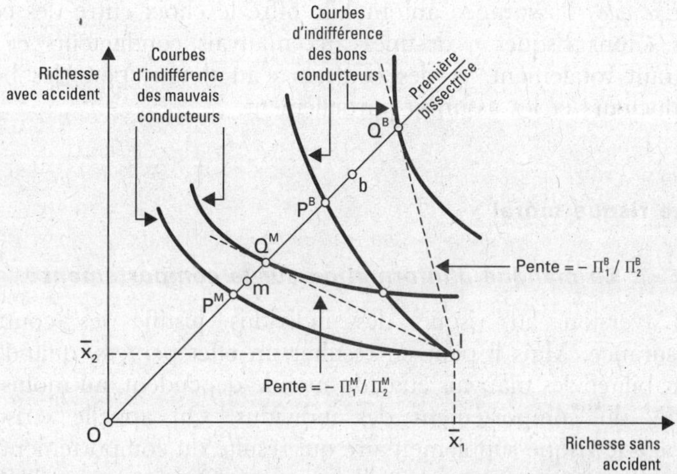

Fig. 7 – Contrats séparateurs

Il propose donc deux contrats : m et b. Les bons conducteurs choisissent effectivement b mais vous vérifierez que les mauvais conducteurs choisiront aussi ce contrat plutôt que m (et qu'ils feront perdre de l'argent à l'assureur). Les contrats m et b ne sont pas séparateurs.

Supposons alors que l'assureur propose les deux contrats correspondants par exemple aux point Q^M et B. Les mauvais conducteur hésitent entre les deux contrats, disons qu'ils choisissent Q^M. Les bons conducteurs hésitent entre le contrat B et ne pas s'assurer, disons qu'ils choisissent B. Les contrats sont alors séparateurs.

Le couple Q^M et B n'est peut-être pas le meilleur du point de vue de l'assureur, nous ne l'avons choisi qu'à titre d'illustration. En général, l'assureur va maximiser son profit en proposant des contrats séparateurs respectant les deux types de contraintes que nous venons de rencontrer :

— des « contraintes de participation », incitant les conducteurs à s'assurer plutôt qu'à ne pas s'assurer ;
— des « contraintes d'incitation », incitant les uns à ne pas choisir le contrat destiné aux autres.

Exemple : l'assurance automobile offre le choix entre des contrats « tous risques », destinés aux mauvais conducteurs et les assurant totalement, et des contrats « au tiers », pour les bons conducteurs et les assurant partiellement.

6. Le risque moral

6.1. Le manque d'information sur le comportement

L'aversion au risque des individus justifie les contrats d'assurance. Mais il peut en résulter un effet pervers, quand les probabilités des mauvais états du monde dépendent, au moins en partie, du comportement des individus. On appelle « risque moral » le risque supplémentaire qui résulte du comportement de l'assuré parce que, justement, il est assuré. On dit aussi qu'il rencontre en l'espèce un problème de « hasard moral » ou « d'aléa de moralité », expressions traduites de l'anglais.

Exemples : si je suis assuré contre le vol, pourquoi perdre mon temps à fermer ma porte à double tour ? Le hasard moral incite ici l'assuré à trop peu se protéger. Si les visites médicales et les médicaments sont intégralement remboursés, pourquoi mettre un chapeau en hiver ?

Autre exemple : si les États endettés avaient la certitude d'être secourus par une organisation financière mondiale en cas de faillite, le hasard moral les inciterait à s'endetter de façon encore plus imprudente. La même raison incite les entrepreneurs à prendre des risques, assurés qu'une faillite ne les conduira pas au cachot ; on estime dans ce cas qu'il est bien que des entrepreneurs prennent des risques.

Dans tous ces cas de hasard moral, l'action de chaque individu est cachée, sans quoi il suffirait d'interdire ou de surtaxer les actions que l'on juge trop coûteuses. La question est alors : comment obtenir une situation satisfaisante en cas de comportements inobservables ?

6.2. Les contrats incitatifs

Raisonnons avec un nouvel exemple : celui d'une entreprise neutre au risque alors que ses salariés sont averses au risque.

La conjoncture est aléatoire, induisant des bénéfices variables selon certaines probabilités. Par leurs comportements, les salariés ont une influence sur ces probabilités : s'ils travaillent de façon plus appliquée qu'à l'ordinaire, la conjoncture devient moins souvent défavorable. L'entreprise ne peut pas observer l'effort fourni, sauf à deviner qu'il est sans doute élevé si les bénéfices sont fréquemment élevés. Travailler plus ardemment suppose un effort particulier qui diminue l'utilité d'un salarié.

Si l'entreprise paie autant ses salariés quelle que soit la conjoncture, elle les assure totalement contre le risque mais aucun salarié n'est incité à dépasser sa productivité normale : le hasard moral caractérise exactement ce genre de situation.

L'entreprise décide alors d'une rémunération variable, dépendant non de l'effort fourni puisqu'elle ne peut pas l'observer, mais de la conjoncture qui en résulte indirectement. Son objectif consiste à maximiser le profit espéré, avec les deux séries de contraintes que nous avons déjà rencontrées :

— contraintes de participation : les rémunérations doivent être suffisantes pour que les salariés les acceptent, plutôt que de démissionner ;
— contrainte d'incitation : il faut que les salariés préfèrent le niveau d'effort retenu par l'entreprise plutôt qu'un autre, tout en sachant que personne ne pourra le vérifier.

Il en résulte parfois un contrat de ce type : chaque salarié perçoit un salaire fixe plus un intéressement aux bénéfices de l'entreprise. Les salariés sont alors partiellement assurés contre le risque conjoncturel. Ils prennent une part de ce risque, juste suffisante pour les inciter à adopter le comportement qui convient. Ce type de contrat offrant une couverture *partielle* des risques apparaît souvent optimal en cas de hasard moral.

Exemples : les assurances ne remboursent pas intégralement les dommages, il reste une franchise à la charge des assurés, de façon à les inciter à la prudence. La Sécurité sociale fait de même avec ses tickets modérateurs. Les banques ne financent jamais intégralement un investissement. Les indemnités de chômage sont toujours inférieures au salaire correspondant. Des primes existent dans de nombreuses professions, proportionnelles non à l'effort mais aux résultats obtenus.

Il existe une autre façon de contrer le hasard moral, en pénalisant ceux dont les dommages surviennent trop souvent. Le système de bonus-malus des assurances se justifie ainsi dans un cadre intertemporel.

Vocabulaire à connaître : condition de Arrow-Borch - états du monde - utilité *ex ante* - bien contingent - utilité VN-M - utilité espérée - aversion au risque - équivalent certain - prime de risque - neutralité au risque - incomplétude des marchés - contrat actuariellement équitable - sélection adverse - contrats séparateurs - risque moral - hasard moral - contrat incitatif.

EXERCICES PROPOSÉS

Exercice 51

1 / Soit un individu dont la richesse initiale est nulle. L'utilité VN-M vaut $u(x) = Log(x)$, x étant la richesse. On lui propose ce jeu : si c'est pile, il gagne $x_1 = 2$, si c'est face il gagne $x_2 = 8$.
Déterminez la prime de risque associée. Représentez tous les éléments de la figure 2 de ce chapitre dans le cadre de cet exercice.
2 / Soit un individu adverse au risque et x sa richesse. On lui propose d'augmenter sa richesse d'une fraction a avec une probabilité de 50 % et de la diminuer d'autant sinon. On suppose a petit. Si a vaut par exemple 1 %, les richesses finales valent 99 % x et 101 % x.
Montrez que la prime de risque associée vaut approximativement :
$\tau = (a^2/2)\, \rho(x)$, ρ étant le coefficient relatif d'aversion au risque.
En quoi ce résultat conforte-t-il ρ comme indice d'aversion au risque ?

Exercice 52

Le marché des voitures d'occasion réunit beaucoup d'acheteurs et beaucoup de vendeurs. Un vendeur potentiel i connaît la qualité q_i de la voiture qu'il possède mais un acheteur ne la connaît pas. Il en résulte qu'un même prix p valorisera toutes les voitures vendues, quelles qu'en soient les qualités. Tout acheteur connaît la qualité moyenne $E[Q \mid p]$ des voitures effectivement offertes quand prévaut un prix p quelconque. Il y a N voitures potentiellement disponibles pour la vente, elles ont des qualités réparties uniformément sur l'intervalle [0,1].

L'utilité d'un vendeur potentiel i vaut $v = p - q_i$. Il offrira donc sa voiture si le prix est supérieur à la qualité q_i.
L'utilité VN-M d'un acheteur potentiel vaut $u(q) = 1{,}5q - p$.
1 / Supposons que le prix d'équilibre p soit inférieur à 1. Combien de voitures seront offertes à ce prix en fonction de N ? Quelle en sera la qualité moyenne ?
2 / Un acheteur potentiel aura-t-il intérêt à acheter une voiture à ce prix p ? En serait-il de même avec $p > 1$?
3 / Aucune transaction ne serait donc ici possible. Que se passerait-il si les qualités des voitures étaient connues, en particulier pour les satisfactions des vendeurs et des acheteurs ?

Exercice 53

Une entreprise rassemble des salariés identiques. Il existe deux états du monde : les uns apportent un bénéfice par salarié $b_1 = 5$ et les autres un bénéfice $b_2 = 2$. On note x_1 et x_2 les salaires unitaires dans les deux états de monde.
Si les salariés travaillent normalement, l'effort de chacun vaut $e = 1$ et il en résulte une bonne conjoncture avec la probabilité 1/3, une mauvaise conjoncture avec la probabilité 2/3. Si les salariés travaillent ardemment, leur effort vaut $e = 2$ et il en résulte une bonne conjoncture avec la probabilité 2/3, une mauvaise conjoncture avec la probabilité 1/3.
L'utilité VN-M des salariés est $u(x, e) = \text{Log}(x) - 1/3\ \text{Log}(e)$.
L'entreprise détermine les revenus x_1 et x_2 de façon à se contenter d'un bénéfice espéré nul.
1 / Si l'entreprise propose un salaire fixe, à quel niveau d'effort doit-elle s'attendre ? Quel bénéfice moyen par salarié en résulte-t-il ? Que valent alors le niveau de salaire et l'utilité espérée d'un salarié ?
2 / L'entreprise cherche à obtenir le niveau d'effort $e = 2$ avec une rémunération variable (x_1, x_2). Quelles valeurs de (x_1, x_2) faut-il proposer pour obtenir un profit espéré nul et satisfaire la contrainte d'incitation ?
3 / Parmi ces valeurs, montrez que celles qui conviennent le plus aux salariés sont $x_1 = 4{,}8$ et $x_2 = 2{,}4$. Montrez que les salaires sont alors déterminés par la formule suivante :
$x_i = 0{,}8b_i + 0{,}8$ $(i = 1,2)$.
Les salariés sont-ils ici plus satisfaits avec un salaire fixe ou avec un salaire variable ? Justifiez votre réponse.

Corrigés des exercices

Un exercice de microéconomie repose sur des conventions assez universelles. On y décrit une situation particulière, réaliste ou fantaisiste. Commencez par chercher le rapport avec le cours, éventuellement en lisant d'abord l'ensemble des questions posées. On vous demande ensuite de calculer certaines valeurs ou certaines fonctions usuelles. Ne vous contentez jamais de la solution mathématique, commentez économiquement vos résultats. Exemple : après une réponse comme : « Les courbes d'indifférence sont des hyperboles », ajoutez : « donc les biens sont substituables », même si on ne vous pose pas explicitement la question. Si un graphique est demandé, il convient d'indiquer l'allure générale des courbes rencontrées ; un calcul point par point avec une échelle précise est absolument prohibé. Les corrigés qui suivent ne sont que des indications rapides, les commentaires économiques y sont réduits au minimum, un exemple à ne pas suivre.

Exercice 1

1 / On trouve :
$U = Q_1 * Q_2 = 100 * 120 = 12\,000$.
Soit Q_2 la quantité de bien 2 à trouver. Écrivons que la dotation 102 unités du bien 1 et Q_2 de bien 2 permet le même niveau d'utilité :
$U = 12\,000 = Q_1 * Q_2 = 102 * Q2$.
On en déduit $Q_2 = 12\,000 / 102 = 117{,}6$ environ.
Représentation graphique :

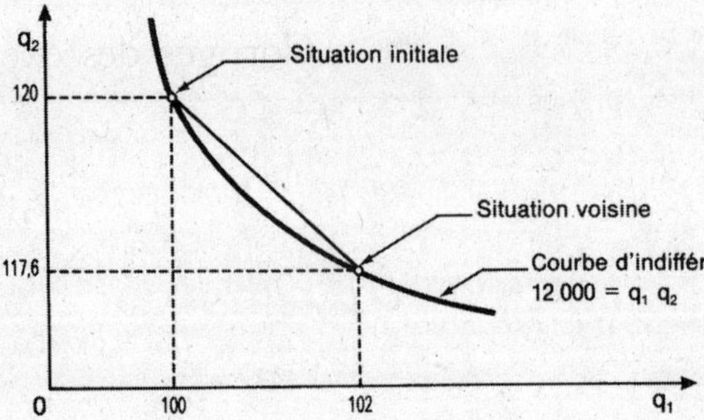

2 / Par définition, il vient en comparant les deux situations ci-dessus :

$$\text{TMS} = -\frac{\Delta Q_2}{\Delta Q_1} = -\frac{120 - 117{,}6}{100 - 102} = 1{,}2.$$

Pour se procurer une unité supplémentaire de bien 1, l'individu est prêt à renoncer à 1,2 unité de bien 2.

3 / On calcule les utilités marginales en dérivant la fonction U :

$$\text{Utilité marginale du bien } 1 = U_{m,1} = \frac{\Delta U}{\Delta Q_1} = Q_2 = 120$$

$$\text{Utilité marginale du bien } 2 = U_{m,2} = \frac{\Delta U}{\Delta Q_2} = Q_1 = 100.$$

On en déduit le TMS comme rapport d'utilités marginales :

$$\text{TMS} = \frac{U_{m,1}}{U_{m,2}} = \frac{120}{100} = 1{,}2$$

(la coïncidence avec le résultat précédent n'est pas toujours aussi forte).

Exercice 2

1 / La somme des coefficients vaut 0,8 + 1,2 = 2. Élevons V à la puissance 1/2, c'est-à-dire prenons-en la racine carrée, il vient une autre fonction d'utilité :

$U = (V)^{1/2} = (Q_1)^{0,4} * (Q_2)^{0,6}$.

La somme des coefficients vaut bien : 0,4 + 0,6 = 1.

2 / L'équation s'écrit :

$20 = (Q_1)^{0,4} * (Q_2)^{0,6}$, ou encore : $(20)^{1/0,6} = (Q_1)^{0,4/0,6} * (Q_2)$,

ou encore (environ) :

$Q_2 = 147 * (Q_1)^{-2/3}$, d'où les courbes ci-dessous :

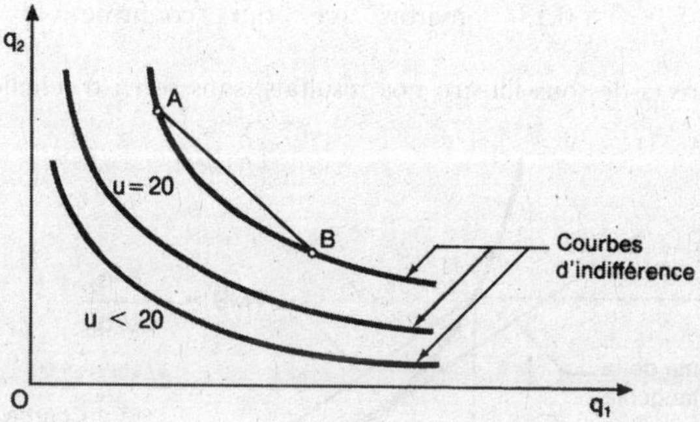

(pour obtenir l'allure de ces courbes, vous pouvez soit vous servir d'une calculette, soit vous souvenir de quelques recettes mathématiques).
Nous constatons que ces courbes d'indifférence tournent leur convexité vers l'origine, soit en remarquant qu'elles passent sous les cordes telles que A B, soit en observant l'aplatissement des tangentes à une courbe d'indifférence donnée. Donc les préférences sont convexes ou, au choix, le TMS est décroissant.
Nous constatons aussi que les courbes ne coupent jamais les axes : les biens sont toujours substituables.
3 / Il suffit de vérifier : $20 = (56{,}6)^{0,4} * (10)^{0,6}$ (environ).
Avec $Q_2 = 11$, il faut trouver Q_J tel que :
$20 = (Q_J)^{0,4} * (11)^{0,6}$; on obtient : $Q_J = 49$ environ.
Le passage d'une dotation à l'autre s'effectue le long d'une même courbe d'indifférence de niveau 20. Bien que le passage ne soit pas franchement infinitésimal, écrivons :

$$\text{TMS} = -\frac{\Delta Q_2}{\Delta Q_1} = -\frac{11 - 10}{49 - 56{,}6} = 0{,}13 \text{ environ.}$$

En privant l'individu d'une unité de bien 1, il faut lui fournir 0,13 unité de bien 2 pour aboutir au niveau d'utilité initial U = 20.
4 / Nous avions obtenu l'équation suivante :
$Q_2 = 147 * (Q_J)^{-2/3}$.
La pente de la tangente en un point d'abscisse Q_J s'obtient en dérivant :

$$\text{pente} = \frac{\Delta Q_2}{\Delta Q_1} = 147 * \left(-\frac{2}{3} * (Q_J)^{(-2/3)-1} = -98 * (Q_J)^{-5/3}.\right.$$

On en déduit :
TMS en $Q_J = -$ (pente ci-dessus) $= 98 * (Q_J)^{-5/3}$.
Il est clair que ce TMS décroît avec Q_J quand on demeure sur la courbe U = 20 : ceci confirme l'analyse de la question 2.
Pour calculer le TMS dans la zone $Q_J = 56{,}6/Q_J = 49$, nous partirons d'un point intermédiaire avec $Q_J = 53$. Il vient donc :

TMS = $98 * (53)^{-5/3} = 0{,}13$ environ, ce qui confirme le précédent résultat.

La figure ci-dessous illustre nos résultats, sans souci d'échelle :

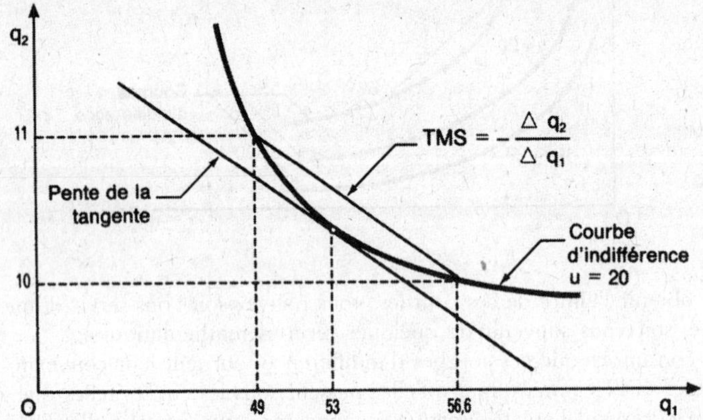

5 / L'utilité vaut désormais :
$U = (10)^{0,4} * (10)^{0,6} = (10)^{0,4+0,6} = 10.$
Essayons $Q_1 = 10{,}5$; il faut chercher Q_2 tel que :
$10 = (10{,}5)^{0,4} * (Q_2)^{0,6}$: on trouve $Q_2 = 9{,}7$ environ.
On en déduit une nouvelle valeur du TMS :

$$\text{TMS} = -\frac{\Delta Q_2}{\Delta Q_1} = -\frac{9{,}7 - 10}{10{,}5 - 10} = 0{,}64 \text{ environ.}$$

Le taux diminue, pour Q_2 fixé à 10, quand Q_1 passe de 10 à 56,6 : le bien 1 étant plus présent, une disparition d'une unité se ressent moins cruellement. La figure ci-dessous illustre le phénomène, sans souci d'échelle :

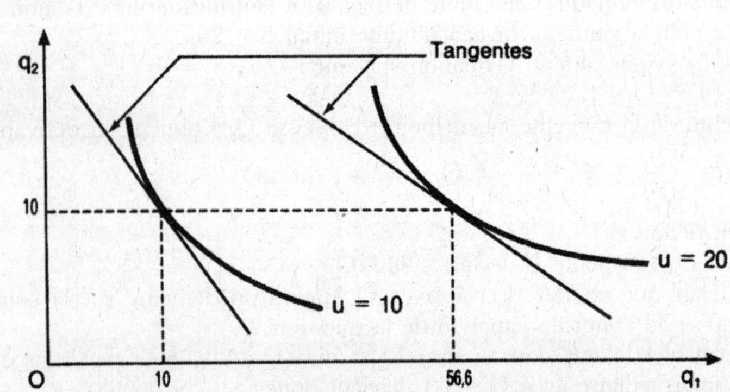

Exercice 3

La demande n'augmente pas uniformément. Peut-être certains individus ont-ils davantage modifié leurs comportements mais, dans le doute, nous avons représenté deux demandes parallèles (elles sont linéaires par simple souci esthétique).

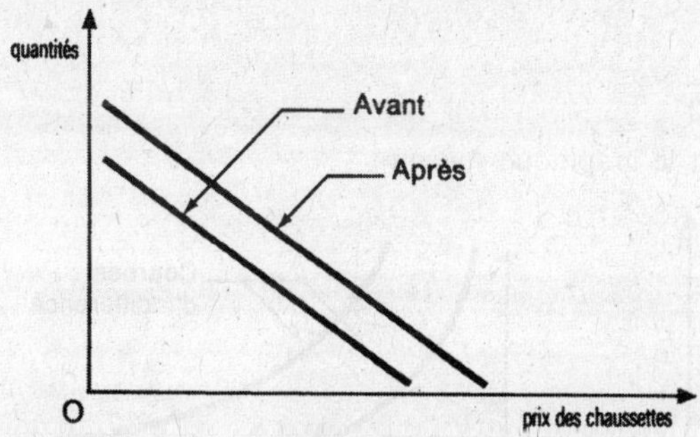

Exercice 4

Le champagne est relativement inélastique, comme tout bien de luxe, faute de produit voisin de substitution.
Le shampoing est relativement inélastique, comme tout produit général, pour les mêmes raisons. Le shampoing L'Oréal est plus aisément substituable, par exemple par Garnier.

Exercice 5

1 / Notons $B = A(p)^{-0,2}(p')^{0,1}$, il vient :
$q = B(R)^{0,5}$. Soit e_R l'élasticité – revenu :

$e_R = \frac{\Delta q}{\Delta R} \times \frac{R}{q} = 0{,}5B(R)^{-0,5} \times \frac{R}{B(R)^{0,5}} = 0{,}5$ = le coefficient de R dans la demande.

L'élasticité-revenu est positive : le bien est donc « normal ».
L'élasticité-prix directe vaut – 0,2 : la demande est « typique ».
L'élasticité croisée vaut 0,1 : les deux biens sont « substituables ».
2 / R augmente de 5 % donc les achats augmentent de $e_R \times 5\,\% = 2{,}5\,\%$.
p augmente de 2 % donc les achats diminuent de 0,4 %.
p′ augmente de 2 % donc les achats augmentent de 0,2 %.
Moralité : les achats augmentent de 2,3 %.

Exercice 6

1 / On peut imaginer que $Q_1 = 10$ représente un seuil minimum pour l'individu. Son plaisir ne commence qu'au-delà, un peu comme avec une ration alimentaire de survie.
2 / U étant donné, l'équation d'une courbe d'indifférence de niveau U s'écrit :

$$Q_2 = \frac{U}{Q_1 - 10} + 2.$$

On en déduit le graphique suivant :

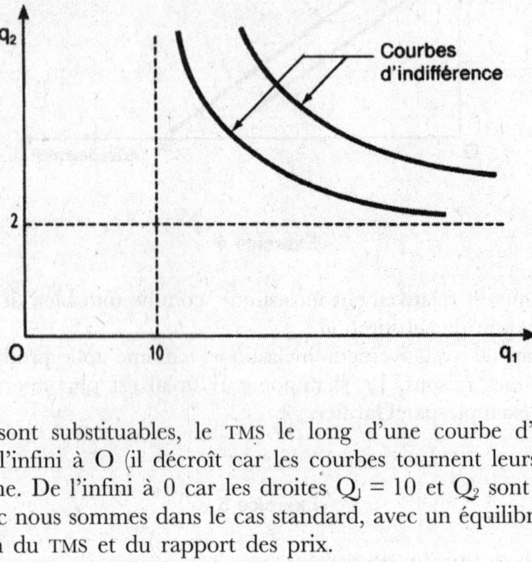

Les biens sont substituables, le TMS le long d'une courbe d'indifférence décroît de l'infini à O (il décroît car les courbes tournent leurs convexités vers l'origine. De l'infini à 0 car les droites $Q_1 = 10$ et Q_2 sont des asymptotes). Donc nous sommes dans le cas standard, avec un équilibre défini par l'égalisation du TMS et du rapport des prix.
3 / Soient p_1 et p_2 les prix des biens. L'équilibre est donc caractérisé par :

$$\begin{cases} TMS = p_1 / p_2 & \text{(condition déjà évoquée)} \\ p_1 Q_1 + p_2 Q_2 = R & \text{(contrainte budgétaire)} \end{cases}$$

Calculons le TMS comme rapport d'utilités marginales, il vient :

$$TMS = \frac{U_{m,1}}{U_{m,2}} = \frac{\Delta U / \Delta Q_1}{\Delta U / \Delta Q_2} = \frac{Q_2 - 2}{Q_1 - 10} = \frac{p_1}{p_2}, \text{ donc}$$

$$\begin{cases} p_1 Q_1 - 10p_1 = p_2 Q_2 - 2p_2, \text{ et :} \\ p_1 Q_1 + p_2 Q_2 = R \end{cases}$$

Résolvant ce système, on obtient les demandes Q_1^d et Q_2^d. Il vient par exemple :

$$Q_1^d = \frac{R}{2p_1} - \frac{p_2}{p_1} + 5 = \frac{R - 2p_2}{2p_1} + 5.$$

4 / Cette fonction de demande dépend du prix et du revenu, elle est homogène de degré 0 par rapport à ces variables, ce qui est le cas universel.

* La demande augmente avec le revenu, le bien 1 est un bien normal.

* La demande diminue quand p_1 augmente, le bien 1 est « typique ».

* La demande diminue quand p_2 augmente, les 2 biens sont complémentaires.

La complémentarité mérite une explication. Quand p_2 augmente, l'effet substitution ne joue pas pleinement car la nécessité de se procurer 2 unités de bien 2 diminue les ressources affectées au bien 1.

5 / Une variation de p_2 laisse inchangée l'intersection des droites budgétaires avec l'axe des abscisses pour une valeur $Q_1 = R/p_1$.

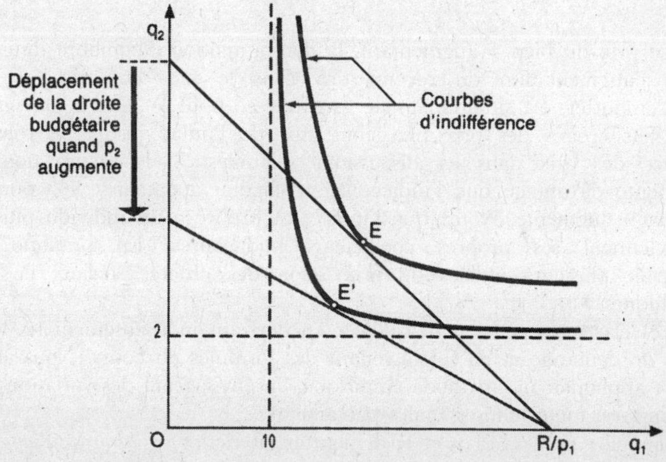

L'équilibre passe de E à E′ quand p_2 augmente. La consommation de bien 1 diminue, ce que nous venons de montrer dans la question précédente. La consommation de bien 2 diminue également, on peut en effet prouver que la demande du bien 2 est « typique ».

Exercice 7

1 / $Q_1 = Q_1^d(10\ ;\ 20\ ;\ 300) = 18$
$Q_2 = Q_2^d(10\ ;\ 20\ ;\ 300) = 6$
$\Big\}\ U = (Q_1 - 10)(Q_2 - 2) = 32$

$$\begin{cases} \text{part du bien } 1 = \dfrac{p_1\, Q_1}{R} = \dfrac{10 \times 18}{300} = 60\ \% = 0{,}6 \\ \text{part du bien } 2 = 40\ \% = 0{,}4 \end{cases}$$

2 / Augmentation de l'indice = $(0{,}6 \times 1{,}2\ \%) + (0{,}4 \times 1{,}8\ \%) = 1{,}44\ \%$
3 / Nouvelle valeur de $p_1 = (1 + 1{,}2\ \%) \times 10 = 10{,}12$
nouvelle valeur de $p_2 = (1 + 1{,}8\ \%) \times 20 = 20{,}36$
nouvelle valeur de $R = (1 + 1{,}44\ \%) \times 300 = 304{,}32$
4 / $Q_1 = Q_1^d(10{,}12\ ;\ 20{,}36\ ;\ 304{,}32) = 18{,}024$
$Q_2 = Q_2^d(10{,}12\ ;\ 20{,}36\ ;\ 304{,}32) = 5{,}99$
$\Big\}$ $U = 32{,}015 = 32$ environ

Le prix du bien 1 augmentant, la consommation d'équilibre diminue. Mais l'augmentation du revenu tire dans le sens contraire et finit par l'emporter. La situation finale est inversée pour le bien 2 (on ignore les effets croisés des prix). La constance de l'utilité justifie le rôle de l'indice des prix dans les discussions salariales. Si le salaire nominal augmente davantage que l'indice, la satisfaction augmente : le « pouvoir d'achat » augmente. Notez que l'indice est propre à un individu puisque interviennent ses propres coefficients budgétaires. En pratique, on construit plusieurs indices de prix selon des critères sociaux et géographiques.

5 / Les élasticités peuvent se calculer en dérivant judicieusement les fonctions de demande et en se souvenant des formules du cours. Nous allons plutôt appliquer une méthode empirique, en envisageant des variations des paramètres, toutes choses égales par ailleurs.

p_1 augmente de 1,2 %, p_2 et R demeurent, il vient :

$Q_1 = Q_1^d\ (10{,}12\ ;\ 20\ ;\ 30) = 17{,}84$, en baisse de 0,89 % par rapport à $Q_1 = 18$.

Donc : élasticité prix direct $= -\dfrac{0{,}89}{1{,}2} = -\ 0{,}7$ environ.

p_2 augmente de 1,8 %, p_1 et R demeurent, il vient :

$Q_2 = Q_2^d\ \ (10\ ;\ 20{,}36\ ;\ 300) = 17{,}96$, en baisse de 0,22 % par rapport à $Q_1 = 18$.

Donc : élasticité prix croisé $= -\dfrac{0{,}22}{1{,}8} = -\ 0{,}1$ environ.

R augmente de 1,44 %, p_1 et p_2 demeurent. Il vient :
$Q_1 = Q_1^d$ (10 ; 20 ; 304,32) = 18,22 ; en hausse de 1,2 % par rapport à $Q_1 = 18$.

Donc élasticité revenu $= \frac{1,2}{1,44} = 0,8$ environ.

Le bien 1 apparaît normal, typique et complémentaire du bien 2.

Exercice 8

1 / $\text{TMS} = -\frac{\frac{\Delta U}{\Delta L}}{\frac{\Delta U}{\Delta q}} = \frac{q}{1 - L}$.

Ce taux augmente avec L : plus je travaille et plus il m'en coûte de travailler une heure de plus !

2 /

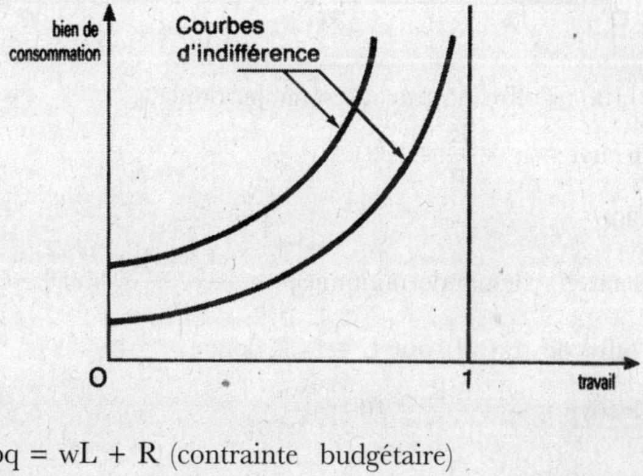

3 / $\begin{cases} pq = wL + R \text{ (contrainte budgétaire)} \\ \frac{q}{1 - L} = \frac{w}{p} \text{ (TMS = salaire réel)} \end{cases}$

Solution :

$L^s = \frac{w - R}{2w}$.

Cette solution vaut pour $w \geqslant R$, sinon on prendra $L^s = 0$.

L^s décroît quand R augmente : pourquoi se tuer à la tâche après avoir reçu un héritage important ?

L^s croît avec w : pourquoi se tuer à la tâche si la rémunération est médiocre ?

Le salaire de réservation vaut R : le niveau d'exigence augmente avec R_1 ce qui confirme les analyses ci-dessus.

4 / Sans contrainte légale, l'offre vaut :

$L^s = \frac{w - 100}{2w}$ pour $w \geqslant 100$.

Le niveau légal est atteint quand :

$L^s = \overline{L}$, qui implique : $w = 300$, d'où la figure suivante :

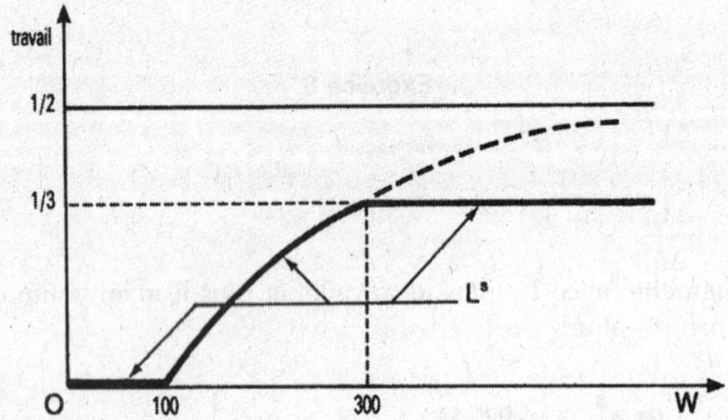

5 / $0 \leqslant w \leqslant 100$: l'offre de travail est nulle, donc :

demande effective $= q^d = \frac{R}{p} = 100$.

$100 \leqslant w \leqslant 300$:

demande effective = demande notionnelle $= \frac{wL^s + R}{p} = 50 + \frac{w}{2}$

$300 \leqslant w$: l'offre de travail vaut $\overline{L} = 1/3$, donc :

demande effective $= \frac{w\overline{L} + R}{p} = 100 + \frac{w}{3}$,

d'où la figure suivante :

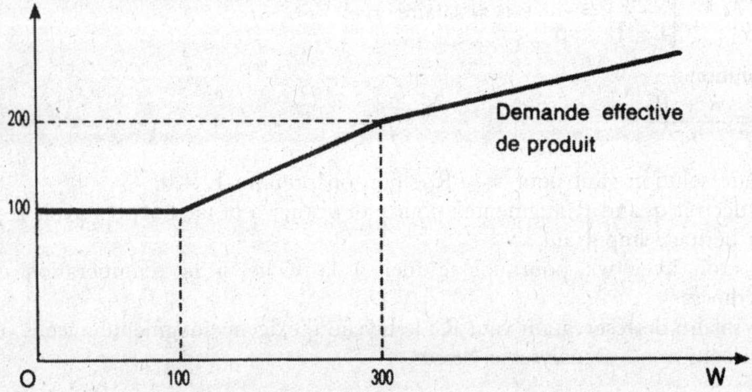

6 / Pour w = 200, on trouve $L^s = 1/4$ (= 6 heures par jour) et q = 150. On en déduit U = q(1 – L) = 112,5 pour un individu travaillant comme il le désire.
Si l'individu est au chômage, L vaut 0 et q vaut 100 + A d'où une utilité : U = q(1 – L) = 100 + A.
On en déduit :
(A) maximum = 12,5.

Exercice 9

Avec 200 € hier, je consommais $\frac{120}{p}$ et je payais 80 € d'impôt.
Donc :

$$(\text{TMS})\ \text{hier} = \frac{120}{p}.$$

Aujourd'hui, avec x €, je consommerais $\frac{x}{p'} \times 0{,}55$ avec p′ = 1,1p.
Donc :

$$(\text{TMS})\ \text{aujourd'hui} = \frac{x}{1{,}1p} \times 0{,}55.$$

Je n'ai pas changé, donc :

$$\frac{120}{p} = \frac{x}{1{,}1p} \times 0{,}55, \text{ donc } x = 240\ €$$

(tout augmente !)

Exercice 10

1 / On trouve (151 – 149)/1 = 2, puis (154 – 151)/2 = 1,5 ; soit en moyenne 1,75.
2 / p_m (travail) en L = 32 : 6,3 ; en L = 35 : 3,8 ; en L = 38 : 1,6 ; en L = 47 : 0,6.
La productivité décroît avec le travail, telle est son habitude.
3 / TMST = – ΔL/ΔK = 2/1 = 2.
4 / TMST en K = 16 : 4,5/6,3 = 0,7 ; en K = 13 : 3,3 ; en K = 11 : 12. On constate en K = 13 un écart sensible entre TMST et rapport des productivités marginales (2 ≠ 3,3) :
Les variations des facteurs ne sont pas suffisamment « petites » pour les calculs de dérivées. On constate aussi la décroissance du TMST quand K augmente : tel est l'usage.

5 /

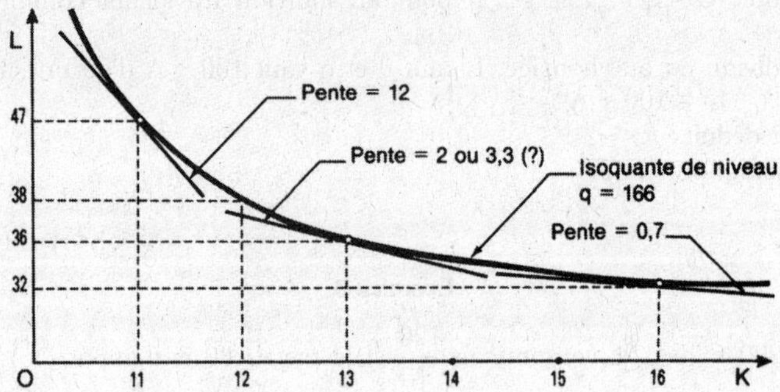

Exercice 11

Pour K = 10, le travail nécessaire pour produire 100 vaut 100/0,5 = 200. Pour K = 12, le travail nécessaire vaut 100/0,8 = 125. Faute de mieux, on estimera le TMST par le rapport $-\Delta L/\Delta K = 75/2 = 37{,}5$. Mais les variations de facteurs sont trop grandes pour se fier à cette estimation.

Exercice 12

Prod. marg. travail = $0{,}3 * (K)^{0{,}4} * (L)^{-0{,}7}$, décroît en L, croît en K.
Prod. marg. capital = $0{,}4 * (K)^{-0{,}6} * (L)^{0{,}3}$, décroît en K, croît en L.
TMST du capital au travail = $(3/4) * K/L$, décroît avec L quand K est fixe.
Le long d'une isoquante, $K = Q^{1/0{,}4} * L^{-3/4}$ donc :
TMST = $(3/4) * (Q^{1/0{,}4}) * (L^{-7/4})$, décroît en L quand Q est fixe.
(Toutes ces propriétés sont désignées par la tradition comme normales.)

Exercice 13

1 / On produit q = 10 : 15n + 20n = 10 ; on utilise K heures de capital : 12n + 26m = K.
On utilise L heures travail : 8n + 3m = L. Éliminons m, il vient :

− 7, 5n + 13 = K et 5,75n + 1,5 = L. Éliminons n, il vient :

$$n = \frac{13 - K}{7{,}5} = \frac{L - 1{,}75}{5{,}75}, \text{ soit encore :}$$

7,5L + 5,75K = 86.

2 / 15n + 20m = 10, donc m positif implique n < 0,66.

La relation $n = \dfrac{13 - k}{7,5}$ implique alors : 8 < k < 13.

3 /

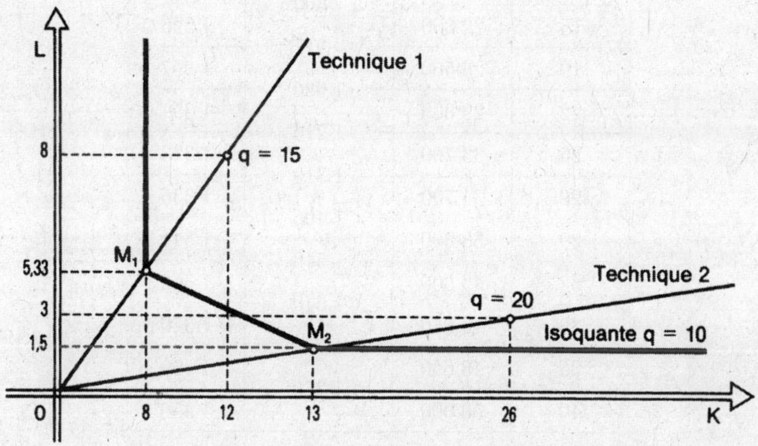

On retrouve le principe énoncé au § 7.2 du chapitre. La droite $M_1 M_2$ est en effet associée à l'équation : 7,5L + 5,75K = 85.

Exercice 14

1 / De 14 à 15, le coût augmente de $C_1 = 800$. De 15 à 19, la production augmente de 4 unités et le coût de 3 670, donc $C_2 = 3670/4 = 917$ environ. Le coût marginal peut s'estimer par la moyenne de ces deux résultats, soit 858.

2 / Le tableau suivant indique les résultats. On a noté Q le niveau de production, C(Q) le coût total, $\dfrac{\Delta C}{\Delta Q}$ le coût marginal dans les zones intermédiaires et $C_M(Q)$ le coût moyen.

Q	C(Q)	$\frac{\Delta C}{\Delta Q}$	$C_M(Q)$
14	22 800		1 577
		800	
15	22 800		1 526
		917	
19	26 560		1 397
		1 080	
22	29 800		1 354
		1 216	
25	33 700		1 338
		1 310	
26	34 700		1 336
		1 406	
29	38 800		1 344
		1 540	
32	43 800		1 362
		1 640	
33	45 040		1 370
		1 705	
35	48 650		1 390
		1 870	
40	58 000		1 450

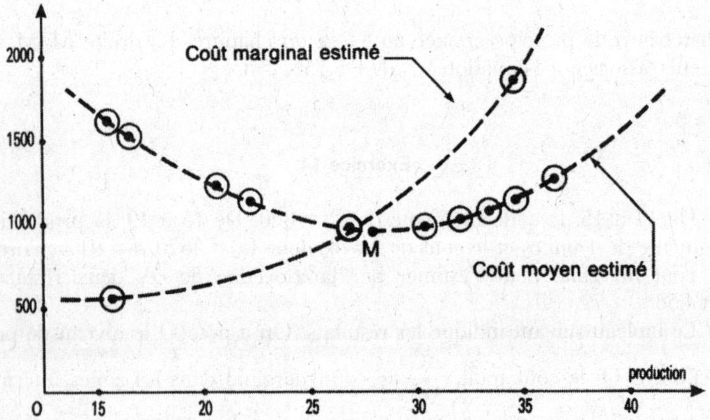

3 / On en déduit le graphique à l'*allure* suivante :
Le coût moyen est en U, le coût marginal est croissant, ces deux cas pouvant être considérés comme « normaux » (voir les justifications dans le cours).

Le coût moyen est minimum autour de Q = 26, il coupe visiblement le coût marginal dans cette zone, ce qui est absolument général.

4 / Le coût marginal C_m est approximativement linéaire. Quand la production augmente de 14,5 à 37,5, il varie de 800 à 1 870. Il augmente donc en moyenne de :

$$\frac{1\,870 - 800}{37{,}5 - 14{,}5} = 46{,}5 \text{ par unité supplémentaire de produit.}$$

Écrivons donc :

$C_m(Q) = 46{,}5 * Q + (CTE)$, il reste à déterminer la constante.

Écrivons que le coût marginal vaut environ le coût moyen pour Q = 26 :

$C_m(26) = 46{,}5 * 26 + (CTE) = 1\,336$. On en déduit : (CTE) = 126 environ, donc :

$C_m(Q) = 46{,}5 * Q + 126$ environ. Le coût total vaut alors approximativement, en ôtant C_F le coût fixe :

$$C(Q) = \frac{46{,}5}{2} * Q^2 + 126Q + C_F = 23 * Q^2 + 126 * Q + C_F.$$

Pour Q = 26, on a par exemple :

$C(26) = 23 * (26)^2 + 126 * (26) + CF = 34\,760.$

On en déduit $C_F = 16\,000$ environ.

Les coûts fixes représentent donc environ la moitié du coût total autour de Q = 26. Cette part considérable explique la décroissance du coût moyen jusqu'à cette valeur.

Exercice 15

1 / Le coût a une allure de parabole :

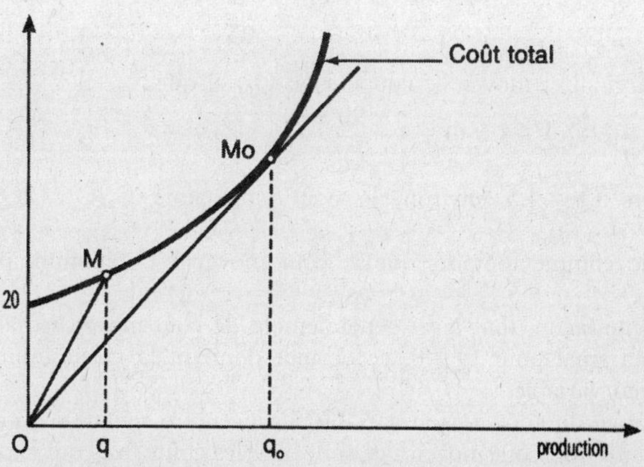

Il apparaît des coûts fixes $C_F = C(0) = 20$.
Le coût moyen est la pente d'une corde OM, l'abscisse du point M étant le volume de la production. Il s'avère qu'il décroît jusqu'à la valeur Q_0, puis qu'il croît au-delà. Le coût moyen aura donc une forme en U, la partie descendante s'explique sans doute par les coûts fixes.
Le coût marginal pour la production Q est la pente de la tangente en M à la courbe de coût total. Il s'avère qu'elle croît régulièrement, ce qui est dans ses habitudes.
2 / On obtient :

$$\text{Coût moyen} = C_M(Q) = \frac{C}{Q} = Q + 3 + \frac{20}{Q}$$

Coût moyen variable

$$= C_{MV}(Q) = \frac{\text{coût moyen variable}}{Q} = \frac{Q^2 + 3Q}{Q} = Q + 3.$$

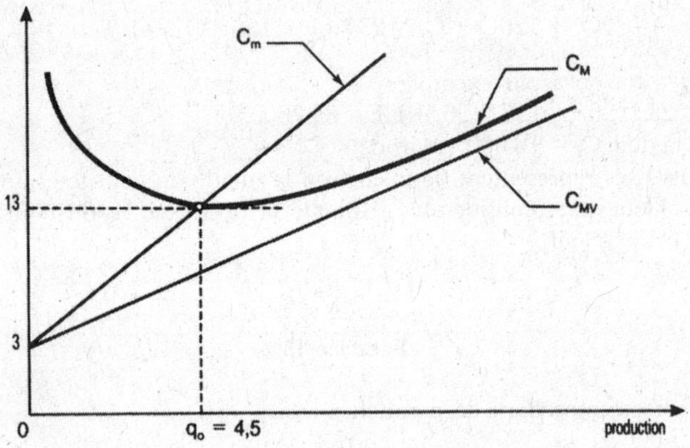

Coûts marginal et moyen se coupent en Q_0 tel que :

$$C_m = C_M, \text{ ou : } 2Q + 3 = Q + 3 + \frac{20}{Q}.$$

On trouve $Q_0 = 4{,}5$ environ, le coût vaut alors $C_m(Q) = 2Q + 3 = 13$ environ.
On vérifie comme toujours que le coût moyen est minimum pour cette valeur Q_0.
De la même façon, tout aussi généralement, le coût moyen variable coupe le coût marginal pour $Q = 0$, ce dernier donnant la valeur minimum du coût moyen variable.
La croissance du coût moyen variable justifie notre remarque ci-dessus sur la forme en U du coût moyen : ce sont bien les coûts fixes qui expliquent la

phase initiale de décroissance, ceux-ci étant moins cruellement ressentis quand le volume de production augmente.

Exercice 16

1 / La production n'est pas nulle pour $K = 0$. On peut imaginer par exemple que la firme dispose déjà d'un certain nombre de machines, 10 en l'occurrence. Son problème est alors d'accroître éventuellement ce nombre et K serait une quantité supplémentaire de machine. Revendre des machines impliquerait $K < 0$, ce qui est exclu dans l'énoncé. Le coût du capital, si on l'interprète comme coût d'utilisation (maintenance, usure, etc.) devrait s'appliquer à l'ensemble des machines $K + 10$. En ne comptant que kK, on néglige donc le terme $K \times 10 = 20$, qui apparaît comme un coût fixe. D'autres interprétations sont possibles ; k n'est peut-être qu'un coût de location, les 10 premières machines étant déjà amorties (?).

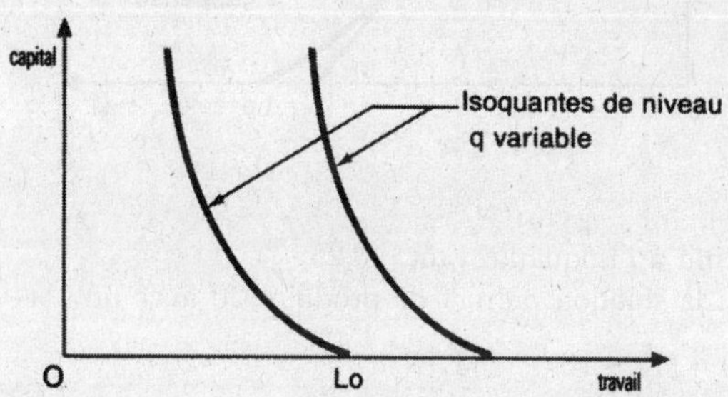

L'équation d'une isoquante s'écrit par exemple :

$$K = \frac{Q^2}{L} - 10.$$

Les isoquantes tournent leurs convexités vers l'origine, ce qui est le cas général, mais elles coupent les abscisses, ôtant toute possibilité de substitution aux points tels que L_0.

3 / On peut obtenir le TMS en passant par les productivités marginales. Il est aussi simple de dériver l'équation d'une isoquante, on trouve :

$$\text{TMS} = -\frac{\Delta K}{\Delta L} = \frac{Q^2}{L^2} = \frac{400}{L^2}.$$

Écrivons que L_0 est sur l'isoquante de niveau 20, avec un niveau $K = 0$ d'utilisation du capital :

$20 = (10)^{1/2} * (L_0)^{1/2}$, on en déduit :

$L_0 = 40.$

Le TMS décroît donc de l'infini à $\frac{400}{(L_0)^2} = 0,25$ quand le travail augmente de 0 à L_0.

La loi de décroissance est bien vérifiée le long d'une isoquante, ce qui confirme la convexité des isoquantes.

4 / La solution de moindre dépense égalise TMS et rapport de prix $\frac{w}{k} = 0,5$.
La décroissance du TMS nous garantit une telle solution :

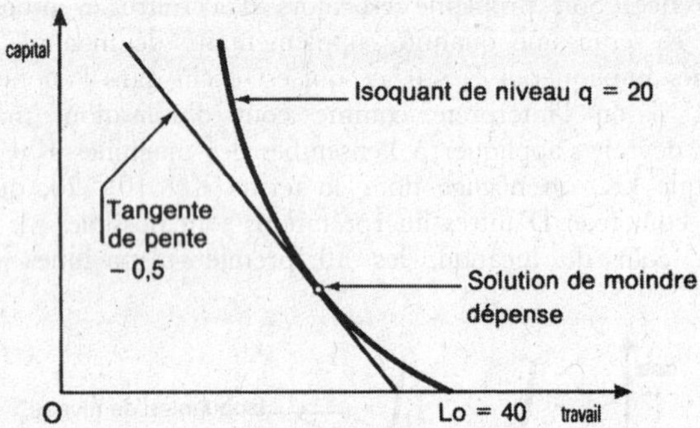

(en L_0, la pente à l'isoquante vaut $-0,25$).

Écrivons que la solution permet de produire 20 avec un TMS égal à 0,5 :

$$\begin{cases} 20 = (K + 10)^{1/2} * (L)^{1/2} \\ \text{TMS} = \dfrac{400}{L^2} = 0,5 \end{cases}$$

On trouve : L = 28,3 et K = 4,1 ; d'où un coût :
C(20) = kK + WL = 36,5.

5 / L_0 assure le niveau de production avec K = 0, donc :
$Q = (10)^{1/2} * (L_0)^{1/2}$, on en déduit :

$L_0 = \frac{Q^2}{10}$.

Le TMS vaut $\frac{Q^2}{L^2}$. Pour $L = L_0$, on trouve :

TMS (en $L = L_0$) $= \frac{100}{Q^2}$.

6 / TMS (en $L = L_0$ et pour Q = 10) = 1.

Le TMS décroissant jusqu'à 1, il ne pourra donc pas égaliser le rapport des prix 0,25.

La figure ci-contre illustre la détermination de la moindre dépense :

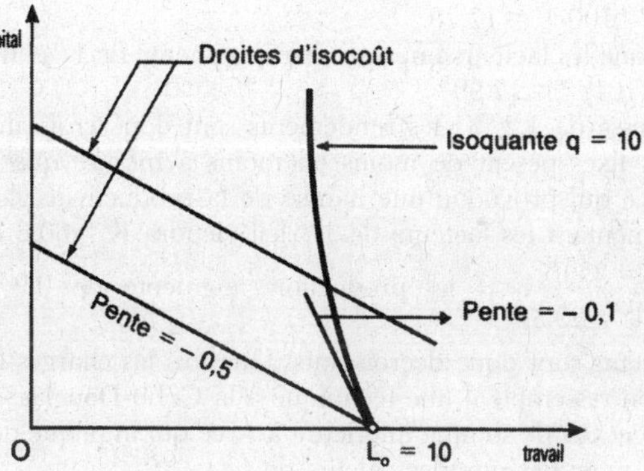

Les droites d'isocoût ont pour pente $-\frac{w}{k} = -0{,}5$. Elles correspondent à des niveaux de dépense en baisse quand on s'approche de l'origine. La dépense minimum correspond donc au choix $L = L_0$ et $K = 0$. Il vient alors : $C(10) = kK + wL = wL_0 = 10$.

Exercice 17

Principaux facteurs : le capital (la voiture), le travail (du chauffeur), une matière première (l'essence). Le produit est difficile à définir compte tenu du calcul du prix d'une course avec la « prise en charge » des clients. Pour une période assez longue (un mois), le nombre de kilomètres parcourus convient, il suffit pour déterminer la recette d'exploitation assez précisément.
On admet généralement pour une marque donnée, que les différents coûts liés à l'utilisation du capital automobile sont proportionnels aux kilomètres parcourus. Il en est de même pour l'essence avec l'idée de consommation moyenne constante pour un certain type d'utilisation, urbaine ou non. Enfin, le temps de travail du conducteur est proportionnel au kilométrage, si on admet que la vitesse moyenne est constante mois après mois. On en déduit donc que le coût est proportionnel au volume de la production, ce qui signifie que les rendements sont constants.

Exercice 18

1 / Les deux facteurs sont substituables. Il faut utiliser 20 unités de capital avant le démarrage effectif de la production, ce qui s'apparente à un coût fixe.

2 / $q = (10)^{1/4}(100)^{1/2} = 17{,}78$.
3 / Notons que les facteurs ont tous deux augmenté de 1 %. Il en résulte :
$q = (10{,}3)^{1/4}(101)^{1/2} = 17{,}99$
soit une hausse de 1,2 % : les rendements sont donc croissants.
Les charges fixes pèsent de moins en moins à mesure que la production augmente, ce qui provoque une hausse de la productivité globale.
4 / En augmentant les facteurs de 1 %, il viendra K = 60,6 et L = 101.

$$\left.\begin{array}{l} F(60\,;\,100) = 25{,}15 \\ F(60{,}6\,;\,101) = 25{,}37 \end{array}\right\} \text{la production augmente de } 0{,}9\ \%$$

Les rendements sont donc décroissants. Une fois les charges fixes réparties, la production ressemble à une technique à la Cobb-Douglas, avec des coefficients 0,25 et 0,5 de somme inférieure à 1, ce qui implique des rendements décroissants pour des grandes valeurs de K.
5 / Remarquons que f(1) vaut toujours 0. On en déduit les figures suivantes :

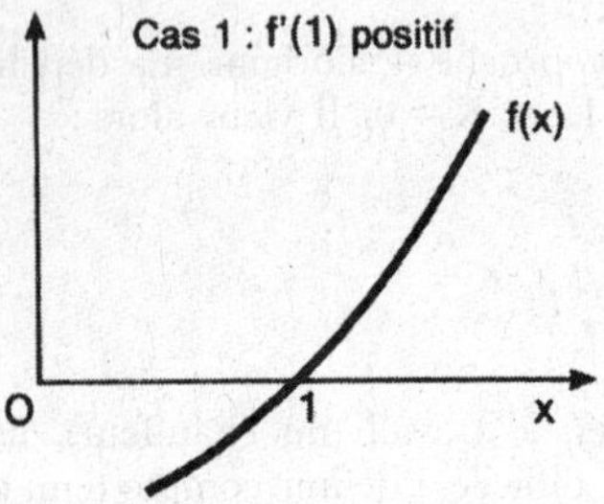

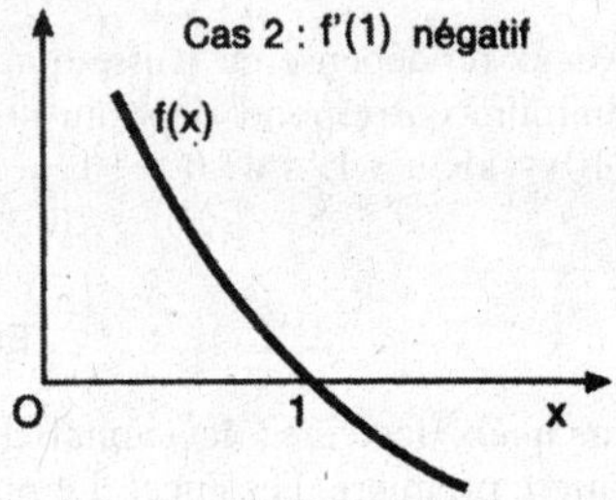

Dans le cas 1, on peut écrire pour x légèrement supérieur à 1 :
$f(x) > 0$, c'est-à-dire :
$F(xK, xL) < xF(K, L)$.
Les rendements sont donc décroissants (et inversement dans le cas 2).
6 / Calculons f(x), puis f'(1) πουρ εν Γτυδιερ λε σιγνε.
$f(x) = x(K - 20)^{1/4}(L)^{1/2} - (xK - 20)^{1/4}(L)^{1/2}(x)^{1/2}$,
on en déduit :

$$f'(1) = (K - 20)^{1/4}(L)^{1/2} \times \frac{K - 40}{4(K - 20)} \text{ d'où finalement :}$$

$$\begin{cases} 20 < K < 40 : f'(1) < 0 \text{ donc les rendements sont croissants} \\ 40 < K : f'(1) > 0 \text{ donc les rendements sont décroissants} \end{cases}$$

(Ceci confirmant les résultats précédents.)
7 / Soit une fonction de production $q = F(K, L)$ dont il s'agit de définir les rendements. Posons :
$f(x) = xF(K, L) - F(xK, xL)$, il vient :

$f'(1) = F(K, L) - KF'_K - LF'_L$, on en déduit :

$$\begin{cases} F(K, L) > KF'_K + LF'_L : \text{ les rendements sont décroissants} \\ \text{aux valeurs } K \text{ et } L \\ F(K, L) < KF'_K + LF'_L : \text{ les rendements sont croissants} \\ \text{aux valeurs } K \text{ et } L \end{cases}$$

Exercice 19

1 / Offre = $q_1^s(p) = p$
2 / Coût marginal = $C_{m,2} = 3q_2 + 1$

Coût moyen = $C_{M,2} = 1{,}5q_2 + 1 + \dfrac{1{,}5}{q_2}$

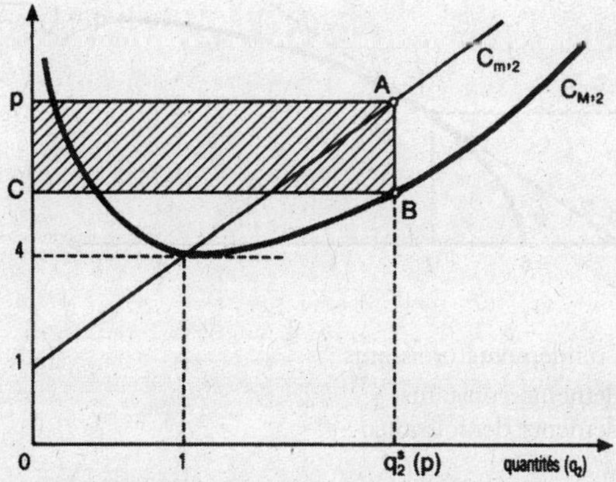

Profit = aire de rectangle pABC.
3 / Le seuil vaut 4 (voir figure ci-dessus) comme minimum du coût moyen.

Pour $p \geq 4$: offre = $q_2^s(p) = \dfrac{p-1}{3}$.

4 / $p \leqslant 4$: offre globale = $q^s(p) = q_1^s(p) = p$

$p \geqslant 4$: $q^s(p) = q_1^s + q_2^s = \dfrac{4p-1}{3}$.

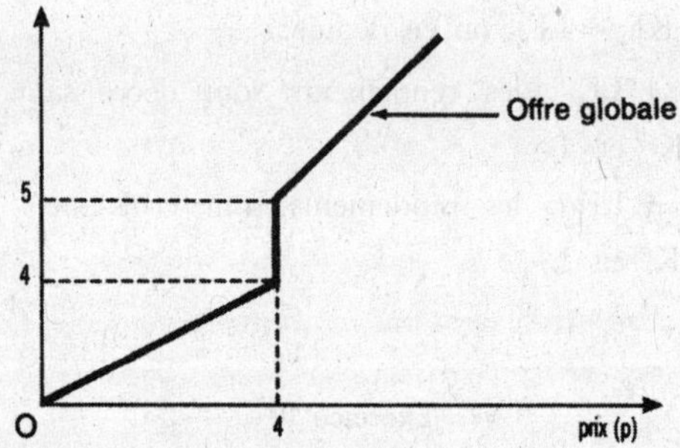

Exercice 20

1 /

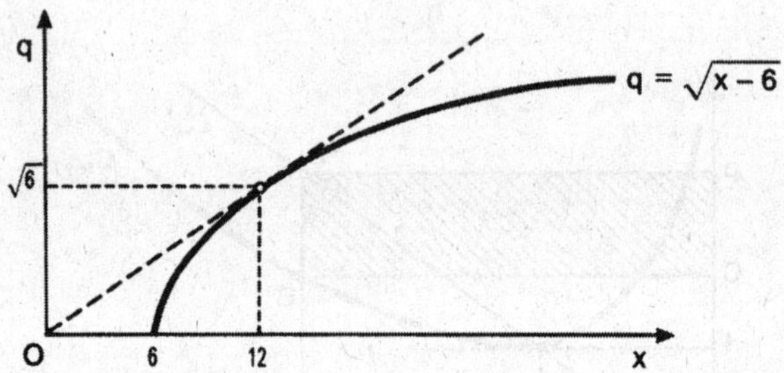

$0 \leqslant q < \sqrt{6}$: rendements croissants.
$q = \sqrt{6}$: rendements constants.
$\sqrt{6} < q$: rendements décroissants.
2 /

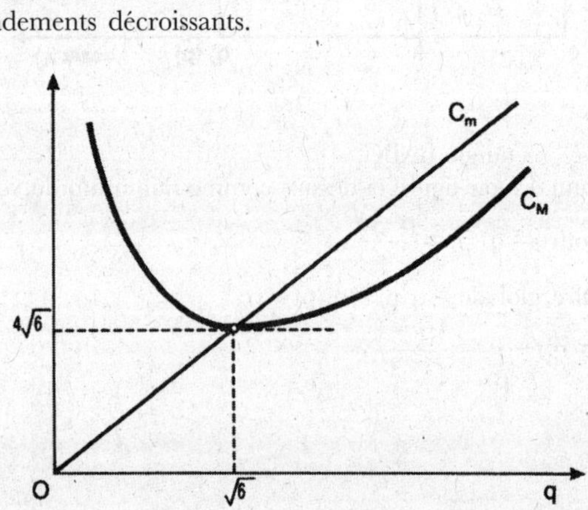

$$\begin{cases} \text{Coût} = c(q) = 2q^2 + 12 \\ \text{Coût marginal} = C_m = 4q \\ \text{Coût moyen} = C_M = 2q + \dfrac{12}{q} \end{cases}$$

$q < \sqrt{6} \Rightarrow C_M > C_m$ (ou encore : C_M croissant), donc les rendements sont croissants.
$q > 6 \Rightarrow$ Les rendements sont décroissants.
Seuil de rentabilité = $4\sqrt{6}$.
3 / Supposons p supérieur à $4\sqrt{6}$, il vient aisément :

$$\begin{cases} \text{offre de produit} = p / 4 \\ \text{Demande de facteur} = \dfrac{p^2}{16} + 6 \end{cases}$$

Exercice 21

1 /

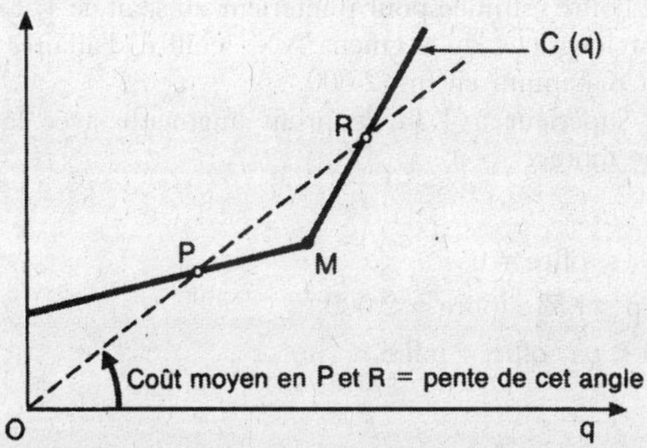

Le coût moyen diminue jusqu'en M, il augmente ensuite. Il est minimum en M et vaut alors $\dfrac{C(2\,000)}{2\,000} = 1$.

Pour une production infinie, le coût moyen tend vers la pente de :

$MR = \dfrac{2\,000}{1\,500} = 1{,}33$.

Les rendements sont donc croissants jusqu'à M (production = 2 000) puis décroissants ensuite. L'explication réside dans les coûts fixes, égaux à 1 000. Le seuil de rentabilité est le minimum du coût moyen, il vaut donc 1.

2 /

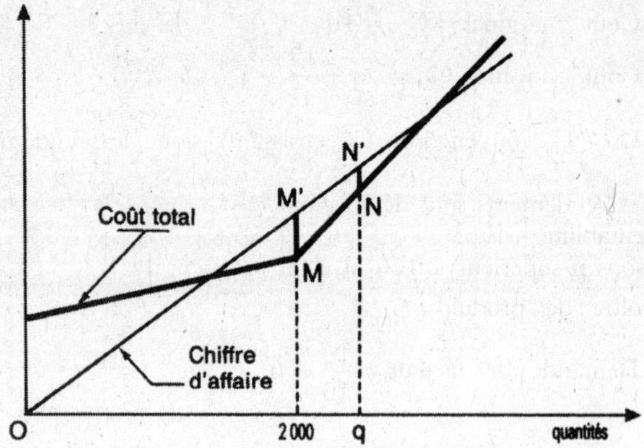

La droite de chiffre d'affaires a pour pente la valeur p.
Il est clair que l'offre est nulle pour p inférieur au seuil de 1. Ensuite, le profit en q est la longueur du segment NN′ (chiffre d'affaires moins coût), manifestement maximum en q = 2 000.
Pour un prix supérieur à 1,33, le profit augmente avec la production : l'offre est donc infinie.
Résumons :

$$\begin{cases} p < 1 : \text{ offre} = 0 \\ 1 < p < 1{,}33 : \text{ offre} = 2\,000 \\ 1{,}33 < p : \text{ offre} = \text{infini} \end{cases}$$

Exercice 22

1 / Offre globale : $Q_1^s = 15p$.
2 / Seuil de rentabilité = 4
$p < 4$: offre globale $= Q_2^s = 0$

$$p > 4 : Q_2^s = 15\left(\frac{p-1}{3}\right) = 5p - 5.$$

3 / Notons Q^s l'offre globale, il vient :
$p < 4 = Q^s = 15p$
$p > 4 = Q^s = (15p) + (5p - 5) = 20p - 5.$
(Voir graphique à la question suivante.)

4 /

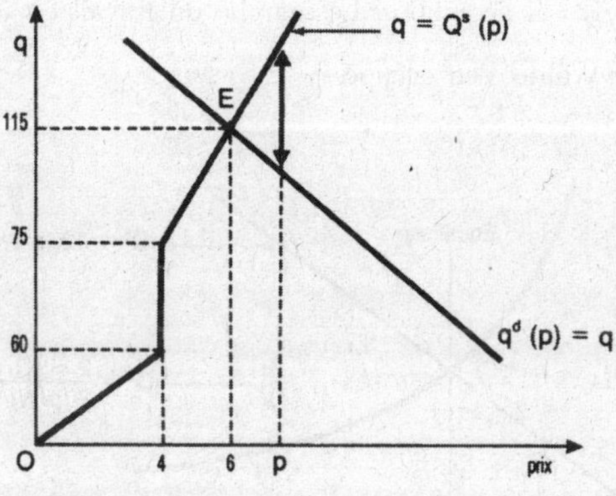

Équilibre en E pour $q^d = q^s$, il vient :
$p = 6$ et $q = 115$.
Soit p un prix par exemple supérieur à 6. L'offre est alors excédentaire (voir le graphique) d'où une tendance à la baisse du prix (et inversement pour un prix inférieur à 6). L'équilibre est donc stable.

Exercice 23

1 / Offre d'une firme $= q^s = \frac{p}{2w}$, d'où (π) une firme $= \frac{p_2}{4w}$.
Chaque firme ayant le même comportement, il suffit de multiplier par 24 pour obtenir les fonctions globales :

offre globale $= Q^s = 12\,\frac{p}{w}$; $\pi = 6\,\frac{p^2}{w}$.

2 / Contrainte budgétaire de l'individu i :
$pQ_i = wL_i + R_i$. Il vient alors :

demande individuelle $= Q_i^d = \frac{1 + (R_i\ /\ w)}{2(p\ /\ w)}$. D'où on déduit :

demande globale $= Q^d = Q_1^d + Q_1^d = \frac{2 + ((R1 + R2)\ /\ w)}{2(p\ /\ w)} = \frac{2 + (\pi\ /\ w)}{2(p\ /\ w)}$.

3 / Écrivons l'équilibre du marché du produit :

$$\begin{cases} Q^d = \dfrac{2 + (\pi\ /\ w)}{2(p\ /\ w)} = Q^s = 12\,\dfrac{p}{w} \quad \text{avec :} \\ \pi = 6\,\dfrac{p^2}{w} \end{cases}$$

Solution : $\frac{p}{w} = 1/3$ à l'équilibre. Le marché du travail est équilibré à ces prix. La loi de Walras s'en occupe.

4 /

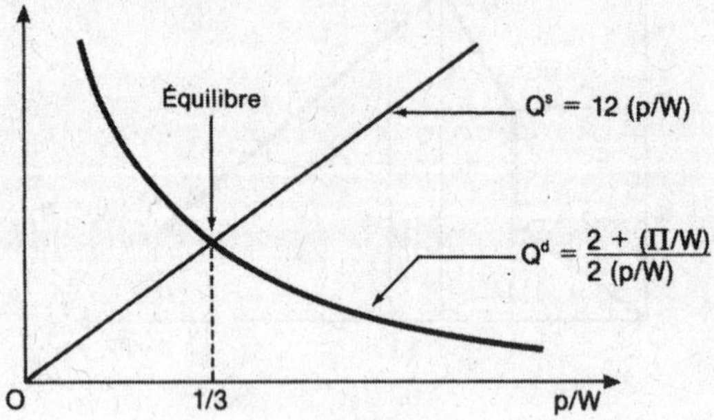

5 / En général, la distribution des profits modifie les prix d'équilibre. Si cette distribution est très favorable à un amateur de vodka, la demande de cette boisson augmente et son prix d'équilibre également. Dans cet exercice, les deux individus ont des goûts identiques, ce qui élimine ce raisonnement.

6 / Calculons d'abord les revenus exogènes :

$R1 = 0{,}8 \times \pi = 0{,}8 \times 6 \frac{p^2}{w} = 4{,}8 \frac{p^2}{w}$ donc :

$\frac{R1}{w} = 4{,}8 \frac{p^2}{w^2} = 4{,}8 \left(\frac{1}{3}\right)^2 = 0{,}53$. De même on trouve :

$\frac{R2}{w} = 0{,}2 \times 6 \times \left(\frac{1}{3}\right)^2 = 0{,}13$. On en déduit :

$$Q^1 = Q_1^d = \frac{1 + (R1 / w}{2(p / w)} = \frac{1 + 0{,}53}{\frac{2 \times (1)}{3}} = 2{,}3.$$

De même :

$Q_2 = 1{,}7.$

7 / Pour trouver le travail fourni, revenons aux contraintes budgétaires :

$L_i = \frac{p}{w} Q_i - \frac{R_i}{w} = \frac{1}{3} Q_i - \frac{R_i}{w}$. On en déduit :

$L_1 = 0{,}23$ et $L_2 = 0{,}43$. Il vient finalement :

$$\begin{cases} U_1 = \frac{\sqrt{3}}{4} \sqrt{2{,}3(1 - 0{,}23)} = 0{,}58 \\ U_2 = \frac{\sqrt{3}}{4} \sqrt{1{,}7(1 - 0{,}43)} = 0{,}42 \end{cases}$$

Exercice 24

Toutes les façons sont optimales sauf la 4e qui est moins bonne que la 1re.

Exercice 25

(Le détail des raisonnements se trouve dans le cours.)
Soit Q = F(L) la production agrégée. Il vient :
$L \leqslant 6{,}25 : Q = \sqrt{L}$
$6{,}25 \leqslant L : Q = 2{,}5 + 0{,}2(L - 6{,}25) = 0{,}2L + 1{,}2.$
Représentation graphique :

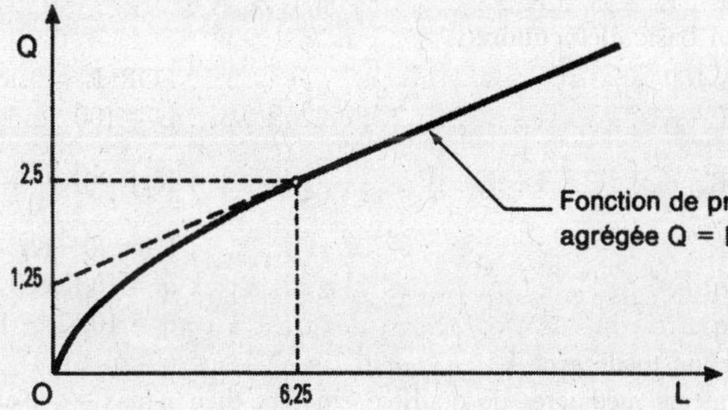

Exercice 26

1 / Nous savons qu'à l'optimum, les productivités marginales sont identiques par facteur dans les deux établissements. Les TMS, comme rapport de productivités marginales, sont donc identiques, ce qui s'écrit par exemple :

$$(\text{TMS})_1 = \frac{\dfrac{\Delta q_1}{\Delta K_1}}{\dfrac{\Delta q_1}{\Delta L_1}} = \frac{5 \times (K_1)^{-0,5} \times (L_1)^{0,3}}{3 \times (K_1)^{0,5} \times (L_1)^{-0,7}} = \frac{5}{3} \times \frac{L_1}{K_1}$$

$$(\text{TMS})_2 = \frac{\dfrac{\Delta q_2}{\Delta K_2}}{\dfrac{\Delta q_2}{\Delta L_2}} = \frac{2,5 \times (K_2)^{-0,75} \times (L_2)^{0,5}}{5 \times (K_2)^{0,25} \times (L_2)^{-0,5}} = \frac{1}{2} \times \frac{L_2}{K_2}.$$

D'où on déduit :

$$\frac{5}{3}\frac{L_1}{K_1} = \frac{1}{2}\frac{L_2}{K_2}.$$

2 / $L_2 = 100 - L_1$.

K_2 s'obtient en résolvant le système suivant :

$$\begin{cases} K_1 + K_2 = 20 \\ \frac{5}{3}\frac{L_1}{K_1} = \frac{1}{2}\frac{L_2}{K_2} \end{cases}, \text{ il vient :}$$

$$K_2 = \frac{20}{1 + \frac{L_1}{0{,}3L_2}}.$$

On conclut par : $K_1 = 20 - K_2$.

3 / Écrivons en basic élémentaire :

L_1 varie de 0 à 100 . . . . FOR $L_1 = 0$ to 99

On en déduit L_2 . . . . $L_2 = 100 - L_1$

On en déduit K_2. . . . . $K_2 = 20/\dfrac{(1 + L_1)}{0{,}312}$

On en déduit K_1. . . . . $K_1 = 20 - K_2$

On en déduit q_1 . . . . $q_1 = 10(K_1)^{0,5}(L_1)^{0,3}$

On en déduit q_2 . . . . $q_2 = 10(K_2)^{0,25}(L_2)^{0,5}$

D'où la production totale avec L_1 $q = q_1 + q_2$

Oublions les valeurs médiocres de q : IF q > q max then q max = q Next L_1

q max est le maximum cherché . . . . Print q max

(On trouve q max = 237.)

4 / Les valeurs proposées sont optimales si elles parviennent à égaliser les productivités marginales calculées à la question 1. On trouve en effet :
productivité du travail dans les deux établissements = 1,0 ;
productivité du capital dans les deux établissements = 4,0.

5 / Le salaire s'avère inférieur à la productivité du travail : il convient d'embaucher :
— le capital marginal coûte davantage qu'il ne rapporte : il convient d'en diminuer l'usage ;
— profit initial = p × q – 20 × k – 100 × w = 73.

Exercice 27

1 / Les fonctions sont de type Cobb-Douglas avec une somme de coefficients supérieure à 1.

2 / $q = (L_1)^{1,2} + (L_2)^n = (100 - L_2)^{1,2} + (L_2)^n$.

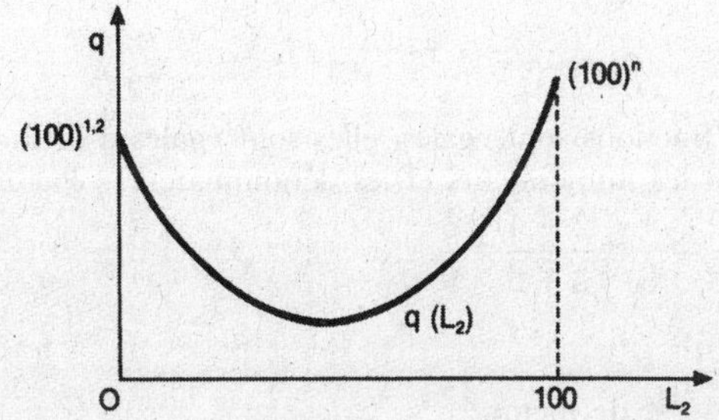

3 /

$$\begin{cases} n < 1{,}2 \Rightarrow (100)^{n} < (100)^{1,\,2} \Rightarrow \text{optimum pour } L_2 = 100 \\ n > 1{,}2 \Rightarrow (\ldots) \text{ optimum pour } L_1 = 100 \end{cases}$$

Il faut donc ne conserver qu'une seule entreprise, celle qui est la plus performante. La conclusion demeure si le travail total varie.

4 / Le volume de production d'une chaîne se mesure en nombre d'heures d'émission, pondérées par la qualité de ces émissions (?). Les rendements croissants se justifient par le fort volume des coûts fixes (locaux, matériel d'émission et de transmission).

L'exercice ne s'applique que si plusieurs chaînes potentielles ou réelles proposent le même type de produit. Dans ce cas, multiplier les chaînes est contraire à l'idée d'optimum. Concrètement, il reste donc à définir les différents produits possibles et les sources de financement appropriés : cet exercice ne permet évidemment pas de conclure.

Exercice 28

1 / Calculons le TMS de l'individu A comme rapport de ses utilités marginales :

$$(\text{TMS})^{A} = \frac{U^{A}_{m,\,1}}{U^{A}_{m,\,2}} = \frac{\text{utilité marginale du bien 1}}{\text{utilité marginale du bien 2}} = \frac{q_2^{A}}{q_1^{A}}.$$

Pour les mêmes motifs, on aura :

$$(\text{TMS})^{B} = \frac{q_2^{B}}{q_1^{B}}.$$

2 / Écrivons que les dotations q_1 et q_2 sont réparties entre les deux individus :

$$\begin{cases} q_1 = q_1^{A} + q_1^{B} \\ q_2^{A} + q_2^{B} \end{cases}$$

À l'optimum, il faut que les TMS des deux individus soient égaux (sans quoi ils auraient avantage à convenir d'un troc entre les biens) :

$(\text{TMS})^{A} = (\text{TMS})^{B}$, ou encore :

$$\frac{q_2^A}{q_1^A} = \frac{q_2^B}{q_1^B}.$$

(Lorsque deux fractions sont égales, elles sont égales à la fraction obtenue en additionnant les numérateurs et les dénominateurs.) Par exemple, si :

$$\frac{2}{3} = \frac{4}{6}, \text{ alors : } \frac{2}{3} = \frac{4}{6} = \frac{2+4}{3+6} = \frac{6}{9}.$$

Il vient donc :

$$\frac{q_2^A}{q_1^A} = \frac{q_2^A + q_2^B}{q_1^A + q_1^B} = \frac{q_2}{q_1}, \text{ de même :}$$

$$\frac{q_2^B}{q_1^B} = \frac{q_2}{q_1}.$$

3 / Représentation graphique du cas II :

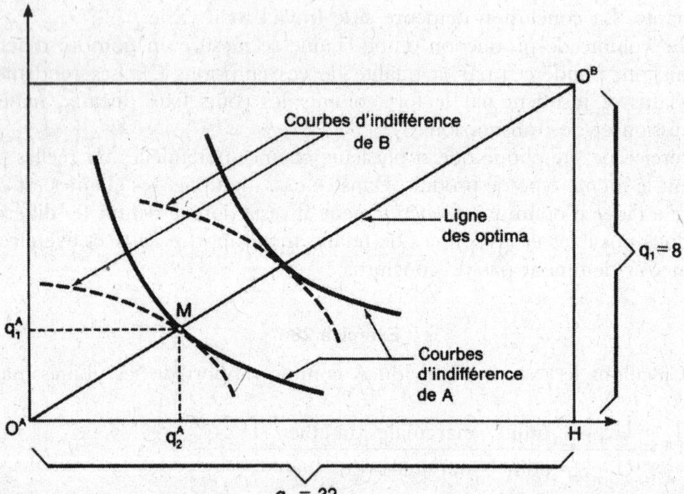

Les optima de Pareto sont tous alignés sur la droite $O^A O^B$. Soit en effet un point M sur cette droite, il vérifie par exemple :

$$\frac{q_1^A}{q_2^A} = \frac{q_1}{q_2} \text{ (car les triangles } O^AMq_2^A \text{ et } O^AO^BH \text{ sont semblables).}$$

Or, telle est la condition d'optimalité, elle implique mécaniquement :

$$\frac{q_1^B}{q_2^B} = \frac{q_1}{q_2}, \text{ donc les deux TMS sont égaux au point M.}$$

4 / Écrivons que la dotation (q_1^B, q_2^B) procure le niveau d'utilité 49 :

$U^B = q_1^B \times q_2^B = 49$; or :

$q_2^B = \frac{q_2}{q_1} \times q_1^B$, donc :

$\left(\frac{q_2}{q_1}\right) \times (q_1^B)^2 = 49$, ou encore :

$q_1^B = 7\sqrt{\frac{q_1}{q_2}}$.

On en déduit q_2^B par la formule précédente :

$q_2^B = \frac{q_2}{q_1} \times q_1^B$.

Les dotations de A en résultent :

$q_1^A = q_1 - q_1^B$

$q_2^A = q_2 - q_2^B$.

D'où l'utilité de A :

$U^A = q_1^A \times q_2^A$.

5 / Le tableau qui suit résume les calculs aboutissant aux utilités de l'individu A. Il faut successivement employer les formules suivantes :

$q_1^B = 7\sqrt{\frac{q_1}{q_2}}$

$q_2^B = \frac{q_2}{q_1} \times q_1^B$

$q_1^A = q_1 - q_1^B$

$q_2^A = q_2 - q_2^B$

$U^A = q_1^A \times q_2^A$

	q_1/q_2	q_1^B	q_2^B	q_1^A	q_2^A	U^A environ
Cas I	0,0476	1,53	32,13	2,47	51,87	128
Cas II	0,1	2,21	22,14	3,79	37,86	143
Cas III	0,5	3,5	14,0	4,5	18	81

Le cas II est manifestement la solution optimale permettant à l'individu B un niveau d'utilité de 49. Le niveau de A vaut alors 143 environ.

Exercice 29

1 / En renonçant à la situation initiale, on perd globalement 30 unités de bien 2 et on gagne 3 unités de bien 1.
Donnons ces 3 unités à un individu quelconque : il acceptera de céder 12 unités de bien 2, à satisfaction inchangée. (Le résultat serait le même si on avait donné une unité de bien 1 à trois individus, ou toute autre formule de ce type.)
On constate donc un déficit de 30 – 12 = 18 unités de bien 2 qu'il faudra donc prélever à certains individus au détriment de leurs satisfactions. Il est donc impossible d'améliorer l'utilité de tout le monde, la nouvelle situation n'est donc pas meilleure que la situation initiale.
2 / Notons d'abord que le TMS est égal au rapport des prix P1/P2 ce qui sous-entend un équilibre de marché dans le pays de référence.
Le déficit commercial, en euros, vaudrait :
import – export = (400 × 40) – (3 200 × 5) = 0,
ce qui confirme l'énoncé.
Si l'accord est conclu, on peut proposer fictivement aux individus 32 unités supplémentaires de bien 2 contre 8 unités de bien 1 en moins, sans changer leurs niveaux d'utilité. Grâce aux échanges internationaux, il restera alors 40 – 32 = 8 unités de bien 2 en excédent, disponibles pour améliorer le sort de tous. Il faut donc accepter l'accord.
3 / En pratique, l'importation du produit 2 peut directement concurrencer les producteurs nationaux, impliquant baisse de production, faillites et chômage, au moins à court terme. De plus, rien ne garantit que les échanges internationaux, même globalement avantageux, parviennent à augmenter chacune des situations individuelles.

Exercice 30

1 / Si la situation finale n'était pas optimale, il existerait une transaction permettant aux deux individus d'améliorer leur sort : pourquoi s'en priveraient-ils ? Notons q_1^A et q_2^A les dotations de l'individu A et de même pour B, il vient :

$$(\text{TMS})^A = \frac{\text{utilité marginale du bien 1}}{\text{utilité marginale du bien 2}} = \frac{q_2^A}{q_1^A}$$

$$(\text{TMS})^B = \frac{\text{utilité marginale du bien 1}}{\text{utilité marginale du bien 2}} = 2\,\frac{q_2^B}{q_1^B}$$

Écrivons que les dotations finales sont optimales, d'où des TMS égaux et compatibles avec les ressources totales :

$$\begin{cases} \dfrac{q_2^A}{q_1^A} = 2\,\dfrac{q_1^B}{q_1^B} \\ q_1^A + q_1^B = 10 \\ q_2^A + q_2^B = \ \ 8 \end{cases}$$

2 / Aux trois équations ci-dessus, il faut ajouter que les utilités finales sont supérieures aux utilités initiales :
individu A : $U^A(\text{finale}) = q_1^A\, q_2^A > U^A(\text{initiale}) = 8$
individu B : $U^B(\text{finale}) = (q_1^B)^2\, q_2^B > U^B(\text{initiale}) = 216$.
3 / Représentation graphique :

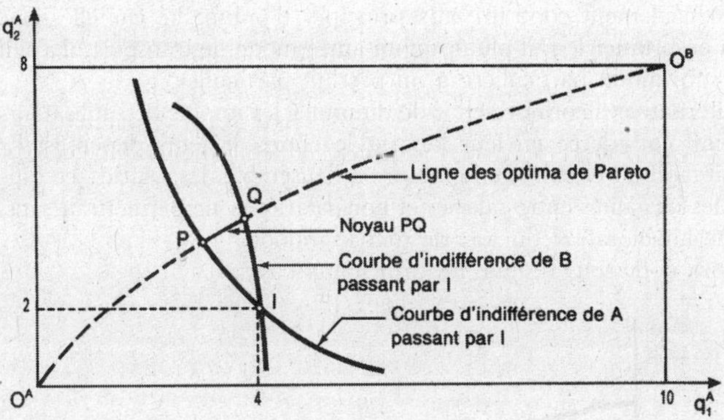

Le point I correspond à la situation initiale. La ligne des optima s'obtient à partir des trois équations de la question 1 qui impliquent par exemple :

$$q_2^A = 16\,\frac{q_1^A}{(q_1^A + 10)}.$$

Pour l'individu A, le noyau se situe du côté nord-est de la courbe d'indifférence de niveau 8, passant par 1 et inversement pour B.
(Les coordonnées de P dans le repère centré en O^A valent ainsi 2,5 et 3,2.)

Exercice 31

1 / Produits inélastiques : tabac, essence, alcool, réfrigérateurs.
Produits élastiques : magnétoscopes, eaux minérales, briquets jetables. Produits douteux : les chaussures (?)
2 / Mieux vaut taxer les produits inélastiques. Pour les individus s'apprêtant à en consommer, tout se passera comme si on les avait privés d'une partie

de leurs revenus, sans incitation particulière à se reporter vers d'autres biens particuliers.

3 / En pratique, l'avantage d'un produit inélastique est de fournir d'importantes rentrées fiscales pour un niveau donné de la taxe, puisque les consommateurs réduisent alors très faiblement leurs consommations en volume.

Exercice 32

Les salariés qui utilisent effectivement leur réduction de congé annuel sont financés par ceux qui choisissent un autre mode de transport et par les non-salariés. Cette politique de transfert n'est pas justifiable économiquement. Elle est également contraire aux principes d'optimalité car elle incite certains à emprunter le rail plutôt qu'un autre mode de transport, il s'agit donc d'une subvention particulière à un produit particulier.

Une alternative théorique serait de diminuer les impôts des utilisateurs de la réduction considérée en leur laissant le choix de leurs dépenses. En pratique, il faudrait étendre cette mesure à l'ensemble des salariés, ce qui modifierait les inégalités entre salariés et non-salariés et ne permettrait sans doute pas une amélioration du sort de tout le monde.

La figure ci-dessous résume les principaux cas :

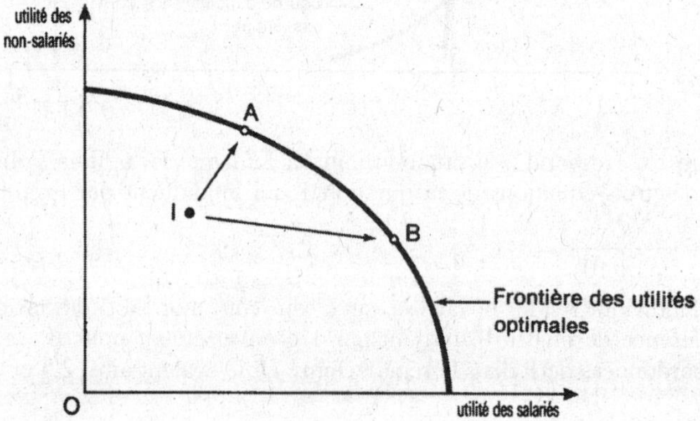

I = situation initiale.
A = situation optimale avec transfert théorique (chacun étant gagnant).
B = situation finale avec transfert pratique (seuls les salariés sont gagnants).

Exercice 33

1 / Tout se passe comme si un logement coûtant 100 était payé 80 par l'acheteur, l'État versant la différence ; or une voiture coûtant 200 est payée 200. Le rapport des coûts marginaux $\left(\frac{200}{100}\right)$ qui joue ici le rôle d'un TTP, est donc différent du TMS du ménage égal au rapport du prix $\left(\frac{200}{80}\right)$. L'équilibre avec aide indirecte est donc non optimal.

2 / Dans un modèle à un seul ménage, on peut considérer que tout le poids de l'impôt retombe sur ce dernier. En supprimant l'aide au logement, ce ménage en tant que consommateur vivrait davantage à l'étroit avec une voiture plus spacieuse et souffrirait de la hausse globale des prix. Mais, en tant qu'imposable, ce ménage bénéficierait de la suppression de l'impôt. Globalement, la question 1 prouve que son utilité totale serait accrue.

3 /

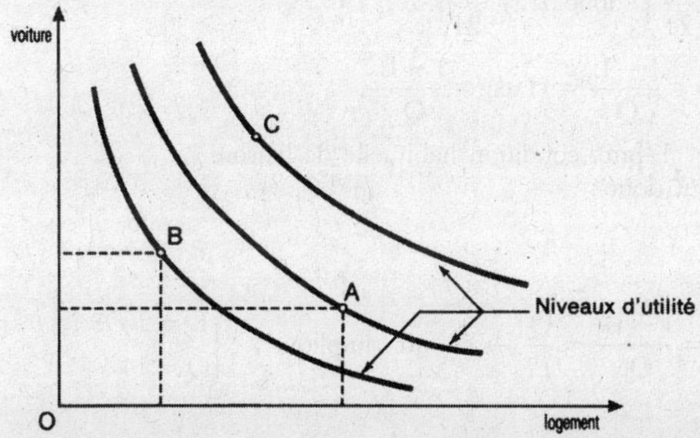

A représente la situation initiale, avec subvention.

On passe en B en supprimant l'aide au logement sans diminuer l'impôt. Il y a donc essentiellement substitution de voiture au logement.

On passe en C en diminuant l'impôt, seuls jouent les effets-revenus. Les deux consommations augmentent (la consommation de logement en A n'est pas nécessairement inférieure à la consommation initiale).

Les niveaux d'utilité correspondent à des courbes d'indifférence, le ménage est plus heureux en C qu'en A.

4 / L'aide au logement profite indistinctement aux bénéficiaires, quels que soient leurs revenus et leurs décisions individuelles. Son caractère redis-

tributif est donc douteux. Économiquement, elle n'agit que sur certains ménages qui n'auraient pas envisagé un déménagement dans d'autres circonstances.

5 / L'État surtaxe le tabac car il estime que les individus n'en perçoivent pas suffisamment les méfaits ; de la même façon, il peut subventionner le logement en songeant à la délinquance (?), à la situation des enfants (?), etc.

Exercice 34

1 / Productivité de travail $= \dfrac{\Delta q}{\Delta \ell} = \dfrac{1}{2\sqrt{\ell}} = \dfrac{1}{2q}$, la même pour chaque firme. Donc :

$$\text{pm} = \frac{1}{2q} = \frac{1}{\dfrac{2(Q)}{24}} = \frac{12}{Q}.$$

2 / Pour une firme : $\ell = q^2$ donc :

$$\left(\frac{L}{24}\right) = \left(\frac{Q}{24}\right)^2 \text{ donc : } L = \frac{Q^2}{24}.$$

3 / $(\text{TMS})_1 = \dfrac{1 - L_1}{Q_1} = (\text{TMS})_2 = \dfrac{1 - L_2}{Q_2}$.

4 / TMS = (1/pm), condition habituelle de liaison.

5 / Il vient donc :

$$\begin{cases} L = \dfrac{Q^2}{24} \\ \dfrac{1 - L_1}{Q_1} = \dfrac{1 - L_2}{Q_2} = \dfrac{Q}{12} \\ L_1 + L_2 = L \\ Q_1 + Q_2 = Q \end{cases} \rightarrow \text{ce qui implique...} \begin{cases} L = 2/3 \\ Q = 14 \end{cases}$$

6 / Le système ci-dessus implique :

$$1 - L_i = \frac{Q_i}{3}, \text{ or : } U_i = \frac{\sqrt{3}}{4}\sqrt{Q_i(1 - L_i)},$$

donc :

$$\begin{cases} U_1 = \dfrac{1}{4} Q_1 \\ U_2 = \dfrac{1}{4} Q_2 \end{cases}$$

La frontière s'écrit ici :

$$U_1 + U_2 = \frac{1}{4}(Q_1 + Q_2) = \frac{1}{4}Q = 1.$$

7 / L'équilibre général aboutissait à $Q_1 = 2{,}3$ et $Q_2 = 1{,}7$. Il appartenait donc à la frontière des utilités optimales obtenue ci-dessus.

Exercice 35

1 / L'individu 1 est acheteur dans les deux cas.
Il gagne donc 75.
De même pour l'individu 2 qui gagne 75.
Les individus 3 et 4 ne deviennent acheteurs que la deuxième année, ils « gagnent » alors 25 chacun.
L'individu 5 n'est jamais acheteur. La variation de surplus vaut donc 200.
2 /

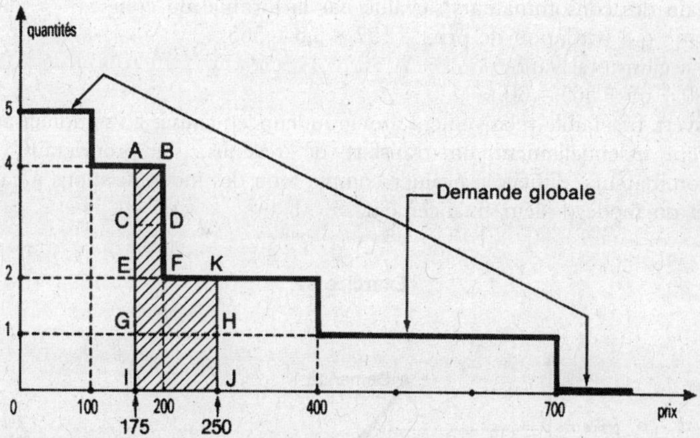

Surplus global : surface hachurée
Surplus de 1 : aire de (GHIJ)
Surplus de 2 : aire de (EKGH)
Surplus de 3, par exemple : aire de (CDEF)
Surplus de 4, par exemple : aire de (ABCD).

Exercice 36

1 / La demande est compatible avec les données car :
150 = − 2(25) + 200.

Le bénéfice brut vaut :
ventes – coût = (25 × 150) – (0,1 × (150)² – 10 × (150) + 2 000) = 1 000.
2 / Il faudrait vendre au coût marginal et satisfaire la demande, conformément aux consignes de l'optimum de Pareto.
3 / Coût marginal = 0,2q – 10, donc il faut résoudre :

$$\begin{cases} p = 0{,}2q - 10 \\ q = -2p + 200, \end{cases} \text{ il vient : } \begin{cases} \text{Prix (nationalisé)} = 21{,}4 \\ \text{Production (nationalisée)} = 157 \\ \text{Bénéfice (nationalisé)} = 465 \end{cases}$$

La firme pratiquait bien un prix « excessif », dans le sens de : « plus élevé que son coût marginal ». La nationalisation permet de diminuer le prix de 15 % environ.
4 / Le propriétaire perd ses 600 € de bénéfices distribués.
L'État gagne 465 – 400 = 65.
Le gain des consommateurs s'évalue par la formule du cours :
gain = – q × (variation de prix) = 157 × 3,6 = 565.
5 / Le gain total vaut :
– 600 + 65 + 565 = 30.
Il s'avère très faible relativement aux grandeurs en cause. La nationalisation opérera essentiellement un transfert de revenus, du propriétaire aux consommateurs, difficile à évaluer compte tenu des indemnisations à calculer et du mode de leur financement.

Exercice 37

1 /

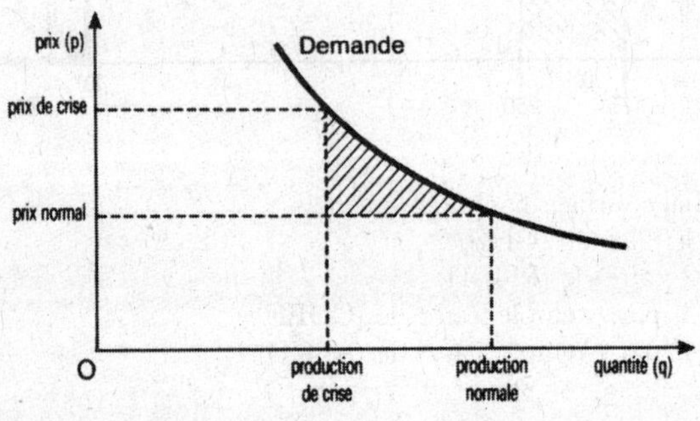

Sur ce graphique, on a hachuré la perte de surplus des consommateurs.
2 / Si la demande est linéaire, la perte de surplus vaut :

$$\frac{1}{2}\text{(variation de prix)} \times \text{(variation de quantité)} = \frac{1}{2}(\Delta p) \times (\Delta q).$$

Or, par définition de l'élasticité e :

$$e = -\frac{\Delta q}{\Delta p} \times \frac{p}{q}, \text{ donc}$$

$$\Delta p = -\frac{p}{qe} \Delta q, \text{ ce qui implique :}$$

$$\text{perte de surplus} = -\frac{1}{2}\frac{p}{qe}\Delta p\, \Delta q = -\frac{1}{2}\frac{pq}{e}\left(\frac{\Delta q}{q}\right)^2$$

$$= -\frac{1}{2}\frac{10\,000}{(-0{,}2)}(0{,}1)^2 = 250.$$

3 / Les consommateurs, par défaut de stockage, perdent en moyenne 250 € tous les cinq ans, soit 50 € par an. Tel est le coût maximum de stockage admissible. Les frais d'importations ne doivent pas être comptés, ils seront à la charge des consommateurs (la réponse serait plus compliquée si les produits importés s'avéraient sensiblement plus chers que les produits locaux).

4 / L'idéal serait de payer les frais de stockage en prélevant sur le surplus (hachuré ci-dessus) des consommateurs à l'aide de prix différenciés par client. On peut aussi envisager des primes d'assurance que les clients particulièrement désireux de régularités verseraient pour être approvisionnés en priorité en cas de crise.

Exercice 38

1 / Recette moyenne = $R_M = 11{,}5 - 0{,}5q$

Recette totale = RT = $11{,}5q - 0{,}5q^2$

Recette marginale = Rm = $11{,}5 - q$.

2 / La quantité q égalise Rm et Cm = $3q + 1$, il vient $q = 2{,}6$ environ.

Le prix convient aux consommateurs, il vient $p = 10{,}2$ environ.

On en déduit : profit = RT – coût total = 12,3 environ.

3 / Offre concurrentielle = $q^s = \frac{p-1}{3}$ (pour $p > 4$ en principe), donc prix concurrentiel = 10, moins élevé qu'en régime monopolitique ;

quantité vendue = 3, plus élevée qu'en régime monopolitique ;

profit d'équilibre = 12, moins élevé qu'en régime monopolitique.

4 /

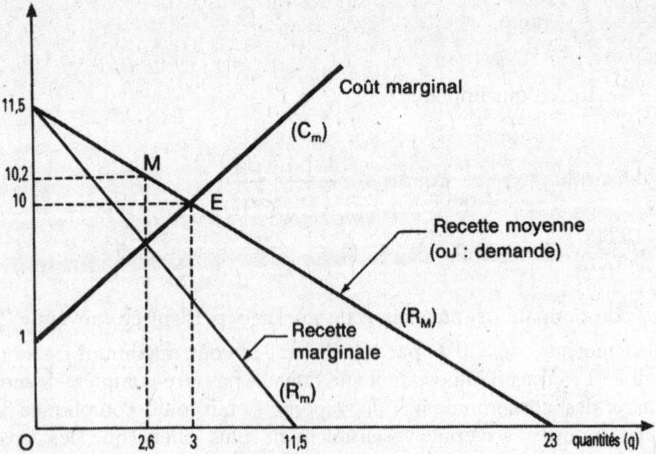

Exercice 39

1 / $\pi_1 = pq - 0{,}5q_2$
Recette totale : $RT = (30 - q)\, q = 30q - q^2$
$\pi_2 = RT - pq = 30q - q^2 - pq$.
2 / Si les transactions étaient différentes de q*, il serait possible d'augmenter les profits des deux firmes : pourquoi s'en priveraient-elles ? Il vient :
$\pi_1 + \pi_2 = 30q - q^2 - 0{,}5q^2$, qui est maximum pour $q^* = 10$,
autrement dit pour :
Recette marginale = coût marginal.
3 / $\pi_1 = 10p - 50$
$\pi_2 = 200 - 10p$.

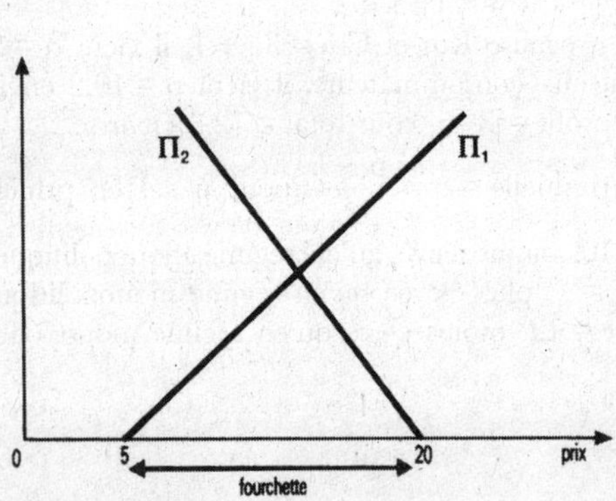

La firme 1 refusera tout prix impliquant un profit négatif donc p est supérieur à 5. On peut également considérer que le prix doit être supérieur au coût moyen qui vaut : $C_M(q^*) = 0{,}5q^* = 5$.
De même la firme 2 imposera :
$p < RM(q^*) = 20$
Prix de vente au public = $p' = RM(q^*) = 20$.

Exercice 40

1 /

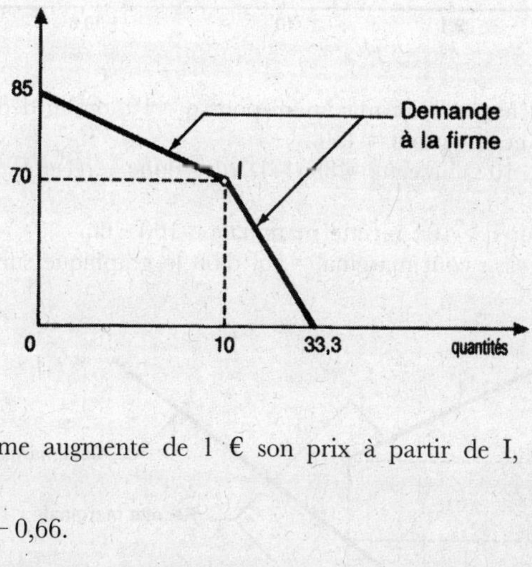

Quand la firme augmente de 1 € son prix à partir de I, elle perd une demande :

$$\Delta q = -\frac{1}{1{,}5} = -0{,}66.$$

Quand elle diminue son prix de 1 €, elle gagne une demande supplémentaire :

$$\Delta q = \frac{1}{3} = 0{,}33.$$

L'augmentation de prix est fortement pénalisée car la clientèle est sensible aux produits concurrents. La diminution de prix est moins efficace car elle s'accompagne d'une baisse simultanée des prix concurrents.
2 /

$$\begin{cases} \pi^+ = \text{Recette} - \text{coûts} = p(100 - 3q) - (2{,}5q^2) = 100q - 5{,}5q^2 \\ \pi^- = \text{Recette} - \text{coûts} = p(85 - 1{,}5q) - (2{,}5q^2) = 85q - 4q^2 \end{cases}$$

Représentation graphique (le profit π est en gras) :

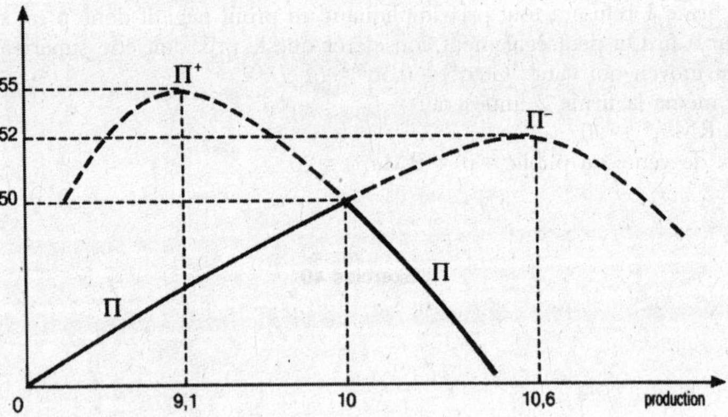

Manifestement le profit est maximum pour q = 10, on en déduit : p = prix de vente = 70 et π = profit = 450.
3 / Pour q < 10 : recette = $85q - 1{,}5q^2$ donc recette marginale = Rm = 85 – 3q.
De même, pour q > 10 : recette marginale = 100 – 6q.
Dans tous les cas : coût marginal = 5q, d'où le graphique suivant :

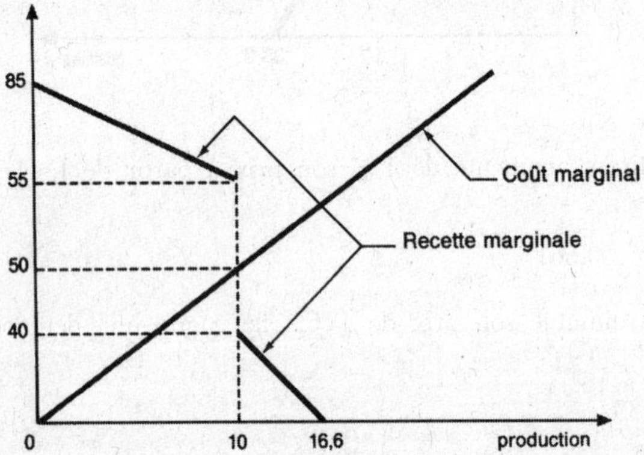

4 / $\Delta q = +1$ implique $\Delta C = Cm = 50$ et $\Delta R = Rm = 40$, donc le profit diminue de 10.
$\Delta q = -1$ implique $\Delta C = -Cm = -50$ et $\Delta R = -Rm = -55$ donc le profit diminue de 5.
Produire q = 10 est donc au moins un équilibre local : s'en éloigner ne peut qu'aggraver les choses.
5 / Le coût devient $2{,}5q^2 + (5\ \% \times 70)q = 2{,}5q^2 + 3{,}5q$.

Le coût marginal devient $5q + 3{,}5$.
La figure ci-dessus implique un équilibre inchangé car $3{,}5 < (55 - 50)$. La firme vend toujours 10 unités au prix de 70, son profit diminue de $3{,}5 \times 10 = 35$, il devient $450 - 35 = 415$.
Tout se passe comme si la taxe était un impôt forfaitaire de 35 €.

Exercice 41

1 / Recette totale de la firme $1 = pq_1 - (10 - q_1 - q_2)\, q_1$.
Recette marginale de la firme $1 = 10 - 2q_1 - q_2$.
Coût marginal de la firme $1 = 3q_1 + 1$.
Égalisons ces deux dernières expressions, il vient :

$$q_1 = \frac{9 - q_2}{5}.$$

2 / En ajoutant : $q_1 = q_2$, il vient :
$q_1 = q_2 = 1{,}5$; $p = 7$; $q = 3$.
3 / Recette totale de la firme $1 = pq_1 = (10 - q_1 - \hat{q}_1)\, q_1$, donc :
Recette marginale : $10 - 2q_1 - \hat{q}_1 = 3q_1 + 1$,
ce qui implique :

$$q_1 = \frac{9 - \hat{q}_1}{5}.$$ Or,

$\hat{q}_1 = (n - 1)\, q_1$, donc :

$$q_1(n) = \frac{9}{4 + n} \text{ ; } q(n) = nq_1(n) = \frac{9n}{4 + n} \text{ ; } p(n) = \frac{40 + n}{4 + n}.$$

4 / Quand n tend vers l'infini :
$q_i(n)$ tend vers 0, $q(n)$ tend vers $q^* = 9$; $p(n)$ tend vers $p^* = 1$.
On vérifie que chaque firme tend à égaliser coût marginal et p^*.
5 / On vérifie qu'avec n firmes, le coût moyen est inférieur à $p(n)$, ce qui implique un profit positif. Si ce profit attire de nouvelles firmes dans la branche, l'équilibre non coopératif de long terme n'est donc autre que celui de la concurrence parfaite.

Exercice 42

1 / Recette totale $= p_i\, q_i = 12q_i - 0{,}8q_i^2 - 0{,}1\hat{q}_i$; d'où on déduit :
Recette marginale $= Rm = 12 - 0{,}1\hat{q}_i - 1{,}6q_i$.
Or :
Coût marginal $= Cm = 8$, donc :
$Rm = Cm$ implique : $q_i = 2{,}5 - 0{,}0625\hat{q}_i$.

2 / Par symétrie, il vient $q_1 = q_2 = \dots q_5$, donc : $\hat{q}_i = q_i$, ce qui implique : $q_i = 2{,}5 - 0{,}25q_i$, qui donne $q_i = 2$.
La production totale vaut $5 \times 2 = 10$.
3 / Rm = Cm implique :
$q_i = 2{,}5 - 0{,}0625\hat{q}_i$, or $\hat{q}_i = (n - 1)\, q$; donc :

$$q_i = \frac{2{,}5}{1 + (n - 1)\,(0{,}0625)} \text{ et } q = nq_i \text{ est la production totale.}$$

q_i diminue et q augmente quand n augmente, un peu comme un gâteau qui grossit mais avec des parts toujours plus petites. Les nouveaux venus dans la branche induisent une baisse des prix ici uniformément répartie.

4 / Quand n tend vers l'infini, q tend vers $\dfrac{2{,}5}{0{,}0625} = 40$; q_i tendant vers 0, il vient : $p_i = 12 - 0{,}8(0) - 0{,}1(40) = 8$.
Le prix rejoint le coût marginal, ce qui ramène à l'équilibre concurrentiel.
5 / Les formules ci-dessous permettent de calculer le profit de chaque firme π_1 :

$$\begin{cases} q_i = \dfrac{2{,}5}{1 + (n - 1)\,(0{,}0625)}, \quad \hat{q}_i = (n - 1)\, q_i \\ p_i = 12 - 0{,}8q_i - 0{,}1\hat{q}_i, \\ \pi_i = p_i\, q_i - (8q_i + 2) \end{cases}$$

On en déduit :
Pour $n = 5$, $\pi_i = 1{,}2$.
Pour $n = 10$, $\pi_i = 0{,}05$ (autant dire 0) et on trouve $q_i = 1{,}6$.
La branche peut donc nourrir dix entreprises, le profit étant nul pour chacune.
Au-delà, le profit est négatif comme dans le cas concurrentiel car le coût marginal est inférieur au coût moyen.
6 / Demande perçue par la firme :
$p_i = 12 - 0{,}8q_i - (0{,}1 \times 9 \times 1{,}6) = 10{,}56 - 0{,}8q_i$(= 9,25 environ à l'équilibre).
Recette marginale :
$Rm = 10{,}56 - 1{,}6q_i$(= 8 à l'équilibre).
Coût marginal :
$Cm = 8$.
Coût moyen :

$$C_M = 8 + \frac{2}{q_i} \text{ (= 9,25 à l'équilibre).}$$

Le graphique suivant est général à l'exception du coût marginal constant.

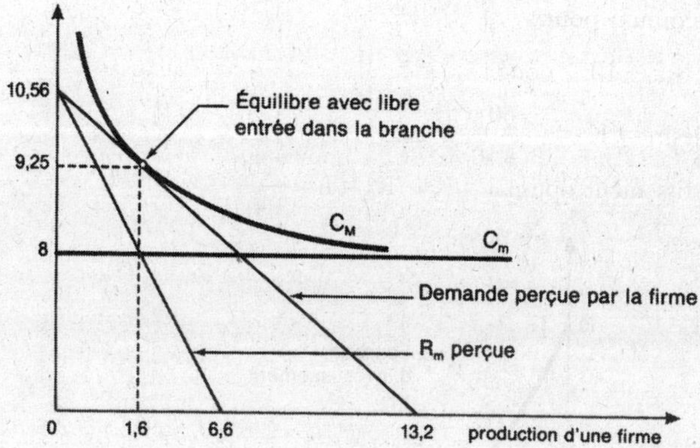

La quantité proposée par chaque firme est déterminée par l'intersection du coût marginal et de la recette marginale.
À l'aide de la demande à la firme, on en déduit le prix de vente. La différence entre ce prix et le coût moyen permet de mesurer le profit, il est ici nul par définition.

Exercice 43

Notons r le taux d'intérêt :
Coût actualisé de l'achat :

$$19\,000 + \frac{3\,000}{1+r} + \frac{3\,000}{(1+r)\,2} + \frac{3\,000}{(1+r)\,3} + \frac{1\,000}{(1+r)\,4}.$$

Coût actualisé en location :

$$6\,000 + \frac{6\,000}{1+r} + \frac{6\,000}{(1+r)\,2} + \frac{6\,000}{(1+r)\,3} + \frac{6\,000}{(1+r)\,4}$$

$$\begin{cases} \text{Coût de location actualisé} = 25\,872 \text{ environ} \\ \text{Coût d'achat actualisé} = 27\,466 \text{ environ} \end{cases}$$

Mieux vaut louer et placer judicieusement ses économies.

Exercice 44

1 / Il faut rembourser rv par période et par machine achetée, le coût du capital par période vaut donc k = 10r.
2 / Le profit par période s'écrit :
$\pi = pQ - wL - kK = p\ \text{Log}(1 + K) - waK - 10rK = p\ \text{Log}(1 + K) - (wa + 10r)\,K$.

Il est maximum pour :

$\frac{p}{1+K} = (wa + 10r)$, donc :

capital désiré $= K^d = \frac{60}{3+10r} - 10.$

3 / Investissement optimal $= K^d - K_0 = I = \frac{60}{3+10r} - 10.$

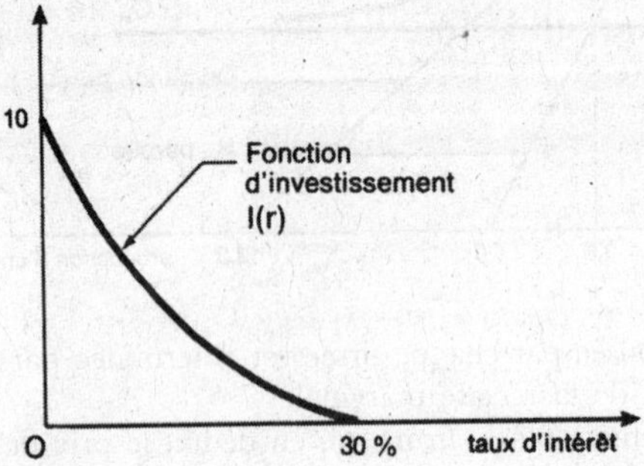

L'investissement diminue quand le taux d'intérêt augmente avec un niveau dissuasif de 30 %.

Exercice 45

1 / $\begin{cases} p_1 q_1 + E = H \\ p_2 q_2 = (1+r) E, \end{cases}$ il vient donc :

$p_1(1+r) q_1 + p_2 q_2 = (1+r) H.$

2 / Il faut maximiser U sous la contrainte ci-dessus. Il vient :

$$q_1^d = 0{,}5 + \frac{(1+r) H - p_2}{2(1+r) p_1} \text{ et } q_2^d = 0{,}5 + \frac{(1+r) H - p_1(1+r)}{2p_2}.$$

Ou encore :

$$q_1^d = 0{,}5 + \frac{H}{200} - \frac{0{,}53}{1+r} \text{ et } q_2^d = 0{,}5 + \frac{H}{212}(1+r) - 0{,}47(1+r)$$

q_1 et q_2 augmentent avec H, ce qu'on peut qualifier de « normal ».

q_1 augmente avec r, l'effet revenu l'emportant sur l'effet substitution qui incite alors à augmenter le niveau d'épargne.

q_2 varie différemment avec r selon les valeurs de H. Il augmente avec r pour des valeurs élevées de H, l'effet substitution jouant alors son rôle « normal », et inversement pour des valeurs faibles de H (la valeur limite de H vaut 100, elle est incompatible avec la représentation de la fonction d'utilité).

3 /

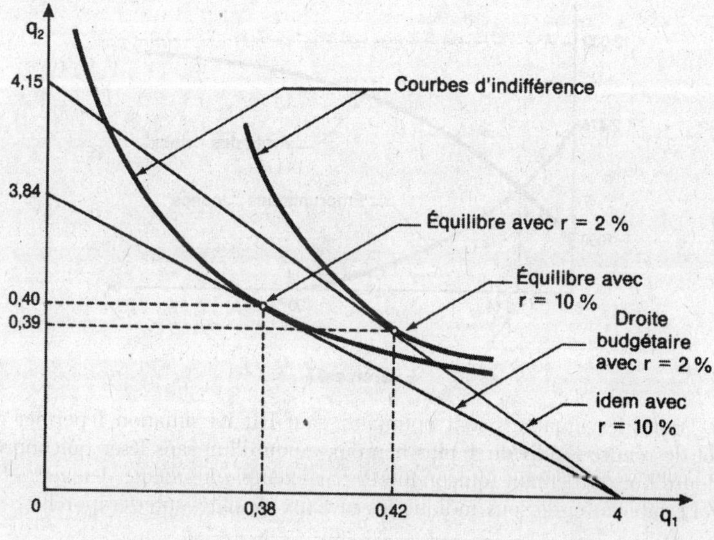

Exercice 46

1 / Programme à résoudre en notant r le taux d'intérêt et E l'épargne :

$$\begin{cases} \text{Max } q_1 q_2, \text{ avec :} \\ q_1 + E = R_1 \\ q_2 = R_2 + (1 + r) E \end{cases}$$

Solution : $E = \frac{R_1}{2} - \frac{R_2}{2(1+r)} = 100 - \frac{90}{1+r} = 16{,}6$ environ

(le « vieux » épargne).

2 / $E = \frac{R_1}{2} - \frac{R_2}{2(1+r)} = 75 - \frac{150}{1+r} = -63{,}9$

(le « jeune » emprunte).

3 / Offre d'épargne des « vieux » $= 10\,000 - \frac{9\,000}{1+r}$.

Demande d'épargne des « jeunes » $= -2\,475 + \frac{4\,950}{1+r}$.

4 / Équilibre pour :

$10\,000 - \frac{9\,000}{1+r} = -2\,475 + \frac{4\,950}{1+r}$.

Solution : r = 11,8 %.

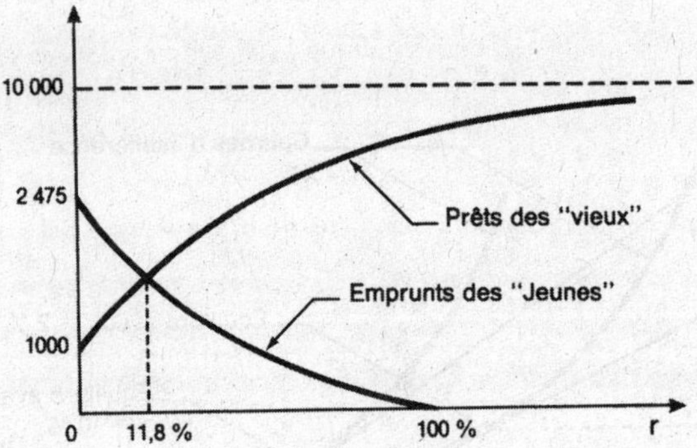

Exercice 47

1 / Toutes les situations sont optimales, sauf III. La situation I permet en effet de rendre l'individu 1 plus heureux aujourd'hui sans léser quiconque, aujourd'hui ou demain (quiconque et par exemple lui-même demain).
2 / Le tableau ci-dessous indique les niveaux d'utilités intertemporelles.

	U_1	U_2
Situation I	30	40
Situation II	34	45
Situation III	29	40
Situation IV	34	20

Seule la situation II maximise le rendement social simple (cette unicité n'est pas du tout générale).

Exercice 48

1 / $p_1 = 2w = 2$; $J = q_1$.
2 /

$$\begin{cases} \text{Max } q_1\, q_2, \text{ avec :} \\ p_1\, q_1 + p_2\, q_2 = 30w + J \end{cases}$$

Solution : $q_1^d = \dfrac{30w + J}{2p_1}$.

3 / $q_1 = q_1^d = \dfrac{30 + q_1}{4}$.

Solution : $q_1 = 10$.

4 / $q_1 = 10$ implique $L_1 = 10$ qui implique $L_2 = 20$ qui implique $q_2 = 6{,}3$: ce sont bien les valeurs de l'optimum de Pareto.

Exercice 49

1 / La production de 2 diminue les coûts de la firme 1, il s'agit d'une économie externe.

2 / Firme 1 : coût marginal = $C_{m,1} = 6q_1 - q_2 = 100$.

Firme 2 : coût marginal = $C_{m,2} = 2q_2 = 100$.

Solution : $q_1 = 25$, $q_2 = 50$.

Profit de la firme 1 : $\pi_1 = 1\,875$; de même $\pi_2 = 2\,500$; profit total = 4 375.

3 / Soit π le profit global, il vaut :

$\pi = \pi_1 + \pi_2 = (pq_1 - c_1) + (pq_2 - c_2)$.

Pour maximiser π, annulons ses dérivées en q_1 et q_2, il vient :

$$\begin{cases} \dfrac{\Delta\pi}{\Delta q_1} = p - C_{m,1} = 100 - 6q_1 + q_2 = 0 \\ \dfrac{\Delta\pi}{\Delta q_2} = -\dfrac{\Delta c_1}{\Delta q_2} + p - C_{m,2} = q_1 + p - C_{m,2} = 100 + q_1 - 2q_2 = 0 \end{cases}$$

Solutions :

$q_1 = 27{,}3$; $\pi_1 = 2\,231$; $q_2 = 63{,}6$; $\pi_2 = 2\,314$; $\pi = 4\,545$.

Le profit global est plus élevé mais seule la firme 1 est gagnante. Pour convaincre la firme 2, il va falloir la subventionner, ce qui revient à « internaliser » l'effet externe par une procédure quasi marchande (on peut songer aussi bien à absorber la firme 2 en soudoyant ses dirigeants ou l'inverse). La question suivante prouvera l'impossibilité d'aboutir avec cette seule idée de subvention directe.

4 / Le profit de la firme 1 devient :

$\pi_1 = pq_1 - c_1 - kq_2$. Condition d'équilibre :

$$\frac{\Delta\pi_1}{\Delta q_1} = p - C_{m,1} = 0.$$

Le profit de la firme 2 devient :

$\pi_2 = pq_2 - c_2 + kq_2$. Condition d'équilibre :

$$\frac{\Delta\pi_2}{\Delta q_2} = p - C_{m,2} + k = 0.$$

Par comparaison avec le problème précédent, il est clair que $k = q_1 = 27{,}3$ serait la meilleure subvention possible. On obtient alors :

$$\begin{cases} \pi_1 = 2\,231 - kq_2 = 494 \\ \pi_2 = 2\,314 + kq_2 = 4\,051 \end{cases}$$

Cette fois, la firme 1 est perdante : mieux vaut pour elle profiter discrètement de l'économie externe.

5 / Coût marginal social du bien 1 = coût marginal privé = C_{m1} = p.
Coût marginal social du bien 2 =
$C_{m,2}$ + effet indirect = $C_{m,2} + \frac{\Delta c_1}{\Delta q_2} = C_{m,2} - q_1 = p$.
Ces deux équations résument les recommandations théoriques. Il est clair qu'elles conduisent au même système que celui de la question n° 3 et donc aux mêmes solutions $q_1 = 27{,}3$ et $q_2 = 63{,}6$.
Pour y parvenir, il faut absolument accorder à la firme 2 une subvention de 27,3 par unité produite, ce qui nécessite de dégager $27{,}3 \times q_2$ = 1 735 €. Cette somme sera obtenue par des impôts (neutres) sur les bénéficiaires, les firmes 1 et 2 et les consommateurs. Rien ne permet de recommander un système fiscal plutôt qu'un autre pour ce type de problème.

Exercice 50

1 / Une firme produit qj, il lui en coûte q_j^2 heures travail, soit encore wq_j^2. Le coût marginal vaut donc 2wqj.
2 / Soit q le niveau global de production. Chaque firme produit alors q/N. Coût marginal direct = coût marginal d'une firme = 2w(q/N).

Coût marginal social = $2w\left(\frac{q}{N}\right) + wx$.

3 / Il faut égaliser prix de vente et coût marginal social. Il vient :
$2w\left(\frac{q}{N}\right) = p - wx$, donc : production d'une firme = $\frac{p - wx}{2w} = q^*$.
4 / *a)* La firme égalise coût marginal (direct) et prix. Il vient :

$q = \frac{p}{2w}$. Ce niveau est évidemment supérieur au niveau désiré q*.

b) Le coût marginal devient 2w(1 + t) q. Il vient :

$q = \frac{p}{2w(1+t)}$. On aura q = q* pour $t = \frac{wx}{p - wx}$.

c) Le coût marginal est multiplié par (1 – t) tout comme la recette marginale.

L'offre vaut donc $\frac{p}{2w}$ comme dans le cas *a)*.

d) La recette marginale devient p(1 – t). Il vient :

$p(1-t) = 2wq$, donc : $q = p\frac{1-t}{2w}$.

On aura q = q* pour $t = \frac{wx}{p}$.

5 / Il faut envisager les cas *b* et *d*. Le produit de la taxe T doit être égal au coût induit wxq*.

b) $T = wtL = wtq^2 = w\left(\frac{wx}{p - wx}\right)q^2 = w\left(\frac{wx}{p - wx}\right)\left(\frac{p - wx}{2w}\right)^2$

donc :

$T = \frac{x}{4}(p - wx)$. On vérifie que T est inférieur à wxq*, donc le produit de la taxe est insuffisant.

d) $T = tpq^* - \left(\frac{wx}{p}\right)pq^* = wxq^*$: telle est la solution cherchée.

La taxe sur le chiffre d'affaires est d'autant préférable qu'elle est simple à calculer. Il suffit de diminuer la recette marginale du montant nécessaire à combattre la pollution induite par une unité de produit.

Exercice 51

1 / L'espérance du gain vaut E[X] = 5. L'utilité espérée du jeu se calcule comme suit :
U = 0,5 Log(2) + 0,5 Log(8) = (1/2) Log(16) = Log(4).
L'équivalent certain vaut donc $\hat{x} = 4$.

La prime de risque vaut $\tau = \frac{5 - 4}{5} = 20\ \%$.

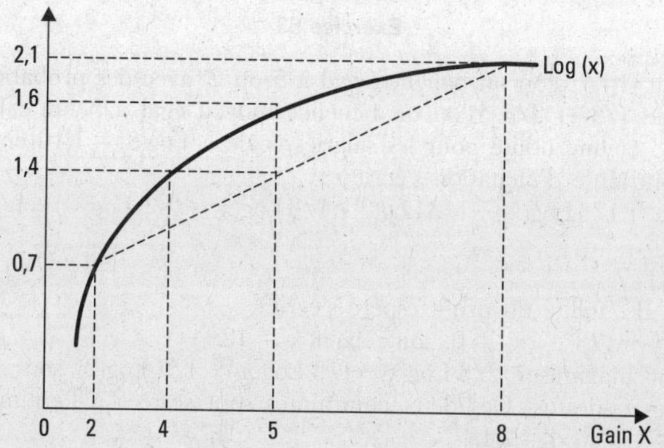

2 / Définissons x_1 et x_2 par $x_2 - x = x - x_1 = ax$. Nous avons donc en outre :

$x = \frac{x_1 + x_2}{2}$; $u(\hat{x}) = \frac{u(x_1) + u(x_2)}{2}$; $\tau = \frac{x - \hat{x}}{x}$.

Il vient alors pour $i = 1,2$:
$u(x_i) = u(x) + (x_i - x)\,u'(x) + 0,5(x_i - x)^2\,[u''(x) + o(x_i, x)]$.
D'où :
$u(\hat{x}) = u(x) + 0,5(x_i - x)^2\,[u''(x) + o(x_1, x_2)]$.
Or, par ailleurs :
$u(\hat{x}) = u(x) + (\hat{x} - x)\,[u'(x) + o(\hat{x}, x)]$.
On conclut en remarquant que $\hat{x}$ et x sont compris entre x_1 et x_2 et donc que $o(\hat{x}, x)$ tend vers 0 quand x_1 tend vers x_2, c'est-à-dire quand a est suffisamment petit.
Ce résultat signifie que, a et x étant donnés, plus une fonction u implique une valeur élevée de ρ plus la prime de risque est grande. Cela conforte ρ comme indice de l'aversion au risque.

Exercice 52

1 / pN voitures sont offertes, de qualité moyenne p/2.
2 / Si $p < 1$, l'utilité d'un acheteur vaudrait $U = E[u \mid p] = 1,5E[Q \mid p] - p = 1,5(p/2) - p = -0,25p < 0$.
Si $p > 1$, N voitures sont offertes de qualité moyenne 1/2 et U vaut $0,75 - p < 0$.
Donc mieux vaut ne pas acheter dans tous les cas.
3 / Si q_i était connue, le vendeur i recevrait d'un acheteur un prix p compris entre q_i et $1,5q_i$, ce qui satisferait à la fois le vendeur et l'acheteur.

Exercice 53

1 / Il vient $e = 1$ d'où un bénéfice égal à 5 ou 2, avec des probabilités respectives de 1/3 et 2/3, d'où un bénéfice moyen égal à 3, un salaire fixe $x_1 = x_2 = 3$ et une utilité pour les salariés égale à $Log(3) = 1,10$ environ.
2 / La contrainte d'incitation s'écrit :
$2/3\,Log(x_1) + 1/3\,Log(x_2) - 1/3\,Log(2) \geq 1/3\,Log(x_1) + 2/3\,Log(x_2) - 1/3\,Log(1)$,
soit :
$x_1 = 2x_2$.
L'objectif de nullité du profit espéré s'écrit :
$2/3(5 - x_1) + 1/3(2 - x_2) = 0$, soit : $2x_1 + x_2 = 12$.
3 / Il faut maximiser $2/3\,Log(x_1) + 1/3\,Log(x_2) - 1/3\,Log(2)$ sous les deux contraintes ci-dessus. Ces deux contraintes sont serrées à l'optimum et il vient $x_1 = 4,8$ et $x_2 = 2,4$.
L'utilité espérée des salariés vaut 1,11 environ, c'est-à-dire davantage qu'avec des salaires fixes. Les salariés sont moins assurés contre le risque conjoncturel que dans le cas du salaire fixe mais leur salaire moyen est plus important. Ils sont partiellement assurés puisque la variance du bénéfice B est plus grande que celle du salaire X.

LEXIQUE ET INDEX

Bien public. Voir bien privé.

Biens strictement complémentaires. Ce sont deux biens qui ne me sont utiles que simultanément et dans une proportion fixe. Exemple : des verres correcteurs et des montures de lunettes / *42, 68.*

Biens substituables (premier sens). En diminuant ma dotation de l'un, il est toujours possible de trouver une quantité supplémentaire de l'autre qui maintienne mon niveau de satisfaction / *42.*

Biens substituables (deuxième sens). Ce sont deux biens dont chaque demande augmente avec le prix de l'autre bien. Plus rigoureusement, on dit que les biens sont des « substituts bruts » / *71, 80.*

Bien typique. Produit dont la demande diminue quand son prix augmente ; le contraire serait un bien a-typique / *72, 80.*

Capital. Facteur de production qui demeure utilisable, au moins en partie, après son usage dans le processus de production, comme une machine ou un terrain. Le contraire est un bien fongible / *108, 139, 349.*

Concurrence imparfaite. Caractérise un marché où certains participants tentent de modifier à leur profit les conditions générales d'équilibre, en particulier les prix / *305.*

Concurrence monopolistique. Au sens strict, il s'agit d'une branche au sein de laquelle les entreprises réussissent à différencier suffisamment leurs produits pour disposer d'une certaine marge de manœuvre quant au prix de vente ; au sens large, on sous-entend qu'un équilibre non coopératif en résulte / *324.*

Concurrence parfaite. Au sens large, il s'agit d'une caractéristique d'un marché dont les agents considèrent le prix comme donné, le plus souvent parce qu'ils sont trop faibles pour le modifier à leur avantage. Au sens strict, on exige en plus que le profit réalisé par chacun soit conforme à ce que les autres marchés permettent en moyenne d'obtenir, ce qui résulte de la libre entrée dans les branches considérées / *196.*

Condition de Arrow-Borch. Quand un individu risquophobe contracte avec une entreprise neutre au risque, il égalise ses utilités marginales conditionnelles. On en déduit qu'il choisit une assurance totale de ses risques / *402.*

Contrainte budgétaire. C'est une égalité comptable entre l'ensemble des dépenses ou des emplois et l'ensemble des recettes ou des ressources d'un individu / *53.*

Contrainte budgétaire intertemporelle. Égalité mathématique entre l'ensemble des dépenses futures actualisées et l'ensemble des revenus futurs actualisés d'un individu / *351.*

Contrat actuariellement équitable. Contrat dont l'espérance mathématique des engagements est nulle, relativement aux probabilités objectives des états du monde / *400.*

Contrat incitatif. Contrat proposé par un agent économique pour inciter à respecter son objectif / *408.*

Contrats séparateurs. Contrats proposés à des individus de différents types tels que chaque contrat sera choisi par tous les individus d'un même type et seulement par ceux-là (on dit aussi de ces contrats qu'ils sont « révélateurs ») / *406.*

Convexité des préférences. Si mes préférences sont convexes, je préfère un peu de chaque bien plutôt qu'un seul en grande quantité / *34, 67.*

Courbe d'indifférence. Dans le repère des biens, elle relie toutes les dotations qui procurent la même utilité à un consommateur donné / *32, 45.*

Court terme (1). Caractérise un raisonnement dans lequel le capital utilisé est fixé à un certain niveau. S'oppose au long terme où le niveau de capital est variable, ce qui est typiquement le cas quand on décide des investissements / *111, 338.*

Court terme (2). Se dit d'un raisonnement dans lequel les capacités de production sont données, mais non pas leur niveau d'utilisation / *133.*

Court terme (3). Caractérise un raisonnement dans lequel le nombre d'unités de production est donné. S'oppose au long terme où ce nombre devient variable / *192, 336.*

Court terme (4). Caractérise un raisonnement valable pour une durée assez courte et actuelle.

Coût à court terme. Coût de production dans lequel le niveau de capital utilisé est fixe, déterminé par des décisions antérieures. Si le niveau de capital est variable, on parle de coût à long terme / *338.*

Coût d'opportunité. Désigne un manque à gagner, par rapport à une situation qui aurait rapporté davantage. Si je garde 1 000 € pendant un an sous forme liquide au lieu de les placer à 8 %, le coût d'opportunité de ce choix vaut 80 € / *338.*

Coût d'usage du capital. Coût associé directement à l'utilisation plus ou moins intensive d'une machine pendant un certain temps. Pour une voiture, on l'évalue en fonction du nombre de kilomètres parcourus, en pensant aux frais d'entretien et à l'usure des différentes pièces sensibles. Évidemment, un autre coût existe, le coût d'acquisition, donnant droit à l'usage indéfini / *139.*

Coûts fixes. Coûts qui, dans la période d'analyse considérée, ne dépendent pas du niveau de production choisi, c'est-à-dire de la plus ou moins grande utilisation des facteurs par une entreprise. Ainsi, pour un abonné au téléphone, la dépense d'abonnement est un coût fixe ; les autres dépenses varient avec le nombre de communications : ce sont des coûts variables. En additionnant coûts fixes et coûts variables, on retrouve évidemment le coût total / *151.*

Coût marginal. Accroissement du coût total quand la production augmente d'une unité. Mathématiquement, on le calcule en dérivant la fonction du coût, il dépend donc du niveau de production considéré. On dit parfois qu'il mesure le coût de la dernière unité produite / *155, 185.*

Coût marginal social. Pour un bien donné, le coût marginal social comptabilise l'ensemble des coûts supplémentaires quand la production augmente d'une unité. Pour l'entreprise concernée, on compte le coût marginal de production ; pour d'éventuelles entreprises victimes d'effets externes, on compte les éventuels manques à gagner ; pour d'éventuels individus victimes d'effets externes, on compte les variations marginales de leurs surplus de consommateurs / *378.*

Coût moyen. Coût total C(q) rapporté au volume de la production q. On le note $C_M = \frac{C(q)}{q}$, il apparaît ainsi comme une fonction de q / *152.*

Coût moyen variable. Coût variable $C_v(q)$ rapporté au volume de la production q. On le note $C_{MV} = \frac{C_v(q)}{q}$, il apparaît ainsi comme une fonction de q / *151.*

Coût total (fonction de). Elle mesure, quand le niveau de production d'une entreprise varie, la dépense minimum qu'il faut engager en combinant au mieux les facteurs de production. Les prix des facteurs sont implicitement « donnés » dans ce raisonnement / *142.*

Coûts variables. Voir coûts fixes.

Critère du surplus. Il juge l'opportunité d'une transformation économique selon que la variation induite du surplus global sera positive ou non / *297.*

Décroissance du taux marginal de substitution. Le long d'une courbe d'indifférence, le TMS du bien 2 au bien 1 décroît généralement quand la quantité de bien 1 disponible augmente. On dit alors que les préférences sont convexes. Il existe une notion voisine, le TMS décroissant avec des quantités plus grandes de bien 1 disponible, quand la quantité de bien 2 est fixe / *40, 41, 67.*

Demande à la firme. Elle indique le prix qu'une entreprise doit pratiquer en fonction du niveau de production envisagé / *307, 309, 325.*

Demande coudée. Sorte de demande à la firme quand les autres entreprises réagissent différemment selon qu'on envisage d'augmenter ou de diminuer son prix de vente / *323.*

Demande effective. Demande d'un individu quand on considère que son offre peut ne pas être satisfaite. Par exemple, la demande effective d'un chômeur ne suppose pas la rémunération de l'offre de travail. La demande notionnelle suppose que les offres individuelles peuvent être toutes satisfaites aux prix courants / *102.*

Demande excédentaire. Synonyme de « demande nette » ; quand on dit que « la demande est excédentaire », on pense à une demande nette positive.

Demande globale. Pour un produit donné, c'est la somme de toutes les demandes individuelles. Elle dépend donc des prix concernés et de l'ensemble des revenus individuels / *73, 74, 81.*

Demande individuelle de facteur. Pour une entreprise donnée, elle exprime les intentions d'achat d'un facteur en fonction de son prix et des prix des autres facteurs ; tantôt on ajoute aussi le niveau de production, tantôt son prix / *181.*

Demande individuelle de produit. Fonction exprimant, pour un individu donné, comment varient ses décisions d'achat avec les prix et le revenu disponible / *55.*

Demande nette. Différence, pour un agent économique, entre sa demande et son offre aux autres agents, pour un bien particulier. La demande nette globale d'un bien est la différence entre la demande et l'offre globale. Exemple : je veux acheter 15, je veux vendre 7, ma demande nette vaut 8 / *209.*

Demande notionnelle. Voir demande effective.

Déséconomie externe. Voir économie externe.

Désutilité marginale du travail. L'opposé de l'utilité marginale du travail, cette dernière étant négative / *90.*

Discrimination par les prix. Il y a discrimination quand le même bien est vendu à des prix différents selon les catégories d'acheteurs. Exemple : les places de cinéma à tarif réduit pour les étudiants / *52.*

Droite d'isocoût. Elle représente, dans l'espace des facteurs, l'ensemble des combinaisons correspondant à un niveau de dépense donné. Avec deux facteurs K et L de prix k et w et avec un niveau de dépense d, l'équation de l'isocoût s'écrit : d = kK + wL / *144.*

Duopole. Oligopole réduit à deux vendeurs / *318.*

Économie d'échange. Chaque individu reçoit initialement certaines quantités de biens de consommation. Les échanges se déroulent alors à des prix convenus, chacun cherchant à maximiser son utilité / *273.*

Économie externe. Effet externe bénéfique dont profite gratuitement un agent économique ; on dit aussi : externalité positive. L'inverse est une déséconomie externe ou externalité négative / *368.*

Effet de congestion. Quand plusieurs individus utilisent simultanément un bien public, ils peuvent mutuellement se gêner ; cet effet externe se nomme alors effet de congestion. Exemple : les encombrements routiers / *368.*

Effet externe. Effet involontaire qu'un agent économique impose à un autre en dehors de toute transaction monétaire. Exemple : la pollution industrielle / *367.*

Effet revenu. Lorsque le prix d'un bien augmente, je « commence » par en acheter moins, au profit des biens qui lui sont substituables : ceci est l'effet substitution. « Puis », étant plus pauvre, je modifie mes choix en conséquence : tel est l'effet revenu. En réalité, on n'observe que la résultante de ces deux effets fictifs. Cette façon de procéder se généralise à toute décision individuelle : offre de travail, choix du niveau de l'épargne, achat de titres, etc. / *68, 76.*

Effet substitution. Voir effet revenu.

Élasticité d'une demande. Variation relative de la demande quand l'un de ses paramètres varie de 1 %. On précise élasticité revenu, prix direct et prix croisé quand le paramètre est le revenu, le prix du bien et le prix d'un autre bien. Si l'élasticité est quasi nulle pour un paramètre donné, on parle de demande « inélastique ». Dans le cas contraire, on parle de demande fortement « élastique ». Ce vocabulaire se généralise sans peine à l'élasticité d'une offre / *79.*

Équilibre. Une situation économique est un équilibre si aucun agent considéré n'a intérêt à revenir sur ses décisions. Soit que celles-ci lui conviennent particulièrement, soit qu'il ne trouverait pas de partenaires disposés à accepter ses nouvelles propositions / *207.*

Équilibre concurrentiel. Équilibre de marché, général ou non, les offres et demandes étant de type concurrentiel. Autrement dit, les agents prennent leurs décisions en considérant les prix comme s'imposant à eux. On montre que les mêmes prix valent alors pour tous les agents économiques / *209, 221.*

Équilibre de la firme. Une firme est en équilibre quand elle maximise son profit, compte tenu des contraintes qui lui sont imposées / *179.*

Équilibre du consommateur. Un consommateur est en équilibre si, compte tenu des contraintes qui s'imposent à lui, ses décisions maximisent sa satisfaction / *55.*

Équilibre d'un marché. Correspond à un bien particulier pour lequel l'offre globale est égale à la demande globale / *211.*

Équilibre général de marché. Situation d'interdépendance entre une multitude de marchés en équilibre / *207, 221, 359.*

Équilibre monopolistique. Décrit toutes sortes d'équilibres quand certains agents n'ont pas un comportement concurrentiel. Voir équilibre concurrentiel / *209, 310.*

Équilibre non coopératif. Situation qu'aucun agent économique n'a intérêt à modifier si les autres s'en contentent. Synonymes : équilibre de Cournot, équilibre de Nash / *318, 322.*

Équivalent certain. Somme qu'il faut me donner à coup sûr pour que j'accepte de renoncer à la perspective d'un gain aléatoire / *392.*

États du monde. Ils constituent l'ensemble des situations dans lesquelles un individu risque de se situer. Deux états sont différents s'ils me procurent des satisfactions différentes, soit par eux-mêmes soit via leurs conséquences économiques / *386.*

Excès de demande. Synonyme de « demande nette globale ».

Facteur. Un bien est un facteur pour une entreprise quand il est utilisé dans le processus de production. On dit aussi : *input* / *107.*

Facteurs complémentaires. Voir facteurs substituables / *131.*

Facteur d'escompte psychologique. Quantité supplémentaire d'un bien disponible aujourd'hui qui compense la perte d'une unité de ce bien demain pour maintenir un même niveau d'utilité interremporelle / *355.*

Facteur reproductible. Facteur qu'il est possible de produire comme l'électricité. Le pétrole est non reproductible, la terre également. À court terme, le volume de capital peut s'interpréter comme celui d'un facteur non reproductible / *229.*

Facteurs substituables. Deux facteurs sont substituables quand il est possible, en augmentant la quantité de l'un, de compenser la diminution de l'autre tout en maintenant le même niveau de production. Lorsque ceci n'est jamais possible, on dit que les facteurs sont complémentaires / *119, 131.*

Fiscalité. / *96, 279, 374.*

Fonction de production. Elle indique le niveau du produit à partir des quantités de facteurs utilisés de façon efficiente / *111.*

Fonction de production agrégée. Étant donné certaines quantités de facteurs, en les répartissant le plus judicieusement possible entre les différentes entreprises d'une branche, il en résulte un certain volume de produit disponible. La fonction de production agrégée indique comment varie ce volume avec les quantités de facteurs disponibles / *237.*

Fonction de réaction. Elle indique, dans une situation d'oligopole, comment un agent détermine ses décisions en fonction des décisions des autres agents / *319.*

Frontière des utilités (optimales). Lorsque varient les conditions de la production, ou de la distribution, ou des deux à la fois, les niveaux d'utilité des individus varient. À chaque situation optimale correspondent certaines valeurs de ces niveaux d'utilité ; l'ensemble de ces valeurs, correspondant à l'ensemble des situations optimales, constitue la frontière des utilités optimales. Graphiquement, cette frontière se dessine dans un repère avec autant de coordonnées que d'individus / *256, 265.*

Frontière des produits. Ensemble des quantités de biens qu'il est possible de produire dans un optimum de production, représenté graphiquement dans un repère comportant autant de coordonnées que de produits. On dit aussi : frontière des productions optimales / *242.*

Hasard moral. Situation dans laquelle une assurance induit un risque moral / *408.*

Illusion monétaire. Les comportements économiques rationnels ne dépendent pas du choix des unités monétaires, on parle alors d'absence d'illusion monétaire. Seuls les prix relatifs influent sur les décisions économiques individuelles / *56.*

Incomplétude des marchés. Correspond à l'impossibilité de certaines transactions volontaires, soit pour des raisons légales, soit pour des raisons techniques / *396.*

Information asymétrique. Caractérise une situation d'échange quand les deux protagonistes ont des connaissances différentes des biens concernés. On suppose souvent que l'acheteur est moins bien informé que le vendeur quant à la qualité des biens échangés / *100.*

Input. Voir facteur.

Isoquante. Dans le repère des facteurs, une isoquante de niveau q indique toutes les combinaisons de facteurs qui permettent de produire q unité de produit / *120.*

Libre entrée, libre sortie dans une branche. Il y a libre entrée quand tout entrepreneur peut s'installer dans une branche sans coûts spécifiques ni prohibition. Il y a libre sortie si tout entrepreneur peut quitter une branche en revendant ses installations sans coûts spécifiques / *194, 334.*

Loi de Walras. Elle montre que, dans certains cas, la somme des demandes excédentaires exprimées en valeur monétaire est toujours nulle. Mathématiquement, en notant d_i l'excès de demande du bien i et p_i le prix, il vient : $p_1 d_1 + p_2 d_2 + \text{etc.} = 0$. Ceci implique une autre idée, qu'on baptise parfois « loi de Walras », également : si tous les marchés sauf un sont équilibrés, alors le dernier l'est aussi / *225.*

Loisir. Ce qui reste de temps total quand on ôte le temps consacré au travail / *89.*

Long terme. Voir court terme.

Monopole. Au sens strict, il s'agit d'un vendeur unique dans une branche ; au sens large, on sous-entend un comportement caractéristique pour bénéficier de cette situation face à des acheteurs dispersés / *309.*

Monopole bilatéral. Marché réduit à un seul vendeur et un seul offreur / *313.*

Monopole discriminant. Monopole qui parvient à imposer des prix différents selon les types d'acheteurs / *313.*

Monopsone. Synonyme de « monopole d'achat », c'est-à-dire d'un acheteur unique dans une branche / *307.*

Neutralité au risque. Un agent économique est neutre au risque si la perspective d'un gain aléatoire est jugée équivalente à la certitude d'obtenir l'espérance mathématique de ce gain / *392.*

Neutralité d'un impôt. Un impôt est neutre quand il n'incite pas un agent économique à vendre ou à acheter tel bien plutôt que tel autre / *281.*

Offre d'épargne. Excédent des ressources par rapport aux dépenses de consommation qu'un individu désire détenir ou placer en fonction de divers paramètres, notamment des taux de rendement des actifs financiers. Une offre d'épargne négative correspond à un désir d'endettement / *349, 356.*

Offre individuelle de produit. Fonction exprimant, pour une entreprise donnée, comment varient ses décisions de production avec le prix du produit ; on ajoute parfois : et avec les prix des facteurs / *181, 190.*

Offre de travail. Quantité de travail qu'un individu veut fournir en fonction des paramètres à considérer : taux de salaire, indice des prix, revenu exogène, taux d'imposition, etc. / *91.*

Oligopole. Au sens strict, il s'agit d'un marché constitué de quelques vendeurs ; au sens large, on sous-entend une lutte caractéristique entre les entreprises pour bénéficier au mieux de cette situation face à des acheteurs dispersés / *317.*

Optimum de distribution. Étant donné certaines quantités de produits de consommations finales, celles-ci sont distribuées aux consommateurs de façon optimale s'il n'existe aucune autre répartition possible qui serait plus agréable à chacun des individus ou, au minimum, qui serait plus agréable à certains sans léser les autres. On dit alors que la distribution est optimale ou encore : efficiente, ou que la situation est un optimum de distribution / *230, 251.*

Optimum de Pareto. Une situation économique est optimale au sens de Pareto s'il n'existe aucune autre possibilité de satisfaire davantage chacun des individus ou, au minimum, d'en satisfaire davantage quelques-uns sans léser les autres / *260.*

Optimum de production. Certaines quantités de biens produits sont qualifiées d'optimales quand il n'est pas possible, compte tenu des techniques et des ressources disponibles, d'en produire davantage ou, au minimum, de produire davantage certains biens et autant des autres. On dit alors que la production est optimale ou efficiente / *229.*

Output. Voir produit.

Pluriproduction. Caractérise une technique qui produit conjointement plusieurs produits / *128.*

Préférences convexes. Voir décroissance du TMS.

Preneur de prix. Un agent économique est preneur du prix s'il considère les prix qui le concernent comme des données s'imposant à lui. Ce comportement caractérise la concurrence / *51, 209.*

Prime de risque. Prime qu'il faut me donner pour que j'accepte une perspective de gain aléatoire plutôt que de gagner à coup sûr son espérance mathématique / *392.*

Prix absolu. Prix exprimé en unités monétaires, en euros par exemple / *52.*

Prix d'équilibre. Pour un bien particulier, le prix d'équilibre est celui qui égalise offre et demande globales. Pour l'ensemble des biens, les prix d'équilibre sont ceux qui parviennent à ce résultat, marché par marché / *209.*

Prix d'équilibre de long terme. Prix d'équilibre relativement aux offres et demandes globales qui, en plus, égalisent les taux de rentabilité du capital dans toutes les branches / *336.*

Prix duaux. Prix associés à un optimum dans le théorème d'équivalence / *237, 251.*

Prix relatif. Le rapport de deux prix est un prix relatif ; par exemple le salaire réel est le rapport du salaire au prix moyen de consommation / *52.*

Productivité marginale (d'un facteur). Elle indique l'accroissement de la production quand la quantité de facteurs augmente d'une unité. Mathématiquement, il faut dériver la fonction de production par rapport au facteur considéré / *115.*

Productivité moyenne (d'un facteur). Volume de la production par unité de facteur utilisé / *115.*

Produit. Un bien est un produit pour une entreprise quand il est... produit par celle-ci. On dit aussi : *output* / *109.*

Recette marginale. Elle mesure l'accroissement de la recette totale quand la production augmente d'une unité / *182, 311.*

Recette moyenne. Synonyme de « demande à la firme », c'est aussi la recette totale par unité produite. On dit aussi : recette unitaire / *311.*

Recette totale. Elle indique le chiffre d'affaires qu'une entreprise peut escompter en fonction du niveau de production / *310.*

Rendements d'échelle. Une entreprise utilise certaines quantités de facteurs pour obtenir un certain volume de produit. On dit que les rendements (d'échelle) sont décroissants quand une augmentation relative de tous les facteurs de 1 % implique une augmentation relative du produit de moins de 1 % ; si ce résultat vaut pour n'importe quelle situation initiale, on dit que les rendements sont *toujours* décroissants ; si le produit augmente de *moins* de 1 % au *sens* strict, on dit que les rendements sont *strictement* décroissants. Quand le produit augmente davantage que de 1 %, on dit que les rendements sont croissants. Enfin, quand le produit augmente exactement de 1 %, on dit que les rendements sont constants / *170, 197, 283.*

Rendement social généralisé maximum. Une situation est ainsi qualifiée s'il est impossible d'augmenter le niveau d'utilité d'un individu à une période donnée sans diminuer celui d'un autre individu à une période quelconque. (Dans cette définition, l'individu peut être le même pourvu qu'on considère deux périodes différentes.) Maximiser le rendement social généralisé est une condition minimale de bonne gestion des ressources dans le temps, sans respecter nécessairement les arbitrages spontanés des individus entre leurs satisfactions présentes et futures / *361.*

Rendement social simple maximum. Une situation est ainsi qualifiée s'il est impossible d'augmenter les niveaux d'utilités intertemporelles de certains individus sans léser au moins un autre individu. On parle aussi d'optimum de Pareto intertemporel / *361.*

Rente d'un monopole. Supplément de profit qu'un monopole réalise par rapport à une situation concurrentielle / *312.*

Risque moral. Risque supplémentaire que crée lui-même un assuré par son comportement, justement parce qu'il est assuré / *408.*

Salaire de réservation. Niveau minimum de rémunération qui incite à offrir du travail / *92.*

Sélection adverse. Procédure qui aboutit à ce que soient plutôt proposés des biens de mauvaise qualité ou des individus de faible productivité / *404.*

Sentier d'expansion. Il représente, dans l'espace des facteurs, l'ensemble des combinaisons permettant de produire à un moindre coût quand le niveau de production varie. Il est convenu que les prix des facteurs restent fixes dans cette analyse / *148.*

Seuil de rentabilité. Prix minimum en deçà duquel aucun volume de production ne permet de dégager un profit positif / *189.*

Stabilité de l'équilibre. Un équilibre est stable si, en imaginant une situation légèrement différente, les agents économiques auraient tendance à y revenir spontanément. En pratique, on considère un système de prix différent des prix d'équilibre. Les excès de demande ou d'offre qui apparaissent se traduiront par des tendances à la hausse ou à la baisse de certains prix. On se demande alors si le mécanisme rapproche ou éloigne de l'équilibre initial / *211, 320.*

Surplus des consommateurs. Somme des surplus réalisés par l'ensemble des consommateurs / *291.*

Surplus d'un consommateur. Espèce de gain que je réalise en achetant 15 € un objet que j'étais disposé à payer 20 € au maximum (il vaut donc 5 € dans cet exemple). Si le prix passe à 13 €, le surplus passe à 7 € et la variation du surplus vaut 2 € / *289.*

Surplus global. Somme des surplus réalisés par l'ensemble des agents économiques. Pour les entreprises, on compte les gains monétaires ; pour les individus, on compte les surplus des consommateurs / *296.*

Taux d'intérêt psychologique. Si je suis aussi heureux en renonçant à une unité de bien de consommation aujourd'hui, en échange de $(1 + \psi)$ unité supplémentaire de consommation dans un an, on dit que ψ est mon taux d'intérêt psychologique / *355.*

Taux marginal de substitution (plus précisément : ... du bien 2 au bien 1). Quantité de bien 2 qu'il faut *donner* à un individu à qui l'on vient de *retirer* une unité de bien 1 si on souhaite maintenir son niveau de satisfaction. La phrase demeure vraie en permutant les mots *donner* et *retirer*. En abrégé, on note TMS / *37, 46.*

Taux marginal de substitution du travail au loisir. Il mesure la quantité supplémentaire de bien qu'il faut fournir à un individu pour l'inciter à travailler une heure de plus, son utilité demeurant inchangée / *91.*

Taux marginal de substitution technique (du facteur 1 au facteur 2). Quantité du facteur 1 qu'il faut utiliser en plus pour compenser la baisse d'une unité de facteur 2 tout en conservant le même niveau de production. Le taux, en abrégé TMST, n'est défini que pour un couple de facteurs substituables. Le taux du facteur 2 au facteur 1 est l'inverse du précédent / *121, 186.*

Taux marginal de transformation des produits. Quantité supplémentaire d'un bien qu'une entreprise peut produire si elle renonce à produire simultanément une unité d'un autre bien, en utilisant les mêmes quantités de facteurs. En abrégé : TTP / *129, 187, 244, 261.*

Théorème d'équivalence. Il énonce que, sous certaines conditions assez générales, tout équilibre général concurrentiel de marché est un optimum de Pareto et que, réciproquement, tout optimum peut se réaliser moyennant certains prix à partir d'une organisation marchande et concurrentielle des échanges économiques. La généralisation de ce théorème quand on considère la succession des périodes est assez délicate et controversée / *271.*

Utilité. Nombre qui mesure la satisfaction actuelle d'un individu, compte tenu de ses goûts. La fonction d'utilité exprime comment varie ce nombre avec les différentes variables explicatives : quantités de bien disponibles, aujourd'hui et demain, travail effectué, etc. / *44.*

Utilité espérée. Utilité *ex ante* mesurée par l'espérance des utilités VN-M, relativement aux probabilités des différents états du monde / *387.*

Utilité *ex ante*. Satisfaction U(x) que m'apporte la perspective des différents gains x_i correspondant aux différents états du monde i / *387.*

Utilité intertemporelle. Utilité au sens général, mais on précise qu'on envisage plusieurs périodes futures / *349.*

Utilité marginale d'un bien. C'est l'accroissement d'utilité quand la disponibilité du bien en question augmente d'une unité. On parle parfois de « désutilité marginale » quand le bien contribue à diminuer ma satisfaction, essentiellement pour le travail / *46.*

Utilité VN-M. L'utilité u(x) de von Neumann et Morgenstern est la satisfaction que m'apporterait un gain x si un état du monde quelconque se réalisait / *389.*

Valeur actualisée d'un projet. Si un projet correspond à une succession de recettes et de dépenses futures, sa valeur actualisée est la somme d'argent qui, convenablement placée selon les taux d'intérêt présents et à venir, permettrait d'obtenir la même succession de recettes et de dépenses / *343.*

Imprimé en France
par France Quercy – Z.A. des Grands Camps
46090 Mercuès

Numéro d'impression : 20765
Dépôt légal : juin 2012

Ouvrage imprimé sur papier écologique à base de pâte FSC
Pour plus d'informations, www.fsc.org